# 深耕继续教育
# 聚焦人才培养

## 中国编辑学会第24届年会获奖论文

（2023）

中国编辑学会/编

人民出版社

# 目 录

Contents



## 一等奖

## 二 等 奖

## 三 等 奖

# 从人才培养目标追溯出版学知识体系的建构

郝振省

## 一、问题的提出

中国式出版现代化是要落脚到出版业的高质量发展上面来，而高质量发展最终还要落脚到高素质编辑出版人才方面来，出版业高质量发展的新要求提出了编辑人才的培养目标，这个培养目标所要求的能力结构，这个能力结构所要求的知识结构，其实也就是对出版学知识体系的要求。如果按照“人才培养目标—能力结构—知识体系”的逻辑进行梳理，从源头追溯出版学知识体系的建构，至少应回答三个关键问题：出版学应培养什么样的编辑出版人才？编辑出版人才应具备什么样的能力结构？编辑出版人才能力结构所要求的知识体系是什么样的？

## 二、出版学的人才培养目标

从中华民族伟大复兴和中国式现代化发展的使命看，需要高层次出版人才。习近平总书记提出要在新的起点上继续推动文化繁荣、建设文化强国、建设中华民族现代文明，是新时代新的文化使命。出版业是文化的基础产业，出版人才是推动民族复兴和建成文化强国的重要力量。所谓高层次出版人才，包括数量和质量两个方面：一是量的方面，在校学历教育阶段，目前全国有33所高校招收出版专业硕士，全国每年新招出版专业硕士500多人，相对于580多家出版社、近80所设有出版专业的高校，还有若干家出版研究机构的用人需求，出版专业人才的供给有限；二是质的方面，出版专业博士的培养改在起步阶段，要完成中华民族伟大复兴和中国式现代化建设，还需要具有传统文化积累、多学科理论基础，既有家国情怀又有国际视野的高层次出版人才。

从出版行业深度融合发展现状看，需要新时代出版人才。根据《出版业“十四五”时期发展规划》，要加强创新型、应用型、复合型人才培养，重点打造出版理论人才、优秀骨干编辑、优秀校对人才、数字出版人才、印刷发行业务能手、版权运营专家、出版国际贸易人才等，建设新时代出版人才矩阵。另外，从出版行业融合发展行业现状看，“融合模式”已经初现规模和效益，但是“融合深度”有待挖潜，出版要素叠加现象常见，实现要素互融基础上的再创新，融合瓶颈开始出现，这就需要熟悉融合发展新趋势、新理念、新技能的“一专多能”的出版融合发展人才。

从出版专业教育分类发展看，需要实践创新型人才。2022年，出版增列进入《研究生教育学科专业目录》，可授予专业博士学位。一方面，提升了出版专业人才培养层次；另一方面，对出版专业的实践属性予以强化。2023年12月，教育部发布《关于深入推进学术学位与专业学位研究生教育分类发展的意见》，对专业学位人才培养方向作出了明确说明：专业学位按专业学位类别培养并授予学位，重在面向行业产业发展需要，培养具备扎实系统专业基础、较强实践能力、较高职业素养的实践创新型人才。由此可见，具备出版专业基础、出版行业实践能力、出版职业素养是新时代出版专业人才的基本规格。

从出版学科专业发展看，需要出版学术领军人才和骨干人才。根据《关于推进出版学科专业共建工作的实施意见》，中宣部和教育部推动两批共8所高校与相关管理部门、出版单位、行业协会开展共建工作，计划实施出版学术人才培养支持计划，将着力培养一批出版学术领军人才、骨干人才，引导支持有关高校调整优化出版学科专业招生结构，扩大出版学科专业人才培养规模。出版学科专业发展已经进入新的阶段，出版专业人才的培养，不仅包括了在校学习群体，也拓展到了出版教学科研人才，包括了在中国出版政府奖优秀出版人物奖、出版融合发展优秀人才遴选培养计划等评奖遴选中，对出版学术人才给予支持。

## 三、高素质编辑出版人才的能力结构

熟练驾驭数字出版技术的能力。数字出版技术高素质编辑人才的能力结构应该是全面的，至少能够深入了解和从容应对出版业务领域中的选题策划、作者选择、编辑加工、制作营销的各个环节，在数字时代还应该具备比较娴熟的编辑技术。① 出版编辑对新技术的使用应该是得心应手的，借助这种得心应手的数字技术，他能获得一种前所未有的效率和效益，应该将数字技术与传统专业技能放在同等地位上，从专业能力出发推动深度融合出版，用数字化的手段整合资源，丰富形式。中宣部等管理机构通过出版融合发展工程、数字出版精品、出版融合发展优秀人才等遴选活动，选出了一定数量的、具有引导和示范意义的案例。另外，一些出版单位的

① 参见周蔚华、杨石华：《技术变革、媒体转型及对传媒业的新挑战》，《编辑之友》2018年第10期。

产品设计和平台搭建，在设计阶段就要求编辑人员能熟练掌握数字出版技术，比如外语教学与研究出版社的外研U学、人民邮电出版社的数艺设知识服务平台等。

提升选题质量和组织选题协作的能力。优秀出版编辑选题策划应该是成系列的，体现丛书战略的，体现在：他对作者的选择，事实上应该有一个相对稳定的群体和随机增加的空间；成系列的选题意味着编辑在策划选题时，应该考虑到书籍之间的内在联系和逻辑关系，将它们组织成一个有机的整体。这需要编辑拥有明确的逻辑与选题导向，更需要有在一个领域内持续深耕的魄力与实力，这样才能够真正积累起可供参考的经验，制作出富有深度与影响力的出版物。编辑对作者的选择更需要在稳定中求新，长期耕耘中寻突破；一个稳定的作者群体对编辑在单一领域的深耕中大有裨益，也正是选题策划的丛书思维的切实体现，而作者群体随机增加的空间则给了出版物新的活力与创造力，避免了一成不变的呆板，在保证作者资源不至枯竭的同时，保证了书籍可以始终推陈出新，始终拥有前沿价值。“历来好的编辑，发现人才、发现佳作是他首要的天职。”① 我国很多出版集团和出版社的管理者都是从“学徒”一步步成长为资深编辑，再到一个出版机构的管理者。很多总编辑都是吸收了叶圣陶、张元济等出版大家的编辑思想、编辑精神和编缉实践。学会了从顶层设计上考量出版，建立起了一套自己独有的选题逻辑。

优化内容质量的能力。编辑加工应该是出版编辑能动的案头功夫，或者说创造性的内容提升能力；编辑应当在编辑活动中深挖文稿背后的文化价值。这并不仅仅是简单的文字修改和润色，而是涉及对整体内容的把握、主题的深化、逻辑的梳理、语言的精练等多个方面。编辑应该利用自己独到的专业见解把握住文稿整体内容的同时让书籍在各种意义上更加完整，他需要深刻地参与到书籍的内容构建中，用自己的语言能力与对内容的理解梳理出其中蕴含的逻辑，提供专业、独到且有益的作用，并进一步

① 柳斌杰：《做无愧于时代的新型编辑》，《中国编辑》2008年第3期。

突出其能为读者带来的价值，并把文稿的内容勘校至精练的地步，而不应该死板地做到没有过错便认为自己完成了编辑活动。比如中国大百科全书出版社的《中国儿童军事百科全书》，2021 年 6 月出版，至 2023 年 7 月，发行量达 50 万册。该选题经过 5 年编纂、3 年重大选题备案、两次送审。编辑团队依托《中国军事百科全书（第二版）》权威、系统、全面的内容，编纂团队根据少儿读者的认知特点与需求，搭建框架结构，编排目录，对知识进行科学分类，采用“知识门类 + 知识主题 + 知识点”的编纂模式进行分级拆解，将知识主题由大及小、由表及里、由点及面，多视角多形式呈现。直观地呈现读者看不到的枪械武器、大型装备的内部结构，能看出整个编辑团队对内容优化下的大功夫。

优质作品的营销推广能力。随着图书销售方式和渠道的丰富，书籍的营销与传播同样越发重要，“对内容进行经营与管理，使其达到最佳的传播效果”成为新时代编辑职能的新变化。① 需要注意的是，编辑进行营销活动的前提是，发现并确认营销作品确实是优质作品。尤其是契合时代发展需求和阅读需求的文化成果。习近平总书记在文化传承发展座谈会上提出：经过长期努力，我们比以往任何一个时代都更有条件破解“古今中西之争”，也比以往任何一个时代都更迫切需要一批熔铸古今、汇通中西的文化成果。对于那些优秀的文化成果，编辑应当有较强的营销推广能力，在对书籍的推广中应该具有强烈的针对性。真正拥有强大营销推广能力的编辑人员就如同农业、林业的水利滴灌技术——用最少的成本达到最好的效果。这需要编辑在对书籍进行编辑加工时就明确其目标受众的画像，并从假定的目标受众的品位、需求、购买力着手，精准制定出能引发目标受众兴趣的推广方针。编辑还需要有较强的市场洞察力，能够及时了解市场趋势与竞品情况，明确自身产品的定位，以支撑所确定的营销推广方针的落实。在图书市场中，营销推广能力很大程度上表现为一种感知社会心理的敏感，比如热销的《蛤蟆先生去看心理医生》反映的是读者对心理自助

① 参见周蔚华：《新时代优秀编辑的变与不变》，《现代出版》2018 年第 6 期。

的需求；当当网联合易观发布了《中国年轻人阅读洞察2023》，都可以解读为阅读是社会心理的一个窗口，而编辑需要能从这个窗口感知风向。

沟通交流能力。编辑的角色和功能也在多元化，伴随出版产业化的进一步发展，编辑开始拥有项目管理者的身份。① 出版编辑应该是一个不排斥交流，能够与他人高效进行沟通的人。编辑不仅需要与作者进行深入的沟通，还需要与读者、营销团队、设计团队等多方进行交流。这就需要编辑具备出色的沟通交流能力，能够清晰地传达自己的想法，理解他人的需求，并找到共同的解决方案。在与作者的沟通中，编辑需要能够准确把握作者的思想，提出建设性的意见和建议，使作品更加完善。与营销团队和设计团队的交流，需要编辑能够明确表达书籍的特点和价值，制定有效的推广策略，并通过设计团队将书籍的特色展现给读者，更需要编辑具有一定统筹能力与人格魅力，可以玥确一个团队的方针与建设方法。此外，新时代下的高水平编辑还需要与读者在线上线下多种渠道进行有效的沟通，了解他们的需求和反馈，从而分析市场趋势与出版物内容质量，为书籍的修订和推广提供重要的参考。因此，编辑的沟通交流能力对整个出版过程的高效顺利进行至关重要。著名编辑出版人周百义曾说过，同很多著名作家打交道的时候，要能够与这些合作者保持顺畅的沟通，无论是二月河还是熊召政等作者，周百义都能真心和对方交流沟通，和作家成为好朋友，对文稿提出真知灼见，作家也能够真心听取编辑的修改建议，只有这样才能不断提升作品质量。

审美鉴别能力。他需要对自己的审美有自信，同时要敢于把自己的审美观念加诸所编辑的作品上。编辑所真正需要的是“打牢世界观、人生观、价值观的根底，摒弃低俗、庸俗、媚俗现象”②，编辑需要具备对文字、图片、版式等方面的审美鉴别能力，以确保书籍的品质和风格符合目标受众的品位。这需要编辑具备较高的艺术修养和文化底蕴，能够从众多

① 参见周红：《编辑——现代出版业中的项目管理者》，《编辑之友》2004年第5期。

② 方卿、王涵：《优秀文艺作品出版问题刍议》，《出版科学》2017年第1期。

的作品中筛选出具有潜力的作品，并进行有效的加工和提升。同时，编辑还需要对设计团队的工作进行有效的指导和监督，确保书籍的视觉呈现符合整体的市场定位和推广策略。通过审美鉴别能力，编辑可以将书籍的内在价值转化为更为人欢迎的外在的表现形式，为读者带来更好的阅读体验。只有拥有良好的审美鉴别能力，才能够把书籍中蕴含的深厚价值以读者可以接受的方式展现，既可以在内容不变的情况下有效提升作品质量与市场欢迎度，又可在一定程度上避免因图片、装帧选取不当产生的质量问题与舆论危机。因此，审美鉴别能力是编辑不可或缺的重要能力之一。比如：陕西师范大学出版社出版的《别猜了，就是一本小说》荣获2023中国“最美的书”。书籍由李瑾老师带着她的学生孙智威作设计，编辑体悟到：一本好书，应该是从内到外的气质如一，连排版都有自己独特的呼吸和节奏。书中的标题、诗词引文、煞尾和篇章衔接处，没有一个相同，也让此书带有一种克制而内敛的气质。让书拥有独特的气质，这就要求编辑要拥有非同一般的审美鉴别能力。

## 四、出版学知识体系的建构

上述优秀编辑出版人才的能力结构的基础在于出版高等教育所给予的知识结构。因为在正常的社会历史条件下，能力源于知识营养的逐步积累，同时，知识只有先转化为能力，才能最终成为力量。那么这个知识结构应该是一个什么样的体系呢？从出版学的视角出发，至少应包括以下知识门类。

一是马克思主义出版观。包括四个要点：关于意识形态阵地的坚守；关于服务于人民群众对美好精神文化生活的追求；关于践行社会主义核心价值观追求真善美；关于出版的功能，本质是知识生产，知识生产为其他一切类别的生产提供服务支撑保障的作用。具体应回答出版的目标与宗旨，出版的功能与素质、意识形态与主题出版、社会效益与经济效益、满足需要与提升境界、内容为王与思想为王等若干重大问题。

为了回应上述问题，从教学环节考虑，就要像新闻学教学一样，要有马克思主义新闻观的教材，出版学的教学也应该有马克思主义出版观的教材。要包括：有一个马克思主义出版观的理论体系，要讲清楚研究编写马克思主义出版观教材的必要性与可能性；马克思主义出版观要能够讲清党的出版事业的宗旨与责任；马克思主义出版观要努力讲清党的出版事业的本质与功能。

二是多学科的学术知识体系。考虑到编辑出版业务的多元性，即使是专业性领域也有不可避免的多元性。就编辑朋友自身来讲，往往是杂家与专家集于一身，而且只有在杂家丰厚的知识土壤中才能结出专业性的硕果。所以至少要开设六门课程来满足编辑人才综合性素质的要求。这六门课程是文学、史学、哲学、科技、艺术、伦理。无论是人文方面还是经济方面，亦或是科技方面的编辑出版工作者，都要具备一定程度的文学、史学、哲学、科学、艺术、伦理的学养和素养，从而形成文学的感性、史学的智性、哲学的悟性、科技的理性、艺术的灵性和伦理的德性等。

文学的感性主要解决的是出版物的感染力与影响力问题；史学的智性主要解决的是出版物的叙述厚度、故事性、说服力的问题；哲学的悟性主要解决的是，编辑出版人思维的逻辑性、条理性问题，编辑出版人思维的反思性与深刻性的问题；科技理性主要解决科学原理、推理、机理的问题；艺术灵性主要解决形象思维与抽象思维的优势互补问题；伦理的德性主要解决编辑出版人的人格魅力与亲和力的问题。这是服务于编辑出版人才的“宽视野、深层次、长距离”素质建设目标的，既要体现其必要性，又要注意其简约性。

三是更新主要课程门类。应包括四个板块：出版原理、出版史、出版原著、出版技术。在出版原理中，应包括出版学概论、编辑学原理、营销学原理、阅读学原理、版本学原理、编辑出版技术概论等内容；在出版史教学中，应包括中国出版通史、世界出版通史、中国共产党出版史等；在原著教学中，应包括古今中外、特别是近现代经典作家的一些原著或原著摘编；在编辑技术教学中，要站在高起点上，最大限度地用现代数字理念与技术武装未来编辑出版人的头脑与手脚。

随着数字化技术的不断革新，英国斯特灵大学针对出版专业硕士开设了出版设计与制作、编辑管理、数字商业模式、出版营销管理、出版史和出版文化、儿童读物出版、出版版权管理、数字出版等相关课程，明确要求学生参与并自主地进入出版行业环境。澳大利亚墨尔本大学的出版专业硕士课程设置了结构化编辑、英语编辑、数字媒体写作与编辑、书史与阅读史、杂志写作与编辑、艺术与媒体中的法律问题、高级数字媒体编辑、科技写作与编辑、图书市场（结构与战略）、受众与接受研究、公共关系与传播等课程。

四是增设专业理论学术课程。比如医学编辑要有基础医学、人体解剖学、组织胚胎学、生理学、病理学、病理生理学、药理学、生物化学、分子细胞生物学、病原生物学、医学免疫学等课程；比如哲学编辑要有中国哲学史、西方哲学史、马克思主义哲学发展史、哲学原理、形式逻辑、辩证逻辑、数理逻辑、自然哲学等课程。

理论课程是出版编辑知识体系的重要支撑，相对其他具有“显性”特征的学科门类而言，出版学的标识性概念和常见的应用原理，通常相对重应用，而轻传播。比如：经济学当中的“乘数效应”“凯恩斯主义”“拉动经济的三驾马车”“边际效用递减”等；传播学有“意见领袖”“沉默的螺旋”的概念；新闻学有“倒金字塔结构”“新闻价值”等。出版学缺乏对出版理论、原理和概念的梳理和储备，增设专业理论学术课程，就是要增加出版原理、出版史、出版理论等课程，打通中外出版领域的学术壁垒，在出版专业学生的知识结构中厚植理论沃土。

五是编辑出版的业务实践课。这是围绕理论学术课程设计和服务理论学术课程进行的。在这里，本是理论学术，末是实践认知，本末不能倒置。选题策划中的需求研究，选题承担中的作者选择，编辑加工中的内容提升，制作中的形神对接，营销中的内涵展现、数字编辑技术的综合使用等等，要求实践课的给力与不可或缺。这种实践课既可以在学校的相关实验室、实验课上进行，也可以有选择地到出版企业中去完成。比如学校、企业、出版社的“1+1+1”模式：学校老师把握教学规律进行系列规划，建立完整的理论体系；出版社熟悉院校市场，一体化运营快速实现院校项目的落地；企业的技术、案例、需求都非常明确，可以提供前沿技术、实践案例、岗位要求等内容。

比如：江苏凤凰出版传媒集团与南京大学、南京师范大学等高校长期合作，通过共同设计出版实务课程和培养方案，共建实习基地和训练营等人才培养方式，选定和培养集团所需的专业性人才。同时，凤凰出版传媒集团鼓励优秀员工以高校产业教授、兼职硕士导师、博士后工作站企业导师等身份参与学科建设和人才培养。英国斯特灵大学出版硕士培养在实践课程上也采用旁听编辑和营销会议，成立相关小组为课程提供咨询，并让学生走进出版社了解出版工作、市场营销、图书制作等。

六是专业方向上的实践课。这一类实践课主要在相关的实践现场进行，比如未来的医学编辑应安排到医院医疗现场进行观摩教学与适当操作。又比如哲学、经济学、政治学、历史学的编辑，应该到学术重镇的编辑第一线的现场进行观摩教学，比如中国人民大学出版社、中国社会科学出版社等单位。专业编辑人的实践课或者在本科生阶段完成，或者在硕士研究生的阶段完成。由于这两种实践课往往不在一个时间段里进行，所以彼此不能“搭车借船”，要按照该专业的实际环节循序渐进，设计好实验课和实践课。

在某一个专业领域的实践，是出版编辑成为学术型、专家型编辑的必经阶段。很多科技社、美术社、教育社等专业出版社的编辑，都曾深深扎根某个专业领域，在这个专业领域内选择一个方向，久久为功，比如著名编辑唐浩明，对中国古典文学情有独钟，硕士研究生阶段专门攻读古典文学，后来长期致力于湖湘近代文献整理出版，从图书馆复印一手资料做起，积累了大量的专业资料，进行了最基础也最有价值的文献梳理，正是这样的专业实践课，保证了作品的专业性和权威性。

上述粗线条的体系可以用一个“亦”字形的结构来示意表达。最上面

"亦"字形的示意图

的这一点，指马克思主义的出版观及其相关的课程，这一大横杠是六门学科的简约性的课程知识等，左边这一竖是出版学的理论学术课程，右边的这一竖是专业学科理论学术课程，左边这一点是关于编辑出版业务方面各环节的实践课，右边这一点是关于某一专业学科的各环节的实践课、观摩课。这是一个简单的示意图，线条比较明快，但也可能有简单化的嫌疑。"亦"字形的示意图是讲知识结构的，这个知识结构的核心在于理论学术素养，理论学术素养的要义在于系统性、完整性、科学性，具体分析下来也应该是这个意图。最高的一点是马克思主义出版观的系统学问，大横杠其实是简约性、系统化的六门理论课程概论，左右两大竖，一个是出版学的各个子系统组成的大系统，一个是某个专业学科的各个子系统组成的大系统，左右两竖紧挨着的两个小点都是围绕着各自理论体系，并且在各自理论体系的指导下设计并逐步完成实践和实验课程，由此可以得出结论说，专业性、应用性的编辑出版人才培养的重中之重还是理论学术素养，还是系统的科学的相关理论知识的教授与接受，根深才能叶茂。

## 五、结语

理论学术思想的基础越厚实、越扎实，其发展的后劲才会越充分、越理想，出版高质量发展的势头才会越持久不懈，久久为功。正如蔡元培先生所说，大学是研究大学问的，实践为主，理论为辅，是高等教育完成以后进入到出版企事业单位的事情。与理论学术课程相匹配，在培养未来的编辑出版人的阅读方面，做足文章，要倡导阅读经典，倡导思考性、分析性、研究性阅读，只有思考性、分析性、研究性地阅读才能够从阅读中获得思想，而思想才是编辑出版人才的王者，如此而已。

（作者：中国编辑学会会长。本文与北京印刷学院出版学院副教授宋嘉庚合撰）

# 新时代编辑必备的素养和能力

乔还田

最近，人民出版社出版了我的两册论文集，书名叫《寻觅与守望——史学编辑学耕耘录》，书中收录的文字，真实再现了我的工作经历和治学过程。我认为，新时代的编辑只有提升三种素养和四种能力，才能成为一个真有两把刷子的人。

## 一、提升政治理论素养

出版物是上层建筑的一部分，属于意识形态领域，具有强烈的政治属性。所以，新时代的编辑必须具备较高的政治理论素养。

实践证明，政治素养、理论素质的提升不是靠高喊几句空洞的口号、搞一些苍白的表态就能解决的。首先，要把学习习近平新时代中国特色社会主义思想作为第一项政治任务。只有用这一思想武装了头脑，才能全面提升自己的政治判断力、政治领悟力、政治执行力，才能准确吃透中央的精神，避免对中央精神误读、误解。

要提升政治素质，还必须强化马克思主义理论、党的方针政策，以及出版法律法规的学习。特别是一些法规、条例、办法，规定了哪些书、哪些文章可以出版、可以发表，哪些不可以出版和发表；哪些内容是禁止的，不能出现，是红线，是底线，不能碰；碰了，越了线就是违规，要受到处分。对这些，一定要认真学习，熟悉掌握，内化于心。

在我们业界，以往有个别书刊内容质量出了问题，就在于编辑缺乏导向把关的清醒意识，缺乏从意识形态、出版安全的高度进行“把关”。结果，报社、期刊、出版社的责任人受到严厉处罚。要避免“带病”出书，就必须时刻绷紧意识形态这根弦，把讲政治摆在第一位，一旦发现政治导向、价值导向有问题，坚决实行一票否决。

提升政治理论素养的必要性还在于：未来，人工智能技术会在出版行业深度应用。但由于 AI 基于训练数据和算法生成内容，不具备人类的判断能力，也无法对所生产内容进行价值判断，不能引领价值取向，不能完成意识形态把关任务。而我们出版行业必须坚持正确的出版导向，提供正确的价值观引导。这些要求，是 AI 不能实现的。面对人工智能创造的作品，还得靠人来判断，靠人来把关。所以，新时代的编辑必须具备较高的政治理论素养。

## 二、提升文化素养

编辑的核心能力是选择能力或者说鉴赏能力，这个能力离不开文化素养的支撑。出版社、杂志社、网站出版、发表什么样的作品，其选择过程反映出编辑的气魄、眼光、学历和人文情怀，反映出编辑的文化素养、市场把握能力。

很难想象一个文化素养不高、一个没有文化情怀的编辑，能够打造出传世佳作。尤其在审稿这一环节，没有文化素养和学术素养作支撑，是难以把好内容关的。只有具备较高的学术文化素养才有可能驾驭那些具有很高思想价值、文化价值、艺术价值，但因作者本人表述能力受到某些制约，而存在严重缺陷的书稿，通过编辑的智力贡献，帮助作者提升质量，化腐朽为神奇。经过编辑二度创作的书稿会打上较为明显的编辑个性化的印迹。

实践也证明，编辑的专业水准与职业素养决定着图书的品质与质量，编辑角色存续的关键在于专业化。一个编辑如果没有真才实学，很难提出有价值的选题，很难对书稿做出准确的判断，更谈不上进一步提高书稿的质量，充其量只是统一一下全书的格式，改几个错别字而已。

那么，一个称职的编辑应当具备哪些文化知识呢？主要包括三个方面：

一是语言文字水平。一定要熟练掌握现代汉语及标点符号的使用规范，以敬畏之心对待文字工作。

二是学术专业知识。一个普通的编辑：应具有一定的学术教育背景，熟悉某一学科专业，能够与作者进行学术对话，有能力编辑专业学术著作。高水平的编辑：则能够把握社会和学术的发展趋势，引领学术思潮的发展方向，设计出新的学术前沿课题，带动学术界从事社会所需要的学术研究，并进而推动学术和社会的进步。

三是出版专业知识。知道什么是选题，什么是三审三校，什么是核红付型，什么是字型字号，什么是护封腰封，等等。

## 三、具备较强的职业素养

毛主席给我们出版行业的题字是：“认真作好出版工作”。可以说，工匠精神是编辑必备的职业素养，是编校质量合格的保证。

毛泽东是践行工匠精神的典范。早在延安时期，1938 年解放社出版的《抗日游击战争》全部经过毛泽东校阅。他还直接参与了《解放日报》的编辑工作，多次为新华社撰写、修改稿件，留下了《丢掉幻想，准备斗争》《别了，司徒雷登》等名篇。他“以一个政治家的敏锐眼光和深邃洞察力对文章进行编辑加工，修改完善，使思想得以升华，加一字、删一字、改一字均用心斟酌，连发表的时机与具体的字号都一一说明”。《毛泽东选集》四卷是唯一编校质量零差错的作品。其中一个原因，就是毛泽东亲自看清样，进行质量把关。

实践证明，精品力作都是通过精益求精、精雕细琢而成的。举一个案例：1992 年 11 月 21 日，当 26 卷本、合计 960 万字的《巴金全集》最后一卷发稿时，巴金致信人民文学出版社编辑王仰晨，饱含深情地说：“你为我的书带病工作了这些年，一个字一个字地、仔细地编写、校读，忍住腰痛，坚持坐在书桌前，或者腿架在凳子上，为了我的《全集》你花费了多少时间，多少心血，多少精力……我的书橱里有不少朋友的信件，其中有一大沓上面用圆珠笔写满蓝色小字，字越写越小，读起来很费力，但也很亲切。不用说这是你的来信，是闪光的存在。是你默默地在给我引路，让我生命再开一次花。”在长期的交往中，巴金给王仰晨写过数百封信。1997 年 11 月，文汇出版社出版了《巴金书简——致王仰晨》，已经 94 岁高龄且在病中的巴金在口述的“小序”中动情地写道：“我生活，我写作，总离不开朋友，王仰晨是其中的一位，可以说，我的不少书都有他的心血，我记住了他为我做的一切。现在，我把这本书献给他。”

## 四、提升数字化能力

当下，AI 技术在文字、图像、音频、视频、3D 建模、游戏等多领域落地，涉及图书、期刊、音乐、游戏、视频等多种出版形态。输入几个关键词，就能做成一段精彩的视频；或者书录几个图片，一下指令，就能形成一篇文章。可以说，AI 技术到处可见。

近来，如何理解编辑出版业发展新质生产力成为一个热门话题。中国编辑学会会刊《中国编辑》，近半年来，每期有近 70% 的文章在探讨这方面的问题。大家知道，2013 年 7 月以来，习近平总书记在四川视察时，首次提出“新质生产力”的概念，此后，在黑龙江、浙江、广西等地考察调研时，就发展新质生产力问题发表重要讲话、作出重要指示。2024 年 1 月 31 日，习近平总书记在中共中央政治局第十一次集体学习时强调，加快发展新质生产力，扎实推进高质量发展。今年 6 月 1 日出版的第 11 期《求是》杂志，刊发了习近平总书记《发展新质生产力是推动高质量发展的内在要求和重要着力点》的文章。习近平总书记深刻阐明了新质生产力的特征、基本内涵、核心标志、特点、本质等基本问题，从科技创新、产业创新、发展方式创新、体制机制创新、人才工作机制创新等五个方面，对推动新质生产力加快发展提出明确要求。

出版界如何理解、贯彻发展新质生产力？有人说，数字化、大数据、人工智能就是我们业界的新质生产力。利用好、发展好 AI 技术就可以了。

的确，在出版各环节中，大量的文案工作，包括图书策划方案、宣传推广文案、书籍的描述、作者介绍等，都可以交给 AI 来完成。人工智能技术在出版行业的深度应用，为我国出版业的高质量发展注入新动能，新时代的编辑必须掌握人工智能在选题策划、内容创作、编辑审稿、市场分析、营销推广等重要环节方面的技能。

那么，未来出版行业的哪些环节会被取代？出版行业究竟需要什么样的人才？未来编辑需要的究竟是扎实的专业能力还是 AI 训练的技能？我们必须思考、应对这些新问题。

我觉得，出版业与人工智能（AI）的融合不仅仅是出版业高质量发展的要求，更是生存下去的必要路径。所以，编辑出版人要从思想和行动上主动拥抱人工智能，构建起出版新业态、新格局。编辑出版人不仅需要拥有丰富的出版专业知识，还必须熟练掌握和应用新技术。但我仍斗胆认为，未来不属于人工智能，而是属于掌握人工智能技术的“新人类”。

为什么呢？

一是AI本身不具有情感，因此也无法感知和理解人类的情感。虽然AI有时会生成带有情感的内容，但那是基于训练数据和算法生成的。算法不等于算计。编校审读工作中往往需要深入理解文本的细微差别和作者的意图，AI难以完全胜任对情感的理解和把握。

二是出版行业是搜集、筛选、优化和推广内容的，并不直接创作内容。出版社的内容来源于内容创作者，通过与选定的内容创作者合作，经过编辑和校对等出版工序，将书稿加工成图书产品并营销推广。出版工作的核心在于筛选、编校、推广、版权保护等环节，AI直接冲击的是内容创作者，出版行业并没有受到直接的冲击。

三是有些类型的内容适合用AI创作，比如网络文学、大众类通俗读物、畅销类文学图书，等等。诸如科技、法律、金融等一些专业领域，由于对内容的真实性要求极高，内容创作需要理性思维，因此要慎重使用AI。

四是人工智能可以用于无人车驾驶、无人机、机器狗下国际象棋等，但在社会科学方面却无法提出一些独到的学术观点。所以说，未来，人工智能不会替代人类编辑，但是不会运用人工智能技术的编辑将面临着淘汰。

所以，新时代的编辑一定要提升数字化能力。

## 五、有较强的创新能力

讲到勇于创新创造，不能不提到苹果公司之父史蒂夫·乔布斯。一次，他在斯坦福大学演讲时被一个年轻人问道：“我怎么能像你一样？我怎么能成为你那样的人？”乔布斯做出了堪称经典的回答：“另类思维。”所谓“另类思维”，就是不囿于传统思维，敢于挑战权威，不让陈旧观点的聒噪声淹没自己脑海里萌发、涌动的新思想、新理念、新见解。所以，学子们要学会“另类思维”，增强创新能力。

第一，要强化创新意识，敏于思考。1939年5月，毛泽东为延安《新中华报》题词“多想”两个字，旨在鼓励报刊人员多动脑、多思考、多分析。思考，就是让脑子动起来、活起来，让思维活跃起来，不断拓展想的广度和深度，把事情想深、想透、想清后，再付诸行动。当下是一个信息和知识爆炸、各种诱惑层出不穷的时代，一个全民患有微信疲劳症的时代，能沉下心来思考似乎已成为一种奢侈。但我们不可整天忙于接受各种信息、传递各种信息，而没有时间来思考这些信息。没有思考就没有思想，没有思考就没有创新。

第二，要经常自我设问如何创新。在日常学习中面对同一个作品，怎么适合传统出版，怎么适合数字出版，能不能搞出其他衍生品，要强化这样一种意识：选题策划要创新，写法要创新，组合方式要创新，表现形式也要创新。必须摒弃固化的思维和老套的模式，用新思维、新手段、新方式来突破固有模式。比如：探讨中国的传统文化，不能老停留在祖宗怎么说，老子、孔子、孟子怎么说，仅仅是解读、“照着说”的层面。而应该是“接着说”“自己说”，发前人未发之言，或虽有所发而又未尽之言，要提出新观点和新见解。

## 六、有较强的写作能力

能写，笔大强，这种能力体现了一个人的理想情怀、知识积淀、文化修养、专业底蕴和文字功底。一个编辑不会写文章，犹如一个战士不会放枪，何以参加战斗。编辑如果放任自己的笔力锈钝，必然会使自己的思维枯竭，脑子变笨变晕，导致人云亦云，眼高手低，与优秀作品擦肩而过。

有人生发过这样的感叹：在大学里，教授很“牛”、很体面、很有地位，受人羡慕和尊敬；而在出版界，编辑的地位没有想象得那么高，没有教授那种待遇。即便是大学的教授，也有点看不起编辑。因为在大学评定职称时，如果认为你没达到副教授、教授水平，会降格被评为副编审或编审。为什么会这样？认为你没有研究能力和写作能力，没发表过有学术价值的作品。

所以，新时代的编辑一定要深化“笔力”实践，写一点属于自己的作品。我的经历是，练笔要从写好审读报告和书评做起。审读报告既是编辑职业素养的直接载体，更能显示出编辑的认知能力和鉴赏水平。从审读中形成想法到变成文字，写出一份有分析、有内容的审读报告，可谓一段苦旅，是一个升华过程，对提高编辑自身的业务水平、写作能力有极大的好处。审读报告写好了，再修改一下，提炼一下，将其变成一篇书评美文发表。其次，要搞一点学术性研究。编辑撰写学术论文既可选择专业性课题，也可以是编辑理论和编辑实务方面的。写学术文章最忌讳嚼别人嚼过的馍。所以，从选题阶段就应该求新，要么提出新问题，要么老问题有新视角，要么解决问题有新思路。要跟踪行业发展的前沿和热点问题进行研究，对行业发展要有理论价值和现实意义，能够为行业发展提供温暖的学术滋养。再次，要有点文采。毛泽东喜欢写生动活泼的文章，讨厌枯燥乏味的“八股文”。他的精彩文章多种多样，写法也神采各异。习近平总书记是运用群众语言的大师，他说的“撸起袖子加油干”“一张蓝图干到底”“绿水青山就是金山银山”等等，深入浅出、形象生动地阐释了党的政策主张，成为人们耳熟能详的话语。即便是学术文章，也不该是艰深晦涩的理论，不该用曲高和寡去诠释，而应是透亮的，像阳光那样，能照亮大多数人的生活。在当今信息技术条件下，还应充分运用新技术，创新传播方式、表达方式，以手机为载体写作时，必须用好微信、微博等客户端的编辑技巧，加以视频、音频、互动等方面的新变化、新要求，以期在媒介融合时代提升综合的笔力，获得更好的传播力、引导力、影响力。

## 七、有较强的阅读能力

古今中外，人们对有学问的人是很敬佩的。怎样才能有学问？一条必经之路就是多读书。季羡林大师强调多读书时有个形象的比喻：水喝多了，尿自然就多。尿多了就憋得慌，想撒。所以，要想有学问，就像多喝水一样，一定要多读书。季羡林大师所言：话糙理不糙！

做编辑的成天与文字打交道，理应爱读书，应让读书成为一种生活方式。若没有这个爱好，对书没感觉，不喜欢书，就不会有创新的动力，就不会成为一个优秀的编辑。

曾在网上流传过两个批评中国人不爱读书的帖子，让人扎心。

一个帖子是：《不读书的中国人》，作者是在上海工作的印度工程师。他直言不讳地批评中国人不爱读书，只会手机上网和打麻将。

另一个帖子是：广西师范大学出版社做过一个网络问卷，调查“死活读不下去书的排行榜”。根据回复的三千多条微信统计，排行榜的前十名依次是：《红楼梦》《百年孤独》《三国演义》《追忆似水年华》《瓦尔登湖》《水浒传》《不能承受的生命之轻》《西游记》《钢铁是怎样炼成的》《尤利西斯》。这10部曾引以为骄傲的中外文学经典，竟沦为中国人“死活读不下去的书”，是不是有点可悲。

2024年7月29日，中宣部部长李书磊在2024年国家社科基金年度项目评审工作会议的讲话中明确提出，少打或不打掼蛋，因为太浪费时间，不如认认真真读读书。他倡导要认真做真学问，要有真学问。他批评现在的许多文章没有创新、没有文化底蕴，东抄抄西弄弄，没有独到的见解，所以建议多读书，长真学问。而要真做学问就要有很厚的书底子，所以要坚持读书。

（作者：中国编辑学会副会长兼秘书长）

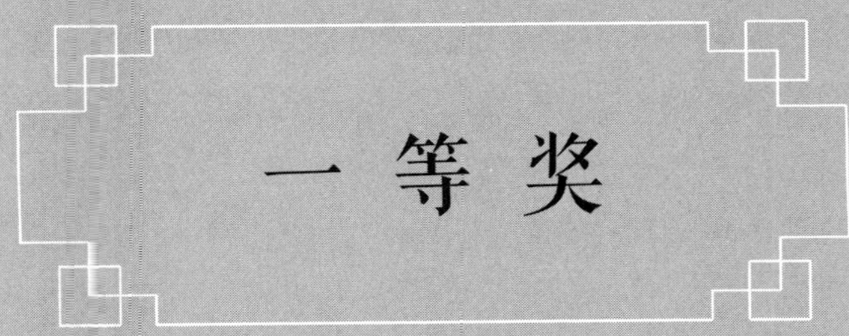

# 一 等 奖

# 重大出版项目建设对编辑综合能力提升的引领力和塑造力

马爱梅

出版业作为精神文化产品生产的重要阵地，肩负着提升国民素质、传承民族文化、传播中国智慧的社会责任。编辑是服务新时代、引导社会发展的重要文化队伍，是举旗帜、聚民心、育新人、兴文化、展形象的核心主体，是坚持社会主义先进文化的前进方向和倡导社会主义核心价值观的选择人。从事编辑工作 30 年来，本人主持或参与过不少重大出版项目，虽然不同项目执行过程的难点和特点各不相同，但重大出版项目所具有的高素质编委会、高水平专家团队、优质作者资源、高难度协作机制、精美的设计及印装工艺等特点几乎是共同的，这些特点对编辑视野的扩宽，编辑精神的塑造，编辑核心素养的提升，复合型人才的孕育，综合能力的提升有着重要的作用。现分析论述如下。

## 一、重大出版项目是扩宽编辑视野的“教科书”

“中国科技之路”丛书是中宣部的主题出版重点出版物，是我国出版界少有的跨行业联合出版大型项目，由中国编辑学会领导、15个行业的十几位知名院士和多位资深总编组成编委会。这套丛书的成功出版对15家出版社的编辑队伍建设起到了重要的强基引领作用，对相关出版社编辑视野的扩宽、编辑能力的建设起到了重要的引领作用，为出版行业的编辑人才成长起到了突出的带动和示范作用。

在中国编辑学会的领导下，作为丛书出版工作委员会办公室以及审稿专家的成员之一，我有幸参与了丛书从选题方案到出版完成以及后续宣传的全过程，参加了出版工作委员会组织的一系列系统而卓有成效的研讨工作，负责起草了丛书编写规范、丛书运用融合出版技术的意见、封面设计建议方案、辅文格式等文件，审阅了各分册大纲和样稿，协同组织了质检和首发式等工作，参与工作的过程中深刻地感受到，每一次研讨都是一次“教科书”式的编辑业务优化过程，每一项业务都是一次提升自己综合能力的良好机会。

该丛书的出版在编辑出版行业所发挥的引领和带动作用是多方面的，在此仅谈几点重大出版项目建设对编辑能力提升方面的启发和感受。

**（一）深入论证选题是编辑提升选题策划能力的基础**

选题从最早的“美丽中国之窗”到最终确定为“中国科技之路”，中国编辑学会组织了多次研讨会，先后从指导思想、读者定位、丛书特色、丛书结构、各分册总体内容设计、项目可行性、组织保障、实施计划、宣传推广等多个方面进行了反复研究论证，从选题立足科普角度反映大国重器的出版定位，遴选相关行业领域的权威院士专家的作者定位，到“既展示重大成果，感受科技之美、创新之美，又讲背后故事，宣扬工匠精神，传承科技精神”的内容定位，以及融文、图、音频、视频、动画等为一体提升读者阅读体验感的创新目标，历经了多次修改，每一次修改都是在广泛调研征求各方面意见基础上对项目的完善和升华，最终形成的有说服力的论证报告和操作性较强的实施方案得到了大家的高度认同，选题的深入论证为项目的整体推动打下了良好的基础。这个环节的工作令人切实感受到编辑要提升选题策划能力、构建精品力作，首先要在选题论证环节下足功夫。

**（二）优化编写大纲是编辑提升选择鉴别能力的前提**

为有序推动丛书的编写工作，出版工作委员会制定的实施方案中要求各卷先提交写作大纲，经过审定后才能进入具体写作流程。从最早提交大纲开始到最后一本大纲审定完成花了半年时间。经过审稿专家的把关和梳理，保证了全套书从结构、内容到编写风格的统一，大纲的优化和统一大大提高了丛书的编辑出版效率。在对大纲的优化和完善过程中，我也一直在思考出版界的一些“短平快”现象，很多编辑长期处于简单的来料加工型流程中，缺乏对原稿的把控和筹划，很大程度上降低或失去了应有的选择鉴别能力。编辑要提升书稿质量，在作者创作之初就要与作者反复沟通，优化完善好编写大纲。

**（三）制定编写规范是提升出版质量和效率的关键**

一套书来自 15 个互不隶属的系统，跨部委跨专业跨行业，既用不上行政力量，又没有财政支持，如何高质量地顺利出版是个大难题。由于时间要求紧，必须加强组织领导，制定周密计划，规范运作。为此出版工作委员会安排我负责编写编纂规范，以规范编辑出版各环节的具体业务、工作流程和质量标准。虽然组织过不少国家级重大项目，但此次规范的编写对我既是巨大挑战也是难得的学习机会，在广泛征求相关领导和分册意见、学习查阅大量资料的基础上，结合自己多年的项目执行和管理经验制定了一套业务规范，就编写定位、编写结构、体例格式、语言文字、名词术语、参考文献、知识产权、质量进度等进行了具体的规定。在后期的工作过程中，深刻地体会到了制定编写规范在协同编辑力量，提升整体编辑能力水平方面的重要作用。

### （四）融合出版是拓展编辑创新能力的良好途径

数字出版的核心是纸质出版的自然溢出，是技术赋能下的创新，是传统出版实力的延伸。“中国科技之路”丛书在这方面进行了大胆的尝试，据统计，共制作插入视频链接 238 个，使用 AR、VR 制品 71 个，各类其他链接 85 个，大大增强了出版物的阅读体验感，有效提升了大众科普图书的出版效果。在首发式前的交流过程中，多家出版社反映此次丛书的融合出版实践触发和提升了本单位编辑的创新思考和实践能力，为参编单位的融合出版业务提供了全流程范本。

## 二、重大出版项目是塑造编辑精神的“刻录机”

作为精神产品的生产者和意识形态的把关人，新时代编辑要有坚定的政治立场和良好的政治素养，要有善于学习的意识和终身成长的决心，要有勇于创新的能力和精益求精的精神，要对事业始终保持激情、具有发自内心的热爱。重大出版项目从选题策划到项目实施，从质量控制到进度管理，从“三审三校”到立体融合，过程中往往难题不少，能够成功实施的重大出版项目必会对编辑业务能力和职业精神产生较大的影响，项目团队中那种不畏艰辛的勇气，孜孜不倦的精神，精钻细研的品质是对出版单位编辑精神的一种良好塑造。

### （一）重大出版项目建设可以提升编辑的政治素养

出版工作事关影响民众思想导向的文化产品的生产，编辑是坚守党的舆论阵地的重要力量。编辑是推动社会主义先进文化发展的实践者，编辑最基本的素养就是坚持正确政治方向、出版导向、价值取向。所有重大出版项目一定具有较高的出版价值，大多是代表国家水平、顺应主题战略、展示国家形象、引领科技创新、推动社会发展、服务重大现实需求等方面的重大题材，大多是激发我国人民开拓创新，实现中华民族伟大复兴中国梦，有较大社会效益的精品力作。作为重大出版项目的第一读者，作为重大出版项目的选择人和把关人，编辑一定会不断提升政治判断力、政治领悟力、政治执行力，全面提升政治素养。

**（二）重大出版项目建设可以培养编辑的协作精神**

大多数重大项目都需要有选题、组稿、审稿、校对等多个环节的密切配合，需要有排版、设计、印制等多个团队的协同推进，需要有作者、专家、市场、宣传等多方面的相互支持，比如本人所参与的“中国水利史典”丛书就成立有编委班子、工作班子、学术委员会3个班子，编辑队伍、作者队伍、专家队伍、质检专家队伍、分卷编委会队伍、联络员队伍等多支队伍，作为重大项目的参与者和实施者，编辑必须统合协同多方面的业务，大项目的建设也必定会更好地培养编辑的协作能力，提升出版单位编辑团队的协作意识和团结奋进精神。

**（三）重大出版项目建设可以铸就编辑的精品意识**

编辑的价值追求代表着一个出版社的价值表现，也决定着出版社的图书品格和质量。重大出版项目往往是出版社的重点精品工程，一定会配备优质的团队开展各项工作，参与其中工作的编辑们必定耳濡目染，不断树立起精品意识。比如“中国科技之路”丛书建设之初就坚持两个严格，即严格按工作规范作业，严格按编辑工作程序办事；做到八个统一，即统一制定实施方案、统一制定编写编纂规范、统一审定编写样稿、统一审定分册大纲、统一抽检初稿、统一设计图书封面和版式、统一检查编校质量、统一印制格式。各出版社的编辑团队参与过全部工作流程后，都纷纷表示受益匪浅，学到了打造精品力作的“真经”。

**（四）重大出版项目建设可以激励编辑的敬业精神**

重大出版项目建设往往历经多年，参与其中的编辑经常是“冷板凳”坐10年，许多编辑名家大家苦心孤诣、孜孜不倦，一个大型项目耗尽一生心血。出版行业这样的典范不少，他们的精神风范，他们的奉献精神，必将引领紧随他们从事编辑工作的一代代新人，加强对业务的探索研究，开阔眼界，提高境界，提升素养，激励更多优秀编辑树立爱岗敬业的精神，用创新活力构建更多高质量精神文化产品。

## 三、重大出版项目是提升编辑核心素养的“导航仪”

重大出版项目在业务工作中要提高政治站位，力求精益求精，在流程中要组织调研，明确指导思想与目的意义，要确定读者定位，确立主体结构与风格，要论证项目可行性，争取上下支持；在内容上要大力突出亮点，着重反映在国际上具有突破性、领先性技术的科技成果；在出版技术上要大力倡导融合出版，注重运用现代传播渠道，要注重策划开发延伸性产品等。这些事无巨细的工作，必须要求编辑在业务实践中，树立较高的理想，遵循重大出版项目建设的高要求高标准，不断提升自身核心素养。

经过长期的编辑实践，个人认为，新时代重大出版项目编辑应该具备 5 个方面素养：摆在第一位的是政治素养，编辑必须具有较高的政治判断力、政治领悟力、政治执行力；第二方面是职业素养，编辑要有爱岗敬业、精益求精的工作作风，要有格调向上、志趣高尚的职业操守，要有服务社会、服务读者、认真负责的工作态度；第三方面是专业素养，编辑要不断学习进步，成为某方面或某几个选题方向的行家专家；第四方面是心理素养，要不断培养求新、共情、协作、友好等心理；第五方面是审美素养，编辑要对内容之美赏识和发掘，对媒介产品形式之美进行深入的探索和不同角度的表达。

## 四、重大出版项目是培育复合型编辑的“孵化器”

出版是一门实践性较强的应用型业务，精神文化产品的生产特性决定了编辑需要具备多方面的复合能力，需要将理论与实务科学融合、有机衔接，进而形成自身的专业素养和综合能力。比如专业知识、编辑技能、编辑思维等，其中专业知识包括编辑人员对本专业基本原理、业态、历史、国际视野的认识水平；专业技能包括编辑业务技能、产品生产传播技能、专业技术应用能力、沟通协调能力等；编辑思维包括创新思维、审美思维、产品与用户思维等。在具备以上专业素养的基础上，编辑通常还应具备以下5种能力：一要具备选择鉴别能力，包括对选题的判断能力和文稿的识别把关能力；二要具备市场分析能力，要熟悉本专业的市场格局、产品特色、发展态势，要不断深入分析市场需求；三要具备语言文字能力，要厚植敬业奉献的人文情怀，保持旺盛的创造力和创新活力，要熟悉出版行业标准、熟知语言文字规程规范；四要具备组织协调能力，贯穿策划选题、组稿、审稿，到装帧设计、出版制作、宣传营销等环节；五要具备技术运用能力，随着大数据、知识付费、人工智能等技术在出版领域的广泛应用，编辑的技术应用能力已经成为一项基本素养和能力，通过这一能力的充分发挥，可以使选题获得持续高品质的赋能，获得持续高效率的收益。

为了传承好古代优秀科技成果，让收藏在禁宫里的大量科技文档和珍贵资料永久保存下来，助力现代科技建设，我和我们的编辑项目团队展开了10多年的水利科技古籍整理及系列重大出版项目建设工作，完成了两期5300余万字的国家出版基金项目、一系列国家级数字化出版项目以及衍生的更多国家级重大出版项目。由单一的内容开发，向多形式多载体的综合开发转变，以优质内容优质作者为核心，做宽产品线，实现出版增值。通过综合开发、系统开发，力争"一个内容，多种创意；一次开发，多种产品；一种产品，多个形态；一次产出，多次增值"，把出版社所拥有的优质出版资源发挥好。

在完成这些项目的过程中我们碰到过许多意想不到的难题，通过寻访专家、调研专业机构，各种试印试校，多节点质量控制，组建工作专班，建立系列制度，设计业务流程等办法解决了原稿问题、作者问题、质量问题和进度问题。尤其在探索全方位数字化开发和融合出版的过程中，更是在不断学习研究，不断探索创新，策划建设了中央文化产业发展专项资金资助项目《中国经典水利史料数据库》，策划了"十三五"国家重点图书音像电子出版规划项目《中国古代河渠图》《中国经典水利古地图》，策划了国家出版基金资助项目《中国黄河文化大典》、国家古籍数字化工程项目《中国黄河古地图数字资源库》，策划了“十四五”国家重点图书音像电子出版规划项目《中国十大世界级灌溉工程遗产》《黄河流域综合治理思路和政策研究》等，策划了国家出版基金资助项目《中国经典水利史料》等系列数字化产品，开发了《全河图说》古地图长卷、梵夹装、《河防一览》套盒装、《黄河发源入海图》等文创产品。这些产品的成功策划和具体实施，对项目编辑团队的综合能力提升效果非常明显，大部分编辑已经成长为了德才兼备的优秀人才，同时在重大项目的建设过程中也引领带动了相关编辑部门、装帧出版等部门专业人员的综合能力提升。

（作者单位：中国水利水电出版传媒集团）

# 新时代编辑在文化强国建设中的新使命新担当

云慧霞

习近平总书记在文化传承发展座谈会上强调，在新的起点上继续推动文化繁荣、建设文化强国、建设中华民族现代文明，是我们在新时代新的文化使命。新发展阶段和新发展格局赋予出版工作新的发展机遇，也对新时代的出版业提出新的使命要求，迫切需要出版加快转型升级、编辑加快创新发展的步伐。新时代的编辑要在推进文化强国和出版强国建设中更加坚定文化自信，勇于担当出版使命，把握机遇、主动作为，在传承中华文明、打造文化精品、提升专业能力、厚植人文情怀等方面持续发力，为创造新时代的新文化、建设中华民族现代文明提供基础支撑。

## 一、传承中华文明是编辑工作的核心要义

随着我国出版事业进入新的发展阶段，出版的文化传承使命更加凸显，在发展社会主义先进文化、弘扬革命文化、传承中华优秀传统文化方面发挥着越来越重要的作用。作为出版活动主体的编辑，要在文化传承发展中充分发挥责任担当和使命意识，坚持马克思主义基本原理同中华优秀传统文化相结合，努力推动中华优秀传统文化的创造性转化和创新性发展。

### （一）坚持马克思主义基本原理同中华优秀传统文化相结合

在出版领域推动马克思主义基本原理同中华优秀传统文化相结合，是编辑的职责使命所在。中华文化源远流长，中华文明博大精深，优秀的传统文化和中华民族现代文明浸润着新时代的每一个人，润物无声般涵养着人们的精神品格。立足中华文化沃土，坚持中华文化立场，弘扬中华民族精神，是中华文化自信地走向世界，体现中国立场、中国风格和中国气派的关键。出版是挖掘中华文化、传承中华文明的重要载体，编辑要高度重视中华优秀传统文化在塑造中华民族精神和加深对社会主义核心价值观认同方面的核心作用，在出版工作中自觉把马克思主义思想精髓同中华优秀传统文化精华贯通起来，充分运用中华优秀传统文化的宝贵资源，汲取丰厚的文化积淀与营养，推动在出版工作中开展中华文化的当代价值探索和有效传播。

在出版领域推动马克思主义基本原理同中华优秀传统文化相结合，是编辑展开选题的指向。编辑要高度重视马克思主义基本原理同中华优秀传统文化相结合的阐释和研究成果的出版，积极策划马克思主义同中华传统文化、中国哲学精神和中华传统美德相结合的选题，努力打造一批熔铸古今、汇通中外的文化精品。经过5000多年积淀的中华文明成果和领域极为丰硕和广阔，编辑要善于提炼和凸显中华优秀传统文化的独特标识和时代价值，从中华优秀传统文化中攫取素材、获取灵感、汲取养分，在中华

文明探源工程、重大考古发现、重大古籍整理工程上深挖选题资源，推动出版在建设中华民族现代文明中发挥更大作用。①

### （二）推动中华优秀传统文化创造性转化和创新性发展

传承中华优秀传统文化中所蕴含的核心理念和人文精神，是编辑在新时代彰显中华文化独特魅力的价值选择。中华优秀传统文化蕴含的思想观念、人文精神和道德规范，已经深刻融入中国人的思想意识和生活方式之中。② 编辑要深入了解中华文明的历史，掌握出版发展的历史，深入挖掘并充分发挥文化在出版中的重要作用，树立以出版实践推动中华优秀传统文化创造性转化、创新性发展的责任意识，推出更多体现中国精神和中国智慧的文化精品。

中华优秀传统文化包括风土人情、传统习俗、生活方式、文学艺术、思维方式和价值观念等，为出版提供了无限发掘的文化资源库，也给予出版展示中国人自身的价值体系、精神品质与文化内涵的无限可能。③ 编辑在推动中华文化内容资源的出版传播方面，要通过创造性转化和创新性发展，力求展现中华文化的精华，出版一批弘扬中华人文精神、倡导中华美学精神，深入阐发其文化精髓的精品出版物。④ 为使中华优秀传统文化得到更好的保护和传承，编辑要坚持守正创新的原则，在对中华优秀传统文化的精神内涵进行精准提炼的基础上，按照时代的要求和人民精神生活的需求进行创新和转化。

---

① 参见尹琨《文化传承发展，呼唤编辑人才泉涌》，《中国新闻出版广电报》2023年7月26日。

② 参见赵伟、杨晓颖：《新时代出版人在中华文化国际传播中的责任担当》，《中国编辑》2023年第7期。

③ 参见吴玲、赵悦：《中国特色社会主义文化自信的内在依据》，《边疆经济与文化》2023年第4期。

④ 参见尹琨《文化传承发展，呼唤编辑人才泉涌》，《中国新闻出版广电报》2023年7月26日。

## 二、打造文化精品是编辑工作的重要职责

文化的繁荣兴盛推动出版事业的创新发展，人民群众对高质量精神文化产品的需求不断提升，新时代呼唤更多弘扬中华优秀传统文化、彰显社会创新活力的文化精品的出现。在出版新发展格局下，打造文化精品是党和国家对出版事业的根本要求，是出版业高质量发展的不竭动力，也是编辑在文化强国建设中彰显新使命新担当的实践要求。

### （一）文化精品的生产要求出版单位具有责任意识

当前我国社会的主要矛盾已经发生了根本的变化，突出表现在人民日益增长的美好生活需要和不平衡不充分的发展之间的矛盾，这一矛盾同样在出版领域有所体现。人民对精神文化的需求是多层次多样化的，出版通过精神文化的承载满足人民的多元文化需求，应将生产多样化的高质量文化精品作为价值追求。但是就当前发展状况来看，出版大而不强的问题还很突出，出版在文化发展中的引领作用发挥得还不够，文化精品的生产尚不能完全满足人们的精神需求，与文化事业发展、文化强国建设对出版业的要求还有一定距离。

随着出版高质量发展的加快推进，坚持社会效益首位已经成为出版行业的共识，但是经济效益作为“两效合一”的一个重要维度，是出版企业安身立命的根本，理应也是编辑工作的重要目标方向之一。就目前来看，出版社的收益还是以纸质图书的销售为主，图书出版仍然是出版社经济效益的主要来源，一些出版社通过各种激励机制，鼓励编辑多策划出版市场占有率较高的图书。编辑为达到出版社下达的考核任务，通过缩短出书周期，在短时间内尽可能多地出版新品种来占领市场，这也是导致选题雷同、内容重复等不良出版现象出现的原因。

出版社片面追求经济效益，编辑长期从事低水平的重复劳动、浅层次加工、快餐式出版，也会对其成长带来很大的弊端，导致编辑的知识体系得不到更新，素质能力得不到提升，专业能力只能在低层次徘徊。出版社

在文化精品的生产上要有使命意识，要将生产文化精品视为义不容辞的社会责任，时刻将图书质量放在第一位，在保证社会效益的前提下努力实现经济效益。在文化精品立项和推进过程中，出版社要积极为编辑创造创新工作的良好氛围，以激发编辑的创新潜能和创新活力为工作导向，而不是以产品的低水平重复生产作为企业的生存策略，更不能将社会责任、文化担当仅仅停留在制度层面。

### （二）文化精品的生产要求编辑具有精品意识

当前出版领域中存在的图书质量不能与品种、数量同步增长的问题，除了与出版单位片面追求经济效益相关，也与编辑被动完成出版任务，责任意识、使命意识和担当意识不强有关。文化精品的生产要求编辑要有责任意识、精品意识和创新精神，这是一种内化于编辑内心的对生产文化精品的职业追求，推动编辑将精品意识贯穿出版活动的方方面面，用心用情打磨打造精品图书，将工匠精神和智慧巧思转化为有内涵有品质的优秀作品。

文化精品项目往往都是国家大型项目或者出版社的重点项目，要求编辑要付出更多精力和具有更强的责任意识，通过承担文化精品项目使自己生产精品的能力得到锤炼。编辑是出版工作的源头，在出版活动和出版流程中充分发挥统筹者和掌控者的主体作用。在出版流程的每一个环节，无论是选题策划、编辑加工，还是装帧设计等制作，抑或市场宣传、营销发行，都是围绕着图书的内容展开的出版活动。编辑对内容最熟悉，因此要跟踪整个流程并对每个流程进行把控，与每个环节的负责人一起探讨最佳方案来呈现图书的内容。在文化精品的生产中，为出版物创造更多的附加价值，提升出版物的质量和品质，这些都需要编辑深度参与并在工作中持续释放创新活力才能实现。

编辑要成为与文化强国建设相适应，与出版事业要求相一致，与人民期望相符合的新时代出版人才，始终保持对生产文化精品的热情和活力。文化精品的生产是一个与时俱进、不断创新的过程，新的出版技术、优秀的选题、有创意的设计，都需要编辑创新能力的支撑，将创造性思维转化为有内涵有营养的优秀作品。在创新性意识的驱动下，编辑还要具备市场意识和品牌意识，要有研磨标志性产品的意识和能力，以创造性思维、匠心独用的意识去策划选题、把握好内容。

## 三、提升专业能力是编辑工作的实践要求

编辑是文化强国建设的重要承担者，是出版事业高质量发展的核心推动者，是构建出版新发展格局的积极践行者，在出版工作中发挥着基础和核心的作用，编辑素质和能力的高低直接决定着出版物的质量和出版事业的发展。在传承中华优秀传统文化，建设中华民族现代文明的过程中，迫切需要编辑提升政治素养、专业素养和媒介素养，强化政治把关意识、提升学术文化水平、提升信息技术能力，提高在融合发展环境下所需要的全方位能力。

### （一）提升出版把关能力和政治素养

新时代的编辑出版工作，以习近平新时代中国特色社会主义思想作为有力遵循，以马克思主义出版观作为科学指导。作为出版领域的意识形态把关人，编辑要在工作中自觉以社会主义核心价值观为引领，坚持正确的政治方向、出版导向和价值取向，切实提高对主流价值的引导力、传播力。在理论学习时，编辑要知其然，做到政治认同、思想认同，对理论学习有基础，在出版把关中能应用；也要知其所以然，做到理论认同、情感认同，在学习中不断有新体悟、新理解，在出版工作中能转化。通过理论学习和政治素养的提升，编辑不仅要成为出版的政治把关者，还要成为文化价值的提供者和输出者。

出版业作为重要的意识形态阵地，为社会主义文化强国建设提供基础保障。在出版工作中必须坚持以人民为中心的发展理念，既是出版高质量发展的基本要求，也是开展编辑工作理应坚持的原则。编辑要以满足人民日益增长的精神文化生活需要为工作目标，努力从人民的生产生活实践中发现选题、提炼主题，在出版规划、选题策划、审稿加工、宣传营销时，

积极回应人民关切，服务社会重大战略，在打造文化精品中提升自身的政治素养和文化素养。

在出版工作中，编辑只有具备了过硬的政治素养和理论素养，在面对作者和稿件的时候，才会有作为文化出品人的底气和自信。要切实履行把关人的职责，编辑就要坚持在各项出版工作中都要将社会效益放在首位，将图书的质量放在第一位，对图书出版的全流程各环节进行严格管控。出版流程有众多环节，每一个环节都有对应的人员来负责，但是编辑要对全流程进行跟踪，跟进每一个环节，这是由编辑的工作性质决定的。只有将出版文化精品作为应有的使命，编辑才能通过涵养政治素养获得出版把关能力的不断提升。

### （二）提升业务钻研能力和专业素养

文化精品的生产要求编辑从多个方面提高自身的能力和素养。当前，编辑队伍中还存在素质能力难以适应出版业改革发展的需要，编辑的知识结构与行业发展不相匹配，熟悉业务且懂得市场的复合型人才较为缺乏，人才培养中存在重使用轻培养的现象。编辑是出版高质量发展的动力源泉，通过在出版工作中突出编辑的主体地位，不断提高编辑的素质和能力，使之成为业务能力过硬、编校水平过硬、工作效能过硬的专业化出版人才。

在编辑的专业化成长中，出版单位的规范管理和有效引导至关重要。要通过完善出版规章制度实施精细化管理，加强对编辑的教育管理和业务培训，提高编辑责任意识和业务素养，形成有利于专业化人才成长的育人环境和培养机制。通过综合评价指标体系的建立，职业资格准入门槛的提高，起到职业价值导向的作用，从源头上做好队伍建设，焕发编辑的工作积极性和创新活力。继续教育是提升编辑专业能力的有效途经，出版单位通过继续教育和组织各种形式的培训，帮助编辑获得系统的专业知识和技能训练，使自身的素质和能力得以长效提升。在推进继续教育中，出版单位通过激发编辑接受继续教育和培训的内生动力，促使其由被动接受转变为主动完成，将继续教育中学习到的理论知识转化为出版工作的实践能力，实现从合格编辑向专业编辑的提升和进阶。

编辑在出版活动中充分发挥主体地位，在业务钻研能力和专业化发展方面持续发力，这是提升其业务能力和专业素养的内在需求。编辑工作致力于出版物的价值创造，要加强对学科领域的深入研究，对出版业务的探索研究，利用独特的学识和专业能力，引导作者创作深受人民群众喜爱的文化精品。这也对编辑的专业能力拓展提出更高要求，除了具备选题策划和审校加工能力外，编辑还应加强图书市场的分析能力、营销能力和广告策划能力等方面的培训，认真钻研业务知识，及时更新知识结构，不断丰富自身的业务能力和专业素养。

**（三）提升信息技术能力和媒介素养**

出版是随着信息技术的发展而发展的，在出版深度融合发展和数字化转型的发展格局下，出版流程和业务随着技术和市场的要求不断发生变化，推动出版业与信息技术深度融合是出版业高质量发展的必由之路。出版业的深度融合发展，对编辑业务能力、专业技术技能和综合素质能力的要求日益增加。编辑作为内容生产和传播的主体，要在数字技术、信息网络技术的应用和媒介素养方面不断创新发展，通过对出版物的内容资源进行数字化加工和存储、传输、交换和多渠道分发，将优质内容转换为优质产品与服务，探索适应数字产业发展并能够有效解决实践问题的新思路。

高质量的出版物与信息技术深度融合是提质增效、高质量发展的必由之路。随着数字出版、融合出版、智慧出版等出版业态的不断涌现，出版组织形态、生产方式、经营模式、行业生态等均在发生变革，文化精品的生产理念和生产方式也在发生变化，编辑在出版活动中要跟踪的流程和环节也会更多，一部书稿经过编辑的加工以后，是以传统纸质图书的形式呈现给读者，还是制作成电子书借助新媒体推出，编辑的判断和抉择是最重要的。编辑要在做好传统出版的同时，将数字化作为创新发展的新动能，主动适应读者需求，加大数字信息技术在出版工作中的应用，丰富图书表现形式，推动图书向数字化、多元化转型。编辑要利用信息技术改造传统出版的业务模式和流程规范，重组和再造出版产业链，还要加强对信息技术的风险防范意识，警惕片面追求新技术的应用而违背了出版的本质规律。

## 四、厚植人文情怀是编辑工作的不竭动力

文化强国建设是以编辑为主体的出版工作者共同的奋斗目标，编辑应主动融入这一国家重大战略需求中，努力做一个具有人文情怀的出版人。厚植人文情怀是编辑工作的不竭动力。在文化精品的生产中，编辑要坚定对真理的追求、对知识的渴望、对科学的热爱、对事业的向往和对价值创造的孜孜以求，在文化精品的生产中甘愿付出全部精力和智慧，在中华现代文明的传承发展中发挥更加重要的作用。

### （一）编辑的人文情怀要以文化自信自强为基础

编辑人文情怀的涵养，需要从思想上情感上建立对5000多年中华优秀传统文化的自信，对中华民族伟大复兴的自信，以及对中国式现代化的自信，才会增强将文化传承与创新作为使命的自觉意识。面对以中国式现代化全面推进中华民族伟大复兴的中心任务，面对建设文化强国、出版强国的目标要求，面对构建新发展格局、推进高质量发展的时代课题，编辑要紧紧围绕党和国家的中心任务展开工作，主动对接国家和社会的重大战略，努力把握出版发展新趋势，保持自信自强自立，以深厚的人文情怀和社会责任感推动实践基础上的出版创新，为出版新产业新业态注入强劲动能。

文化传播与文化自信是密切相关的。编辑只有对中华优秀传统文化拥有充分的自信，才能以丰厚的人文情怀、饱满的热情、创新的活力，全力打造符合时代要求、满足人民需要的文化精品。编辑的自信意识和价值输出，是精品生产和传播文化的不竭动力，要将打造具有学术深度和思想高度的文化精品作为最高目标，用文化精品丰富人民精神生活，用文化精品提升世界影响，为增强全社会的民族自信和文化自信，提升中国文化软实力和中华文化传播力，助力社会主义文化强国建设提供出版智慧。

### （二）编辑的人文情怀要以铸就社会主义文化新辉煌为动能

文化精品的生产是对优秀传统文化、革命文化和社会主义先进文化的

选择和加工的过程。作为文化传播和传承的重要承担者，编辑必须正视文化精品出版不足，高质量出版物有待推进的出版现实，把打造文化精品作为工作的方向和目标。编辑要不断激发自身的创造力和创新活力，致力于出版物的价值创新，深耕阅读市场、精耕主业领域，用创新精神和创造活力滋养高质量精神文化产品，策划出版一批回应关切、解疑释惑、凝聚共识的重点出版物，通过升级知识服务模式，用出版匠心打造文化精品，源源不断地为广大读者提供丰富的精神食粮。

文化精品的生产是编辑增强素质能力、强化使命担当的过程，必将进一步提高自身推动出版高质量发展的本领。编辑要始终保持一颗敬畏之心，厚植人文情怀，情系出版事业，在敬畏文字中坚守编辑阵地，确保出版内容的准确化、精细化和专业化。① 编辑有了对文化精品的孜孜以求的精神，才会有全身心投入工作的内生动力，才会有面对利益诱惑时不为之动摇的坚定信念，通过高质量的约稿组稿、编辑加工、全媒体传播，更好地推出反映中华文明突出特性，反映马克思主义基本原理同中华优秀传统文化深度结合的文化精品，为铸就社会主义文化新辉煌贡献出版力量。②

伴随中国特色社会主义进入新时代，出版行业也处于新的历史发展方位。编辑承担着传播知识、传承文化、引导社会、为时代立言的重要职责，在建设文化强国和出版强国，推进文化自信自强，铸就社会主义文化新辉煌方面承担着重要使命。作为新时代的文化工作者，编辑要将高质量发展作为核心目标和价值定位，不断推出有品质有温度有深度的文化精品，用文化精品铸就中国式现代化发展的出版高峰，为繁荣发展社会主义文化，在文化强国建设中发挥重要作用。

（作者单位：高等教育出版社）

① 参见王瑞：《邹韬奋编辑出版思想与实践探析》，《北京印刷学院学报》2022年第1期。

② 参见黄志坚：《在主题教育中全面提升编辑出版能力》，《中国编辑》2023年第8期。

# 科技出版社做好主题出版工作的思考与实践

张立科

党的二十大描绘了以中国式现代化全面推进中华民族伟大复兴的宏伟蓝图，开启了全面建设社会主义现代化国家的新征程。习近平总书记在党的二十大报告中强调，全面建设社会主义现代化国家，必须坚持中国特色社会主义文化发展道路，发展社会主义先进文化，弘扬革命文化，传承中华优秀传统文化，满足人民日益增长的精神文化需求，增强实现中华民族伟大复兴的精神力量。

做好主题出版工作，是出版唱响主旋律、传播正能量，服务群众、影响群众，凝聚人心、汇聚力量的有效途径和工作抓手。科技出版作为我国出版事业和科技事业的重要组成部分，聚焦新时代新征程，如何发挥主题出版的思想引领作用，寻找主题出版与科技出版的契合点，更好地服务党和国家工作大局，是科技出版工作者应该认真思考的重要命题。本文围绕如何做好科技主题出版工作这一核心问题，结合出版工作实际，分析了新时代新征程科技主题出版的重要意义和发展方向，探索了科技出版社做好主题出版工作的实践模式与实施策略。

## 一、科技主题出版的重要意义

新时代气吞山河、承前启后，新征程气势恢宏、继往开来。作为新的主流文化传播形式的主题出版，是国家政治、经济、社会、文化等发展的深刻反映，是广大人民群众重要的精神食粮。主题出版已从最初集中于政治领域，逐步扩展到与党、国家、社会发展相关的各个领域。在这样的新形势下，科技主题出版是科技出版人必须要做好的时代课题，其重要性体现在以下几个方面。

### （一）出版人的崇高使命与时代担当

实现中华民族伟大复兴是近代以来中华民族最伟大的梦想。当前，中华民族伟大复兴进入了不可逆转的历史进程，在全面建设社会主义现代化国家、全面推进中华民族伟大复兴的新征程上，需要增强人民力量、振奋民族精神，需要思想之旗领航向。

出版工作是党的宣传思想文化工作的重要组成部分，出版人要始终践行党性和人民性的统一，在党的领导下，坚持正确出版导向，以强烈的历史使命感和责任感，服务国家和社会的需要。

做强做优主题出版，围绕党和国家中心工作宣传方针政策、记录时代进步、书写辉煌成就，是党和人民赋予出版人的神圣职责。出版人必须要担负起新的文化使命和历史责任，充分发挥主题出版统一思想、凝聚民心的作用。

作为主题出版的重要组成部分，科技主题出版以讲好中国科技故事、展现中国科技力量、弘扬科学精神和科学家精神等为内涵，是主题出版和科技出版的融合创新，是科技出版人为更好地践行主题出版的崇高使命与时代担当而主动进行的推陈出新、自我革命，是时代的要求、人民的需求。

### （二）出版业高质量发展的必然要求

党的二十大报告强调，高质量发展是全面建设社会主义现代化国家的首要任务。推动高质量发展，不仅要实现物质文明的高质量，也要实现精神文明的高质量，出版是其中的重要支点和因素。《出版业“十四五”时期发展规划》将高质量发展作为推动出版业发展的核心主题。

近年来，主题出版的新书品种数、动销品种规模、图书发行量以及社会影响力等持续提升，已经成为图书市场具有引领示范作用的重要板块。相关数据显示，2022 年在图书零售市场销量领先的前 100 种图书中，29 种为主题出版图书，且前 11 种均为主题出版图书。主题图书依靠其优秀的内容质量、较高的市场占有率、显著的品牌效应，已经在我国出版业占据了举足轻重的地位。其中，随着参与主题出版的科技出版社数目明显增多，图书、音像电子出版物、融媒体出版物等出版形式逐渐丰富，科技前沿、科技成就、科技人物等选题方向更为多样，科技主题出版的地位和作用越来越突出。提升内容建设水平与阅读供给能力，创作更多有温度、受人民喜爱的科技主题出版精品力作，满足人民群众日益增长的学习阅读需求，已成为出版业高质量发展的必然要求。①

### （三）推动科技强国建设的重要保障

科技兴则民族兴，科技强则国家强。建设科技强国，是实现中华民族伟大复兴中国梦的必然选择。习近平总书记曾指出：“我们比历史上任何时期都更接近中华民族伟大复兴的目标，我们比历史上任何时期都更需要建设世界科技强国。”建设世界科技强国，实现高水平科技自立自强，是国家强盛和民族复兴的战略基石。当前，世界百年未有之大变局加速演进，新一轮科技革命和产业变革正处于蓄势跃迁、快速迭代的关键阶段，为我国加快实现赶超提供了难得的历史机遇。

在这样的背景下，科技主题出版已成为推动科技强国建设的重要保

① 参见李建红：《2003—2017 年主题出版的选题特点、矛盾及对策》，《出版科学》2018 年第 1 期。

障，其所反映的科技成就、科学技术、科学文化、科学精神及所形成的科学氛围，对繁荣科学研究、赋能科技创新、提高全民科学素养、厚植创新沃土非常重要且迫切需要。科技主题出版应承担起举旗帜、聚民心、育新人、兴文化、展形象的使命任务，并肩负起建设世界科技强国的战略重任。科技出版人要深入挖掘和大力推进优质选题，策划出版一批弘扬科学精神和科学家精神、服务创新驱动发展战略、展现科技强国建设成就的受众面广、普及率高的精品科技主题出版读物，为促进国家高水平科技自立自强和科技产业创新发展提供思想保证和精神力量。

## 二、科技主题出版的发展方向

科技是国家的命脉，是推动时代发展的重要力量，近年来科技主题出版已经成为主题出版的一个重要方向和领域，不仅涌现出了一批优秀的广受读者欢迎的科技主题出版作品，在中宣部主题出版重点出版物评选中，科技主题出版选题的申报数和入选数也不断提升。此外，随着众多被广泛认可的精品主题出版物获得了良好的市场表现，越来越多的科技出版社逐渐由完成任务式地策划，转而主动策划双效统一的佳作、力作。科技主题出版呈现出如下独特的发展趋势。

### （一）主题性和精品化统一

一方面，任何时代和任何社会都有自己的主题，这个主题就是其面临的矛盾、需要解决的问题，主流意识形态的建设就离不开主题出版的建设。科技主题出版作为主题出版的重要类别之一，具有鲜明的主题特色，其选题内容应该紧扣国家和时代的命运，突出主流思想舆论，体现主题性。另一方面，科技主题出版应坚持精湛内容与精美形式相结合，在题材、内容、体裁、形式、风格、形态、载体上精耕细作，在各出版环节中发挥工匠精神，体现精品化。最终达到主题性和精品化相统一，切实增强科技主题出版物的吸引力、感染力、影响力。

具体来说，科技主题出版在选题上越来越契合主题，将构建中国话语体系与国家重大科技决策部署相结合，体现高度与深度；将传播主流价值与讴歌国家科技事业成就、弘扬科学精神相结合，体现向上与向善；将传承中华优秀传统文化与中国科学技术史相结合，体现继承与发展。在制作上，越来越强化精品意识，坚持作者一流、编者一流、作品一流相结合，并找到社会效益与经济效益的最佳结合点，打造主题性和精品化相统一的科技主题出版大作。如2021年中宣部主题出版重点出版物《科学与忠诚：钱学森的人生答卷》以党史和新中国科技史为大背景，借助第一手珍贵史料，将科学家精神、科学精神、家国情怀、共产党员的初心使命融为一体，实现主题性和精品化相统一。

**（二）学术性和普及性兼具**

科技发展与国家命运紧紧相连，尤其是近年来，国际形势风云变幻，国家重要科技战略、重大科研项目等逐渐成为科技主题出版的选题方向。科技主题出版先天具有学术属性，且精品科技主题出版需要学术体系和专业内容作为支撑，以提高公信力，但晦涩难懂的学术术语往往曲高和寡，达不到以文育人、以文化人的目的。随着科技主题出版选题方向的不断拓展和扩充，将学术性和普及性进行有机结合，用普及性的表达来打造学术性的内容，以便于传播，形成兼具政治高度、学术深度和读者广度的特色主题出版作品，是科技主题出版重要的发展方向。①

具体来说，科技主题出版越来越能够跳出传统的学术话语体系，将更多的目光投向普通读者和现实生活，用读者喜闻乐见的表述方式，用小切口折射大主题、用小人物反映大时代、用小故事展现大图景，把学术的变成大众的，但同时也避免学术失范与学术娱乐化，形成学术性和普及性兼具的良好导向。如2022年中宣部主题出版重点出版物《中国制造：民族复兴的澎湃力量》注重专业性和可读性的结合，上篇“中国制造复兴之路”以史为主，下

① 参见韩建民：《高度与温度：主题出版研究导论》，人民邮电出版社2023年版，第126—130页。

篇“中国制造能力修炼”以论为主，通过史论结合讲好中国制造故事、建立民族工业文化自信、凝聚实现民族复兴澎湃力量，兼具学术性和普及性。

### （三）融合性和创新性凸显

信息技术的发展与更迭改变着人们的阅读需求和阅读习惯，驱动着出版行业发生变革，深刻影响着主题出版的发展。依托科技出版社的技术优势，科技主题出版在技术应用和业态创新上一直走在出版业的前列。

具体来说，科技主题出版越来越拥抱新技术、融合新媒体。通过创新传播方式，借助网络以及各类新型出版服务平台等前沿传播渠道，传播、宣传科技主题出版作品，进一步增强了科技主题出版物的影响力和引领力；通过创新推介手段，利用短视频、新媒体等广受年轻读者喜爱的媒介渠道营销科技主题出版物，拉近了主流价值观与读者的距离，改变了传统主题出版物营销依赖传统营销渠道、受众群体单一的问题，大大提高了科技主题出版物的曝光率和覆盖面，为主题出版物市场拓展提供了新增量和新空间；通过创新内容表现形式，将文字与图片、音视频、动画等丰富的多媒体元素结合，极大地拓展了科技主题出版物的阅读功能，提升了读者的阅读体验。[①] 如2020年中宣部主题出版重点出版物“中国科技之路”丛书使用增强现实（AR）技术对我国科技成就进行了生动的视频演示，就是用技术创新、丰富主题出版物表现力的典型案例，有效凸显了融合性和创新性。

## 三、科技主题出版的模式探索

科技出版社作为专业类出版社，一般都拥有专业资源积累和优势出版品牌，有特定的作者和读者资源积累，依托这些传统优势和资源，科技出版社完全可以走出独具特色的主题出版实践之路。笔者担任科技社总编辑

---

① 参见张立科、赖青：《试论当代精品力作的融合发展》，《中国编辑》2017年第12期。

多年，结合上级管理部门对于主题出版的相关要求，深入调查研究，统筹谋划布局，积极整合出版社优势资源，探索出科技出版社“专—精—特—新”主题出版实践模式。

**（一）业有专攻**

业有专攻，“专”就是专业、专心、专注。主题出版一定程度上是出版社整体实力的竞技场，科技出版社要充分发挥自己的专业特性，成立专门机构，组织专精人才，专心专注地做具有一定专业水平的主题出版。承担主题出版任务的出版机构，最好是一个能够作为出版社主题出版常备力量的独立团队，这样才能保证出版社主题出版物持续、高质量产出。在机构人才选择上，应该从出版社的管理和编辑队伍中，遴选具有较高研究水平和专业水平的人才，组成具有竞争力、能打硬仗的团队。在主题出版创作过程中，应该坚持高标准、严要求，在选题视角的切入、作者的选择、语言表达、编辑校对、封面设计、内文排版、印刷装订，甚至在营销推广等环节，都要坚持内容和形式的统一，充分体现出版的专业性。

**（二）精益求精**

精益求精，“精”从结果上说就是精品力作，从过程中看就是精耕细作，从作风上讲就是精进奋斗，要实现以上三者，必然要做到立意精、作者精、质量精相统一。立意精是指主题出版物不仅要内容导向正确，还要能够体现科技特色、贴近读者，贡献人民群众喜闻乐见的有价值的思想。作者精就是要精准选择顶级作者，科技主题出版内容涉及国家战略、重大科技项目等专业学术内容，对作者的要求会更高、更严格，不仅要求作者熟悉党和国家方针政策，还要求作者深耕专业领域，具备扎实的学术积累和思想深度，如2022年中宣部主题出版重点出版物《百名院士的红色情缘》的核心作者是来自中国工程院的100名知名院士；“星耀中国”系列丛书由吴伟仁院士、潘建伟院士、王建宇院士、陆军院士等专家领衔，组织航天五院、国家深空探测实验室等单位的专家研发团队共同编写。质量精就是要在把握好主题和内容的基础上加强对图书质量尤其是编校质量的把关，真正做到立得住、叫得响、传得开。

### （三）特立独行

“特”就是特色，即特殊的、与众不同。要做好主题出版，不能盲目跟风，要能够立足出版社自身的专业领域，紧抓品牌特点和资源特色进行选题策划，形成差异化竞争优势。科技出版社的优势专业领域或者所在行业，是进行选题策划的“富矿”。在进行主题出版选题策划时，要紧盯一个“特”字，紧紧围绕“人无我有，人有我优”的原则，从专业领域的发展历史入手，充分挖掘与主题出版相关的专业史、人物史、文化史等内容，发现典型范例；从专业或者行业的广度入手，深入挖掘专业方向、专业技术、专业研究等方面能够与主题出版对接的内容，找到特色选题，实现出版价值。

### （四）守正创新

守正才能不迷失方向，不犯颠覆性错误；创新才能把握时代，引领时代。① 做好主题出版工作，一方面需要守道路之正、内容之正，另一方面必须创时代之新、传播之新。我们需要有敏锐的政治判断力和强大的需求洞察力，能够精准地把握时代脉搏和市场需求，精准聚焦党和国家的主线工作，把党和国家最新的精神、战略规划与时代文化需求相结合，挖掘符合时代发展需要的高水准、新方向选题。党的二十大报告高瞻远瞩，立足新时代新征程党的使命任务，对创新驱动发展战略、科教兴国战略、实现高水平自立自强、加快建设科技强国等国家科技战略进行了深入阐述，为我们做好科技主题出版指明了方向。科技出版社应该紧跟党和国家事业的发展步伐，落实新精神、找准新方向、采用新技术融合创新，将优秀的科技主题出版内容、传播方式打造出新亮点，将其价值最大化地发挥出来。

## 四、科技主题出版的实施策略

《出版业“十四五”时期发展规划》锚定了 2035 年建成文化强国的远

① 参见张立科：《守正创新　推动出版工作高质量发展》，《中国编辑》2019 年第 6 期。

景目标，从国家层面确立了主题出版的重要地位，对做强做优主题出版进行了全方位规划，对主题出版物提出了更高的要求。

主题出版是科技出版社在新时代新征程上必须要承担的使命任务，也是必须要完成的重要工作。科技出版社在深入理解科技主题出版特点、掌握科技主题出版规律的基础上，要结合自身的优势，不断创新实践方法，找到适合自己的科技主题出版实施策略。

**（一）强化生产机制**

优质内容是评价科技主题出版质量的重要指标。科技出版社应该把生产优质主题出版内容作为做好主题出版的重要任务来抓，通过构建完备的内容生产机制，提前策划、优选作者、做好储备，确保主题出版物的高质量。

首先，主题出版选题规划要提早布局、长期谋划。主题出版不是应景的短平快项目，而应该是经过长期规划、精心打磨、不断向纵深挖掘的出版精品，出版社要将主题出版纳入整体战略部署，与中长期选题规划结合起来，结合出版社的优势板块、产品线与资源，提前做好主题出版选题的规划和布局。其次，在选择主题出版物作者时，要坚持能力为上、精益求精，科技主题出版对作者的要求高，不仅要求懂政策、懂专业，更要求懂出版、懂读者。如何把专业、权威、抽象的科技内容用大众、通俗、有趣的语言表达出来，是技术也是艺术，需要出版社从长期积累的作者资源库中精心挑选。最后，主题出版项目要有连续性，要优中选优，建设对接主题出版物评选的精品项目库，作为主题出版项目的"蓄水池""孵化器"，按照"策划一批、储备一批、实施一批"的原则，实现主题出版项目的滚动开发和有序发展。①

**（二）优化组织机制**

主题出版项目实施过程中，需要调动出版社各个环节的大量人力、物

① 参见张立科：《新时代做好总编辑工作的思考与实践》，《出版发行研究》2021年第1期。

力和优质资源。实践证明，强有力的组织管理机制，是确保项目顺利执行的关键。主题出版项目应该作为出版社的“一号工程”，由社领导亲自挂帅，编辑部门具体负责，相关部门协同配合，专家团队审核把关，共同推动主题出版项目有序、有力开展。社领导要负责做好顶层设计，亲力亲为，深度参与项目全程，充分发挥好把方向、明责任、保落实的作用；编辑部门把控主题出版项目的具体实施过程，要提前规划好项目时间表和路线图，精心策划、精细打磨、精确管理，确保主题出版作品的质量；社相关部门要与编辑部门通力合作，为项目实施提供各种资源支持，切实解决编辑部门的后顾之忧；专家顾问团队由在专业领域或者主题出版研究上有一定权威性和影响力的专家组成，是主题出版项目顺利推进的重要“外援”力量，编辑部门要与专家顾问团队充分沟通，听取他们的专业意见和建议，不断改进、完善主题出版项目。

**（三）落实保障机制**

主题出版具有鲜明的时效性，需要在规定时间完成规定动作。同时，主题出版物也需要按照精品出版物的品质和要求来打造，所以出版社在主题出版物的生产和营销各环节，要强化精品意识，发挥工匠精神，从时间和质量两个方面做好保障。科技主题出版物的编校、排版、装帧和印刷，要按照时间规划做好精确安排，各环节要能够按照时间表有序推进，确保主题出版物在既定时间节点推向市场；出版社在以上各环节要选派水平高、能力强、有经验的编辑人员，负责主题出版物的编辑、校对和装帧设计，保障主题出版物内容质量的科学性、准确性和规范性，设计风格的主题感、专业感与艺术感。读者和市场是检验主题出版物是否成功的关键，针对科技主题出版物，出版社应该改变固有对科技图书的营销策略和营销方式，在充分依靠党和国家政策支持的基础上，按照打造畅销书的方式来进行营销推广，最大限度对接市场需求，实现社会效益和经济效益的统一。

**（四）完善激励机制**

通过构建专门针对主题出版的激励机制，激发参与主题出版项目各环节人员的积极性，有效提高项目的完成效率和完成质量，驱动科技出版社主题出版长期、正向、健康发展。从带动精品主题出版物创作生产的角度来讲，一套完善的激励机制应该包括制度规范、项目扶持、人员激励等方面的内容。制度规范是保障激励机制公平、合规执行的重要基础，出版社可以设立专门针对主题出版的奖惩机制，也可以将对主题出版的奖惩条例纳入出版社已有制度体系中。项目扶持除了要有出版社层面的政策倾斜，最重要的是要有资金支持，出版社可以通过设立专门的主题出版基金，建立主题出版项目孵化机制，加大对重点主题出版项目和创作者的扶持力度，对一些工程浩大、创作难度较高的科技主题出版项目，强有力的资金支持能极大提升创作者和生产者的积极性。人员激励主要面向社内参与主题出版项目的责任编辑、设计人员等相关责任人，通过将主题出版项目的完成情况与个人绩效和年度考核等密切挂钩，可以增强相关责任人做好主题出版的责任感、荣誉感、使命感，让其主动投身到主题出版工作中。

**（五）突出人才机制**

主题出版承载国家意志，观照和回应时代重大课题，相对其他出版方向，对承担出版工作的编辑人才提出了更高的要求。科技出版社应该通过建立完备的主题出版人才培养机制，锻造一支主题出版生力军、常备军，为出版社主题出版工作高质量开展提供坚强保障。培养编辑这三方面的业务能力：首先，要培养编辑做业务的能力。科技主题出版物是兼具主题性、学术性、普及性的精品力作，这就要求编辑具备更高的政治意识、更强的编辑能力、更深的专业功底。一是要加强理论武装，强化对理论知识的学习；二是要注重实践锻炼，让编辑参与到主题出版工作全流程，通过做中学、学中做，不断加深对理论的理解，提高编辑业务水平。其次，要培养编辑带队伍的能力。主题出版是一个系统工程，也是一个团队工程，需要编辑统筹协调社内外的人力、物力、营销力，所以在提升编辑业务能力的同时，还要把承担主题出版工作的编辑培养成能够独当一面的“大编辑”，锤炼他们管理团队、协调资源、培养新人等带队伍的综合能力。最后，要培养编辑承担重大项目的能力。编辑通过参与主题出版重点出版物项目的策划、立项、实施以及结项工作，能够深化对国家政策的理解，提升项目管理、规划和执行能力，在为出版社培养主题出版人才的同时，培养、储备承担大项目、大任务的编辑人才和团队。

## 五、结语

在全国宣传思想文化工作会议上，党中央正式提出并系统阐述了习近平文化思想，为做好新时代新征程宣传思想文化工作、担负起新的文化使命提供了强大思想武器和科学行动指南。习近平总书记指出，要增强中华文明传播力影响力。坚守中华文化立场，提炼展示中华文明的精神标识和文化精髓，加快构建中国话语和中国叙事体系，讲好中国故事、传播好中国声音，展现可信、可爱、可敬的中国形象。主题出版物是出版界贯彻习近平总书记关于构建中国话语和中国叙事体系的重要论述精神，用精品力作来总结、反映、书写中国经验、中国道理、中国理论的重要方式。在我国加快建设世界科技强国，实现高水平科技自立自强的道路上，新主题的涌现、新技术的使用、新人才的培养一定会让科技出版与主题出版碰撞出更加多彩的火花。作为科技出版人，我们应该深入学习领会、坚决贯彻落实习近平文化思想，自觉担负起新的文化使命，对主题出版的理论与实践进行广泛而深入的研讨和探索，不断丰富科技主题出版的理论和实践成果，为科技主题出版高质量发展贡献更大力量。

（作者单位：中国工信出版传媒集团有限责任公司）

# 出版专业技术人员继续教育质量评价研究

吴广庆

继续教育是出版专业技术人员走出校门后，通过继续学习提升素质和能力的重要方式，也是建设高水平、专业化人才队伍的基础性工程。2021年1月，新修订的《出版专业技术人员继续教育规定》(以下简称《规定》)正式实施，在促进出版专业技术人员丰富理论素养、更新专业知识、拓展业务技能，把握出版方向、提高出版质量，推动出版队伍整体素质高质量跃升、出版行业高质量发展等方面发挥了重要作用。本文认为，对出版专业技术人员继续教育进行合理质量评价，是一个具有重大意义且需要迫切解决的课题，有利于推进出版的专业化、标准化建设。进行合理的质量评价，可以从目标原则、课程内容、培训形式、学时考勤、机构师资、服务保障、考核评估等方面进行系统设计。

## 一、出版专业技术人员继续教育的目标原则

目标和原则是进行继续教育质量评价首先需要考虑的因素。只有目标原则正确，才能保证继续教育的正确方向，才不会背道而驰。

### （一）坚持政治引领，提升政治能力

衡量出版专业技术人员的首要标准，是政治过硬、信念坚定，这也是一条红线。做好新时代出版工作，首先要求加强政治能力建设。《规定》中提出“打造政治过硬、本领高强、求实创新、能打胜仗的出版专业技术人员队伍”①，把“政治过硬”放在首位。很多的政治性差错，都是审校人员缺乏政治意识和政治常识造成的。因此，要坚持政治引领，加强对出版专业技术人员的政治意识教育，“深入开展马克思主义出版观教育，把政治能力建设贯穿继续教育全过程”②，提高出版专业技术人员的政治本领，严把政治关，不断提高政治判断力、政治领悟力、政治执行力。

### （二）坚持围绕中心，增强大局意识

“我国的出版事业是中国共产党领导的社会主义事业的一个重要组成部分”③，这就决定了继续教育必须坚持围绕中心、服务大局。出版管理部门、继续教育机构、出版单位等要坚持为人民服务、为社会主义服务的方针，紧跟时代步伐，按照新时代新阶段新要求，加大教育力度，提高教育质量，始终与党和国家的事业发展保持同步。出版专业技术人员要及时了

---

① 国家新闻出版署、人力资源社会保障部：《出版专业技术人员继续教育规定》，见 http://www.mohrss.gov.cn/SYrlzyhshbzb/rencairenshi/zcwj/zhuanyejishurenyuan/202009/t20200929_391929.html。

② 国家新闻出版署、人力资源社会保障部：《出版专业技术人员继续教育规定》，见 http://www.mohrss.gov.cn/SYrlzyhshbzb/rencairenshi/zcwj/zhuanyejishurenyuan/202009/t20200929_391929.html。

③ 国家新闻出版署、人力资源社会保障部：《出版专业技术人员继续教育规定》，见 http://www.mohrss.gov.cn/SYrlzyhshbzb/rencairenshi/zcwj/zhuanyejishurenyuan/202009/t20200929_391929.html。

解国家经济社会发展的最新动态，尤其要熟悉出版的方针政策和发展动态，坚持围绕党和国家工作的重心开展工作，增强服务大局的意识和能力，为党和国家方针政策的贯彻执行保驾护航。

**（三）坚持按需施教，满足从业要求**

“按需施教”是增强出版专业技术人员继续教育针对性的重要原则和有效措施。当前的继续教育工作，在普遍性要求方面已经做了很多努力，取得很好的效果，基本上能够满足学习需要。但是，由于出版单位的定位和发展方向不同、对专业的要求不同，很难统一开展个性化的专业培训。这要求我们在提高针对性、满足出版专业技术人员个性化需求方面还要进一步下功夫。例如：对文字编辑、数字编辑、技术编辑等不同类别的编辑，对助理编辑、编辑、副编审、编审等处在不同层级的编辑，要考虑他们的工作经验、学历程度、学科背景、岗位类别等多种因素，按照不同的需要提供个性化的内容。满足学员的“特殊需要”，关键还是在于出版单位。

## 二、出版专业技术人员继续教育的内容要求和科目设置

课程内容是继续教育的基础和关键，直接关系继续教育的质量和水平。《规定》要求“根据出版专业技术人员不同岗位、类别和层次，统筹规划继续教育课程”①，并划分为公需科目与专业科目。笔者认为，对专业科目还可以进一步细分，划分为出版专业技术科目、学科专业知识科目，有针对性地从两个方面对编辑的出版技术和学术能力进行提升，以适应新时代出版工作专业化发展的需要。

① 国家新闻出版署、人力资源社会保障部：《出版专业技术人员继续教育规定》，见 http://www.mohrss.gov.cn/SYrlzyhshbzb/rencairenshi/zcwj/zhuanyejishurenyuan/202009/t20200929_391929.html。

### （一）公需科目

公需科目，是指能够提升出版专业技术人员综合素质和实践能力的基本知识。具体来说，出版专业公需科目的内容包括政治理论、国家政策、法律法规、职业道德等。要将其作为继续教育的必修科目，明确学时要求。要把学习贯彻习近平新时代中国特色社会主义思想作为首要政治任务，学习党中央政策和最新精神，强化政治类课程建设；要加强职业道德培训，丰富职业素养类课程，提升道德素质和职业素养。

### （二）出版专业技术科目

出版专业技术人员是“博采众长”与“术有专攻”的有机统一体，实际工作中更依赖其专业能力。出版专业技术科目，是指能够提高出版专业技术人员的出版工作能力和编校业务技能的专业知识，是在从事审稿编辑校对等过程中所用到的与出版专业工作相关的知识、方法、技能等。这些主要包括与出版相关的政策法规、业务知识、工作技能等，也包括装帧设计、信息资源开发、版权运营管理等内容。要“注重培养专业能力、专业精神”①，紧紧抓实专业能力建设，全面提升专业胜任能力，并扩大出版专业技术人员应当普遍掌握的专业知识。

### （三）学科专业知识科目

学科专业知识科目，侧重于出版专业技术人员的学科专业发展，也就是人们常说的培养“学术型编辑”，主要是指出版专业技术人员应该具备的与所审读内容相关的学科知识。比如：法学类文字编辑，应该具备法学的基本知识，熟悉法学常识和法学术语；党史党建类文字编辑，应该具备党的基本知识，对党史上的重大事件、党的建设基本情况有一个清晰的认识。

除了上述课程，还应鼓励开发提升出版专业技术人员心理素质和职业性格等方面的课程，以便从精神层面更多地提高学员的基本素养。

总的来说，对于继续教育的课程，应该结合时代发展和行业要求，不

① 习近平：《决胜全面建成小康社会　夺取新时代中国特色社会主义伟大胜利——在中国共产党第十九次全国代表大会上的报告》，人民出版社 2017 年版，第 64 页。

断守正创新，逐步完善课程层级，形成课程体系，并建立健全课程内容的实时更新机制。

## 三、出版专业技术人员继续教育的学习形式

当前，出版专业技术人员参加继续教育的方式方法更加灵活，涵盖了网络培训、线下面授、学历教育、课题研究、培训授课、撰写论文、审读评审、技能大赛等多种方式，与原来相比丰富很多，也符合按需施教的个性化特点。出版专业技术人员可以结合个人的工作实际自主选择学习形式，这一改变“将有效减少出版专业技术人员参与继续教育的工学矛盾等突出问题”①，提高学习和工作的效率。比如，对于一些业界资深的编审来说，他们的水平很高，大都可以给普通编辑上课了。如果他们再和我们普通编辑一样一起学习，会有些略显“浪费时间”。《规定》规定了“担任省级及以上新闻出版主管部门或相关行业协会举办的培训班、学术会议、专题讲座等授课（报告）人”②就是一种很好的形式，能够使他们更集中精力做好出版研究、为普通出版专业技术人员贡献更多更优质的课程。

对于网络培训，建议继续扩大范围，探索线上线下相结合的有效方式。目前的网络学习，大部分还是通过全国宣传干部学院网络教育平台、中国编辑学会继续教育网络平台等进行的。对“学习强国”学习平台优质资源的充分利用，还有待进一步探索研究。目前运用“学习强国”学习平台进行继续教育的比例还很小，对于如何在“学习强国”学习平台上取得

---

① 陈瑞祥、王全莉：《新发展理念下出版专业技术人员继续教育高质量发展研究——〈出版专业技术人员继续教育规定〉解读》，《传播与版权》2021 年第 7 期。

② 国家新闻出版署、人力资源社会保障部：《出版专业技术人员继续教育规定》，见 http://www.mohrss.gov.cn/SYrlzyhshbzb/rencairenshi/zcwj/zhuanyejishurenyuan/202009/t20200929_391929.html。

继续教育学分，还没有计算机制。对于“学习强国”学习平台上的学习积分，建议可以与出版专业技术人员继续教育的积分对接起来，形成一定的学分转换机制。

出版单位应该积极引导和鼓励出版专业技术人员结合单位和个人实际，通过多种途径、多种方式完成继续教育，推动教育方式方法的创新。对于有效的培训方式，应该及时总结经验、逐步推广。

## 四、出版专业技术人员继续教育的学时和考勤管理

出版专业技术人员每年参加继续教育的课时量是不低于 90 学时，与原来相比增加了 18 学时，这说明国家对于出版专业技术人员学习的高度重视，也对通过继续教育学习的方式提高出版人才队伍的素质和能力寄予了殷切希望。同时，将多样化的继续教育形式纳入学时计算，明确学分冲抵方式，满足了出版专业技术人员多样化的学习需求，使继续教育更加灵活、更为充分、更有效果。

对于每年不少于 90 学时且专业科目一般不少于 2/3 的规定，还需要进一步研究细化。从目前情况来看，90 学时的教育课程需要几个培训组合起来才行，一般包括一至两个面授课程，一个网络培训，还有其他的形式可以冲抵。目前继续教育的形式广泛，操作也灵活多样，使得出版专业技术人员灵活安排、自由组合的情况也多种多样。实际工作中，基于面授、网络培训等的多方面要求，需要编辑花精力去多方面组合，包括报名面授班、参加单位组织的培训、参加网络培训班等，还可以拿学时管理规定的其他方式来冲抵，各个编辑的情况不同，所以很多时候单位也不方便统一组织和管理，而是由编辑自己决定。在这种情况下，如何保证面授的学时，如何保证专业科目不少于 60 学时，如何保证政治学习，这都是需要进一步认真设计、细化落实的。

在参加继续教育课时中，按时上课不缺勤，是评价继续教育效果的重

要方面，也是一个能够硬性规定、方便实际操作的重要方面。但是，也有个别单位或个人对继续教育政策认识不到位，或者对继续教育的重要性认识不清楚，导致参加学习培训的积极性不高。有的只是为了完成学分参加一下，课上并未认真听讲，甚至找人代课，尤其是在网络培训的时候；有的只是为了满足职称评定和责任编辑注册登记需要，努力想法凑学分；有的虽然报了名，但在培训的时候因为工作繁忙等原因并未参加，出现了迟到早退甚至无故旷课的情况；有的甚至忘记了培训这回事。他们在处理工学矛盾的时候，选择了工作而忽视了学习，这是导致不参加培训或者缺课的重要原因。对此，应该高度重视考勤问题，将学时和考勤作为继续教育质量评价的重要指标。

## 五、出版专业技术人员继续教育的机构和师资管理

对出版专业技术人员继续教育进行有效的管理，需要统筹好继续教育资源，坚持分级负责、分类指导原则，建立健全出版管理部门统筹规划、社会力量积极参与、出版单位支持配合的继续教育新格局。

### （一）对办学机构的管理

对继续教育的管理，应该依法依规进行。涉及全国范围内继续教育的综合管理和统筹协调，应由国家出版行政管理部门和人力资源社会保障管理部门负责，主要是制定全国性的行业政策，并监督指导全国性继续教育工作的组织实施。对各个地方继续教育工作的组织和管理，应当由当地的出版管理部门、人力资源社会保障部门具体实施。

鼓励和引导社会单位积极办学，充分利用协会学会、高等院校、科研院所等的丰富资源，利用各自优势积极参与继续教育工作，举办各种类型的继续教育研讨班和进修班。对社会机构办学的，应加强管理和服务，包括评估办学资质，向社会公开办学机构，及时公布各次继续教育培训的名称、内容、学时、费用等信息，对顺利结业提供的继续教育证书应在管理

部门备案。

出版单位应开展好本单位出版专业技术人员的培训，鼓励在本单位内组织一定学时的集中教育培训。在本单位组织培训的，应该给出版单位一定权限，出版单位也要切实负起责任。要充分发挥出版单位人力资源部门的作用，切实与上级管理部门、继续教育培训机构做好沟通联系，统筹规划好继续教育培训工作，维护好出版专业技术人员的学习权益，并对培训的质量和效果做好监督。

**（二）对继续教育师资的管理**

提高继续教育的质量和效果，保证师资力量至关重要。出版管理部门应该从全国性继续教育的层面建立继续教育师资库，将与出版相关的优秀教师、优秀出版人才等吸纳进来，严格把好政治关、质量关、学术关、纪律关，优化师资队伍结构，促进教师资源共享，建设一支高质量、专业化的出版专业继续教育师资队伍，为全面提升继续教育质量，培养一流的出版专业技术人才提供有力保障。同时，为推动继续教育的高质量发展，应结合时代发展的实际和出版行业不断变化的情况，建立健全继续教育师资的准入和退出机制。

## 六、出版专业技术人员继续教育的服务保障

参加继续教育培训，既是出版专业技术人员应该享有的权利，也是应该履行的义务。出版管理部门、继续教育机构、出版单位等应当从多方面保障继续教育的顺利实施。

从享有继续教育权利的角度看，相关法规政策已经赋予出版专业技术人员参加继续教育的权益，并突出强调了出版专业技术人员的主体地位。第一，主管部门应该根据参加继续教育人员的数量，统筹好培训班的班次和名额，做好计划，通过鼓励多办班、有针对性地办班等措施，扩大参加继续教育的出版专业技术人员的人数，特别是有效地满足普通一线从业人

员以及民营文化公司从业人员的继续教育需求。第二，出版单位要提供有效的服务保障，保证和要求出版专业技术人员参加继续教育，并提供能够满足继续教育课时和内容要求的培训班次或者相关培训信息，对出版专业技术人员参加的课程予以支持，对学习培训的时间和地点进行充分协调，对学习的课程予以管理、督促和提醒。第三，出版单位应该提供经费保障。按照有关规定合理提取和使用教育经费，对脱产或半脱产参加继续教育的，保障好工资、福利等规定的待遇。当前，国家鼓励和支持举办公益性继续教育，减少课程的费用或者免费授课，对此应该予以鼓励和支持，并探索有效落地的方式。

从履行继续教育义务的角度看，参加继续教育培训是履行出版专业技术人员的职责，是对出版专业技术人员的规定，主管部门应该严格落实各项要求。对未按规定参加学习，或违反学习纪律和管理制度的，应该视情况依法依规对学员给予批评教育等。

## 七、出版专业技术人员继续教育的考核评估

当前实施的继续教育考核，是一项基础性要求，即出版专业技术人员每年必须完成 90 学时的培训，考核合格取得结业证书后才有资格注册责任编辑。这也是参与职称评聘的底线性要求，没有不行。这是所有编辑必须完成的规定动作。进一步来说，如何把继续教育的学习成效与出版专业技术人员的考核评价、职位晋升等结合起来，形成一定的考核评价机制，使其发挥有效的激励作用，还需要进一步研究细化。

在实际操作中，缺少严格的、统一的考核标准和考试制度，是影响继续教育效果的重要原因。继续教育机构每年都会组织多个班次的培训班，但是对于怎样考核却没有统一的标准，这也导致一些学员没有压力，学习时不认真，甚至流于形式。对此，一些继续教育单位已经进行了许多有效的探索：有的培训班实施考勤考核，严格考勤管理，只有符合考勤要求结

业后才可以拿到学分；有的培训班实施作业考核，结业后撰写不少于几千字的学习总结，合格后可以拿到学分；对远程函授的网络课程，在每门课上完后，完成答题并合格之后才可以拿到相应学分；等等。

针对以上情况，建议加强继续教育结果的运用，充分发挥继续教育在出版专业技术人员考核评价、岗位聘用、职位晋升中的激励作用，逐步改进和完善考核方式，优化考核内容，形成考核机制。探索建立继续教育的登记制度，与人事制度挂钩，规定出版专业技术人员参加继续教育达到一定标准后才能晋职、晋级，对未完成继续教育学时、达不到标准的制定一定的惩治措施。培训考核结果可以划分为优秀、良好、合格、不合格等几个等次，并且与年度考核、职称评定等挂起钩来。结业考核方式可以采用结业论文及答辩的方式，让学员有所思考、有所收获。探索建立一定的效果评估机制，对出版专业技术人员在参加继续教育后提升相关业务水平和能力素质的情况进行合理评估，查找差距和不足，提出努力方向。将出版专业技术人员的继续教育与日常教育学习结合起来，与日常编辑出版工作结合起来，在编辑出版工作中检验实效、提升能力。

总之，提高出版专业技术人员继续教育的质量是一个系统工程，需要增强系统观念，加强顶层设计，严守质量底线，不断增强出版专业技术人员的脚力、眼力、脑力、笔力，真正将继续教育的成果转化为出版专业技术人员工作的内生动力。

（作者单位：人民出版社）

# 新时代编辑继续教育的破圈探索

## ——以基础教育类学术期刊编辑为例

谢　琰

新时代的出版业要实现高质量发展，关键是培养一支高素质的编辑队伍，而继续教育是编辑人才队伍建设的基础性、战略性工作。2020年9月，国家新闻出版署、人力资源社会保障部印发《出版专业技术人员继续教育规定》，从管理体制、内容与形式、学时管理、继续教育机构、考核与监督等方面提出了新要求。出版行业的环境、性质是随着其所依存的时代特征不断变化的，编辑的继续教育工作也应与时俱进。当今时代，社会处于融合发展阶段，人与信息的连接无处不在，主体之间不断融合、渗透，出版的边界趋向于模糊且动态延伸。因此，新时代编辑继续教育也面临着破圈的问题。破圈即突破既有圈层的限制，这就意味着，编辑继续教育要打破固有边界和思维定式，注重融合与跨界，以聚合多方力量来实现破局突围与创新发展。本文以我国基础教育类学术期刊编辑为例，探讨新时代编辑继续教育如何破圈的问题。

## 一、基本逻辑：编辑继续教育破圈的必要性

当前的编辑继续教育存在一些不足之处。比如，培训内容大多集中于理论规范、编校知识，而缺乏对实践案例、业务能力等的关注，特别是对于学术期刊编辑而言，其本身就局限于文字工作，知识能力较为单一，而培训课程的针对性、丰富性、实效性不够。同时，多数培训主要采用专家授课、编辑听课的传统形式，授课方式比较陈旧，缺乏针对编辑培训授课形式的创新与变革。这便导致编辑参加培训的主动性、积极性不足，培训过程变成知识的简单传递，阻隔了编辑与专家、同行之间的交流和互动，编辑继续教育中的学习往往变成一种抽象认识与机械反应。另外，我们还可以看到，编辑继续教育需要破圈的背后也有着深层次的社会及传播逻辑。

### （一）出版技术革新要求编辑提升综合素养

技术进步既是出版业发展的起点，也是其变革的动力。“从铅与火、光与电到物联网、大数据、人工智能，技术的变化改变了出版的生产方式，丰富了出版的产品形态。”①2014 年 8 月，中央全面深化改革领导小组第四次会议审议通过《关于推动传统媒体和新兴媒体融合发展的指导意见》，媒体融合正式上升为国家战略。2022 年 4 月，中共中央宣传部印发《关于推动出版深度融合发展的实施意见》，指出要适应数字时代舆论生态、文化业态、传播形态的深刻变化，更加注重利用新型传播手段，加强全媒体运营推广。可以说，媒体融合恰逢其时地突破了我国传统媒体的传

---

① 章红雨、尹琨：《柳斌杰：出版业改革创新抓准着力点》，《中国新闻出版广电报》2019 年 1 月 9 日。

播困局。

在信息技术、数字技术更新迭代的浪潮下，出版的边界不断被拓宽，学术期刊发展也具备了多样性、动态性和扩容性。技术革新对学术期刊发展提出了更高要求，学术期刊编辑面临适应融媒体环境、掌握数字出版技术、加强传播能力建设等具体问题。这就必然要求编辑不断提升个人的综合素养，也意味着编辑继续教育需要培养创新型、复合型人才。

**（二）期刊功能拓展要求编辑拓宽知识储备**

基础教育类学术期刊作为传播教育学术成果、推动教育学术创新的重要载体，对促进我国教育改革发展具有重要的支撑和引领作用。随着数字时代的信息传播方式发生改变，期刊的生存环境遭遇冲击，其功能必然也随之改变。

传统学术期刊的功能主要是学术传播和学术评价。党的十八大以来，教育被置于前所未有的重要地位，而基础教育类学术期刊处于教育强国与人才强国两大国家战略的交汇点，有必要承担起智库服务功能，发挥其在教育改革与学术引领中的决策咨询与支持作用。这就需要期刊将专家、资源、媒介等优势转化为融合优势，比如支持优秀学术人才成长，或为学校发展提供服务、为政府决策提供咨询等，从多个维度助力健全中国特色决策支撑体系，加强智库建设，最终以高质量决策引领高质量发展。从这个角度而言，编辑要有破圈的能力，不断更新知识、增强技能，满足期刊功能拓展的需求。因此，编辑继续教育也需要破圈，以助力编辑的个人成长。

## 二、两个维度：编辑继续教育的破圈实践

信息技术的互联互通使出版边界消弭，期刊发展和编辑个体都面临破圈的问题。破圈是新语境、新生态中寻求新发展的形象表达，意味着打破边界，与更多主客体发生连接，产生新的关系，建构新的格局。具体而

言，编辑继续教育的破圈实践主要包括内容、形式两个维度。

### （一）内容破圈：注重融合与跨界，指向综合素养的提升

编辑的基本素养除了对文字的加工处理之外，更重要的是在出版理念、工作方法、流程优化、技术手段应用等方面寻找创新点，把握行业发展趋势，了解学科发展动态等。当前的编辑继续教育以编辑理论与实务为主，主要包含“政治理论”“法律法规”“编校知识”等方面的课程。当然，也有一些培训课程适时推出了现代出版技术、新媒体运营、数字化产品研发等内容，以应对不断变化的出版环境，满足编辑学习新知识、掌握新技能的需求。比如，二十一世纪出版社集团组织编辑学习直播带货，进行了多场线上直播；江西教育传媒集团开展了短视频专项培训，包括“手机视频拍摄技巧”等实操性很强的课程，并且要求编辑后续完成并提交手机拍摄的短视频作品。

具体到基础教育类学术期刊，编辑继续教育还应该提升编辑的教育理论素养和学术水平，使编辑能在教育领域与专家、作者和读者对话。《教育研究》是我国教育行业的权威期刊，有学者以该刊为研究对象，分析指出教育期刊要坚持“领地性”与“跨界性”结合。“领地性”是指坚守传统教育学“主阵地”；“跨界性”则指不能只将目光聚焦于教育学，而要促进教育学与其他学科的交叉与融合，观照诸如教育心理学、教育信息化、教育出版等交叉领域的发展。①

如果从更宏观的视角来看，基础教育类学术期刊的内容不应局限于狭义的教育，即学校教育，而是要跳出教育谈教育，以大教育视野，呈现教育的多样性、开放性。这就意味着期刊主题策划需要具备整体思维，也要规避将主题或内容简单堆砌成“大拼盘”现象。比如，“双减”政策是近年来国家推行的重要政策之一，期刊编辑在策划时要注意把握各类教育主体之间的关联性和耦合性，主题选取应兼顾学校、家庭、社区等多元主体

① 参见金东贤：《新时代教育学术期刊选题热点解析——以〈教育研究〉为例》，《中国编辑》2020年第8期。

及各主体之间彼此影响的关系。因此，编辑还要立足全局看教育，关注教育与科技、经济、文化等其他行业的相互联结和影响。

如上所述，随着外部环境的变化，基础教育类学术期刊编辑既要具备基本的编辑理论素养，又要有“互联网 +”思维和新媒体素养，同时还需要具备教育、科技、经济、文化等多学科、多专业的知识。因此，编辑继续教育的内容要突破局限，尝试破圈，注重融合与跨界，最终指向编辑综合素养的提升。

**（二）形式破圈：社会力量积极参与，分层分类展开培训**

传统的编辑继续教育主要是由各省、自治区、直辖市新闻出版行政管理部门认可的继续教育机构统一组织，每年连续几天集中培训，形式以“一对多”的面授为主。事实上，编辑群体的专业背景、工作内容、岗位职责、服务对象等各不相同，如根据岗位职责可分为策划编辑、美术编辑、营销编辑、新媒体编辑等；根据出版物性质可分为学术期刊编辑、社科图书编辑、文艺图书编辑、教材教辅编辑等；根据工作年限可分为新入职编辑、骨干编辑、领导干部等。不同的编辑群体，对于继续教育的需求也不相同。因此，编辑继续教育形式破圈意味着要加强针对性，尊重编辑的个性化差异和需求，采取分层分类模式。

首先，继续教育机构应提前对编辑的培训需求进行调研，构建培训前调研与了解需求的新机制，确保培训内容契合参训编辑的实际需求。据笔者了解，很多省份的新闻出版局和省期刊协会都建立了微信交流群，借助这一交流平台，不仅可以沟通日常工作，而且可以及时听取一线编辑对培训的建议和反馈，还可以通过调查问卷或微访谈的形式，提前了解不同编辑群体对培训的具体需求。

其次，提供个性化课程，编辑可以根据自身个性化成长及职业发展需求自主选课。一些通识性课程可以采取面授的形式，同时也应积极探索建立“菜单式、自主性、开放式”的编辑自主选学制度，为参训编辑提供多样化的课程。比较理想的形式是允许编辑“点课”，为其定制个性化课程，从而激发编辑的内生动力，强化编辑参与培训的自主性。如果组织难度太大，也可以考虑汇总编辑工作日常遇到的“疑难杂症”，设计几个有针对性的专题，编辑可以根据自己感兴趣的内容提前报名，实现分场、分组参与。

最后，创新培训模式，根据各级各类编辑的特点，灵活运用“沉浸体验式”“实战演练式”“案例分析式”“任务驱动式”“情境参与式”等模式。以“如何提高学术期刊编辑的选题策划能力”这一课程为例，尽管许多授课教师都有丰富的案例予以阐述，但远没有让编辑在现场思考和讨论，并写出一个初步方案的效果显著。

以上几种形式的破圈意味着需要社会力量积极参与进来，比如，可以与书店、高校、企业等合作开发个性化课程，或为编辑提供现场考察交流的机会。总之，要充分利用社会各界的资源和优势，整合多方力量，构建多元格局。

## 三、破圈之道：新时代编辑继续教育的发展路径

如前所述，传统的编辑继续教育难以满足新时代的发展需求，因而需要从内容、形式两个维度破圈，通过融合与跨界、分层与分类，让社会力量积极参与进来，形成各领域的有效连接和能量聚合。新时代编辑继续教育的发展路径可以从以下两个方面探索。

### （一）以场景赋能，满足编辑需求

斯考伯和伊斯雷尔在《即将到来的场景时代》一书中提出，科技正在构建新的传播生态系统，以惊人的速度推出新的场景，并认为“技术总是向前发展的，场景时代就是新的进化”①。对于编辑继续教育内容的设计，不仅要思考编辑学什么，还要思考编辑之后能做什么、怎样做。编辑的学习与培养不能只集中于每年组织的几场培训，而应该延续到日常工作中，

① ［美］罗伯特·斯考伯、谢尔·伊斯雷尔：《即将到来的场景时代》，赵乾坤、周宝曜译，北京联合出版公司2014年版，第19页。

建立编辑终身学习的长效机制。这就需要为编辑创设不同的学习场景，满足编辑的不同需求，以下笔者重点阐述两种场景。

一是活动场景。编辑的专业能力具有鲜明的职业特点，大部分需要在实践中获得。因此，应尽量营造贴近真实工作现场的环境，创设丰富的活动场景，让编辑更愿意将思考付诸行动。比如，编辑可以自发组织与同事、同行间的经验交流活动，讨论和解决日常工作中最实际、最具体的问题。又如，笔者所在的编辑部多年来坚持开展“编辑的教育行走”活动，走进校园和课堂，走到真实的师生中间，体验特色课程和校园文化等。另外，通过亲自拜访、采访专家学者，或开展评刊会、选题策划会等活动，也可以巩固与专家学者的关系，培育作者队伍，发挥智库作用。

二是数字场景。如何创设数字场景，提升编辑数字素养，实现期刊的数字化转型，是新时代学术期刊发展值得关注的问题。然而，我国学术期刊在数字技术运用方面目前还处于初级阶段，虽然大多数期刊都建立了网站、微信公众号、微博等平台，但基本上还是纸质版内容的“位移”。[①] 因此，编辑需要在数字场景中充分地感受和吸收，通过对信息的获取、使用、交互、创造等方式，整合资源、打造平台，进一步做好知识服务与学术传播。比如，笔者所在的中南出版传媒集团会不定期组织新媒体业务培训，邀请抖音电商图书业务负责人、喜马拉雅精品故事中心负责人、知名图书品牌创始人等来交流；还会组织编辑去互联网企业、信息科技公司等现场观摩。编辑在这些场景中不仅可以了解前沿技术，也会开阔自己的视野和思路，最终引领和带动包含产品、模式、管理、传播等在内的创新体系形成。

**（二）建设共同体，联结更多力量**

滕尼斯认为，共同体是“建立在有关人员的本能的中意或者习惯制约的适应或者与思想有关的共同的记忆之上的”[②]。随着社会的整合与发展，

---

① 参见孟令梅：《学术期刊编辑身份定位困境及其解决路径》，《中国编辑》2022 年第 5 期。

② ［德］斐迪南·滕尼斯：《共同体与社会》，林荣远译，商务印书馆 1999 年版，第 2—3 页。

“共同体”这一概念的外延被不断扩大。建设共同体，主要是为了实现合作与共享，以联结更多力量参与共同的事业。具体而言，可以有以下两种形式。

一是学术共同体。期刊的学术共同体包括编委、高校学者、作者、读者、编辑等，是期刊创新学术、发展学术的主体。这里编辑应成为学术共同体的重要成员。有学者指出，学术期刊编辑在履行好“学术把门人”职能的前提下，应更多地思考如何传播这些学术成果，进而扩大学术期刊的话语权，最终使自己成为学术传播的引领者。① 需要强调的是，“引领”是有条件的，一方面，编辑要提高对文章的选择把关、编辑加工等能力，提供高水平研究成果，以高质量的出版物助推出版强国建设；另一方面，学术期刊具有很强的专业性，编辑要不断提升专业知识水平，通过编研结合等方式加强学术能力和学术思维的培养。② 另外，编辑也要提高学术写作能力。这些要求编辑具有超出单一专业的宽广视野，拥有对教育前沿的高度敏感性和对社会问题的深刻思考与见解。“超出单一专业”即不局限于编辑出版专业，还要关注教育行业的研究热点、研究走向，提升教育及相关领域的学术造诣，最终使期刊服务于教育改革发展，推进教育强国建设。

二是学习共同体。我国部分高校提倡自主、合作、探究的学习方式，并通过学习小组的形式来组织完成。笔者以为，这种形式也可以用于编辑培养，通过建设集编、校、研于一体的学习型组织，打破横亘在编辑部中不同学科、不同专业、不同岗位之间的壁垒，促使具有不同风格特点和思维方式的编辑互相交流、合作与分享，从而获得共同成长。③ 具体而言，编辑要有共同的发展目标、明确的小组分工、科学的合作流程、有效的小

---

① 参见陈静、余望：《融媒体视域下学术期刊编辑的价值定位与重构》，《中国编辑》2023年第8期。

② 参见孙艳：《出版深度融合背景下学术期刊的高质量发展问题》，《中国编辑》2023年第10期。

③ 参见刘飞：《基于专业知识场景增长编辑实践性知识的策略》，《传播与版权》2022年第7期。

组评价。比如，同一出版单位或期刊的编辑可以自发形成多个小组，每个小组选择一个感兴趣的主题，每位编辑就这个主题进行研究，并轮流作为主讲人与其他小组进行分享和交流。这种形式可以充分调动编辑的学习主动性，激发编辑各项潜能，实现编辑“自主学习—自主管理—自主发展”目标。特别是学术期刊编辑很多都在高校或科研院所工作，工作模式是较封闭的“单打独斗”，学习共同体的形式可以加强编辑之间的交流和互动，促使共同体成员集体进步、持续发展。

## 四、结语

出版业“十四五”时期将聚焦高质量发展，而高素质的编辑队伍是推动出版业高质量发展的中坚力量。新时代提出了新问题、新要求，编辑需要通过继续教育提升自身的综合素养，以适应新技术、新业态的变化。因此，破圈成为编辑继续教育在新的时代背景和技术创新中面临的必然选择。编辑应该认清形势，通过继续教育聚合多方力量，提升自身综合素养，从而赋能我国出版业高质量发展。

（作者单位：中南出版传媒集团《新课程评论》杂志编辑部）

# 编辑继续教育高质量发展的实践与思考

郭红怡

党的二十大报告指出，高质量发展是全面建设社会主义现代化国家的首要任务，明确了要推进文化自信自强，铸就社会主义文化新辉煌。出版行业应深入领会高质量发展的丰富内涵与实践要求，助力文化强国和出版强国建设，服务于中国式现代化建设。高素质的编辑队伍是出版行业高质量发展的基础性和决定性力量。作为编辑队伍建设体系的重要组成部分，继续教育在不断优化编辑知识结构、持续提升编辑专业能力方面发挥着不可替代的作用。随着科技发展和知识更新速度的不断加快，对于提升编辑专业知识、业务能力和综合素养的要求越来越高，推动编辑继续教育高质量发展成为重要工作。在全面分析新形势新要求的基础上，充分认清编辑继续教育的新使命新任务，积极探索编辑继续教育的新方向新路径，有助于推动编辑继续教育的高质量发展。

## 一、编辑继续教育高质量发展的新形势新要求

### （一）国家重大战略部署指明方向

党的二十大报告指出，全面建设社会主义现代化国家，必须坚持中国特色社会主义文化发展道路。2023 年 4 月，学习贯彻习近平新时代中国特色社会主义思想主题教育工作会议在北京召开。主题教育的全面展开和深入推进，为出版高质量发展和编辑队伍建设赋予了新的动能，通过凝心铸魂、固本培元、实干笃行，切实增强出版学、业两界的理论高度与实践广度。2023 年 6 月，习近平总书记在文化传承发展座谈会上发表重要讲话强调，把马克思主义基本原理同中国具体实际相结合、同中华优秀传统文化相结合是必由之路。在“两个结合”的高度上重新审视中华优秀传统文化的传承与发展，并将其作为根本遵循进行主流价值引导，是建设具有中国特色的出版文化的关键。2023 年 10 月，全国宣传思想文化工作会议在北京召开，首次提出习近平文化思想，明确了新时代文化建设的路线图和任务书，为做好新时代新征程宣传思想文化工作，担负起新的文化使命提供了强大思想武器和科学行动指南。国家一系列重大战略部署为运用党的创新理论指导中国出版事业发展，建设面向中国式现代化的出版产业指明了发展方向。推动文化繁荣、建设文化强国、建设中华民族现代文明，成为新时代出版人新的文化使命。

### （二）出版业高质量发展吹响号角

2021 年 12 月，国家新闻出版署发布《出版业“十四五”时期发展规划》，强调加强出版人才队伍建设，深化出版专业技术人员职称制度改革，健全完善继续教育培训和职称评定的长效机制。从新时代的新坐标出发，反映出行业发展对职业群体的能力展望，凸显编辑人才培养和编辑继续教育的重要性。2022 年 4 月，中央宣传部印发《关于推动出版深度融合发展的实施意见》，从夯实人才培养基础、强化高层次人才培养激

励、发挥企业人才建设主体作用三个方面，对融合出版中的人才队伍建设进行了宏观部署，强调着力培养“一专多能”的出版融合发展人才，制定相关人才建设规划、制度、举措。出版业正处于融合发展新阶段，面对转型升级提出的高要求，出版人才队伍建设被摆到更加重要的位置，融合出版人才培养需要面向行业、市场、技术，提升编辑职业能力，增强核心竞争力。

### （三）专业技术人员继续教育制度日臻完善

2015 年 8 月，人力资源社会保障部发布了《专业技术人员继续教育规定》，对专业技术人员继续教育的基本原则、要求、制度和管理体制等作出具体说明，继续教育成为包括出版行业在内的各行各业实施人才优先发展战略的重要举措。2020 年 9 月，基于《出版管理条例》《专业技术人员继续教育规定》《干部教育培训工作条例》等，并紧密结合出版行业发展实际，国家新闻出版署、人力资源社会保障部发布了修订后的《出版专业技术人员继续教育规定》，强调继续教育机构要突出政治引领，以提升思想政治素质和职业素养、创新创造能力为重点，建立健全继续教育培训内容更新机制。这一规定立足继续教育的政治引领、专业培养以及改革创新等维度，力图更加精准全面地催发出版专业技术人员战斗力。①2021 年 1 月，人力资源社会保障部、国家新闻出版署发布《关于深化出版专业技术人员职称制度改革的指导意见》，提出推进职称制度与出版专业技术人员继续教育制度相衔接，引导出版专业技术人员更新知识、拓展技能，全面提升专业胜任能力。专业技术人员继续教育制度的完善，为培养造就政治过硬、本领高强、求实创新、能打胜仗的出版人才队伍，提供了重要的制度保障。

① 参见陈瑞祥、汪全莉：《演化逻辑与未来面向：对〈出版专业技术人员继续教育规定〉的解读》，《当代继续教育》2021 年第 5 期。

## 二、编辑继续教育高质量发展的新使命新任务

国家重大战略的部署、出版行业的融合发展、专业技术人员继续教育制度的完善，为编辑继续教育高质量发展提供了重要契机、奠定了坚实基础、创造了良好条件。编辑继续教育在人力资源开发、人才素质提升等方面的基础性、先导性、普惠性作用将越来越突出。目前，编辑继续教育还存在着一些与新形势新要求不匹配、不适应的问题，加强政治能力建设、提升文化素养成为编辑继续教育的重中之重。

### （一）固本强基，完成政治能力建设大课题

出版工作是党的宣传思想文化工作的重要组成部分。在文化强国和出版强国建设中，无论是广泛深入地传播党的最新理论创新成果，还是准确地宣传阐释党中央的重要决策部署，都是编辑的重要职责。在意识形态领域主导权争夺加剧、思想文化领域交锋激烈的今天，强化编辑政治能力建设，增强政治定力十分重要而紧迫。政治能力是编辑的首要能力，编辑具有坚定的理想信念、强烈的责任意识和传承精神，对于出版行业融合发展、做好文化传承至关重要。

编辑继续教育是加强编辑思想教育、夯实理论基础、强化政治能力建设的基础制度和重要保障。在当下出版行业中，一些编辑不能很好地适应新时代出版行业改革发展的需要，亟须进一步增强政治意识、政治素养和政治定力。不断提高政治本领，不断增强政治敏锐性和政治鉴别力，确保编辑政治素养与职责使命相匹配，是当前编辑继续教育面临的重要课题。只有持续固本强基、锻造政治品格，才能增强编辑的主观能动性，更好地肩负起宣传阐释习近平新时代中国特色社会主义思想、展示新时代伟大成就、弘扬中华优秀文化、彰显时代精神风貌的重要使命。

### （二）革故鼎新，谱写文化传承新篇章

出版工作是促进文化繁荣兴盛、建设社会主义文化强国的重要力量。在社会主义核心价值观的引领下，出版行业应积极发挥服务大局、统一思

想、凝聚力量的重要作用，充分挖掘和利用宝贵的文化资源，推动中华传统文化的创造性转化、创新性发展。①做好文化传承离不开具有坚定理想信念、良好文化素养的编辑人才，热爱中华优秀传统文化、坚定文化自信是编辑人才肩负新的文化使命的出发点和立足点。

编辑继续教育在宣传社会主义核心价值观、传承中华优秀传统文化、推进社会主义先进文化建设方面发挥着重要作用。在目前编辑继续教育课程设置中，虽然对中华优秀传统文化有所观照，但是对中华优秀传统文化内涵的提炼还不够精深，对中华优秀传统文化的当代价值和世界意义的阐释还比较缺失，个别编辑树立文化自信、以传承中华优秀传统文化为己任的担当意识还不足。增强知识储备、开阔文化视野、提升文化素养，是编辑继续教育创新的重要面向。只有革故鼎新，加大中华优秀传统文化的教育力度，夯实文化素养基础，才能帮助编辑在出版实践中全面把握最新文化前沿热点，更好地对文化质量进行辨别和把关②，真正将为人民服务的积极性与时代进步的要求结合起来，更好地凝聚社会共识、彰显价值担当。

## 三、编辑继续教育高质量发展的新方向新路径

编辑继续教育的高质量发展将为编辑队伍筑牢政治定力、担纲文化传承不断助力，为编辑人才积极投身文化强国和出版强国建设持续赋能。站在新的历史起点，应以开拓进取、时不我待的精神进行深入探索，从以下几个方面推动编辑继续教育的高质量发展。

---

① 参见万安伦、王金英：《主题教育赋能出版高质量发展：要义、逻辑与进路》，《中国编辑》2023 年第 7 期。

② 参见陈少志、张新新：《出版业文化质量的提升向度与路径探析——基于编辑工作的视角》，《中国编辑》2023 年第 7 期。

### （一）开展马克思主义出版观教育，更新发展新理念

编辑继续教育的高质量发展应更好服务于加强编辑队伍建设的宗旨，有利于锻造过硬政治素养、锤炼高强业务本领、弘扬优良工作作风。编辑继续教育应坚持党管出版的根本原则和以人民为中心的出版理念，在编辑队伍中深入开展马克思主义出版观教育，自觉将编辑队伍建设与服务国家发展、服务国家重大战略紧密结合起来，为丰富完善马克思主义出版观作出贡献。编辑继续教育工作应与时俱进地更新发展理念，做到目标任务围绕发展来确定、工作成效依靠发展来检验。

一是将政治能力建设贯穿继续教育全过程。深入学习习近平总书记关于意识形态工作、宣传思想文化工作、“融合发展”“两个结合”等重要讲话和指示精神，将学习成果切实转化为推动出版行业发展的实际本领。二是将提升文化素养作为继续教育的重要方向。引导编辑持续深化对习近平文化思想的学习运用，培育和践行社会主义核心价值观，增强文化自信，提升出版物文化质量，提高文化传承本领。三是提倡终身学习与自主发展的良好习惯。在新的历史起点，引导广大编辑紧跟时代变化，自觉进行知识更新与技能扩充，鼓励在学习积累专业知识的同时探索相关新兴领域，成为可持续成长型的高质量出版人才。①

### （二）完善顶层设计，推动各项制度协同发展

编辑继续教育的高质量发展应与编辑教育培养与评价等相结合，做到发展规划科学、政策供给充分。坚持问题导向和目标导向，根据行业发展趋势和人才队伍实际，深入研究编辑继续教育的新内涵，明确培养的新目标。加强创新型、应用型、复合型骨干编辑培养，引导编辑人才从政治高度自觉传承中华优秀传统文化，增强编辑在文化内容遴选、高质量文化产品打造等方面的能力，切实肩负起文化传承的责任。②

---

① 参见席说、王治：《新时代优秀编辑综合评价指标体系构建与应用——基于扎根理论的质性研究》，《中国编辑》2023 年第 7 期。

② 参见赵伟、杨晓颖：《新时代出版人在中华文化国际传播中的责任担当》，《中国编辑》2023 年第 7 期。

一是实现各项制度互联互通。编辑继续教育工作要贯彻落实新时期党中央、国务院关于人才工作的决策部署，加强继续教育制度与编辑队伍建设相关的制度建设，如职业资格考试与准入制度、职称制度等的衔接。① 充分发挥继续教育制度的基础性、战略性作用，推进入职前培训指导与入职后训练培养的一体化发展，特别是要积极推动编辑继续教育与职称评定相衔接，打通职业发展通道，引导编辑做好职业规划。二是发挥好人才工程的引领示范作用。鼓励有关行业协会、研究机构等重点围绕融合发展新趋势、新理念、新技能，办好各类培训班、研修班，在出版融合发展工程人才子计划的实施推进中，搭建编辑职业发展快车道；利用好国家重大人才培养项目，积极参与国家专业技术人才知识更新工程，在国家级高级研修班申报、专业技术人员继续教育基地建设等方面，为编辑人才队伍建设争取更多支持。

**（三）突出编辑主体地位，分层分类精准施策**

编辑继续教育的高质量发展应以提升编辑政治素质、专业能力和职业素养为核心，激发编辑人才创新活力。突出编辑在继续教育中的主体地位，激发其内生动力，提供多样化的培训服务与资源，通过自主选学等方式推动编辑个体发展，带动编辑队伍整体水平提升。通过编辑继续教育，不仅为编辑在专业领域成为“专家”营造良好氛围，还要创造条件引导其成为相关领域的“杂家”，着力培养政治定力强、文化素养高的“一专多能”式出版融合发展人才。② 编辑继续教育应从编辑队伍实际出发，坚持分层分类原则，区分不同培训对象和内容，做到精准施策。

一是坚持培训对象分层。结合出版单位核心业务实际，对处于不同人才梯次和职业发展阶段的编辑，如骨干人才、青年英才、业务新秀等，分层实施专项培养计划，分解细化培养目标，有重点、有选择地制定继

---

① 参见张恰：《“十四五”时期编辑队伍建设的价值定位与路径选择》，《中国编辑》2022年第3期。

② 参见阚瑞：《新媒体时代图书出版编辑的坚守、转变及创新》，《采写编》2023年第7期。

续教育标准，做到按需施训。二是实现内容科学分类。遵循编辑职业特点和成长规律，在内容设置上观照编辑个体差异，有针对性地开设提升政治能力、文化素养的课程；注重年度培训内容的整体性与延续性，既贴合岗位职责要求，又兼顾个人职业长远发展。三是突出引领示范。对于“急需紧缺”和“高精尖缺”人才，深入开展专项培训，着重培养创新意识、批判思维和互联网信息素养，通过典型示范带动编辑队伍工作水平整体提升。

**（四）坚持内容与模式创新，增强实效性与针对性**

编辑继续教育的高质量发展应以提质增效为发展内涵，突出实效性与针对性。新时代出版行业从“内容生产”到“知识服务”的转型，催生编辑继续教育在内容与模式上的创新。① 在以数字化、智能化、网络化为特征的融合发展背景下，对复合型编辑人才的需求空前高涨。编辑继续教育应打造复合型编辑人才队伍，以内容与模式创新为载体，更好地提升继续教育的实效性与针对性。

一是更新施教内容，构建完备的课程体系。结合新时代国家的重要战略部署和重大决策，根据马克思主义出版观最新研究发展成果，紧跟最新技术发展趋势，持续开发适应新形势新要求的精品课程，促进新知识、新技术与传统编辑文化的有效衔接。尤其针对出版融合发展、文化素养提升等推出专题培训课程，积极应对内容生产与传播方式的变化。二是创新线下培训模式，推广最新经验和做法。加强教学互动，积极引进现代化手段，灵活运用案例式、参与式、情境式等培训模式，调动编辑参与的积极性。在公需科目方面可采取课堂讲授、专题讲座、互动交流、答疑解惑等方式，在专业科目方面可以交流研讨、参观考察、专业竞赛等形式为主。② 三是创新线上培训模式，促进继续教育资源共享。构建广覆盖、

---

① 参见彭辉丽：《出版业智能化变革下编辑职业素养的培养探析》，《采写编》2023年第7期。

② 参见段娟：《出版专业技术人员继续教育存在的问题及对策》，《科技传播》2021年第13期。

开放式的网上继续教育和在线学习平台，搭建区域性出版专业技术人员继续教育平台①，在现有网络培训平台的基础上，充分利用全国专业技术人员免费公需科目课程资源，积极参与各级人力资源社会保障部门组织的线上继续教育活动。

**（五）加强长效机制建设，健全调研和评估制度**

编辑继续教育的高质量发展应重在建立长效机制，基于结果导向实现可持续发展。在推动由规模发展向提质增效转变的过程中，需要发挥长效机制的作用，为培训质量、效益提升持续提供制度保障。围绕提高编辑继续教育教学质量这一目标，加强对全局性、前瞻性、规律性问题的研究，改进管理方式方法，加强各类服务支撑，健全组织运行规则，都是编辑继续教育长效机制建设的题中应有之义。编辑继续教育要运用好调研与评估两个手段，对具体培训活动进行大范围、多角度、全流程的观察分析。

一是抓好训前调研，明晰需求。广泛深入征求各类出版单位对继续教育工作的意见建议，确保继续教育的形式和内容契合发展需要。通过个别访谈、调查问卷、举办研讨会等形式，加强对不同岗位、不同发展阶段编辑的培训需求，特别是对政治能力、文化素养提升方面需求的调研分析。二是抓好问题反馈，实施监测。对各类培训进行动态监测、跟踪管理，对于开拓创新、成果显著的给予表彰奖励；对于形式主义、敷衍塞责，效果欠佳的予以纠正；对于忽视思想政治教育的实行一票否决；对于反映比较突出的共性问题，提出解决的指导意见。三是抓好后期评估，巩固成果。根据分类分层施训需求，建立健全继续教育评估指标体系，定期开展培训质量评估，发布年度培训发展报告；建立编辑培训信息管理系统和公共服务平台，加强对培训数据的分析和使用，将可复制推广的典型经验和优秀做法及时转化为制度政策。

① 参见沈秀：《出版专业技术人员在线继续教育的现状、问题与路径——基于 483 位学术期刊编辑的调查研究》，《传播与版权》2022 年第 1 期。

## 四、结语

高质量发展已经成为各行各业工作的主题。深入学习贯彻习近平文化思想，牢牢抓住实施科教兴国战略、人才强国战略、创新驱动发展战略的重要机遇，出版行业在文化强国和出版强国建设中必将大有作为。出版行业的繁荣发展呼唤编辑队伍切实筑牢政治定力，自觉担纲文化传承的历史使命。编辑队伍的规模壮大、素质提升和结构优化，需要高质量的编辑继续教育与之相匹配并为之赋能。通过开展马克思主义出版观教育、完善顶层设计、突出编辑主体地位、坚持内容与模式创新、加强长效机制建设等，有力地推动编辑继续教育的高质量发展，为建设中华民族现代文明、完成新时代新的文化使命提供坚实支撑。

（作者单位：中国人力资源和社会保障出版集团）

# 嵌入、连接、转化：编辑继续教育培训的体系化构建

张　茂

党的二十大报告强调，建设全民终身学习的学习型社会、学习型大国。编辑继续教育体现了党和国家出版管理部门和出版行业推动编辑终身学习的理念与要求，以制度性的安排，驱动和保障编辑人才持续拓宽视野、更新知识、提升技能，满足出版工作需要，为出版业履行使命职责、实现高质量发展提供人才保证。在长期探索和实践中，编辑继续教育工作日趋完善，教育形式不断丰富，编辑参加学历教育、承担课题、发表论文、出版书籍等均可获得相应学时。[①] 不过，培训仍然是编辑继续教育的主要形式，正因如此，其存在的问题，如内容针对性不强、教育方式单

① 国家新闻出版署：《人力资源社会保障部关于印发〈出版专业技术人员继续教育规定〉的通知》，见 http://www.mohrss.gov.cn/SYrlzyhshbzb/rencairenshi/zcwj/zhuanyejishurenyuan/202009/t20200929_391929.html。

一、走形式等，[①] 直接影响了继续教育的作用和水平。由于编辑继续教育培训是一项系统性工作，解决现存问题，既需要采取针对性举措，更需要从体系化构建的角度通盘考量，在理念上加深认识，在流程上完善方法，以实现整体提升。

## 一、嵌入：把准继续教育的内容和需求

从系统角度看，编辑继续教育培训嵌入于体系之中，具体有三个层次：一是嵌入了党和国家对编辑队伍的建设和管理体系中。《出版专业技术人员继续教育规定》（以下简称《规定》）指出，继续教育是建设高素质专业化出版专业人才队伍的基础性战略性工作，必须“服务大局”。[②] 同时，继续教育与编辑的职业资格认定密切关联，是编辑队伍管理的重要手段。二是嵌入了出版业和出版单位对编辑人才的培养体系中。出版工作需要编辑具有专业的态度和专业的技能，[③] 继续教育的初衷，是为了解决编辑出版专业毕业生需要实践教育、非出版专业从业者需要理论教育的现实需求，是出版业培养人才的理性选择。三是嵌入了编辑自身的素质提升和职业发展需求中。一方面，编辑需要不断学习以解决工作中的困惑，补齐技能上的短板，提高自身的综合素养；另一方面，参加继续教育是编辑获得从业资格的必要手段，是职业发展的基础性条件。把握这三个层次，有助于在规划培训课程时把准内容定位、进行需求分析，提高培训的针对性和实效性，为后续工作打好基础。

---

① 参见刘大青：《编辑继续教育：成人学习的挑战、缺失及效能提升策略》，《中国编辑》2024 年第 2 期。

② 参见国家新闻出版署：《人力资源社会保障部关于印发〈出版专业技术人员继续教育规定〉的通知》，见 http://www.mohrss.gov.cn/SYrlzyhshbzb/rencairenshi/zcwj/zhuanyejishurenyuan/202009/t20200929_391929.html。

③ 参见赵志峰：《回到原点的编辑实践运用及其编辑学意义》，《编辑之友》2022 年第 8 期。

### （一）宏观层面的内容定位

内容定位采用自上而下的视角，对应上述三个层次，编辑继续教育培训主要涵盖三个方面：一是深入学习贯彻习近平新时代中国特色社会主义思想，深入开展马克思主义出版观教育，强化政策性内容的学习，重点学习与出版工作相关的党和国家的路线方针政策及法律法规，提高意识形态把关能力和政治敏锐性、政治鉴别力，确保编辑在工作中把握正确的政治导向和出版方向。二是强化对出版业使命、理念、道德的认识和领悟，培养编辑人员的责任意识、职业精神、专业能力，加深对行业内外形势的理解。三是围绕编辑工作需要，学习“编辑业务知识，编校技能和质量要求，装帧和版式设计、信息资源集成开发、版权运营管理等专业知识，以及与行业发展相关的新知识、新技术、新技能”①，提高编辑的岗位胜任力。

### （二）微观层面的需求分析

需求分析采用自下而上的视角，使培训在内容定位的基础上更加细化和有针对性。培训需求的分析也观照上述三个层次，包括政策分析、行业分析和编辑需求分析。政策分析主要依据最新的政策导向和要求，重点关注政策的变化更新之处和条款细则。行业分析主要着眼于行业形势，把握最新的发展理念、市场状况和技术趋势等；要细致分析不同领域的编辑群体，如图书编辑、期刊编辑、电子出版物编辑，以及不同地域、不同层次的编辑人员的区别，设置相应的学习内容；可以在编辑任职的出版企业开展调研，将继续教育培训与企业发展任务相结合，设置满足出版单位需求的内容。编辑需求分析主要围绕编辑的岗位和个人需求展开，将编辑岗位的工作标准、任职条件与编辑的工作表现、绩效水平比照分析，从胜任力的角度分析编辑的知识、技能差距，坚持“缺什么补什么”的原则，找到培训发力方向，讲授最新的知识、技术和技能；通过访谈、调研等手段，征集编辑人员的意见建议，了解其职业状况与职业理想的差距，设置针对性培训内容。

---

① 国家新闻出版署：《人力资源社会保障部关于印发〈出版专业技术人员继续教育规定〉的通知》，见 http://www.mohrss.gov.cn/SYrlzyhshbzb/rencairenshi/zcwj/zhuanyejishurenyuan/202009/t20200929_391929.html。

### （三）实践层面的规划制定

要在开展内容定位和需求分析的基础上，做好继续教育培训规划。要注意统筹安排，尽量涵盖各方需求，使不同课程相互衔接、相互补充。不过，由于培训规模、资源投入及时间精力的限制，尤其是编辑个体的意见较为多元和个性化，不可能完全满足所有需求。对此，在规划时可从两个方面加以把握：一是聚焦重点，解决难点。一方面聚焦政策导向、市场导向、技术导向，关注工作与业务中的难点、瓶颈与短板，设置相应的培训内容；另一方面聚焦重点单位和主要群体，把握和回应他们的主要诉求，对于较为个性化的需求，如无法兼顾，可不列入培训内容。由于不同领域、不同地域的编辑群体通常采取不同的培训班次，因此要注意针对不同群体的特点设置差异化的学习内容。二是丰富形式，分流需求。由于短期内的集中培训很难满足所有需求，因此可充分利用网络和数据库等技术，安排不同内容和形式的在线课程，形成多样化、多面向的课程体系，以满足多元需求。同时，编辑从事出版工作的年限不同、职称不同，对知识的需求也不一样，经验较浅的编辑需补齐和掌握基础知识，资深的编辑则更关注创新性、拓展性的内容，因此可以探索分层次培训的方法，按照编辑从业时间的长短和职称的高低，安排不同梯次的培训内容，以更加贴近编辑不同层次的实践需求。①

## 二、连接：促进培训知识的流动和学习

编辑继续教育培训的过程也是知识流动的过程，从某种意义上讲，“人才培养的本质是知识在组织、群体和个人之间的流动”②。继续教育培训要想取得成效，必须在讲授者和受训者之间建立有效连接，让知识顺畅

① 参见莫愚、梁光萍：《关于出版专业技术人员继续教育的思考与建议》，《学报编辑论丛》2020年第0期。

② 曹明倩：《知识流动视域下的编辑人才培养》，《出版发行研究》2019年第10期。

地流动。知识流动受诸多因素影响，如知识内容、知识主体、知识媒介以及环境条件等都可能成为影响知识流动的因素。① 不过，相较于知识类型多样、传受主体多元的大范围知识流动，② 编辑继续教育培训是一种小范围的、定向的知识流动过程，其影响因素主要包括知识内容、知识的传者与受者、知识流动的场景和知识流动的渠道。围绕这些因素，完善相关举措，为编辑学习创造有利条件。

**（一）知识的内容**

知识流动如想顺利进行，必须具备一定的"势差"，即知识从高势位流向低势位。知识流动中的势差最好适度，势差过大，势能低的知识主体无法接受流动的知识，知识转移不能顺利实现；势差过小，流动的知识无法满足势能低的知识主体的需要。③ 当前，部分继续教育培训存在势差过大的情况，如对于人工智能、增强现实等一些最新的技术，对于很多编辑而言，缺乏知识积累和实践场景，无法同自身知识结构和岗位工作衔接，很可能听课时觉得"高大上"，但听过便忘了；同时，也有势差过小的情况，如审稿、编校、标点等方面的基础知识，不少编辑已有所掌握，如果讲授者没有融入新的知识点，与编辑的知识结构难以形成高低势差，讲授时就会让人觉得无趣也无用。因此，在安排培训内容时，讲授的知识要"可控地"领先于编辑的知识。同时，促进知识跨界"不是调整个人的知识库，而是调整信息以适应个人的知识库"，知识的传授者需"翻译和重新表述知识，将其从一个领域转移到另一个领域"④，这就是说，如果讲授者试图传授编辑不太熟悉的知识，应主动贴近编辑的理解范畴，顺应编辑的表达习惯，以利于知识的流动。

① 参见华连连、张悟移：《知识流动及相关概念辨析》，《情报杂志》2010 年第 10 期。

② 参见邹韵婕、韩晓宁：《"图书 + 短视频"：知识螺旋生产与传播实践研究》，《编辑之友》2023 年第 11 期。

③ 参见曹明倩：《知识流动视域下的编辑人才培养》，《出版发行研究》2019 年第 10 期。

④ ［英］刘少凤：《知识管理：赋能商业决策的一站式工具》，曹飞译，中信出版社 2022 年版，第 102 页。

（二）知识的传者

近年来，由于对继续教育的高度重视，很多培训组织者倾向于邀请知名度高的专家学者为编辑讲授课程。但是，知名度高的讲授者不一定适于接受教育的编辑。邀请什么样的讲授者应该按照培训目的、计划以及接受培训的编辑需求和群体特点作出安排，有用、有效是最为重要的标准。在《规定》明确提出“专业科目学时一般不少于总学时的三分之二”的情况下，编辑的专业知识、岗位知识应是传授的重点，那些来自实践一线的从业者，有时更能把握编辑的“痛点”，其讲授也更容易引起共鸣。此外，传者分享知识的意愿和能力也很关键，要选择那些知识丰富，同时也愿意主动了解培训要求和编辑需求，愿意精心设计内容并具有一定讲授技巧的专家和老师，以创造更好的知识流动条件。

（三）知识的受者

知识的受者即编辑的学习意愿是影响知识接受的关键因素。当前，不少编辑将继续教育培训当成了维持职业资格的任务来完成，把继续教育的课堂变成了埋头编稿的场所，主动学习的意愿不高。因此，只有激发编辑的学习意愿，才能重新畅通知识传授的通路。对此，可从三个方面着手：一是培训内容应基于并满足编辑的真实需求，这主要通过将编辑的需求融入课程设计来实现。二是增强编辑对培训内容的了解和信心，使其相信通过继续教育，可以强化知识和技能，有助于自我提升和开展工作。对此，一方面要做好课程信息的展示，点明其能够解决什么问题，能够给编辑带来什么样的收益。尤其是网络课程数量较多，这样做更易于编辑主动选择适合自身的课程。另一方面，要增强对编辑学习成就感的调动，可以加强成果输出，即增加课堂上的实战演练和问答练习，并给予总体正向的即时反馈；可以创新学习方式，通过细化学习任务和累积积分的方式，以类游戏化的举措提高编辑的参与度。三是塑造积极学习的氛围，激发编辑的学习热情。充分发挥学习小组的作用，通过集体学习、交流、总结，以及小组竞赛和奖励激励来激发编辑的学习热情。

### （四）知识流动的场景

当前，不少继续教育培训班以单向讲授为主要学习方式，知识流动的场景太过固化和单一，影响了学习的效果。因此，要进一步丰富讲授方式，采取案例教学、角色扮演、“现场演示＋学员实操”、头脑风暴、交流讨论、沙盘推演等方法，模拟编辑工作的不同场景、师徒传授的场景、社交化分享的场景等，增加编辑的新鲜感，促进知识在不同场景中的流动。

### （五）知识流动的渠道

在线下培训中，课堂是知识流动的渠道，维护课堂纪律、提供完善的后勤保障、营造有利于学习的氛围，是确保这一渠道正常运转的必要条件。在网络培训中，要通过数字化技术和网络技术为视频教育和直播教学提供支持保障，为编辑学习提供必要的平台和渠道，便于编辑灵活选择学习时间和场地，通过碎片化学习的方式平衡工学矛盾，获取最新的知识与技能。

## 三、转化：推动学习成果的巩固和落地

学习的目的在于应用，编辑继续教育的学习成果应落实到出版实践中，转化为编辑提升自我、推动工作的实际成效。然而，教育成果的转化、学习效果的落地不会自动实现。在当前的继续教育实践中，知识学习与转化落地脱节的情况并不鲜见，一些编辑虽然认真听、认真记，但知识仅停留在笔记上，不仅没有融入自身知识结构，而且难以应月到工作中，这也是编辑觉得继续教育培训“走形式”“没有用”的原因之一。

影响效果落地的原因首先在认识方面，无论是在继续教育的组织者中，还是在受教育的编辑中，均存在这样的误区：认为继续教育就是上课，课程讲授完成后，继续教育也就画上了句号，欠缺对巩固和应用知识的考虑。其次，正因为认识上的不到位，目前的编辑继续教育普遍不太重视考核、复盘等知识检测和巩固手段，在这方面“走过场”的情况较多，

也缺乏促进知识转化的工具，未能为编辑应用知识提供有力支持。因此，促进培训成果的落地转化，要将看待编辑继续教育的视角从知识传授延展至知识巩固和应用；在此基础上，将培训与考核、复盘等方法紧密结合，创设应用知识的工具，帮助编辑将知识学习、巩固与应用之间的断层衔接起来，促进学习成果的转化落地。

### （一）培训考核

考核是检验知识掌握程度的重要手段，常见的考核手段包括提问、作业、考试、实操等，这些举措有些要融入课程讲授过程中，有些则在课程结束后进行。加强考核环节有助于引导编辑重视学习，巩固和思考所学内容，促进知识转化。不过，考核如果仅仅采取生硬单调的问答模式不但无法引发编辑的兴趣，而且容易引起逆反心理，使学习者消极应对。因此：一方面，应合理设计考题，确保贴近实践，模拟编辑普遍关心和实际工作中可能遇到的情况设置问题，既能引发编辑思考，调动其参与的积极性，也能更好地促进知识与实践的结合；另一方面，可以将提问置于互动交流的场景之下，以小组分享、社交化学习等方式鼓励编辑相互提问、相互反馈，使考核更加隐蔽和“柔性”，同时也促进编辑彼此的知识在相互交流中重温巩固和延伸拓展。此外，还可以将继续教育同编辑知识竞赛、技能竞赛结合起来，用以赛代训的方式强化知识的掌握和应用。

### （二）知识复盘

知识复盘通常在学完课程后进行，既可以由编辑个人进行，也能以小组、班级等集体形式进行。目前，不少继续教育培训班要求编辑撰写学习心得，这实际上是一种引导个人复盘的方式。但是，当前对心得的要求大多都比较宽松，缺少对复盘内容、形式、要点的指引，导致效果不佳。实际上，复盘应包括对所学知识的梳理和回顾，对学习内容的查漏补缺，引导编辑设想应用知识的场景，分析知识对自身素养、技能和岗位胜任力的有益影响。如果采取编辑集体复盘的方式，则可以共同回顾所学，立足各自情况、岗位情况，交流知识应用的经验和困惑，彼此帮助、群策群力找到促进知识应用的方案。

### （三）应用工具

应用工具主要针对编辑在课堂上学到了知识，在工作中却不知如何应用或忘记应用的情况，具体方法是将培训传授的知识清单化、流程化。例如：培训中传授的出版法规、编校知识等都可以被罗列出来，形成表格发给编辑；编校知识和技巧可以结合出版工作形象化为流程图，供编辑直观地参考；对一些注意事项和应该避免的错误等，可以制作注意事项清单或提示海报等。这些做法将无形的知识转化为显在的工具，方便编辑应用到实践中。当编辑依照这些工具提示的步骤、流程和方法完成工作任务，并持续一段时间后，工具所蕴含的知识将成为编辑的工作习惯。将知识转化为工具可由编辑自己完成，但最好由培训组织者协调授课老师完成。应用工具一定要简单、明确，便于应用和实操。

## 四、反馈和评估：实现编辑继续教育的闭环式管理

从嵌入、连接、转化三个视角，对编辑继续教育培训内容定位和需求分析进行整体规划，对知识传授和流动进行优化，对知识应用于实践进行安排，这一过程形成了从实践出发并回归于实践的前后衔接、逐渐递进的工作体系。在此基础上，强化对培训情况的反馈和评估，及时发现、弥补存在的问题与不足，总结经验教训并应用到下一年度的培训中，从而进一步构建继续教育培训的闭环管理体系。

评估工作也要对应编辑继续教育嵌入的体系，从政策、行业和编辑需求三个方面进行，通过问卷调查、访谈、打分等方式，听取管理部门、出版单位和参加培训的编辑的意见建议。要注意从“是否有用”的角度，而非“是否满意”的角度来收集信息，注重分析编辑的学习成效以及影响成效提升的因素，使评估更关注培训内容的实用性以及帮助管理部门、出版单位和编辑解决问题的效果。对编辑的考核既是巩固知识的手段，考核的结果也是评估数据的重要来源。可以尝试在继续教育培训刚开始和结束后

分别设置一次考核，通过对比分析编辑接受培训前后在知识结构和实践能力等方面的差异，[①] 更好地把握继续教育的实际效果。通过评估，为继续教育培训的组织者改进工作提供依据，对评估中发现的问题和不足，既可以通过设置网络课程等方式及时加以弥补；也可以在下一次继续教育中有针对性地改进，从而推动教育培训水平持续提升。

## 五、结语

当前，由于不同地域、不同部门、不同性质的组织者的情况不同，编辑继续教育培训的内容、方式虽各有特色，但效果参差不齐。构建标准化、规范化、流程化的体系，有助于培训组织者在标准中发挥特色，在规范中形成亮点，在流程化中实现科学化、精细化管理。完善编辑继续教育培训体系是一个长期的过程，需要全流程设计、全方位实施、全过程管理和全要素评估，这需要管理部门、出版单位、编辑学员的共同努力。同时，体系化建设中存在的理论和实践问题，也需要业界人士、专家学者共同思考、共同解决。只有推动形成管理部门规划指导、社会力量积极参与、出版单位支持配合的良好格局，持续优化培训体系和各个环节，才能确保继续教育工作的高质量和高水平，为培养编辑人才发挥更大作用，为我国出版业的高质量发展和文化强国的实现提供有力支持。

（作者单位：《编辑之友》杂志社）

① 参见崔金贵：《试论编辑网络继续教育平台的建设及质量评估》，《编辑之友》2015年第2期。

# 新形势下我国编辑继续教育面临的问题及改进策略

张　平

继续教育作为出版行业对专业技术人才进行培养的重要途径，通过有组织、有规模、有计划地对编辑人员实施继续教育，改变了以往出版单位培养编辑人员各自为政、“师带徒”等模式的弊端，在提升编辑队伍整体素质方面发挥着重要作用，有效地提升了编辑人才的职业操守、政治素质等。迄今为止，我国编辑继续教育工作已经实施了数年，即便当前已经迈入了规范化与专业化的轨道，但是也暴露出诸多的问题，其中最突出的问题便是培训内容不能满足编辑人才的需求、培训的方式单一落后等，因此非常有必要总结现有编辑继续教育存在的问题，基于问题提出针对性策略，进而将编辑继续教育的作用充分发挥出来。

# 一、新形势下我国编辑继续教育的现状以及面临的问题

## （一）当前我国编辑继续教育的主要形式

1. 编辑业务培训班。这是最常见的继续教育模式，由编辑学会组织开展。培训方式以专家讲座为主，旨在提升编辑人员的业务水平。

2.“边干边学”。编辑工作具有较强的实践性，需要不断积累经验。因此，编辑的成长往往是在工作中不断学习的过程。不同岗位的编辑应相互学习、取长补短，共同进步，教学形式以相互学习为主。

3. 在职攻读硕士或者博士学位。该方式是为提高编辑人员业务水平而设立的，通过攻读博士、硕士学位对编辑相关的专业知识进行深造。

4. 参与学术会议。经常组织编辑参与全国或地区性的学术会议，有条件时还可以参与国际学术会议。通过这种方式，编辑可以开阔视野，提高专业水平。

## （二）新形势下我国编辑继续教育面临的问题

尽管现有的继续教育模式在提升编辑人员专业素质方面取得了一定效果，但从整体上看，无论是培训内容还是培训方式都相对滞后，主要存在以下几个问题。

1. 缺乏对编辑继续教育的重视程度。一些编辑人员没有充分认识到继续教育的重要性，缺乏自我提升的意识和动力。同时，由于经费和时间等方面的限制，一些出版单位对编辑继续教育的投入不足，缺乏系统的培训计划和专业的培训师资，导致编辑人员无法得到及时、有效的培训。

2. 继续教育的内容与编辑需求错位。编辑继续教育内容应与时俱进，适应新形势下对编辑工作者的新要求。然而，现有的培训内容缺乏层次性、区分度和针对性，重在常规内容，轻视变化，缺乏新形势下编辑理念的更新、编辑手段的创新、资源的整合以及新技术的应用等内容，不能满足编辑工作者的需求。

3. 编辑继续教育的培训方式单一。目前的培训方式主要集中在编辑业务培训班、在职攻读学位和参与学术会议等。尽管增加了网络培训模式，但总体上仍然比较单一。编辑工作者忙于工作，线下培训模式需要较大的成本和时间投入，而网络模式虽然打破了时间和地点的限制，但学员之间的互动较少，缺乏监督和选择性学习，缺乏与时俱进的体验式、讨论式和参与式培训模式。

4. 缺乏培训成果的评估体系。目前，对于编辑继续教育的培训成果缺乏有效的评估体系，无法对编辑继续教育的效果进行客观评价和改进。这也导致编辑人员对培训的积极性不高，缺乏学习的动力。

5. 缺乏信息共享平台。编辑继续教育的信息共享很不充分，编辑人员往往无法获取到最新的培训资源和学术研究成果，限制了编辑人员的学习和交流，需要建立一个能够方便编辑人员获取信息和交流的平台。

6. 缺乏行业标准和认证机制。在编辑继续教育领域，缺乏一套统一的行业标准和认证机制。这导致了编辑继续教育的培训质量参差不齐，无法保证编辑人员的培训达到一定的水平和要求。同时，也缺乏一个权威机构对编辑继续教育进行认证，给编辑人员提供更有价值的学习证书。

综上所述，为了解决这些问题，我们应该加强对编辑继续教育的重视，加大投入力度，建立完善的培训体系和评估机制，推动编辑继续教育内容与需求的匹配，探索多样化的培训方式，建立信息共享平台，同时也需要相关行业组织和政府部门的支持与合作，共同推动我国编辑继续教育的发展。

## 二、在新形势下编辑继续教育的必要性分析

### （一）编辑继续教育的必要性

编辑继续教育主要指的是针对编辑工作者，通过不断补充、更新和提升个人知识，以适应科学技术的发展和管理需求的要求。当前，我们正处于知识经济时代，科技的迅猛发展带来了各种新发现和新理论的涌现。作

为传播学术文化、推动学术创新以及促进科技发展的责任者，编辑工作者需要树立终身学习的理念，积极参与各类继续教育活动，为自己充电，跟进专业知识的更新，提升自身业务水平，推动出版行业健康可持续发展。

与其他工作相比，编辑工作者需要准确把握为人民与社会主义服务的方向，坚持基本路线，严格遵守国家相关法律法规。这意味着编辑工作需要深入了解政治动态和相关政策，以确保出版物的政治正确性。此外，编辑还需要深入理解社会思想、价值观、文化等方面的内容，以便在此基础上进行策划和编辑工作。正因如此，编辑工作者必须接受继续教育，具体表现在以下几个方面。

1. 编辑工作者需要适应不断变化的行业标准。出版行业的标准和技术在不断变化，新的排版、编辑软件和工具层出不穷。学习如何使用这些新工具和新技术是保持竞争力的关键。另外，随着互联网和数字媒体的快速发展，出版业也在逐步转型，编辑需要了解和掌握相关的数字出版技能。

2. 编辑工作者需要提升专业知识和技能。编辑工作涉及多个领域的知识，无论是科学、技术、历史、文化还是艺术，编辑都需要有一定的专业知识技能。通过继续教育，编辑可以不断提升自己，更好地理解和把关作品的质量。

3. 编辑工作者需要增强敏感性和判断力。编辑工作要求具备高度的敏感性和判断力，能够判断什么是优秀的作品，什么是不适合的。通过不断学习和积累经验，编辑可以增强自己的敏感性和判断力，更好地把握市场和读者的需求。

4. 编辑工作者需要了解行业的动态和趋势。通过继续教育，编辑可以了解行业的最新动态和趋势，包括新的出版物、新的作者、新的市场趋势等。这有助于编辑更好地把握市场，发掘有潜力的作品和作者。

### （二）继续教育是编辑工作发展变化要求的重要途径

在知识经济时代，数字技术、网络技术和多媒体技术的涌现给编辑工作带来了巨大的挑战，并推动了其朝现代化、网络化、高效化、自动化和共享化等方向发展。为了成为一名合格的编辑工作者，积极参与继续教育是必要的。

1. 继续教育能够帮助编辑了解和掌握新技术和新媒体平台的应用。通过继续教育，编辑可以学习如何使用新的编辑工具和传播平台，从而提高编辑的效率和质量。

2. 继续教育能够帮助编辑了解和掌握新的出版模式和传播方式，提升编辑的专业水平和市场竞争力。

3. 继续教育可以帮助编辑提升职业素养和道德水平，更好地履行自己的职责和使命。

4. 继续教育可以帮助编辑拓宽视野和提高创新思维能力。在媒体融合的背景下，编辑需要具备广博的知识背景和强大的学习能力，以适应不断变化的市场需求和读者口味。通过继续教育，编辑能够拓宽视野，了解和学习不同领域的知识和技能，进而提升创新思维能力，为编辑工作的创新和发展提供源源不断的动力。

因此，继续教育对于编辑工作者来说是不可或缺的，可以帮助他们适应编辑工作的发展变化要求，提高职业素养和专业能力，从而更好地应对挑战并取得成功。继续教育是编辑工作发展变化要求的重要途径，也是编辑工作者不断提升自我、实现职业发展的关键路径。

## 三、新形势下提升我国编辑继续教育水平的对策

### （一）从思想上提高对编辑继续教育的重视程度

思想作为行动的先驱，若想提升编辑继续教育水平，首先应从思想上提高对编辑继续教育的重视程度。具体而言，可以从以下几个方面着手。

1. 编辑工作者应提高对继续教育的重视程度。编辑人员应认识到继续教育是自我提升和专业发展的重要途径，通过不断学习和提升自己，可以更好地适应行业发展的需要，提高竞争力。

2. 相关单位应提高对继续教育的重视程度，积极落实国家颁布的相关

政策，贯彻相关规定与要求。同时，人力资源管理部门应制定长远规划，明确继续教育的目标，给予专项资金支持，确保编辑继续教育工作顺利开展。

3. 领导需要提高对编辑继续教育的重视程度，鼓励编辑工作者参与各种形式的继续教育。特别是对上进意识强烈的优秀编辑工作者，应给予人力、物力、时间等方面的支持，保证他们接受更高层次的继续教育，从而强化他们的理论知识，提高继续教育的实效。

**（二）基于编辑工作需求优化继续教育的内容**

在出版行业中，“内容为王”与“内容至上”是永远的追求。因此，为获得经济效益和社会价值，编辑人员需要编辑出符合市场需求的内容。在编辑人员培训中，应根据编辑工作的需求优化继续教育的内容。新形势下，编辑继续教育的内容应包括以下几个方面。

1. 编辑技能专业知识。即通过继续教育提升编辑人员的文字处理能力、语言功底、编辑软件操作等基本技能。同时，加强排版、设计、印刷等相关知识的培训，提高编辑工作的专业水平。

2. 专业知识拓展。由于编辑工作涉及各学科领域，编辑人员需要具备广博的知识背景。继续教育应注重拓展编辑人员的专业知识，包括学科前沿动态、学术研究热点、新兴学科等，以把握出版物的学术价值和市场定位。

3. 数字化技能培养。随着数字化出版的发展，编辑人员需要掌握数字化出版技能，包括电子书制作、网络编辑、新媒体运营等。继续教育应注重培养编辑人员的数字化技能，帮助他们适应出版业的发展变化。

4. 增强跨界融合能力。编辑工作需要具备跨界融合能力，以实现出版物的创新和差异化。继续教育应注重培养编辑人员的跨界融合能力，包括学习市场营销、运营管理、设计美学等方面的知识，帮助他们与作者、设计者、营销人员等进行沟通和合作，实现出版物的创新发展。

5. 提高职业道德和责任意识。作为文化传播的重要环节，编辑人员需要具备高尚的职业道德和强烈的责任意识。继续教育应注重培养编辑人员的职业道德和责任意识，帮助他们履行职责和使命，为出版业的健康发展作出贡献。

### （三）丰富编辑继续教育培训开展的形式

在数字化环境下，为知识的获取与传播提供了诸多便利，同时也给继续教育提供了更多的形式。因此，在新形势下，应当结合编辑工作人员的需求丰富继续教育培训的形式。

1. 采用线上线下相结合的方式。即在以往传统线下培训的基础上，还可以利用互联网技术开展线上培训，如通过视频课程、在线直播、实时问答等方式进行培训。这样可以打破时间和空间的限制，让编辑人员可以根据自己的时间安排和学习需求进行学习。

2. 引入多元化的培训形式。除了传统的讲授式教学，还可以采用案例分析、小组讨论、实际操作指导等多种形式进行培训。这样可以提高编辑人员的学习兴趣和参与度，同时也可以更好地帮助他们掌握实际操作技能。

3. 针对不同层次的编辑人员应用不同的培训方式。即根据编辑人员的职业发展阶段和实际需求，可以针对不同层次的编辑人员开展相应层次的培训。例如，对于新入职的编辑人员进行基础技能培训，对于有经验的编辑人员进行高级技能和行业前沿动态的培训。

4. 开展实践性培训。可以组织编辑人员参与到实际的编辑工作中，如进行模拟编辑、编辑实践课程等活动，以提高他们的实际操作能力和解决问题的能力。

5. 建立良好的学习平台和资源支持。可通过建立编辑继续教育学习平台，提供各种学习资源和教学资料，如在线课程、书籍资料、学术论坛等，以便编辑人员随时随地获取所需的学习材料。同时，可以与高校、研究机构等建立合作关系，共享资源和专业知识，提供更丰富的学习机会。

6. 推动学习交流和合作。编辑继续教育应注重学习者之间的交流和合作，可以组织学员间的研讨会、学术交流会、专题讲座等活动，倡导学员之间互相学习和分享经验。同时，与其他行业的编辑组织、协会建立联系，进行跨界交流和合作，拓宽视野，获得更多的学习资源和机会。

7. 建立考核评估机制。在编辑继续教育中，应建立科学有效的考核评估机制，对编辑人员的学习成果进行评估和认定。可以通过定期的考试、论文写作、项目实践等方式评估编辑人员的学习效果和能力提升，以激励编辑人员积极参与继续教育，确保其学习成果的实际应用。

8. 加强督导和反馈机制。继续教育的推进需要有专业的督导和反馈机制，包括指导员、导师等专业人员对学习者进行指导和辅导，及时提供学习反馈和个性化建议，帮助编辑人员更好地调整学习方向和提高学习效果。

要提升我国编辑继续教育水平，在思想重视程度、内容优化和培训形式等方面都需要采取相应的对策。通过全方位的思想引导、适应编辑工作需求的内容优化和多元化的培训形式，可以促进编辑人员不断提升自身素质和能力，推动编辑行业的健康发展。

## 四、结语

综上所述，随着知识更新速度的加快，编辑工作也对编辑工作者的知识水平和专业技能提出了更高的要求。因此，如何在新形势下实现编辑工作者知识与技能的长远发展成为一个迫切需要解决的重要问题。新兴技术的发展给编辑工作带来了更多挑战，而继续教育被认为是强化基础知识、提高技能的重要途径。尽管当前我国编辑继续教育还存在一些问题，但笔者坚信通过加强对编辑继续教育的重视、根据编辑工作需求优化继续教育内容以及丰富继续教育培训形式等手段，可以充分发挥继续教育的作用，提高编辑工作者的整体素养，进而推动我国出版事业的繁荣发展。

（作者单位：云南民族出版社）

# 变革与重塑：AIGC 赋能编辑继续教育人才培养的路径探索

卢　颖

AIGC（Artificial Intelligence Generated Content）生成式人工智能技术自诞生之初，便受到全世界范围内各行业的广泛关注。它凭借大型语言模型、深度智能学习、智能互动沟通、海量数据抓取等优势，给多行业带来冲击。2022 年底，由美国人工智能公司 Open AI 开发的 ChatGPT（Chat Generative Pre-trained Transformer）是生成式人工智能技术中颇具代表性产品，它的出现加速多领域业务变革。我国科大讯飞推出的“讯飞星火”，百度推出的“文心一言”等，亦是此类智能对话式产品中的优秀代表。

党和国家对人工智能技术发展高度重视。近年来，国家有关部门陆续出台了相关政策文件，不断强化顶层设计和科学指引。我国政府对人工智能发展规划早有布局，国务院于 2017 年颁布了《新一代人工智能发展规划》，该文件详细勾画了我国人工智能技术的发展蓝图，明确提出我国新一代人工智能技术发展的战略目标。2018 年，习近平总书记在主持中共中央政治局第九次集体学习时强调："要深刻认识加快发展新一代人工智能的重大意义，加强领导，做好规划，明确任务，夯实基础，促进其同经济社会发展深度融合，推动我国新一代人工智能健康发展。"①党的二十大报告中，强调要构建人工智能等一批新的增长引擎。2023 年 7 月，为合理规范 AIGC 技术健康发展，国家网信办联合多部门发布了《生成式人工智能服务管理暂行办法》，这是我国监管生成式人工智能的首份权威政策文件。国家层面相关制度的出台，有益于推动生成式人工智能产业规范发展。

出版业肩负传播知识文化和传承中华优秀文明的重任，属于知识密集型行业。编辑人才是出版业的重要战略资源，对出版单位的可持续发展具有重要作用。2020 年 9 月，国家新闻出版署、人力资源社会保障部印发的《出版专业技术人员继续教育规定》中提到，"统筹继续教育资源，创新方式方法，建立兼容、开放、共享、规范的继续教育培训体系，坚持分级分类组织，形成政府部门规划指导、社会力量积极参与、出版单位支持配合的出版专业技术人员继续教育新格局"②。编辑继续教育是一项系统大工程，它为人才培养提供优质的教育资源，亦为出版强国、文化强国战略目标的实现提供人才支撑。通过开展编辑继续教育，不断提升编辑在出版新生态下的专业技术能力，重塑编辑的出版知识结构和认知体系。

在多模态的 AIGC 大模型时代背景下，出版业迎来加速转型升级新机遇。出版业应与时俱进，结合 AIGC 技术特点，科学探索编辑继续教育发

---

① 《习近平在中共中央政治局第九次集体学习时强调　加强领导做好规划明确任务夯实基础　推动我国新一代人工智能健康发展》，《人民日报》2018 年 11 月 1 日。

② 国家新闻出版署：《人力资源社会保障部关于印发〈出版专业技术人员继续教育规定〉的通知》，见 http://www.mohrss.gov.cn/SYrlzyhshbzb/rencairenshi/zcwj/zhuanyejishurenyuan/202009/t20200929_391929.html。

展新路径，提早谋划新型人才队伍培育新方略。

## 一、AIGC 技术为编辑继续教育改革带来新机遇和挑战

### （一）打破编辑继续教育传统固化形式和带来新气象

继续教育为高素质编辑人才队伍的建设工作提供智力支持。近年来，编辑继续教育融入数字化技术，发展远程在线继续教育服务，取得了一定成效。随着科技快速迭代，编辑继续教育面临服务革新。现有的编辑继续教育培训方式相对单一，培训内容资源有限，讲授模式僵化，个性化培训服务缺失，培训考核机制不够完善，相关“短板”问题确有存在。进入 AIGC 大模型时代，拓展编辑继续教育人才培养的智能化发展路径，可从创新培训范式，拓展垂直化服务外延，重塑编辑人员价值理念等方面探索。可预见的是，未来 AIGC 技术与编辑继续教育服务的融合，将会带来诸多新气象。

### （二）为编辑继续教育的人才培养工作提供创新思路

随着 AIGC 技术深化发展，它将日益渗透进人们的工作生活方式中，由此即时生成化、融媒互动化、个性选择化的智能服务应运而生。AIGC 技术基于网络平台发展，具有打破时空局限，挖掘海量数据，类人化快速反馈等优势。从整体上看，AIGC 技术下的编辑继续教育人才培养工作范式革新，是从“教学”向“服务”的深层转变。做好服务是编辑继续教育适应业态变革，拓宽人才培养思路的创新举措。未来，构建云端化编辑继续教育人才培养系统，高效调度海量数字化内容资源，丰富学时认证方式，强化智能内容生成规范管理，可使编辑人才培养工作更具高效性。通过业界与编辑个体共同努力，推动我国编辑继续教育人才培养工作实现高质量发展。

## 二、AIGC 赋能编辑继续教育人才培养的新路径

### （一）升级场景服务：新增智能交互服务，优化培训学习场景

"场景"日渐发展为传播场域的重要元素。AIGC 具有视觉场景智能生成优势，多种场景经人为选择可实现自由组合及延伸。"多模态大模型让 AIGC 能够适用于广泛的场景且更具灵动性，通过微调数据便可高质量地实现不同应用场景的工作任务。"[①]AIGC 技术与编辑继续教育相融后，可充分发挥改造和升级在线场景服务的优势，高效率、人性化地辅助编辑进行培训学习。

升级场景服务的路径方面，编辑继续教育培训可打造智能互动型课堂呈现方式。一是利用 AIGC 智能问答功能，推出"自主研究"学习模式。编辑在智能化的继续教育培训平台，有针对性提问题，根据 AIGC 软件反馈信息，搜索课程并在学分要求范围内勾选课程，而后可进入自动化生成的课堂场景。二是 AIGC 为编辑提供碎片化的培训学习场景，内含测试场景。以往编辑继续教育的单次课程时长较长，测试反馈效果相对迟缓。AIGC 可一键式快速对编辑继续教育培训视频资源做碎片化分割，形成单次短时长的课堂视频。每集培训的短视频后，附有游戏式的互动小测试。编辑在学习此类短视频课程时，可手动参与互动测试。在完成多个环节小测试闯关后，AIGC 工具会为编辑学员提供智能学习报告，将存在问题及时反馈。三是虚实结合，设置"AIGC 数字人 + 社群"场景服务。"AIGC 也会带来高度虚构化的视觉空间以及幻像化的人，如人的数字化身或各种虚拟人，现实与虚幻的界限进一步被模糊。"[②]AIGC 数字人技术支持快速生成继续教育培训的场景"入口"。数字人能够快速响应编辑学员的提问，并能快捷组建同类学员的网络化社群，为学员提供在线互动沟通的场景入

① 郭全中、袁柏林：《AI 能力新突破下的 AIGC：内容生产新范式》，《青年记者》2023 年第 13 期。

② 彭兰：《AIGC 与智能时代的新生存特征》，《南京社会科学》2023 年第 5 期。

口。数字人还能够随时随地优化虚拟场景服务，且在服务中增加智能互动性。即使一期培训学习技术后，编辑学员还能继续留在网络化社群中，针对学习存疑地方向数字人咨询，持续巩固学习效果。

**（二）提高工作效能：增加智能辅助工具，促进智慧内容生产**

在编辑继续教育领域，AIGC 为人才培养工作指引了新发展路径。AIGC 为多模态的智能出版提供技术支持，促使编辑的工作效率大为提升。智能生成大模型技术快速实现对出版内容文本、插图、音视频、营销文案、互动游戏等的全链式关联。随着 AIGC 应用广泛落地，有望推动出版业构建智慧内容生产的新格局。

提高工作效能路径方面，编辑继续教育应革新培训方式，灵活增加智能化辅助工具，引导编辑高效率、高质量开展智慧内容生产。一方面，紧跟 AIGC 技术发展形势，开设智能生成应用方法训练营。AIGC 有天然的互动技术优势，它在互动功能方面有较大发展空间。针对 AIGC 工具方法的培训，应精细化开展，由理论性过渡到实操性，同时注重充分融入互动性。通过开设 AIGC 智能生成应用方法训练营，帮助编辑开阔技术思维，扎实掌握智能化实用方法技能。编辑在接受 AIGC 系统化方法训练后，可将该技能应用到编辑业务中，提高工作效率，具体包括提高选题策划效率、数据分析效率、内容匹配效率、技术认知效率等。另一方面，通过编辑继续教育培训，结合智能生成工具，将 AIGC 技术引向出版流程的智能再造。AIGC 融入出版业务后，将服务出版流程革新，促进智慧内容生产。AIGC 辅助工具对出版内容资源的大量语料进行学习，智能服务图书内容生产的多个环节，使出版内容生产更具有创新性和互动性。AIGC 支持智能图书组稿、智能编辑加工、智能审读校对、智能绘制插图、智能音视频剪辑、智能游戏制作、智能数据库管理等方面。如 AIGC 辅助工具可根据编辑输入的关键词自动化生成绘图，还可根据编辑输入的文本指令快速剪辑视频。从整体上看，这类技术服务为编辑出版工作提供诸多便利。编辑应通过培训学习，用好 AIGC 辅助工具，提高工作效能，打造适应市场需求的多样化出版物精品。

### （三）推动编辑实践：智能匹配海量资源，丰富产品形态设计

智能生成技术被引入编辑实践中来，易于实现跨模态资源关联，为出版融合产品的形态设计提供新创意。AIGC 为编辑继续教育人才培养工作开拓新想象空间，促使人才培养体系变得更为完善。

推动编辑开展融合实践方面，编辑继续教育培训应革新方式方法，注重提升编辑的智能创新能力。一是通过继续教育培训，深化拓展编辑的智能思维。编辑的智能认知，往往影响产品的智能化生成效果。AIGC 具有智能匹配海量资源的技术优势，编辑要熟悉 AIGC 智能资源匹配模式，为出版产品设置多个市场消费链接点。此类跨终端、跨模态的资源匹配工作，应做到投放精准化、渠道立体化、交互频繁化。编辑有必要加强培训学习，了解 AIGC 技术融入出版业务的底层逻辑，加深自身的智能认知。二是通过继续教育培训，引导编辑在产品形态设计上融入 AIGC 智能生成特色，丰富产品的智媒视听性。AIGC 技术可根据指令对内容模型进行视听结构搭建，辅助编辑打造新型出版物产品。传统的网络动漫、有声书、数字音乐、网络游戏等与出版关联的内容资源，经结合 AIGC 技术后，以新形态呈现于大众面前，如 AI 绘画、AI 音频、AI 音乐、AI 游戏等，都是此类产品代表。编辑应加强学习，结合 AIGC 技术快速找到产品形态设计的创意内核，高质量推进项目产品实施。三是通过继续教育培训，引导编辑借助 AIGC 技术挖掘分析用户数据。基于市场用户行为数据的调研，是编辑的常态工作之一。在 AIGC 大模型时代，编辑应充分运用智能数据分析模式，对市场用户数据进行科学化、自动化分析，多角度考虑用户体验感，从用户视角考虑产品形态的创新设计思路。

### （四）提供个性方案：实现智能方案定制，满足编辑学习需求

编辑有个性化继续教育需求，渴望快速获取知识、沉浸式参与培训学习。编辑继续教育发展到一定阶段，应能够为编辑提供个性化的培训方案，尤其能够提供智能化方案定制服务。

提供个性方案路径方面，编辑继续教育培训运用 AIGC 技术，制定个性化的编辑继续教育人才培养方案。首先，需要从顶层设计角度，为编

辑精准制定个性化的培训方案。相关方案应避免千篇一律，而应做到具体化，甚至做到针对每位编辑可提供不一样的个性化方案，为编辑提供培训学习的“私人定制”特色服务，全方位点燃编辑的学习热情和激发其学习潜能。在以前，这是一项看似不可能完成的巨大工程，而今运用 AIGC 技术，可针对细分对象快速智能生成个性化方案，且方案可随时根据编辑反馈意见进行调整和修改。编辑继续教育融合 AIGC 新技术后，应开展分类教育，重视搜集编辑学员的课程学习反馈数据，对个性化培训方案的落地做全流程跟踪管理。同时，结合互动式练习，载入 AIGC 学习效果检验系统，为编辑学员自动化生成详细的评估报告。其次，采用 AIGC 数字人虚拟仿真形象，构建人才培养的“问诊式”导学路径。传统的编辑继续教育培训平台，虽有大量的优质课程资源，但是在针对编辑个体的课程定制方面，还存在功能不足之处。而今以 AIGC 数字人为“导学入口”，为编辑学员提供沉浸式的智能导学服务和个性化内容推荐服务，这有益于增强他们的数字化文化体验感，优化其学习效果，使其个性化学习需求得以满足。

## 三、AIGC 技术下编辑继续教育助力人才培养的多维发展对策建议

### （一）继续教育助力编辑构建智能出版下的能力框架

AIGC 技术下，编辑继续教育应强化专业化建设，分级分类开展人才培养工作，逐步形成层级分明的继续教育服务体系。其中，关键的一点是，通过编辑继续教育培训，助力编辑构建智能出版下的能力框架。AIGC 技术可快速迭代学习能力，根据语料输入、模型训练等方式强化学习效果。编辑应用好 AIGC 技术，优化继续教育资源配置，分层级依次提升自身业务能力，构建起完整的能力框架闭环。比如，在低级阶段提升思维逻辑能力、专业基础理论能力、工具使用能力，中级阶段提升审核把关

能力、人机协作能力、创意设计能力、版权保护能力、跨领域合作能力，高级阶段提升深度智能处理能力、媒介融合能力、产品流量转化能力、产业链延伸能力、人机智慧交往能力等。未来，编辑继续教育应继续探索创新模式，助力编辑的智能出版能力进一步升级。

### （二）继续教育助力编辑拓宽“智能出版 + 共享”边界

实现资源数字共享，是出版业走向高质量发展阶段的特征。2022 年 3 月，中共中央办公厅、国务院办公厅印发的《关于推进实施国家文化数字化战略的意见》中提到，“文化数字化为了人民，文化数字化成果由人民共享”。出版产业由传统出版向新兴出版转型升级过程中，需多维度激活资源，使资源转化为数智化成果，进而实现成果全民共享的良好局面。今后以 AIGC 为代表的新一轮高新技术会深刻影响出版产业发展态势。编辑继续教育应引导编辑加深对 AIGC 等智能化技术的认识，帮助编辑以新模式、新路径跨界发展出版业务，促进编辑拓宽“智能出版 + 共享”边界。编辑应持续加强学习，深度探索“AIGC+ 出版”的应用方式和融合边界，还应重塑专业能力，推出新型产品，打造文化数字化新体验，从而满足人民群众日益增长的精神文化需求。

### （三）继续教育助力编辑深化探索“人机智慧交往”

“AIGC 既是当前新兴的人工智能应用，也将是未来网络信息资源的主要存在形式之一，并随着虚拟人、机器人的发展成为机器与人类交互的媒介和载体。”① 人机交往关系，从初始阶段的“交互”逐渐走向高级阶段的“共融”。编辑继续教育课程体系中，应增加技术实操课程。AIGC 技术提供自助式问答、资料查询、选题策划、剪辑、绘画、配音、形象定制等功能，将加速出版流程的智能再造。未来，编辑与智能机器（人）的交往，将随技术的升级进入智慧交往高级阶段。出版业应加强人工智能伦理规范，恰当推动“人机智慧交往”向深层次发展。编辑继续教育可结合

① 李白杨、白云、詹希旎、李纲：《人工智能生成内容（AIGC）的技术特征与形态演进》，《图书情报知识》2023 年第 1 期。

AIGC 技术，为编辑学员构建线上虚拟学习空间，并将此空间逐步延伸到编辑的日常工作实践中。通过科学有效的引导，为编辑与智能机器之间提供畅通的互动交往机会，推动双方关系向前迈进。

**（四）继续教育助力构建智能时代要求的人才素养链**

编辑继续教育是推动人才高素质发展的重要环节。AIGC 技术推动编辑继续教育创新化发展，为编辑提升综合素养提供智慧支持。为适应智能时代发展要求，编辑继续教育应整合多方资源，构建起纵深化人才素养链。在微观视角下，人才素养链涵括政治素养、人文素养、数字素养、技能素养、心理素养、道德素养、服务素养，等等。除了行业组织的培训，出版单位内部培训也应推出相关培训课程。借助 AIGC 技术优势，编辑继续教育可开设形式新颖、模式灵活的课程培训，帮助编辑提高其在智能时代的核心竞争力。在外力助推下，编辑人才应提升学习能力，坚持正确的政治导向，把握中国特色社会主义文化建设的深刻内涵，将综合素养融入出版实践全流程。编辑还应保持良好心态，用好新媒介工具，胜任智能化工作，以实际行动应对新业态挑战。

## 四、结语

编辑继续教育作为推动出版业创新发展的重要力量，应做好人才培养体系建设。融合 AIGC 技术的编辑继续教育改革，是一项创新化系统工程。未来，出版业有必要加强编辑继续教育研究，利用好新兴技术，探索人才培养新路径，为我国文化事业和文化产业繁荣发展作贡献。同时，编辑有责任通过继续教育学习不断提升能力素养，创新出版形式和内容，在融合实践中充分发挥自身价值。

（作者单位：广西科学技术出版社）

# 编辑继续教育：成人学习的挑战、缺失及效能提升策略

刘火苟

2020年9月，国家新闻出版署和人力资源社会保障部联合印发《出版专业技术人员继续教育规定》，明确提出继续教育“每年累计不少于90学时”，编辑继续教育面临着质量与数量发展的双重任务。面对新任务与新要求，各级继续教育主办单位在培训组织形式、课程体系和教学内容等方面做了积极的探索，以提高继续教育培训成效。毋庸置疑，继续教育作为一种成人的半脱产学习，需要“编辑”切换为“学员”投入学习。然而，一些继续教育部门对活动的设计与实施常不自觉地将“编辑”完全视作“学生”，忽视了编辑的成人身份和学习心理特点。编辑教育面向学习目的明确、学习自主性和内驱力强、实践经验丰富的成人学习者，其继续教育活动（课程）的设计与实施需要放在成人学习视角下进行梳理与重构。质言之，编辑的有效学习必须立足其成人身份，了解成人学习的心理

特点不仅可以很好地把握编辑的学习需求，更是建构新时代高质量编辑继续教育体系的前提条件。

## 一、继续教育活动中编辑学习面临的三重挑战

出版专业技术人员的继续教育，主体是作为成人身份的在职“出版专业技术人员”，显然，与儿童教育、学校教育不同，编辑继续教育多为半脱产的短期集中培训，其学习和思维方式具有成人学习的特点。尽管成人学习理论有多种，但大多认为成人学习具有学习动力内发性、学习目的明确性、学习方式自主性、学习能力潜伏性等特点。① 在继续教育中，编辑的学习目标是明确的，具有直面解决问题的内在动力和学习期待。然而，由于过于关注实用性、经验性，其学习的自主性和学习能力有待激活。编辑在继续教育学习中面临着下述三重挑战。

### （一）聚焦问题取向，但视野局限制约发展

作为成人的编辑教育与以面向解决未来问题而创设虚拟情境的学校教育不同，他们多是在岗专业技术人员，以改进工作为中心，聚焦以问题为本位的学习。编辑对自身工作能力的短板有着较为清晰的认知，因此存在很强的内部驱动力，对学习抱有明确的目的性。一般来说，编辑的“困惑”多源于其所处特定的具体工作情境，具有较为鲜明的个体属性及情境特征。继续教育活动通常比较关注编辑出版活动中具有共性意义的问题，至于编辑的个体困惑是否能够被解决，是较难保障的。若对学习抱持过高期待，编辑在参与过程中很可能会失望，久而久之，容易形成对继续教育活动的消极评价和负面态度。当然，从积极的方面来说，编辑对所持现实问题进行自我诊断具有一定的合理性与科学性。若编辑对问题的诊断停留

① 参见王霞、王中华：《三十年来我国成人学习理论研究的检视与反思》，《成人教育》2018 年第 2 期。

在编校关系处理、编校疑难及由此引发的各种困境中，没能审视和深挖其背后具有普遍意义的一般问题，加之急需解决问题的功利心态，将会大幅缩小其解决问题的视野，低估甚至忽视继续教育学习中呈现的更为深入的知识。简言之，作为成人学习者，编辑关注实用的学习取向具有某种局限，这种功利性最终会阻碍问题的有效解决。

**（二）倚重实践经验，但理性认知转化困难**

在面对沟通的组合创构性、评估的批判性、知识内隐性等特性带来的复杂性上，编辑积累了大量的经验。经验的价值在于能够节约决策的心智成本，快捷地甚至自动化地作出反应。那些经受住检验的实践知识在编辑职业生涯中慢慢沉淀下来，形成具有编辑自身特点的专属经验、缄默知识和实践智慧。编辑虽然拥有这些丰富的经验，却较难将隐含在头脑中且具备鲜明自我特征的实践智慧与经验反思提炼为具有共性的理论认知。这需要在与专家和同伴的交互探讨中，以多重视角就工作情境中的各种问题进行设问与澄清，在循环深入的问答探讨中厘清决策背后的假设、信念与思维模式。质变学习理论认为：一方面，成人主要通过对生活、工作经验的批判性反思、理性论述来实现认知、理念和逻辑思维的质性转变；另一方面，成人需要与他人协作，构建学习共同体，通过学习者直接的交流讨论，在集体建构中深化对理论图景的整体性认知。① 显然，编辑若过于倚重实践经验，则难以实现理性认知质的飞跃。他们在专属经验转化为可表达、可分享的理论认知上遇到瓶颈，而仅仅依靠个人在经验的“巷子”中暗自摸索，难以持续推动编辑自我发展。

**（三）自主学习能力强，但对话性水平有待提升**

编辑是“杂家”，需要具备较广的知识面，具有较强的学习意识。同时，编辑也具备扎实的系统性编辑学知识和业务技能，加之在编校工作中不断磨炼，锻炼出较强的自主学习能力。然而其短板在于对话性水平往往

---

① 参见向云平：《成人质变学习理论视角的教师专业发展再思考》，《中国成人教育》2017 年第 7 期。

偏弱，即在学术关系上和人际关系上的对话性水平有所欠缺。一是学术对话性偏弱。就社科期刊编辑而言，由于学术论文的专业性很强，而编辑的学科领域知识还不够专深，很难有深度地对作者的学术水平进行专业性判断，因此往往倚重专家的审稿意见。从这个角度来说，编辑在与作者和专家的专业对话性上偏弱，这也在一定程度上影响编辑的专业自信心。二是人际对话性偏弱。由于刊物供给资源稀缺，而发表需求市场旺盛，一些编辑不免产生既骄矜又自傲的心理，未能处理好与作者的互动关系，人际对话的意识偏弱，有时候听不进乃至无法第一时间获取来自作者和读者的意见与建议，不利于工作的改进和创新，也不利于刊物的高质量发展。这种人际对话的偏颇性，可以说是影响编辑专业成长的“心魔”。

## 二、继续教育活动对编辑成人学习心理关注的不足

编辑作为成人学习者，他们有着很强的现实需求，有着丰富的编校实践经验，有着自觉的学习意识和较强的学习能力。当前的很多继续教育活动比较关注编辑专业知识与技能的获得、更新与拓展，继续教育活动主要聚焦在认知层面，对编辑的社会情感需求关注不足，主要表现在以下三个方面。

### （一）学习的参与度还不够高，制约学习的“卷入”程度

继续教育活动多以静态式讲座学习为主，属于典型的接受式学习。受继续教育形式的限制，编辑较难调动多感官投入学习，易产生学习疲劳感。记忆的规律表明：识记材料的数量越多越不利于记忆，也容易发生记忆偏差。以“听”或“看”的方式开展学习，学习效果往往不高。“听”和“看”这两种形式多停留在被动学习的状态，是一种“离身”学习。这种被动输入式的学习很难真正评估学习者的理解、迁移、应用成效。此外，参加继续教育培训的编辑大多彼此并不相识，在陌生场域与陌生人一起学习，这种非“共同体”式的聚合，可能会导致学习主体与学习情境产

生疏离感，也将影响编辑学习的安全感与主动性。陌生的场域感、低度的参与感，这些主客观因素无不制约着编辑在场学习的“卷入”程度。

**（二）培训的可选择性还不够多，降低学习的情感投入**

成人学习者一般有着很强的主体性和目的性，可以根据自身的学习现状和预期目标自主选择学习载体和学习形式。可选择性是成人学习的重要特点，成人既是学习活动的选择者，也是学习活动的实践者。然而，有的继续教育培训每年的培训内容和培训讲师没有太大变化，编辑的参加兴趣并不高。同时，编辑能自主选择的培训渠道也比较少。当前出版专业技术人员继续教育多以省级新闻出版管理单位以及相关学会、协会组织的学时培训为主，高端的、个性化的、专业培训渠道稀缺。①

**（三）内容的契合度还不够强，影响积极的学习期待**

继续教育应立足于帮助编辑应对新的出版环境下面临的各类挑战和解决遇到的诸多问题。而当前的一些继续教育培训还存在与编辑工作常态和实际需求不够契合的情况，编辑无法对工作中遇到的亟须解决的难题开展研究，容易陷入“浅表学习”“虚假学习”的困境。一些培训课程的设计过于笼统，不够聚焦，是“大而全”的课程；还有一些培训内容的设计完全侧重于传统出版，无法满足融媒体时代编辑人员专业发展需求。当编辑在工作中出现的疑问和困惑不能在培训活动中获得启发或得到较好的解答时，编辑的学习需求就难以得到满足，其对继续教育就心存疑虑，继续教育很可能沦为单纯的学时累积。

## 三、基于成人学习视角提升继续教育活动效能的策略

从上述分析可知，继续教育活动的设计与开展必须将编辑置于成人学

① 参见朱亚娟：《社科类期刊编辑继续教育的理论支撑及路径优化》，《中国编辑》2021 年第 9 期。

习视角下进行考量。继续教育活动不仅要充分尊重其已有的知识经验、学识背景，更要关注继续教育过程中编辑作为成人的学习规律和身心特征。为此，继续教育活动的管理和组织者可从以下四方面进行调整与优化。

### （一）直面问题，授权相关部门开展培训

一些继续教育活动缺少对现实问题的真切关怀，更多地因循旧例或迎合政策导向，并未扎根编辑的工作实际去探讨、解决问题和困惑，编辑常被动参与，体验表浅。编辑常会遇到一些困惑，诸如，新手编辑怎样快速成长为成熟编辑？应该编辑学者化还是学者编辑化？是依托专家审稿还是主要依托编辑力量审稿？编辑职业发展的编辑学与学科专业研究的双重科研压力如何疏导？等等。这些问题常常困扰编辑，甚至有可能影响其职业认同感。继续教育培训应该直面这些问题与困惑，最大限度地满足编辑的需求。可以适当授权高校（相关学院）或出版单位等更多主体，开展形式更为灵活、更有针对性的编辑继续教育培训。[①]在事前审批、全程监督下，给予相应的学时认定。

### （二）优化经验，促进知识的更新与经验的升华

编辑学是一门实践性很强的学科，编辑在工作中有十分丰富的经验，继续教育组织者需从编辑立场出发去优化编辑的实践性知识。这也就意味着知识的更新与经验的升华。大脑学习和记忆的主要原则建立在相关性的基础上，与以往知识有高度关联的信息更容易被学习者捕捉和内化。继续教育活动均以促进编辑专业成长为目标，这就要求培训课程的设计需立足对编辑“学情”的充分把握。培训活动可在重视编校技能掌握的基础上，对编辑群体特征及职业发展诉求的共性因素予以更多的考量。对这些因素进行梳理的关键在于明确编辑的已有经验，特别是对阻碍新知识获得的经验进行反思，使之升华为普遍性知识。当然，也要注意到，编辑具有一定的个性和风格，在处理编校工作时具有自身考量和自我认同感。例如，对

---

① 参见白文军：《新规定实施背景下提升编辑继续教育实效的路径研究》，《传播与版权》2023年第7期。

于同一类别的选题策划，偏重于理论建构的专业期刊与偏重于业界实践的行业期刊的视角和要求是不一样的，不可将选题统一为一个思路或一个标准。应充分尊重编辑的刊物认知、岗位职责、学习背景、学习动机等差异，探索构建分层分类的编辑继续教育体系。这就要求继续教育主办者要深入调研不同编辑群体的具体需求，真正立足编辑实际，找到其专业成长的“认知差”，在培训课程设计上制造有效的认知冲突，促进编辑认知结构的同化与顺应，从而生成新的实践性知识，真正让继续教育取得实效。

**（三）关注具身认知，组织建构学习共同体**

学习是学习者围绕学习主题与学习情境互动而引发经验生长的过程，编辑是处在关系行动中的个体，这就需要培训组织者关注编辑在继续教育群体中的身心需求。学习的发生受学习者所处情境的影响，编辑只有充分融入情境才能全身心沉浸于学习之中。因此，继续教育活动的设计与实施需放在编辑所处学习场域的具身维度下考虑。具身认知理论认为，身体对精神活动具有强大的影响力，也会参与心智塑造的过程。概言之，认知根植于身体行动，经验建构于具身交互。对学习的认知是被学习者的身体及其活动方式塑造出来的，这就要求培训组织者关注学习情境的创设，重视编辑在学习场域中的身体状态，注意学习氛围的创设与维持。为此，活动组织者要积极建构学习共同体，学习共同体以成员之间的亲密关系为纽带，能有效形成切磋砥砺、共同成长的学习氛围。所谓学习共同体，是指在学习环境下，学习者和教师、专家等相关人员在尊重和欣赏的氛围中，通过合作、协商和分享的形式构建知识，实现有意义的学习，达到相互促进、相互作用、全面成长的学习型组织。[①] 学习共同体按大小可分为小组学习共同体和班级学习共同体。例如，在继续教育培训开始阶段，可将来自不同单位、不同地域的编辑组成小组学习共同体，通过开展班级性团体互动的“破冰”游戏，让小组共同体成员迅速熟悉彼此，并在通力协作完

---

① 参见李军靠、王聪：《“互联网＋教育”下研究生课堂学习共同体的构建》，《高教学刊》2020 年第 6 期。

成游戏中建立友谊，使其充分感知学习环境的安全与团体的接纳，提升编辑的团体归属感。在共同体的学习活动中，立足于问题的解决，编辑由被动式学习走向建构式学习，在与共同体的交流互动中获取解决复杂实践问题的显性知识和缄默知识。这样，编辑的具身学习既发生在个体层面，更深深地浸润在团体之中，实现更高层次的成长。

### （四）增强对话能力，为编辑提供学习平台

为编辑提供对话的平台，增强编辑对话能力是继续教育活动的重要功能之一。培训组织者应积极为编辑提供学习平台，增强编辑的学术对话能力和人际对话能力。其一，把审稿专家请进培训现场，增强编辑的学术对话能力。编辑与专家学者的学术对话能力越强，就越能够得到专家的认可，越容易产生优秀学术成果。这种主体间对话的背后，体现了编辑的专业能力和学术素养。没有广博的知识和深厚的文化底蕴做基础，对话内容难免肤浅，很难触及问题的核心，更难以使话题深入下去。① 例如，继续教育的课程可针对专业期刊编辑的特点，在课程比例上，邀请有审稿经验的相关学科专家面对面分享，现场给予编辑即时反馈。编辑在对话的过程中与学者开诚布公，走进论文及其研究的世界，探幽索隐，拾遗补缺，共同把握研究的脉搏和趋势，完善和提炼成果。② 其二，提供沟通反思平台，增强编辑人际对话能力。在继续教育培训课程体系中，应有编辑与作者、读者互动的学习内容。其中，编辑与作者的沟通对话最为关键。由于双方在对话沟通中常常是“快思考”和“快应答”，往往时有舛误而不自知。为此，在培训中可以建构“编辑—作者”沟通反思平台：在语言上，反思问题表达是否清晰，考虑作者的回复是否可以接受；在思维上，反思问题的假设是否合理，沟通中有无新的认识产生；在态度上，反思沟通的语气、必要的交际礼仪等。以此平台引导编辑复盘自己与作者的交流过

---

① 参见张秀红：《对话：编辑活动的本质》，《辽宁师范大学学报（社会科学版）》2006 年第 3 期。

② 参见肖建新：《编辑与学者的对话——编辑素质发展和研究的新指向》，《学术界》2004 年第 5 期。

程，反思自我可能存在的不足，形成一种批判性地省视自我的习惯，养成平等、谦逊、公正的理智美德。①

## 四、结语

出版专业技术人员的继续教育旨在提升编辑人才队伍的专业能力和服务水平，为推动社会主义出版事业发展提供人才保障和智力支持。当前，编辑继续教育应更加重视编辑作为成人的学习心理特点，增强教学中的参与度和选择性，提高教学与需求的契合度，使培训更加符合成人学习心理。聚焦问题意味着目标认同，经验改造是发挥优势的基础，具身认知是学习的原则和方法，增强对话则是提升实际能力的有效途径。从直面真问题、优化经验、以具身认知创建学习共同体、增强对话能力这四个层面寻求契合编辑学习特点的继续教育策略，能够有效纾解编辑继续教育工作的现实困境，助力编辑人才培养事业更好发展。

（作者单位：福建教育学院杂志社）

① 参见刘火苟：《编辑共同体视角下学报新手编辑的批判性思维能力发展路径探索》，《科技与出版》2022 年第 10 期。

# 二 等 奖

# 人才强社战略下编辑队伍建设的路径探析

## ——以高等教育出版社为例

席　锐　　王　治

党的二十大报告中，首次将教育、科技、人才统筹部署。这一新的变化，既坚持了教育、科技、人才是全面建设社会主义现代化国家的基础性、战略性支撑，又强调了三者之间的有机联系、相互促进。习近平总书记在中共中央政治局第十一次集体学习时进一步指出，畅通教育、科技、人才的良性循环，完善人才培养、引进、使用、合理流动的工作机制。这一阐述为高质量发展赋予了新的目标向度。通过科技、教育和人才的协同配合、系统集成，共同蓄积新发展格局下人才的新动能新优势，彰显创新在我国现代化建设全局中的核心地位。

作为实现2035年建成文化强国战略目标的重要战略高地，教育、科技、人才的统筹发展、一体推进，在出版行业表现得尤为明显。出版本质上是知识服务，出版的核心价值是个人知识社会化、无序知识有序化，[①]出版活动生产的成果体现在服务教育，讲好中国故事，传播中国声音。出版的行业发展与时代的适应性则依赖于科技，而人才作为社会发展中独特的异质资源和资源内生增潜活动，既以“事物”的形态为教育和科技提供实践主体，也以“活动”的形态联结了“教育”与“科技”的一体化，无疑是三者之中的主体。[②]因此，塑造新质生产力，推动出版业高质量发展，归根结底要靠创新型人才、领军型人才，这就需要推动产学研用的深度融合，加快形成与新质生产力发展需求相适应的出版人才结构，着力培养一批适应新质生产力发展，推动出版业高质量发展迫切需要的创新型人才。

深入推进出版深度融合发展，培育复合型、数字型、融合型编辑人才队伍，已成为行业从高速度增长到高质量增长发展的必由之路。[③]本文以我国教育出版的国家队和主力军——高等教育出版社（以下简称“高教社”）为研究对象，总结高教社编辑队伍建设方面的经验与成效，分析出版行业人才队伍建设中普遍存在的问题，并尝试提出编辑队伍建设的创新路径。

## 一、出版行业编辑队伍建设存在的问题

人才既是新质生产力三要素中能动性最强的劳动力要素，又是主导新质生产力发展的创新要素的动力源泉。[④]人才质量的高低、创新人才数量

---

① 参见方卿、王一鸣：《论出版的知识服务属性与出版转型路径》，《出版科学》2020 年第 1 期。

② 参见段从宇、胡礼群、张逸闲：《中国式现代化进程中教育、科技、人才三者关系的科学识辨与正确处理》，《教育科学》2023 年第 2 期。

③ 参见段鹏、王源：《理念更新与举措革新：融合出版人才培养的基本站位与发展路径》，《中国编辑》2023 年第 5 期。

④ 参见蒲清平、黄媛媛：《习近平总书记关于新质生产力重要论述的生成逻辑、理论创新与时代价值》，《西南大学学报（社会科学版）》2023 年第 6 期。

的多少，直接关系着新质生产力的形成和发展。出版业经过多年的发展，在人才队伍建设方面取得了丰富的经验，为出版业的高质量发展提供了不竭动力，但随着新质生产力对出版业高层次人才提出培养创新创造能力突出、引领发展本领显著、数字数据素养与技能卓越的教材编研人才、出版研究人员、融合发展人才、学术期刊人才的新要求，人才结构有待完善、人才发展的引导力不足、知识积累与时代发展不匹配、多元化能力有待提升、心理健康等问题更加成为制约编辑人才发展的瓶颈。

第一，现有人才结构的匹配需更加完善，缺乏储备干部准确的人才画像。随着融合发展行动计划的快速推进，事业发展带来业务范围扩大和现有业务的转型升级，出版行业对数字化人才的需求进一步增加。为更好地支持数字出版和事业发展，出版人员结构应进一步优化，亟须充实一批有专业、会技术、懂出版的复合型人才。目前，多数出版社关键核心岗位的人才储备库较为单薄，缺乏对创新型人才的精准画像，人才数据限于静态，动态更新能力有限，维度较窄。出版社需厘清重点岗位人才需求，建立合理的选拔标准，突出业绩导向，实现绩优薪优。

第二，人才发展的引领力不足，数字编辑职称道路不清晰。受限于行业人才培养体系、职称评审制度等客观因素，出版行业科研创新型人才和具有高级专业技术职务的高级人才仍显不足，需守正创新，建立高质量科研体系和科研人才库，培养新时代行业知名、能力突出的编辑人、策划人、出版人。同时，出版行业中的数字化部门作为融合发展的主要业务部门，成立时间短，历史沿革少，存在职称评审覆盖面有待拓宽、数字编辑专业技术职务通道不明确、职业生涯规划不清晰等“卡脖子”问题。

第三，现有知识积累与时代发展不匹配，继续教育培训资源更新滞后。党的二十大报告强调，要加快建设数字中国，加快发展数字经济，打造具有国际竞争力的数字产业集群。[①] 通过多年的知识积累，大多数出版

① 参见习近平：《高举中国特色社会主义伟大旗帜　为全面建设社会主义现代化国家而团结奋斗——在中国共产党第二十次全国代表大会上的报告》，人民出版社 2022 年版，第 30 页。

社积淀了丰富的知识财富，但面对出版深度融合的快速发展，出版的边界被进一步拓宽，从传统的图书出版走向全媒体数字出版，现有的继续教育培训资源亟待更新，尤其在意识形态把关能力、交叉学科出版能力、对人工智能和数字化技术的使用能力等方面缺乏足够的关注与支持。同时，为广泛地满足学员参加继续教育的需求，部分培训项目缺乏针对性，一定程度上存在应付必修学时缺乏培训实际效果、浪费培训资源的现象。

第四，人才多元化能力有待提升，需创新灵活的培养机制。由于出版行业从业者的学科背景复杂，大多非出版专业出身，绝大部分编辑在单一部门工作时间长，培养了较强的专业素质能力。但条块化的组织架构限制了人力资源的共享，缺乏轮岗借调机制，部门之间人员的流动与交流机会少，宜培养“专家”，而不易培养“全才”，不利于造就具备产业学科知识、产业发展洞见观瞻、意识形态把关、适应数字化提质升级等能力集合的综合型人才。

第五，员工心理健康需进一步关注。随着业务规模的不断扩展，员工工作强度大、承担责任重、舆情安全风险高，因工作与生活失衡、人际关系紧张等方面产生心理问题的情况愈加多发。出版社需要高度关注员工的身心健康，尽最大努力纾解员工心理压力，实现企业与员工共同和谐、可持续成长。

## 二、人才强社战略下编辑队伍建设的创新路径

教育、科技、人才是全面建设社会主义现代化国家的基础性、战略性支撑，应加强建设人才强国的时代担当，全面提升人才自主培养质量，提升现代出版社治理水平，为全面建设社会主义现代化国家作出应有的贡献。①

① 参见谭方正：《加快建设中国特色高质量教材体系的根本遵循、核心向度与实践理路》，《中国编辑》2023 年第 6 期。

人才强社战略下编辑队伍建设，应不断迭代升级人才队伍建设新工作、巩固拓展人才队伍建设新思路，引导编辑树立正确的思想方向，不断提高人才的综合质量，提升创新的意识及能力，以服务教育强国建设。同时，需持续优化人才发展的培养机制及保障机制，构建全方位强有力的育人体系、激励体系和服务体系，坚定不移打造出版强社。

**（一）深耕干部储备，培养高素质复合型人才**

第一，树立正确的人才观念。意识形态是优秀编辑的首要考量，高质量出版人才首先需要具有坚定的理想信念及高度政治敏锐性，应坚持将政治把关和政治素质考察摆在首位，培养人才坚持正确的政治方向和价值取向。加大主题教育、理论培训班、专家报告会等学习力度，加强重大政策宣讲，推动政治理论学习往深里走、往心里走、往实里走，不断坚定政治立场，加强理论武装，自觉用科学理论武装头脑、指导实践、推动工作。同时，从业务发展的战略要求和战略布局出发，结合不同业务板块的实际情况和发展目标，更加科学、系统地谋划人才队伍的规模和结构，深化总体人才建设的核心意识、大局意识，引导全员各部门树立科学的教育发展观、人才成长观、选人用人观。

第二，加强人才综合能力提升。出版行业已进入融合创新、高质量发展的改革数字创新新阶段，这就要求编辑更加重视综合能力的提升，促进新技术、新路径与传统编辑文化的有效衔接，整合内容、数字和资源，掌握现代数字出版技术的高素质复合型出版人才，实现优秀作品的出版。创新“教育、科技、人才”三位一体的人才培养模式，注重人才的多元化能力，培养一批数字意识强、创新应用能力好、能够准确把握新一代信息技术创新发展和应用趋势的工作人员和管理人员，使更多兼具数字素养和创新素养的人才走上工作岗位，并建立跨部门流动机制，促进人才资源共享。①②

① 参见于殿利：《以科学的人才观建设现代化的出版队伍》，《出版广角》2023 年第 2 期。

② 参见郑满宁：《人工智能技术下的新闻业：嬗变、转向与应对：基于 ChatGPT 带来的新思考》，《中国编辑》2023 年第 4 期。

同时，加快高水平拔尖创新人才、紧缺型专业人才的培养。

第三，充分发挥平台优势，推进培训数字化建设。数字化培训是转换出版行业制度优势、规模优势的重要方向，也是培训工作破瓶颈、提水平的重要路径。应以线上培训平台为依托，发挥数字化培训资源和手段的灵活性、开放性特点，依托现有数字资源平台，搭建继续教育平台，① 力求培训资源针对不同层级、不同专业、不同业务类型的人才能发挥出更广泛的区分性和针对性，实现全平台用户数据及培训内容资源数据可见、可管、可用。

第四，统筹继续教育资源，细分培训受众。一是构建培训机构联动机制，发挥行业协会与学会优势，推动与出版单位稳定合作关系的构建，共享资源和信息，互相补充，形成资源共享、互补的培训体系。二是在兼顾编辑继续教育需求普遍性的基础上，从内容、结构、形式及受众等多方面分级分类，区分各类编辑在知识储备、工作内容、技能要求、发展方向的不同需求，提高培训班的多样性及可选择性，提升编辑参加培训的积极性、主动性，最终优化培训效果。

第五，不断创新人才培养机制。坚持发挥品牌项目对人才的培养作用，丰富人才培训内容，打造具有特色的培训形式。② 同时，通过内部交流轮岗、挂职锻炼、校企合作、基层下派等形式，为年轻人提供更多锻炼机会。开辟人才“走出去”培养的新路子，使人才培养渠道多元化，储备更多人才。

### （二）立足自主培养，创新完善考评机制

一是优化综合能力素质评价体系。有效评价体系的建立对于编辑队伍发展有着多层次、全方位的指导和标杆作用，能够在科学的指导下建立一套紧紧围绕出版事业发展需要和出版专业技术人员从业要求的培养机制，

① 参见龙杰、孙莹：《出版新业态下编辑人才队伍建设的创新路径》，《中国编辑》2023年第3期。

② 参见席锐、王治：《新时代优秀编辑综合评价指标体系构建与应用：基于扎根理论的质性研究》，《中国编辑》2023年第7期。

同时能激励人才更好地发挥主观能动性，形成公开、公平、公正的竞争环境。应规范多维度标准，探寻新时代优秀编辑评价指标体系构建与应用，针对关键核心岗位、专业性强岗位，建立人才画像机制，形成有数据指标和能力模型参考的人才库，进一步优化完善更加科学、规范、系统、完备的人才和干部能力的评价体系，健全人才的全面评价体系。建立符合不同部门特点的评价制度，科学设立评价指标，探索开展多主体、中长期评价，注重对人才创新思维、创新能力、发展潜力的综合评价，以评价改革牵引人才培养综合改革。

二是健全精准业务能力激励机制。合理的物质奖励和精神奖励，对编辑出版事业的职业认同、身份认同和情感认同发挥着重要作用，能够激发人才的事业心和责任感。调整一、二、三审队伍结构的合理性，优化编辑加工链条的稳健性；优化职称评定和岗位晋升的双向匹配机制；完善优秀员工、优秀编辑评选与职务晋升的双通道晋升体系。建立更加合理、长效的工作机制和激励机制，营造良好的工作环境，既尊重人才成长的一般规律，按照正常职级和程序选拔干部，又要把握优秀人才脱颖而出的特殊规律，破除“五唯”提拔群众公认的优秀干部，进一步激发青年人才干部的工作积极性和创新活力。

**（三）坚持严管厚爱，解决人才发展后顾之忧**

一是完善薪酬福利与基本保障。构建青年员工良好的成长环境，着力解决青年人才在成长过程当中遇到的实际困难。促进事业发展和员工成长结合更为紧密、绩效考核办法更加完善、评价激励机制更加优化、薪酬分配制度更加科学、福利保障体系更加健全、养老医疗体系更加完备，事业改革发展红利持续释放。

二是做好员工心理健康关爱。要进一步拓宽心理诉求和援助途径，引导员工纾压解郁，注重人文关怀，帮助员工解决实际困难，营造更加积极健康的企业文化，增强企业的向心力和凝聚力，充分调动干部带领群众干事创业、担当作为的积极性、主动性，推动形成人心思齐、人心思进、人心思干的浓厚氛围，增强职业荣誉感、价值感、获得感。积极开展各种健康有益的文体活动，丰富员工精神生活，让员工在轻松、活泼的工作环境中，持续获得心理愉悦和努力工作的不竭动力。

## 三、高教社编辑队伍建设的实践探索

本文以高教社作为案例，分析出版行业在人才队伍建设方面取得的成效。高教社在高等教育、职业教育教材和数字化教学资源建设方面，出版规模、出版物质量和市场占有率均处于领先地位，拥有一支规模庞大的编辑队伍。在人才队伍建设方面，高教社始终贯彻落实人才强社战略，在引人、育人、用人、留人等方面形成了独特的机制，先后涌现出一大批行业专家，多人获得文化名家暨“四个一批”人才、出版行业领军人才、百佳出版工作者、全国十大优秀出版编辑等称号，获得中国出版政府奖优秀出版人物奖、韬奋出版奖等重大奖项，10 余名专家享受国务院政府特殊津贴等，更有一大批专业技术人才参编书目获得中国出版政府奖、中华优秀出版物奖、全国教材建设奖等国家级奖项和荣誉。

### （一）引人环节：拓宽渠道，严格把关，建好人才“蓄水池”

为充分发挥人才资源的引领和支撑作用，高教社坚持把政治把关和政治素质考察摆在首位，实施柔性引才机制，加强企业形象宣传，创新招聘手段。为拓宽选人用人视野，丰富人才引进渠道，在落实上级单位招聘要求的基础上，与京内外 20 余所高校、北京市区人社局建立长期合作关系，获取第一手人才信息，同时利用直播、短视频、H5 海报、线上直播等多种方式打造企业招聘品牌，为教材出版主业建设了一支年龄学科结构合理、能够适应教材教学研究工作新要求的编辑人才队伍。

### （二）育人环节：健全继续教育体系，丰富人才选评机制

2022 年，高教社全新升级了企业大学的线上培训教育平台“畅想书院”，全新平台打破学习时间和空间的壁垒，集课程学习、培训直播、考试测评、知识分享、社区互动于一体。内容上对课程进行了整体优化，萃

取原有平台精华课程，增加大量通识课程，跨越式提升新课程画质；功能上可直接对接企业微信，使操作界面更加便捷。同时鼓励学员分享学习资源，强化社区互动；支持部门建设自有培训模块与资源库，更好地配合部门开展内训。目前，平台已上线300余门优质课程，细分为编辑业务、通识类业务、专题课程、各部门自建课程、综合其他等多个分类，通过线上线下联动开展的意识形态、学术素养等多系列培训，高质量完成了社内继续教育学时要求。与中国出版协会、中国音像与数字出版协会等单位定向合作，区分图书编辑与数字编辑的不同业务特点，开展定制化继续教育培训，满足编辑知识与技能的升级，充分体现了融合发展等新内容。

为实现知识萃取，激发职工创新欲望，高教社以多部门协同，创新性开展多种岗位练兵及人才评选活动，不断丰富人才评选机制。通过开展编辑业务能力训练、职业技能训练、优秀编辑评选、劳动模范评选等，设置阶梯式的奖励，使优秀人才崭露头角，鼓励获奖人员公开授课，相关编辑经验得到宣传推广，切实增强编辑业务技能。此外，高教社还通过组织“导师制培养”“内训课程开发”等项目，逐渐形成从“中心点培训”到“全员共训共享”的局面。

**（三）用人环节：科学规范选用机制，拓宽人才成长路径**

根据上级单位有关文件规定和精神，高教社结合实际出台中层干部聘任办法，规范干部聘任工作流程，不断对组织机构进行优化调整，科学设置中层干部岗位和职数，助力业务发展，满足管理跨度需要。干部平均年龄较聘任前明显下降，激发了事业发展的生机和活力。

为拓宽人才成长路径，高教社搭建了编辑发展双通道体系，通过制定相关办法，推动首席编辑分级制度，一级首席编辑薪酬待遇甚至达到中层管理人员的水平。同时，连续组织三届优秀编辑评选和三届优秀出版物评选，推动年轻优秀人才脱颖而出，还鼓励青年编辑积极参与国家级、社级重点项目的研发建设工作，在出版实践中不断历练和增强自身本领。

**（四）留人环节：真情实意，提高员工的获得感、幸福感**

高教社通过优秀编辑与优秀论文评选、职称评审、课题申报、融合发展等项目的定期开展，大力营造了尊重人才、尊重创造的浓厚工作氛围。通过不断优化调整薪酬结构、完善补充医疗保险、增加重大疾病保障，便捷员工办理《北京工作居住证》和积分落户、推进新员工青年公寓、调整相关休假规定等，积极为奋战在出版一线的青年编辑排忧解难，全力做好员工社保、医保、培训等方面的服务工作，只有排除了后顾之忧，才能使他们安心投入工作中。

## 四、结语

在长期的实践中，出版业在人才队伍建设方面积累了一定经验，取得了一些成效，在“引育管用”等方面，采取了一系列举措，但仍存在现有人才结构的匹配需更加完善、人才发展的引领力不足等问题。应立足自主培养，创新完善考评机制，健全精准业务能力激励机制，以解决人才发展的后顾之忧。同时，也应做好员工心理健康关爱，构建青年人才良好的成长环境，促进事业发展和员工成长结合更为紧密，为出版强国、人才强社的建设提供不竭动力，以新质生产力为出版业高质量发展源源不断地提供人力、财力、物力和智力资源，为建设中华民族现代文明贡献出版力量。

（作者单位：高等教育出版社有限公司）

# 基于岗位胜任力模型的复合型出版人才培养模式

杨　晋

出版是总结归纳人类智力劳动成果并进行复制和传播的实践活动，其本质是知识生产和知识传播。在纸张发明和印刷技术发展后，知识以图书、报纸、期刊等产品形态被封装在纸介质印刷物中，成为传播的通行媒介，书报刊即产品，产品即服务，产品与服务融为一体不可分割。随着互联网、大数据、云计算、人工智能、区块链、元宇宙等为代表的数字技术迅猛发展，并广泛应用到出版活动中，出版链条中的知识生产、知识载体、知识传播和消费方式等环节都不断发生变化，改变了出版相关职业结构和人才的知识技能结构。根据各生产要素投入的比重，以及劳动者、生产工具与劳动对象组合形式的不同，出版业属于智力密集型产业，主要基于人的智慧、知识、技术技能和创新创造为生产核心要素，高度依赖智力成果，大量聚集智力型员工。[①] 因此，人力资源是出版产业的第一资源，数字时代复合型出版人才是出版单位高质量发展所需要且必需的。以岗位胜任力理论为基础，探讨复合型出版人才的岗位胜任力模型，并在此基础上分析复合型出版人才培养及评价模式对出版高质量发展具有重要的意义。

## 一、复合型出版人才培养的政策背景、意义及现状

### （一）复合型出版人才培养的政策背景

党的二十大报告指出：教育、科技、人才是全面建设社会主义现代化国家的基础性、战略性支撑。必须坚持科技是第一生产力、人才是第一资源、创新是第一动力。报告中也指出：高质量发展是全面建设社会主义现代化国家的首要任务。出版具有“科技、创新”等关键要素，出版业作为文化产业的重要组成部分，从出版业高质量发展、建设文化强国和出版强国等目标要求来看，复合型出版人才培养是实现出版高质量发展的突破口和重要抓手，是建设文化强国和出版强国的内在要求，也是从出版大国迈向出版强国的必然逻辑。

2022年3月，国家新闻出版署印发《关于组织实施2022年度出版融合发展工程的通知》，优先启动包括“出版融合发展优秀人才遴选培养计划”在内的两个子计划，通过遴选计划在两年的培训周期内，进一步提升理论、技能、管理等方面的知识和能力，形成今后一段时期推动出版高质量发展的骨干力量。2022年4月，中共中央宣传部印发《关于推动出版深度融合发展的实施意见》中要求“建强出版融合发展人才队伍”“着力培养‘一专多能’的出版融合发展人才”。2022年9月13日，国务院学位委员会、教育部印发《研究生教育学科专业目录（2022年）》将“出版”由附表进入新

① 参见张小建、李越、陈斯毅：《智力密集型产业发展和相关职业岗位开发研究》，《第一资源》2013年第4期。

版学科专业目录，并明确出版专业人才培养可授予出版博士专业学位，此举对培养复合型出版人才、推动出版强国建设具有重大的战略意义。

### （二）复合型出版人才对出版高质量发展的重要意义

出版业要实现高质量发展，创新型人才培养是关键。传统出版的人才结构已经不能满足现代出版多层次、多元化的人才需求，知识型的单一人才培养体系要向创新型、复合型、多元化的人才培养模式转变，更好地对接出版行业人才需求。人民卫生出版社（以下简称“人卫社”）是我国医药卫生出版的领军企业，经过 70 年的发展历程，人卫社已发展成为涵盖医学教材、学术专著、健康科普、医学期刊、国际著作、数字新媒、多元服务为一体的国内领先、国际有重要影响力的卫生出版传媒集团。事业的发展壮大从根本上取决于其是否拥有足够数量的高素质复合型人才。人卫社历来重视人才培养工作，深知人才对出版高质量发展的重要性，对复合型出版人才培养更是进一步加大重视和投入力度，创新培养模式。

新时代出版业要实现从数量规模型向质量内涵型的转变，核心要素是培养一流的出版人才，培养一流的编辑、发行、营销等各个出版环节中的优秀人才。新时代要培养的编辑人才，要主动在内容创新、资源整合、渠道开拓、策划营销上下功夫，实现知识资源的再开发，提升出版产品的附加值，让主动策划意识主导编辑日常工作。

### （三）复合型出版人才现状分析

当前，随着出版行业的快速发展和数字化转型，复合型出版人才的需求日益增加，但同时也面临着一些挑战和问题。首先，缺乏复合型出版人才。复合型出版人才需要在多个领域都有所涉猎，培养周期较长，因此，目前市场上复合型出版人才相对较少。由传统编辑业务转岗而来的复合型出版人才，计算机应用水平不高、互联网思维欠缺，且新媒体运营经验不足，各级职称比例严重失衡。[①] 其次，培养复合型出版人才的机制不够完

① 参见孙寿山：《完善培养考核评价机制　建强数字出版人才队伍》，《科技与出版》2023 年第 6 期。

善。出版行业内部的培养机制和外部的培训体系还不够完善，缺乏针对复合型出版人才的培养计划和课程设置。再次，复合型出版人才的流动性和流失率较高。由于出版行业的竞争激烈，出版企业之间的薪资待遇和职业发展空间存在较大差异，因此复合型出版人才容易受到其他行业和企业的吸引而流失。

## 二、复合型出版人才的岗位胜任力模型

### （一）胜任力与胜任力模型

关于胜任力的概念，最早由美国社会心理学家戴维·麦克利兰在 1973 年发表的文章《测量胜任力而非智力》中提出，是指将工作中有卓越成绩者与表现平平者区分开来的个人深层次特征，是驱动员工产生优秀绩效的各种个性特征的集合，可以是技能、知识、能力、特质或动机等任何可以被可靠测量或计数的，并且能显著区分优秀与一般绩效的个体特征。文章中批评了以往的智力倾向测验，主张用胜任力来预测一个人未来的绩效。这一突破性创见很快得到了学术界的普遍认可，成为心理学、人力资源管理、教育学等领域的研究热点之一。与此同时，胜任力也逐渐风靡企业界，胜任力模型已成为当下人力资源管理的重要基础理论，在工作分析与设计、员工招聘与培训、职业生涯规划、绩效管理等方面起到了重要的指导作用。

### （二）复合型出版人才岗位胜任力模型构建

胜任力模型的构建方法主要分为归纳法和演绎法，多数时候研究人员会将两种方法结合使用。为探求复合型出版人才的胜任力模型，笔者通过文献检索总结目前已发表的相关研究成果，并与国内三家招聘网站合作，对近几年来各出版机构招聘相关岗位要求中的高频词进行统计分析，再充分考虑当前复合出版发展趋势，结合战略演绎分析和访谈讨论等方法，共筛选出 3 个维度 10 项胜任素质要素，初步构建复合出版人才胜任力模型。

复合出版人才胜任力模型图

1. 职业技能维度 5 项要素：政治素养，编辑技能，技术能力，产品策划能力，整合能力

落实意识形态责任，把好政治导向关，是不可逾越的红线，也是出版工作的底线，必须坚守，牢不可破。编辑必须具备较高的政治素养，才能在组织策划、审稿校对等各环节保障出版物意识形态审核工作高效开展。编辑加工技能常被视为编辑最基础的职业能力，是出版内容质量的最根本保障，对文字基本能力的要求也是各出版机构编辑岗位招聘的必备条件。随着复合型出版形式的日渐多样化，对编辑的技术能力的要求也日益提高。编辑对相关技术的了解是开展复合型出版策划工作的基础，对技术了解越多，越有助于提高策划效率。在此基础上，也就要求编辑具备卓越的产品策划能力，能结合选题特点、内容形式和应用场景，对复合出版产品的呈现形式、搭载媒介、应用模式进行综合设计。而在这一过程中，编辑还需具备较强的整合能力，例如人卫社在开展新形态教材建设工作中，就需要将文字、图片、视频、虚拟仿真、试题等各类资源进行有机整合，并

结合内容特点以及使用场景进行教材模式构建，以便为师生提供立体化、沉浸式的学习体验。将各类资源进行整合仅是表象，内容和技术的整合、产品和场景的整合才是支撑复合型出版更深层次的能力需要。

2. 通用能力维度 3 项要素：学习能力，沟通能力，协作能力

复合出版人才必须具备关注新知识、新技术、新趋势的学习意识，以及自主探寻多种学习途径持续自我提高的能力。此外，复合出版的特点决定了每个出版项目必然需要多人分工、合作推进，以人卫社的数字产品出版为例，从出版形式创意和设计、内容策划、组稿、田间管理、内容审核，到产品支撑平台技术开发，再到产品上线运营、销售、用户服务，在整个过程中，编辑需要协同作者、资源制作人员、技术开发人员、营销人员、客服等各方之间进行沟通合作，协同作战。这样的工作性质，必然需要编辑具备良好的沟通能力和团队协作能力，如此才能推进复合型出版项目顺利出版上线。

3. 个人特质维度 2 项要素：责任心，抗压性

相比知识技能，编辑的工作态度、价值观对工作绩效更具有潜在的作用。具有高度责任心的编辑往往会在工作上投入更多的精力，甚或可以为追求更高的整体利益不计较个人的利益得失。复合型出版往往意味着工作性质、工作流程较之传统出版更加复杂，也需要进行更多的创新尝试，由此带来的还有不确定性。从人卫社多年来开展数字出版、融合出版的经验来看，新型出版形态的探索在初始阶段的投入产出比往往不尽如人意，甚至面临失败的风险。这样的工作性质就要求编辑具备较强的抗压能力，要能从容应对各类复杂情况的出现，还要在压力下积极寻求各类新问题的解决方案。

## 三、胜任力模型下的复合型出版人才培养模式

随着数字技术和融合出版的快速发展，传统出版人才面临思维转变和

技术更迭的新机遇和新挑战，出版业务模式趋向多样化，原有的培养模式逐渐不能满足与出版高质量发展要求相匹配的人才队伍需求。在胜任力模型视角下，基于胜任力的人才培养体系能够以能力发展为核心，将组织愿景、经营战略、价值观念、企业文化等现代化管理理念，真正有效地转化为每一位员工的行为习惯。基于胜任力模型的人才培养，具有更清晰的人才培养目标和对应培训举措，在培训过程中开展更具针对性的需求诊断，提高培训的效率。① 接下来，本文将结合人卫社的人才培养模式建设实践进行介绍和探讨。

### （一）打造编辑品牌，建设出版复合型人才培养创新体系和基地

复合型出版人才培养模式必须满足出版主业创新发展和高质量发展的人才需求，对标前文筛选的 3 个维度 10 项胜任素质要素，对表复合出版人才胜任力模型，人卫社始终坚持党管人才、党管干部原则，全面推进“以编辑为龙头”的人才强企工程。通过系列编辑业务培训、编辑工作会议、编辑业务活动与竞赛等系列业务活动，整体提升编辑岗位胜任力；成立专业编校子公司，以人卫编校公司为抓手，打造人卫集团编校人才规范化培训基地，辐射人卫社编辑部、所属单位公司及分社全集团的新入职编校人员的规范化培训，同时着力开展外力编辑规范化培训，形成专业、高效、精准的人才储存库；创新编辑工作机制，完善编辑岗位设置，深入推进双创编辑工作室建设，为人卫编辑成长成才提供多维职业发展通道；以精品力作出版为载体，加强人卫编辑名家的培养；增强人卫编辑的行业影响力，推动人卫编辑品牌建设。

### （二）采用数字化“双活”手段推动人才专业能力培养

新媒体时代让人们的学习方式数字化、沟通交流便捷化、阅读习惯碎片化。一方面，人卫社充分发挥自身从事医学教育服务的平台优势，在人卫教学助手上灵活构建课程，针对不同岗位人员安排培训，设置意识形态

---

① 参见周杨：《新媒体编辑胜任力模型构建与应用研究》，博士学位论文，武汉大学，2018 年。

专题培训班、编校知识基础班、知识点精讲“微课”等，采用“线上＋线下”双向激活的方式，促进员工建立良好的学习惯性，潜移默化地渗透知识内容，提高人才培养的效率；另一方面，加大数字技能培训力度，在“三基”培训、全国调研中增设数字专题内容，研制切实可行的培训方案和内容标准，主动探索“互联网＋”职业技能培训模式，在工作及培训中深入理解和应用数字技术和数字资源，以问题为导向提升复合出版人才综合素养。

### （三）基于岗位胜任力建立阶梯培养机制和课程体系

人卫社在构思课程体系的时候，会充分剖析核心业务流程以及相应岗位所需要的素质和能力要求，或者根据入职后的时间不同，以岗位需求或者胜任能力模型为基础，结合职业生涯发展规划的要求，分解每个岗位的职责、任务和运作等内容，解析和提炼胜任每个岗位需要具备的素质、知识和能力，从管理、技能、创新等角度分类开展培训和建设课程。

培训课程体系建设的关键在于有效地实现能力与课程的转换，也就是要立足于能力要求分析，将能力模块转换为课程，落实具体教学内容。人卫社以岗位胜任力分解要点为单元，利用平台快速构建培训内容，降低课程建设难度，人人都可以基于自身优势创建单知识点的培训，发挥集体优势打造高水平培训课程。按照需求再进行灵活组合或者针对不同的培训对象发布不同的内容，实现培训内容与岗位胜任力目标培养具有很强的对应性。

### （四）重视青年人才培养，以实践为核心构建培养体系

人卫社高度重视青年的人才培养，制定《人民卫生出版社有限公司青年理论学习提升工程的工作方案》，成立青年理论学习小组，全面覆盖 40 岁以下青年，将理论学习的内涵践行到实际业务实践中。在人卫社的数字出版工作中，很多项目和产品由青年牵头负责，通过项目实践历练激发青年的潜力，建立青年编辑在单位工作的归属感，通过干部聘任、外派借调历练、技术“走出去”等方式，加强青年人才的品质锤炼。

## 四、胜任力模型下复合型出版人才评价考核机制

传统模式的评价考核机制主要关注员工业绩水平和业务结果，考核角度单一，也不容易关注到员工工作流程中存在的问题，不便于管理者了解区分高低绩效的关键因素。对于出版社，编辑人员的工作无法通过业绩单一评价来体现全部贡献，其工作过程中创造的价值需要全面衡量。融入了胜任力模型思想的评价考核机制能够更客观、全面地评价出版人才的工作，激活人才人为在能力角度提升自我的潜力，更有利于出版企业可持续高质量发展。

基于胜任力模型的人才评价考核机制，首先应该将各项胜任力因素进行拆解，并赋予每个能力拆分点适当的比重，然后比对员工实际工作过程中的行为特征，形成客观、综合的考评结果，再通过不断收集员工反馈，对胜任力模型作出进一步的修改和完善，并投入下一个绩效评价循环过程中。同时，应配合有效的激励措施和薪酬制度，激发员工在胜任力上的提升动力。①

基于胜任力模型的绩效管理更加侧重于长期评价和定性评价。融合出版工作是周期长且具有系统持续性的工作，具体项目的结束并不代表整个工作的结束。通常采用的绩效管理侧重于短期评价和结果评价，过分注重结果，仅重视可量化的“硬性指标”，可能会导致员工单纯为了达成或获得更好的绩效考核成绩去采取一些不利于企业长远利益的短期急功近利的行为。基于胜任力模型的绩效管理是以岗位应具备的胜任力作为被考评者的评价标准，在一定程度上可以避免损害企业长远利益行为的发生。人卫社在复合型人才培养中加强考核和反馈，基于“人才强企工程”中制定的《人卫社人才强企战略规划（2013—2020年）》进一步优化培养机制，以工

① 参见李龙：《基于胜任力模型的A出版公司人才队伍建设研究》，博士学位论文，河北地质大学，2022年。

作需求为导向设计培训项目及培训内容，其绩效考核机制中码洋不再是考核金指标，“创新程度、创新产品、产品用户数增长情况、用户黏度、岗位素质和能力提升效果”等多种“软指标”也作为考核因素，评价指标与个人发展挂钩，与企业发展挂钩。

## 五、结语

基于岗位胜任力模型的培训是复合型出版人才成长的一种高效模式，直接以需求为导向，结合出版人才实际能力差距开展针对性的培训，对出版人力资源建设具有重要意义。通过这种培训和考核评价模式，有助于打造一支兼具数字素养与实践能力、既立足本土又放眼国际、具有跨界融合能力且能够应对未来挑战的复合型出版人才队伍，推动出版高质量发展。

（作者单位：人民卫生出版社）

# 新时代编辑提升学术素养的困境及对策研究

丛艳姿

古往今来，出版事业始终肩负着立言、存史、资政、育人、传承的伟大使命，① 编辑一直是文化宝库的守卫者和文明之光的传递者。进入新时代以来，作为党的宣传思想文化工作的重要组成部分，出版工作担负着举旗帜、聚民心、育新人、兴文化、展形象的使命和任务，② 其对编辑人才自然也提出了新的更高要求：不仅要求其具有成熟的政治站位、高雅的文化品位、精湛的业务水准和扎实的学科基础，也要求其能够以精熟的科研方法，通过探究出版发展规律来解决工作中的问题，通过深入的理论研究

① 参见杨牧之：《论编辑的素养》，中华书局 2013 年版，第 10 页。

② 参见中华人民共和国人力资源和社会保障部：《〈出版专业技术人员继续教育规定〉政策解读》，见 http://www.mohrss.gov.cn/xxgk2020/fdzdgknr/zcjd/zcjdwz/202009/t20200929_391932.html?eqid=e0464c61000ac3be00000004642ecb9d。

来推动专业建设、学科发展。锤炼学术素养，完成从技术型编辑向学者型编辑的转型，也已经成为越来越多编辑的最高职业追求。

## 一、概念辨析

“素养”一词最早见于《汉书·李寻传》，在应对汉哀帝的答诏中，李寻指出：“马不伏历（枥），不可以趋道；士不素养，不可以重国。”由是可见，素养的形成并非朝夕之功，难能一蹴而就，而是需要日积月累、久久为功方能显现出其巨大的功效。“素养”，简单来说，就是通过日常的修习涵养，使自己在理论知识、艺术思想、人格修养等方面达到一定的水准。个人素养的表现形式诸多，举凡知识、艺术、思想等都可以涵括在内，既可以是生活中的，也可以是学业上的，而表现在职业方面的素养，即为职业素养。

就编辑而言，其工作范围广泛，涉及自然科学、社会科学、人文科学等各个领域，其工作内容多样，涉及策划、组稿、审稿、书稿加工、营销、设计、印装等各个环节，虽说专业殊异，职业素养要求不一而足，但以整个编辑行业而论，或可找到共同的素养要求，如以“题名（TI）或关键词（KW）= 编辑素养 OR 编辑职业素养 OR 编辑核心素养”为检索条件，在中国知网（CNKI）、维普资讯（维普）检索到近10年（2014—2023年）的论文分别有313篇、293篇，其中政治素养、业务素养、文化素养、理论素养、创新素养和媒介素养等作为编辑的职业素养已经取得广泛的行业共识。在众多的编辑职业素养中，“编辑学术素养”在近些年被提到的频次呈现逐渐上升的趋势（见下图）。

编辑学术素养，指的是编辑在开展学术研究过程中所应具备的基本修养与基本素质，可概括为学术意识、学术知识、学术能力和学术道德四个

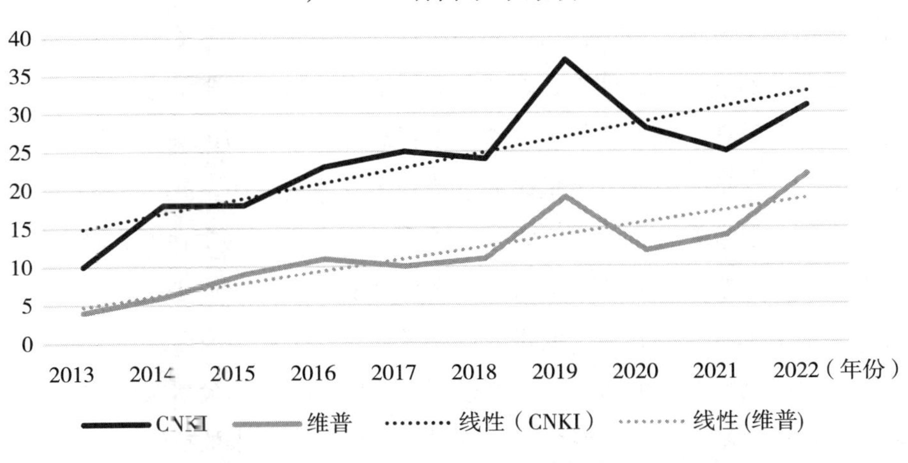


2013—2022年CNKI、维普中论及“编辑学术素养”的论文数量及发展趋势

方面①②。

第一，学术意识。编辑的学术意识主要表现在三个方面：一是学术认知，如编辑对学术研究的基本事实性认知、编辑在具体工作中开展研究的方法性认知；二是学术情感，如编辑具有开展学术研究的责任感，能在参与学术活动过程中产生成就感；三是学术行为意向，如编辑在学术研究过程中具有创新意识，在日常工作中具有梳理、归纳资料并形成研究成果的成果生成意识。

第二，学术知识。学术知识又包括综合理论知识、学科专业知识和科研方法知识。综合理论知识以出版理论、中外出版史为核心。学科专业知识包罗广泛，涉及策划、发行、营销、版权等诸多内容。如武汉大学对编辑出版学专业辅修与双学位培养方案提出了如下课程要求：出版学基础、编辑学原理、数字出版概论、出版营销学、出版法律与政策、中国出

① 参见陈咏竹、李蓓兰、杜亮：《谈科技期刊青年编辑学术素养的自我修炼》，《编辑学报》2018年第6期。

② 参见王亚亭：《高校学报青年编辑学术素养的自我培育——以“编辑学者化”为视角》，《传播与版权》2020年第10期。

版史、西方出版概论、出版企业管理、出版经济学、知识产权法、网络编辑、信息系统设计与应用、出版装帧设计、网络营销。① 以上都是出版专业学术研究的核心基础知识。在科研方法上，编辑出版学的学术研究方法与其他社会科学研究方法并无二致，主要有文献法、访谈法、观察法、行动研究法、个案研究法等定量研究方法和定性研究方法。

第三，学术能力。学术能力范围较广，概言之，主要有提炼研究问题能力、资料搜集与分析能力、研究方案设计能力和研究成果表达能力。发现问题是学术研究的起点，编辑应该具备在日常工作中发现问题并将之提炼为学术研究问题的能力，并能够以问题为中心搜集和分析文献材料、实证材料，在此基础上设计研究方案，最后完成研究成果的撰写。

第四，学术道德。一直以来，编辑尤为重视书稿和作品的版权问题，引用他人成果后注明出处是最基本的学术道德，编辑在自己进行学术研究时更要以身作则。此外，篡改编造剽窃数据、伪造辅证，继续别人的思想研究不作任何交代，侵害他人知识产权，抢夺他人研究成果，也都是学术不端的主要表现，作为文化传播者的编辑更应戒之慎之。

学术研究开始走进越来越多的编辑的视野，一方面与编辑自我提升的意识息息相关，另一方面也与出版行业整体升级脉脉相通，出版行业对编辑学术化转型提出了更高的要求，其不仅是出于工作的需要——编辑应具有与作者就某一专业领域进行学术对话的基本素养，更是因为“一个品牌出版社的最核心资产其实就是其以资深编辑、专家型编辑为领军的整个编辑团队或群体，而这个团队或群体的学术理论素养如何，对编辑业务、经验教训总结提炼得如何，其发现力、策划力如何，从小里讲，决定一本书、一种刊的命运；从中里说，决定一家出版社、一家期刊社的命运；从大里看，决定整个出版业的命运与发展”②，所以，修习学术素养在出版行业内呈现出了前所未有的热度。

---

①　参见《武汉大学编辑出版学专业本科人才培养方案》，见 https://sim.whu.edu.cn/info/1756/13498.htm。

②　郝振省：《努力提升编辑队伍的学术理论素养》，《中国编辑》2017 年第 1 期。

然而，在对编辑学术研究成果进行分析、对行业进行整体考察时却不难发现，在编辑学术素养逐渐被关注、编辑论文数量逐渐在增长的繁荣外表下，编辑在学术研究上还存在着诸多问题与困境。

## 二、问题与困境

编辑学术研究的问题与困境主要表现在：编研合一、编研并重的学术氛围在整个行业中还不够浓厚；编辑参与课题、学术会议的研讨活动还不十分普遍，学术研究能力尚有不足；学术研究成果空泛，脱离实际且理论性不强，同质化现象也较为严重。总的来说，编辑的学术研究生态还不够健康。

### （一）学术研究动力不足

首先，仅就目前而言，对学术研究探讨比较多的编辑主要集中于学报、专业期刊、高校出版社和专业出版社等出版领域，其他领域编辑谈及的比较少，学术研究工作比重在编辑的日常工作中占比很低。这一方面是因为编辑的年终考核多以业绩（如工作量、差错率等）为主，缺乏对学术成果考评的机制；① 另一方面，相较于科研院所，出版单位偏重于各类出版基金项目的申报，其所承担的编辑出版类科研课题、项目的数量不多，所以编辑从事学术活动时往往各自为政，以至于没有形成切磋砥砺、合力攻坚的良好学术环境。

其次，一些编辑之所以能够积极投身于学术研究活动，撰写研究成果，表现出种种对学术活动的亲近与重视，往往只是关注于学术成果的实际价值和利益，是受制于职称评聘条件的限制而不得不为之的一种策略，即缺乏学术研究的内驱力。沉醉于学术研究带来的现实利益，其表现便是

① 参见刘炜：《高校学报编辑学术素养能力提升策略研究》，《广西教育学院学报》2022 年第 3 期。

获得相应职称后，学术研究便会成为可有可无之事，甚至再无学术成果问世。

学术研究氛围不浓厚和对学术研究的功利化态度，与学术研究内驱力的缺乏互为因果，不仅不利于编辑的个体成长，同时也为编辑出版的学术健康发展埋下了重重隐患。

**（二）学术研究能力匮缺**

相较于大学及科研院所，编辑的工作以事务性内容为主，学术研究资源有限，学术研究经验不足，缺乏系统的学术训练和继续教育培训，这些都是制约编辑学术能力提升的主要因素。

首先，编辑所从事的工作内容分散，目前行业多倡导全流程的工作模式，从策划组稿到加工，从发行营销到设计印装，几乎出版各环节中都有编辑参与的身影，工作性质也主要以技术性为主，此外还有大量的编务工作，较少涉及创新性内容。沉陷于繁杂琐碎事务性工作的编辑多无暇于学术研究，较少主持或承担研究项目，学术能力提升缓慢。在职业发展上，编辑参加学术研讨的比例不高。①

其次，从人员构成来看，编辑的学历以硕士研究生和本科生为主，个别出版领域的博士研究生占比亦不低②③，高学历特征明显，但是编辑从业者一般都是在毕业后就直接参加了工作，缺少独立开展科研的经历，此外，编辑出版学的研究项目较少，参加国外访学、学术会议、出国深造的比例偏低，这些也都间接导致了编辑难以通过有效渠道提升学术能力。

最后，在职业培训上还缺乏较为系统的学术训练。学术研究工作是系统、专门的学问，具有目的性、科学性和方法性，需要有针对性地进行训练。虽然国家已对编辑的继续教育作出了明确的规定，但是培训内容和形

① 参见刘炜：《高校学报编辑学术素养能力提升策略研究》，《广西教育学院学报》2022 年第 3 期。

② 参见夏国强、赵玉山：《新形势下我国编辑继续教育现状的调研分析》，《中国编辑》2021 年第 1 期。

③ 参见翁彦琴、靳炜、岳凌生等：《中国科学院科技期刊青年编辑队伍现状及发展对策》，《中国科技期刊研究》2019 年第 3 期。

式均由各相关单位承担，总的看来，编辑参加继续教育的主要方式仍为继续教育机构组织的面授、网络远程等，授课形式较为单一，多是专家讲、编辑听，缺少研讨、报告等学术交流形式，编辑参与度低；培训内容也多集中于编辑业务，多以出版基础、出版实务等为主，较少涉及学术研究的相关内容，呈现“重当下需要，轻长远发展”① 的态势，未能成为推动编辑学术研究的有效助推力量。

（三）学术研究成果空泛

新中国成立以来，我国出版人才培养取得了辉煌成就，编辑出版教育体系日渐完善，结构日益健全，已经形成了专科、本科、硕士研究生和博士研究生的相对完整的教育体系。② 但是行业整体还是更加侧重应用性和操作性，学术积淀不足，学术积累不够。编辑从事学术工作所需要的理论和方法指导均存在不同程度的欠缺，这一方面给编辑学术工作增加了难度，另外一方面也造成了实务科研“两张皮”的现象。③

首先，学术研究论题不能从实践中来。问题的提出是学术研究中最为关键的一步，制约着研究过程，决定着研究价值。很多编辑在进行学术研究时缺乏问题意识，往往只是从概念出发或是仅通过阅读文献来确定研究选题，导致研究问题不明确，研究内容脱离工作实际，过于笼统、空洞，不见研究者鲜活的面孔、鲜明的个性，所以也造成了学术成果的千篇一律、千人一面。

其次，学术研究成果亦不能反哺实践工作。脱胎于个人想象力的选题及从他人文献中撷取的研究思路和研究内容，很难将之迁移至实际工作中，自然于现实无补、于工作无益，学术研究和实际工作存在着难以弥合的鸿沟，这也是造成编辑后续学术研究工作乏力的一个主要原因。

---

① 姚贵平：《编辑职业培训的现状调研与对策建议》，《中国编辑》2019 年第 11 期。

② 参见赵玉山：《新中国成立以来出版人才培养的历史脉络与经验成就》，《中国出版史研究》2023 年第 1 期。

③ 参见李二斌：《科技期刊青年编辑申请科研项目的常见误区及改进策略》，《编辑学报》2022 年第 10 期。

诚然，学术研究和业务工作虽然联系密切，但是本质属性并不相同，不能要求学术研究成为业务工作的附属品，然而缺乏编辑个性化经历和经验性成果的学术研究是缺乏生命力的，所以在从事学术研究过程中要特别注意这一问题。

## 三、建议与对策

### （一）学术研究目光应聚焦出版这一疆域

在出版行业中有一句老话，即“编辑总是为他人作嫁衣的”。一直以来，编辑从来都是站在作者和读者之间甘为桥梁，寂寂无声、默默无闻，所以也被语言学家吕叔湘先生称为“无名英雄”①。时至今日，为他人作嫁衣依旧是普遍的行业现状，这是由出版事业本身属性所决定的。

然而，需要指出的是，时代发展至今，出版本身早已成为一门独立的专业，除了完备的专科、本科、硕士研究生、博士研究生教育体系，截至 2022 年，共有 16 家全国出版专业机构获批设立博士后科研工作站。②出版行业早已为从业者提供了自己的话语权和研究场域，但因为编辑作为“杂家”的职业身份造成不少编辑从业者都是跨专业、跨领域从事编辑工作的，所以导致只有少数编辑从事编辑出版学方面的学术研究，③致使编辑忽视甚至部分让渡了自己的学术研究主权，所以说，编辑从业者应该早日回归自己的研究疆域，将学术研究目光聚拢过来。

首先，应重视学科史，尤其是中外编辑史、出版史的梳理与研究。“参天之木，必有其根；环山之水，必有其源。”明代，特别是到了嘉靖之后，

① 蒋曙晨：《吕叔湘同志谈编辑出版工作》，《出版科学》1996 年第 1 期。

② 参见《北京师范大学出版集团获批设立博士后科研工作站》，见 https://news.bnu.edu.cn//zx/zhxw/131356.htm。

③ 参见林章碧、居维清、杨英等：《油气科技期刊编辑开展编辑学研究现状分析与建议》，《编辑学报》2022 年第 4 期。

我国刻书业呈现出前所未有的繁荣，坊间竞争激烈，一度出现“百家争雄，千坊斗志”的局面，一些出版术语、装帧方式在今天仍有着强大的生命力。整合编辑史和出版史的研究资源和力量，不仅能够提高编辑的学术研究水平，也能更好地总结编辑出版的历史经验，解决从哪里来到哪里去的重要问题。

其次，应重视编辑出版基本理论及相关基础学科的研究。出版是一项理论与实务并重的工作，具有政治性、思想性、经济性和产业性等诸多性质，不管研究者从何角度进行学术研究工作，都不应忽视基础理论的研究，如在宏观上，应重点关注出版政策、相关出版法律法规，出版行政和经营管理等内容的研究；在微观上，可重点研究信息组织和信息检索、文字规范、版权贸易等内容。对这些内容熟谙于心，也将对编辑实践工作大有裨益。

最后，应着力推动编辑出版边缘学科的发展。编辑出版是一门综合性较强的学科，其相关的基础学科很多，如营销学、管理学、经济学、法学、心理学、统计学等，要推动编辑出版的学术研究工作，还应着力推动边缘学科的发展。如前所述，编辑从业者多是跨专业、转领域做编辑工作的，但其为编辑出版行业带来的好处也是显而易见的，比如广博的学科基础、多样的人才储备。学术研究离不开广泛深入的交流，这种交流既包括行业内的对话和互助，也包括跨领域的沟通与合作。结合编辑所学专业，跨领域研究出版学术问题也是助力学术发展的有效方式。

**（二）学术研究内容应观照出版行业现实**

出版是人类文明发展的重要产物，具有较强的实践性、技术性等社会属性，编辑的学术研究工作自然不能也不应该脱离行业现实，既要解决实践中的问题，也要以推动行业发展为学术研究的主要目标。同时，就行业未来如何发展的问题，每一位有学术担当的编辑都需要给出自己的回答。

首先，学术研究应结合编辑出版实践中存在的问题。毛泽东同志在《实践论》一文中指出：“就知识的总体说来，无论何种知识都是不能离开直接经验的。……离开实践的认识是不可能的。”① 理论联系实际，不管是作为党的优良作风，还是作为一种方法论，都有其伟大的现实意义。在日常工作中，编辑每天要面临大量的问题，将那些暂时无法解决的问题提炼为学术问题，再通过深入的实践调查研究予以解决，正是学术研究现实意义的重要表现，如此得来的学术研究成果也不会是无本之木、无源之水。

其次，学术研究应以推动行业发展为目标。2021 年 12 月 28 日，国家新闻出版署印发《出版业“十四五”时期发展规划》，从 9 个方面提出 39 项重点任务，列出 46 项重大工程；2023 年 1 月 5 日，全国出版工作会议在北京召开，会议也提出多项出版年度工作目标。编辑应结合自身工作实践把行业发展要求和发展目标纳入学术研究中来，为行业发展发展助力，为促进文化繁荣兴盛增援。

最后，学术研究应切实关注编辑出版行业的未来。近年来，随着物联网、大数据和人工智能等技术的不断发展，世界已经进入第四次工业革命，数字出版技术早已不再是出版单位数字部门的专属知识，而逐渐成为所有编辑都必须具备的知识，同时也应成为编辑学术研究的新兴研究领域和热门研究方向。发布于 2022 年 11 月 30 日的 ChatGPT 更是引发了全球各行业的大思考，其对出版行业的影响亦不容小觑，怎样抓住机遇、应对挑战，也是每一位站在编辑出版学术前沿的研究者都要思考和回答的问题。

### （三）学术研究活动应成为编辑工作日常

2020 年 9 月，国家新闻出版署、人力资源和社会保障部共司印发《出版专业技术人员继续教育规定》，明确了出版从业人员继续教育的内容和形式，为编辑的职业发展提供了根本保障。其中第十一条“出版专业技术人员可以选择参加继续教育的形式”中将“承担省级及以上新闻出版主管

① 《毛泽东选集》第一卷，人民出版社 1991 年版，第 288 页。

部门或相关行业协会的出版类研究课题，或承担国家级科研基金项目”①作为继续教育的基本形式之一。应该说，鼓励编辑增强研究意识、广泛参与学术活动，是党和国家对编辑专业发展与使命的新要求与新期待。

首先，编辑需要在日常工作中唤醒与增强学术意识，高度敏锐的学术意识是编辑进行学术活动的前提，是动力源泉和重要保证，唯有意识到学术研究的重要作用和巨大价值，才能够唤醒编辑的“学术自觉”进而引发学术研究的系列行为。然而，学术意识不是不学以能的，而是需要有意识地自我培养、自我训练和自我完善，②通过潜移默化、熏陶渐渍的漫长过程，才能逐步获得、渐次提高。

其次，编辑要将学术研究与日常工作有机结合，走出编而不作、编而不研的传统模式。培养学术素养要有驽马十驾的精神，勤读书、多思考，在实践中历练学术选题的判断力、研究方案的创新力和学术观点的表达力；同时，注重以问题为导向，重视对日常工作经验的总结，并能够随时记录工作中的新问题和新方法，积极撰写学术论文，发表研究成果。总之，学术素养的养成离不开日复一日脚踏实地的训练与积累，没有机巧可寻、没有捷径可走。

最后，编辑还要在日常工作中及时了解编辑学界的学术进展和学术动态，经常阅读有新意、有深度、有价值的学术研究成果，不拒斥新观念、新技术、新思潮。此外，还应该多参与高水平的学术研讨会、学术交流会并积极主动地参加学术前沿的研究与争鸣。

总之，编辑应以学术素养的自我培育为职业发展的核心目标，将日常工作与学术素养的提升结合起来，从编研并重到编研合一，进而早日实现编辑学者化的转型。

---

① 国家新闻出版署：《人力资源社会保障部关于印发〈出版专业技术人员继续教育规定〉的通知》，见 http://www.mohrss.gov.cn/SYrlzyhshbzb/rencairenshi/zcwj/zhuanyejishurenyuan/202009/t20200929_391929.html。

② 参见路景云：《谈学报编辑的学术意识》，《编辑学刊》1995 年第 1 期。

## 四、结语

习近平总书记强调，综合国力竞争说到底是人才竞争。人才是衡量一个国家综合国力的重要指标。国家发展靠人才，民族振兴靠人才。① 同样地，文化的发展、出版的进步也都端赖于编辑人才的成长。高素质的编辑队伍既是出版事业发展的坚实基础，也是建设社会主义文化强国软实力的重要保障。

国家的未来寄托于文化事业的发展，作为出版核心力量的编辑直接关系到文化事业的发展质量和发展走向。而作为编辑职业素养的重要组成，学术素养是推动编辑迅速成长的重要力量，其不仅有助于编辑走出职业发展瓶颈期、高原困顿期，编辑的工作成果也能够因此获得恒久的生命力，因此，每位编辑的在学术研究之路上都应有孜孜不辍的求学精神。当然，日常工作繁重、学术积累不足、学术训练匮乏等也都是种种暂难排遣的困境，如何克服这些现实问题，营造和谐健康的学术环境，还需要广大编辑集思广益、和衷共济。

由学术积累而达至学术创新，是一个缓慢的过程，需要长期而扎实的训练，所以说，编辑学术素养的养成应该是贯穿于编辑职业生涯始终的，需要每一位编辑在日常工作中时时留心、处处留意，“跬步而不休，跛鳖千里；累土而不辍，丘山崇成”，如此，必有登顶学术珠峰的一天。

（作者单位：中国水利水电出版社有限公司）

---

① 参见《习近平在中央人才工作会议上强调　深入实施新时代人才强国战略　加快建设世界重要人才中心和创新高地》，《人民日报》2021 年 9 月 29 日。

# 核心素养视域下编辑继续教育的困境、新要求及实践路径

陈　进

2016年，中国学生发展核心素养框架的发布，标志着我国的教育教学样态正式从“三维目标”走向“核心素养”，还彰显出核心素养导向的教育教学已然成为新常态、新要求和新标准。学生发展核心素养，主要是指学生应具备的、能够适应终身发展和社会发展需要的必备品格和关键能力。同时核心素养研究课题组进一步强调研制中国学生发展核心素养的终极目标是提升21世纪国家人才核心竞争力。① 林崇德教授还特别指出核心素养通常具备综合表现、共同素养和终身培养等特征。② 此后“核心素

① 参见核心素养研究课题组：《中国学生发展核心素养》，《中国教育学刊》2016年第10期。

② 参见林崇德：《中国学生发展核心素养：深入回答“立什么德、树什么人”》，《人民教育》2016年第19期。

养”的理念迅速在我国各行各业成为热词。那么，在新闻出版行业“编辑核心素养”的内涵、价值和意义是什么呢？又该如何在核心素养视域下开展关于编辑继续教育的相关研究呢？编辑核心素养或编辑核心能力又是怎样构成或如何培养呢？

## 一、核心素养时代“编辑核心素养”的多元理解

出版学界对编辑核心素养或编辑核心能力进行了一系列探讨并初步达成了以下共识。学者栾学东和赵玉山指出，“工匠精神是融媒时代编辑高质量发展的核心素养”①。“工匠”二字就阐释了精益求精的职业素养和甘为绿叶的奉献精神。学者云慧霞指出，“政治素养、文化知识和业务能力三者构成编辑的核心素养。政治素养是编辑方向的重要保障，文化知识是胜任编辑工作的基础条件，业务能力是编辑水平不断提升的源力”②。学者郭晓勇、周国清和朱美琳则强调新时代的编辑主体既要具有“杂家”的特点，又应成为某一领域的“专家”。③④“杂家”说明编辑人员需要广泛涉猎和持续学习，正如学者郝振省倡导的名编辑要拥有“六性”并具备“四种能力”⑤。“六性”指的是文学的感性、史学的智性、哲学的悟性、科学的理性、艺术的灵性、伦理的德性；“四种能力”指的是选题的策划能力、作者的发现能力、文稿的统筹能力、文字的驾

① 栾学东、赵玉山：《论融媒时代编辑素养的提升》，《中国编辑》2019 年第 8 期。

② 云慧霞：《新时代编辑的使命担当与核心素养》，《北京印刷学院学报》2018 年第 11 期。

③ 参见郭晓勇：《文化强国背景下编辑的核心素养与培养路径》，《出版广角》2022 年第 2 期。

④ 参见周国清、朱美琳：《新时代编辑主体的核心素养与使命担当》，《中国编辑》2018 年第 4 期。

⑤ 郝振省：《关于名编辑、学者型编辑的评价标准与成长路径》，《出版发行研究》2020 年第 8 期。

驭能力。而“专家”则告诫编辑人员切忌丢掉专业领域和专业方向，编辑要努力成长为本专业领域某一或多个研究方向的学者。而学者张之晔等指出，政治素养和职业情怀体现的是“红”，科学素养和业务素质体现的是“专”。[①]在综合分析上述多位学者研究成果的基础上可以发现，虽然学者们的表述略有差异，但是他们不谋而合地都极其重视编辑核心素养的研究和培育，并明确编辑核心素养是可教授的、可培育的，通常还具备持续发展、终身学习等特征。一言以蔽之，“又红又专”就是编辑核心素养的集中概括和本质反映。政治素养“红”是编辑核心素养的首要素养，而综合表现“专”则是出版业健康可持续发展的根基，还是推动出版产业大发展大繁荣的基本力量，更是中国式出版现代化的时代要求。

## 二、我国编辑继续教育的现实困境回溯

编辑继续教育的地位和重要性不言而喻，整个出版行业对此格外关注，已开展了多项富有成效的研究和探索。在综合分析多位学者研究成果的基础上，笔者发现我国编辑继续教育的现实困境主要体现在培训形式、培训内容、培训管理、培训观念和培训机制上，出版学界对上述问题的批评声和质疑声相对较大。

### （一）培训形式单一，以单向机械灌输为主

学者张恰认为，“专家讲授＋集中培训”是当前编辑继续教育的主流模式，培训方式比较单一。[②]学者周巍认为，“讲座灌输式教学，形式较

① 参见张之晔、张品纯、李伟：《新时代科技期刊编辑的核心素养要求是又红又专》，《编辑学报》2021年第3期。

② 参见张恰：《从培训范式到发展范式：我国编辑继续教育的范式变革及其实现路径》，《出版科学》2022年第1期。

为单一”①。而学者裴栓保认为，“培训方式缺乏互动”②。学者夏国强和赵玉山的调查结果还显示，89.94%的课程以专家讲授、学员听讲的传统课堂式培训为主。③学者们普遍反映培训形式单一。“大班授课”、“专家讲座”和“灌输”成为高频词汇，难以真正满足参训编辑的个性化、精准化、多样化发展需求。《出版专业技术人员继续教育规定》（以下简称《规定》）第十一条虽然列出了 10 类编辑继续教育的具体形式，还特别突出了参与科研、竞赛的重要性。但不可否认的是，目前的编辑继续教育现状仍以“专家讲授”为主。这种培训方式通常是单向灌输的，难以真正激发编辑学习的主动性和积极性，一般缺乏双向互动甚至难以进行有效互动，其培训效果确实不能令人满意。《规定》大力倡导和参训编辑期待的讨论式、体验式、案例式培训方式仍然不足，但是笔者相信随着编辑核心素养理念和研究的逐步深化、丰富，在出版学界多方共同努力下，多样化的培训方式在未来一定会成为主流和趋势。

### （二）培训效果差，“按需施教”是努力方向

学者周巍认为，培训内容同质化。④学者裴栓保则认为，培训内容上缺乏针对性。⑤学者夏国强和赵玉山还指出，课程内容与实际需求存在脱节。⑥培训效果差的原因是复杂且多样的，其中最重要的原因就是缺乏精准分析参训编辑的客观差异和实际需求。首先，编辑类型多样，通常可

---

① 周巍：《现场教学：出版专业技术人员继续教育中的有益探索》，《科技与出版》2019 年第 4 期。

② 裴栓保：《主旨发言与工作坊相结合的编辑继续教育新模式》，《科技与出版》2019 年第 5 期。

③ 参见夏国强、赵玉山：《新形势下我国编辑继续教育现状的调研分析》，《中国编辑》2021 年第 1 期。

④ 参见周巍：《现场教学：出版专业技术人员继续教育中的有益探索》，《科技与出版》2019 年第 4 期。

⑤ 参见裴栓保：《主旨发言与工作坊相结合的编辑继续教育新模式》，《科技与出版》2019 年第 5 期。

⑥ 参见夏国强、赵玉山：《新形势下我国编辑继续教育现状的调研分析》，《中国编辑》2021 年第 1 期。

划分为图书编辑、期刊编辑、报纸编辑、新媒体编辑等；其次，学科背景更复杂，有社科编辑、科技编辑、艺术编辑等区分，还能根据专业领域、工作实际、读者群体作进一步细分；最后，入职年龄、具体岗位、职称等差异也是编辑继续教育理应考虑的因素。因此，开展编辑继续教育确实难度不小，需要考虑和关注的因素有很多，但是“按需施教”、“内容差异化”和“注重实效”已经成为编辑继续教育的迫切需求。

**（三）培训管理不到位，教学评要一体化考虑**

学者周巍认为，培训缺乏持续的跟踪管理。① 学者裴栓保指出，有些培训机构缺少“以人为本、按需施教”的培训理念。② 继续教育机构需要大力提升专业化服务的能力和意识，落实教学评一致性的培训理念，从培训前、培训中、培训后做好服务和保障工作。培训前需要根据培训对象的需求做好课程规划并遴选适合的培训专家，培训中做好监督、保障和调研工作，培训后积极收集培训对象对课程规划、授课专家、培训管理等方面的建议和意见，更高的期待是能够发挥好沟通和桥梁作用，积极构建由专家引领的学术共同体或者成长工作坊。

**（四）培训观念陈旧、机制不健全，要契合时代和个体发展需求**

学者张恰认为，培训仅被定位于缩短或消灭编辑实际业务水平与国家政策总体要求之间的差距，培训的性质是“补偿性培训”。③ 学者田春霞则强调，职业技能是基础，学术能力是核心。④“补偿性培训”的观念确实已经满足不了出版业高质量发展对人才队伍的要求，也难以肩负中国式出版现代化的使命要求。因此，编辑继续教育观念迫切需要转向

① 参见周巍：《现场教学：出版专业技术人员继续教育中的有益探索》，《科技与出版》2019 年第 4 期。

② 参见裴栓保：《主旨发言与工作坊相结合的编辑继续教育新模式》，《科技与出版》2019 年第 5 期。

③ 参见张恰：《从培训范式到发展范式：我国编辑继续教育的范式变革及其实现路径》，《出版科学》2022 年第 1 期。

④ 参见田春霞：《基于需求导向的编辑继续教育培训的问题与对策》，《出版科学》，2019 年第 4 期。

“高”“精”“尖”式的引领性培训，聚焦那些能引领行业发展的新理念、新思维和新技术。而提升编辑个体的学术能力和研究水平，还有助于编辑出版学科的建设和深化发展。学者张恰还认为，培训机制是自上而下地在发挥作用。① 而学者夏国强和赵玉山认为，当前编辑参加继续教育以单位统一组织为主，编辑自主选择培训渠道较少。② 因此，编辑继续教育需要更多自下而上、突出编辑个体选择性的培训渠道。

## 三、我国编辑继续教育政策的新要求

2020 年 9 月，国家新闻出版署、人力资源和社会保障部正式印发了《出版专业技术人员继续教育规定》。本规定在总结我国编辑继续教育政策演变历程的基础上进一步优化、强调了出版专业技术人员继续教育工作应当遵循以下原则：“服务大局，按需施教。提高能力，注重质量。改革创新，注重实效。”③ 并在以下五个方面发生了显著变化。

### （一）政治素养“红”

“红”就是编辑核心素养的首要素养，还是符合我国国情的中国式出版现代化的基本要求。《规定》明确提出继续教育是建设高素质专业化出版专业人才队伍的基础性战略性工作，直接将其上升至人才强国战略。并指出学习贯彻习近平新时代中国特色社会主义思想是开展继续教育的首要任务。而开展继续教育的原则“服务大局，按需施教”还从政治能力建设、政治本领、政治敏锐性和政治鉴别力等方面提出了明确要求。《规定》中“政治”一词出现了多达 10 次，可见，政治素养“红”

① 参见张恰：《从培训范式到发展范式：我国编辑继续教育的范式变革及其实现路径》，《出版科学》2022 年第 1 期。

② 参见夏国强、赵玉山：《新形势下我国编辑继续教育现状的调研分析》，《中国编辑》2021 年第 1 期。

③ 国家新闻出版署、人力资源社会保障部：《出版专业技术人员继续教育规定》，《中国新闻出版广电报》2020 年 9 月 29 日。

是编辑核心素养的首要素养，“红”就是开展编辑继续教育的底线和基础。

### （二）综合表现“专”

《规定》提出继续教育的内容包括公需科目和专业科目，并大致划分了公需科目、专业科目所涉及的范围，如政治理论、法律法规、职业道德等基本知识属于公需科目，而出版政策法规、编辑业务知识……与行业发展相关的新知识、新技术、新技能则指向专业科目。实际上，强调专业化学习就是从科学素养和专业能力上对编辑继续教育提出明确要求，即编辑核心素养“专”的要求和期待。“专”是出版业健康可持续发展的根基，还是推动出版产业大发展大繁荣的基本力量。

### （三）继续教育形式更丰富

《规定》第十一条列出了10类继续教育的具体形式，进一步凸显了参与科研、竞赛的重要性。如（四）……发表出版类或与工作相关的学术论文，公开出版与工作职责相关的……古籍图书；（九）参加……编校大赛获得优秀以上等次。这其实是对编辑研学能力，尤其是学术能力的鼓励、支持和认可，也在一定程度上有助于培育学术型或学者型编辑，还是对传统继续教育理念的有益补充和完善。正如学者郝振省倡导的名编辑、学者型编辑要拥有“六性”并具备“四种能力”。

### （四）学时管理有创新

《规定》第十三条明确参加继续教育的时间每年累计不少于90学时，相较于之前政策要求的不少于72学时看似有所增加，但是在学时要求、获取途径和学时计算标准上更趋于合理，且能满足编辑继续教育的差异化需求和个性化发展，更加凸显了以人为本、注重差异和终身发展的新理念。

### （五）加强对继续教育机构的管理

继续教育机构在继续教育培训中通常是缺位的，其服务意识和服务能力都存在短板。修订后的《规定》对继续教育机构提出了更高要求、更高标准，强调继续教育机构要充分发挥好机构职责和服务意识。

## 四、核心素养视域下编辑继续教育的实践路径

学者郝振省指出，中国式出版现代化应至少指向4个高度统一：满足人民群众需求与提升人民群众精神境界及科技文化素养的高度统一；保留传统出版技术与最大限度运用新兴出版技术的高度统一；本土化与国际化的高度统一；社会效益与经济效益的高度统一。① 而核心素养视域下编辑继续教育的美好愿景就是培养更多“又红又专”的编辑，进一步打造高素质专业化出版专业技术人员队伍。那么，面对我国编辑继续教育的现实困境，在编辑继续教育政策的新变化、新要求下如何探索符合实际需求的继续教育实践路径呢？

### （一）“大”引领与“小”合作

编辑继续教育培训，尤其是面授课程中迫切需要平衡好“大”与“小”的关系。主题讲座或主旨发言要做到“大”引领。学者裴栓保指出主旨发言要做到“高”（专家水平高）、“精”（内容精挑细选）、“尖”（引领行业发展）三个字。② 而办好“小”工作坊需要：一是确定好工作坊的研讨话题；二是开设合适数量的工作坊；三是选好工作坊的主持人。③“大”引领与“小”合作的实践路径对编辑继续教育提出了更高标准和更多要求，这需要出版管理部门、出版学界和继续教育机构通力合作、积极探索。笔者相信，面授培训中做好“大”引领与“小”合作能够有效丰富培训形式，进一步提升培训实效。

### （二）编辑队伍“走出去”

编辑队伍“走出去”对于出版单位和开展继续教育也至关重要。学者

---

① 参见郝振省：《对中国式出版现代化命题的初步思考与答卷》，《出版发行研究》2023年第2期。

② 参见裴栓保：《主旨发言与工作坊相结合的编辑继续教育新模式》，《科技与出版》2019年第5期。

③ 参见裴栓保：《主旨发言与工作坊相结合的编辑继续教育新模式》，《科技与出版》2019年第5期。

周巍认为，编辑队伍“走出去”“到现场”更加符合编辑的实际需求，有助于提升编辑的实际能力，有助于整合继续教育的相关资源。①“纸上得来终觉浅，绝知此事要躬行。”编辑队伍“走出去”“到现场”，一是可以发现真问题，练就真本事；二是通过“走出去”的良机能够深化对出版行业现状和问题的认识；三是有利于形成学术研究圈，助推编辑出版学科持续的建设。

**（三）网络培训大有可为**

在历来的继续教育培训中通常存在重面授而轻网络的情况，殊不知网络远程培训可以成为编辑继续教育的有益补充。网络培训具备以下显性优势：师资强大、内容新、课程多、实效性强、培训成本低，能够完美地落实“按需施教”的理念并满足编辑个性化、差异化培训需求，但是未来的相关研究应该多关注网络培训的考核和评价上。

（作者单位：陕西师范大学出版总社）

① 参见周巍：《现场教学：出版专业技术人员继续教育中的有益探索》，《科技与出版》2019 年第 4 期。

# 基于编辑继续教育及学习现状的观察与反思

刘旭芳

出版业是国家文化建设的基础行业，是促进文化繁荣兴盛、建设社会主义文化强国的重要力量。人才是出版业的第一资源，出版业的发展水平在很大程度上取决于编辑人才队伍的整体素质。继续教育是培养编辑人才的主要途径和基本手段，它通过有组织、大规模地对编辑实施继续教育，提高编辑人员的整体素质，已成为实现编辑全面发展的重要途径。

1995 年，国家人事部印发关于《全国专业技术人员继续教育暂行规定》，明确提出要对专业技术人员实施继续教育。2002 年，国家新闻出版总署发布《出版专业技术人员职业资格管理暂行规定》，要求出版专业资格获得者应接受继续教育和业务培训。2008—2020 年，我国继续先后发布了《出版专业技术人员职业资格管理规定》《出版专业技术人员继续教育暂行规定》《出版专业技术人员继续教育规定》等重要文件。经过近 30

年的发展，编辑继续教育的政策法规不断突破，并逐渐趋于完善，对编辑人才的培养发挥了积极重要的作用。

与此同时，在具体实施过程中，编辑继续教育也出现了一些问题和弊端，从而引起了业内人士的关注和讨论。通过研究文献可知，人们普遍对继续教育培训内容、培训方式等表现出了极大的不满，认为其培训内容重复、不全面，缺乏针对性、先进性、实用性，授课方式单一，单向授课多，互动少，等等。

然而，笔者通过对近几年编辑继续教育公需科目、专业科目的研究，以及对编辑参加继续教育课程时的态度的观察发现，编辑继续教育存在的主要问题并不出在组织实施、课程设置或授课方式上，而是大部分出在编辑身上。

## 一、近几年编辑继续教育实施现状

出版专业技术人员继续教育内容包括公需科目和专业科目，2020 年颁布的《出版专业技术人员继续教育规定》分别对二者包含的课程内容作了总体规定，具体如下。

“公需科目包括出版专业技术人员应当普遍掌握的政治理论、法律法规、职业道德等基本知识。要把学习贯彻习近平新时代中国特色社会主义思想作为首要任务，坚持及时学、系统学、深入学，引导出版专业技术人员系统掌握科学体系、精髓要义和实践要求，真正做到学懂弄通做实。”

“专业科目包括出版专业技术人员必须具备并应当掌握的出版政策法规、编辑业务知识，编校技能和质量要求，装帧和版式设计、信息资源集成开发、版权运营管理等专业知识，以及与行业发展相关的新知识、新技术、新技能。”

以贵州省为例，2021—2023 年，贵州省推出的继续教育公需科目涵盖了中国共产党党史，习近平新时代中国特色社会主义思想，马克思主义理论，乡村振兴，诚信能力建设，创新能力建设，碳中和、碳达峰与可持续发展，网络安全，5G 时代的物联网，人工智能，数字经济，知识产权许可转让相关政策及实践，等等，全面系统地涵盖了政治理论、法律法规、职业道德等基本知识，既紧跟时代发展主题，又符合国家对公需科目的总体要求。

专业科目方面，笔者对照了 2018—2023 年由中国新闻出版研究院、北京印刷学院、中国出版协会、中国新闻出版传媒集团、中国编辑学会等单位和组织在北京、昆明、扬州、贵阳等地举办的编辑继续教育培训班。这些培训班的培训内容主要集中在编辑业务技能方面，如编校质量差错判定细则、编辑加工中的字词差错、标点符号差错、插图与表格注意事项、辅文的编辑加工与注意事项、选题策划、版式设计等，兼有著作权知识、编辑素养与能力、出版业高质量发展、数字出版等内容，涵盖了编辑工作的方方面面。

## 二、编辑与研究人员对编辑继续教育的认识

2021 年，夏国强和赵玉山通过“木铎书声”公众号对编辑继续教育现状进行调研，其结果显示，培训方式单一、编辑自主选择培训渠道很少、课程内容与实际需求存在脱节、重理论轻实践、培训内容针对性不强等，是大部分编辑普遍认同的问题。①

有文章指出，当前我国编辑继续教育存在以下短板：培训观念相对陈旧、编辑培训动力不足、培训模式比较单一、培训机制不完善、培训实效较差。②值得一提的是，曹明倩提出了更加鲜明的观点，其在文章中指出，

① 参见夏国强、赵玉山：《新形势下我国编辑继续教育现状的调研分析》，《中国编辑》2021 年第 1 期。

② 参见张恰：《从培训范式到发展范式：我国编辑继续教育的范式变革及其实现路径》，《出版科学》2022 年第 1 期。

编辑继续教育的培训内容不仅重复，而且不全面，只注重编辑业务培训，忽略了针对与编辑业务并重的政治理论、法律法规、职业道德三方面内容的培训；继续教育主办单位收费混乱，有的培训班让人觉得其不是以提高编辑业务能力为目的，而是以营利为目的；根据季节选择在风景优美、气候宜人的城市举办，加之纪律要求不严格，从而导致参加培训的编辑难以安心学习，他们仿佛不是去学习知识，而是去疗养或旅游。①

以上观点，笔者并不完全认同。首先，纵观近几年编辑继续教育的课程设置及培训方式，不论是公需科目还是专业科目，其系统性、针对性都是显而易见的，都是符合国家对编辑继续教育培训的总体要求的。同时，培训方式也并不如人们所诟病的那样单一。如北京印刷学院 2019 年在扬州市举办的“全国期刊创新发展与编辑素养提升培训班”、中国印刷博物馆 2019 年在北京举办的“出版印刷文化培训班”、中国新闻出版研究院 2019 年在北京举办的“全国新闻出版单位项目申报与管理工作交流会”等，其课程设置不仅系统性、专业性、针对性强，其授课方式也是多种多样的，既有基本的课堂授课，也有到大学、印刷博物馆、古籍装帧基地、印刷厂的现场参访和教学等研学活动。其次，培训费用根据情况维持在 2000—3000 元，平均 2400 元左右，不存在不合常理的高收费或低收费现象。此外，培训地点方面，在北京举办的培训班较多，国内其他省会城市或著名城市都有分布，虽有根据季节选择适宜城市的安排，如冬天选择温暖的万宁、夏天选择爽爽的贵阳等，但也不完全按照这个标准来选择培训的城市，如中国印刷博物馆于 2019 年 6 月在北京举办的“出版印刷文化培训班”。北京的夏天相比贵阳、昆明等城市，其气候并不是那么宜人。

大多数研究都将眼光聚焦于编辑继续教育课程设置、培训方式等方面，却忽视了编辑自身存在的问题。笔者认为，从总体上看，我国的编辑继续教育在课程设置、培训方式等方面虽确有其不足的地方，但均不存在

① 参见曹明倩：《对编辑继续教育培训内容的反思》，《科技与出版》2016 年第 12 期。

太大的问题。编辑对继续教育重视不够、学习能动性不足，才是我国编辑继续教育难以取得实效的关键所在。

## 三、编辑不重视继续教育的表现

### （一）学习公需科目强拉进度条，态度敷衍

我国的公需科目大多通过线上学习进行，编辑若认真学习课程内容，其自身的政治理论、法律法规意识、职业道德将得到大幅提升。然而，大部分编辑在学习公需科目时，态度敷衍，强拉进度条，尽管平台已采用间隔答题、防挂机等物理手段和程序设置等技术手段遏制拉进度条行为，但因其技术强度不够高，轻而易举便被破解，几十个学时的公需课课程几分钟便被拉完，完全失去了继续教育的意义。

### （二）学习专业科目时纪律松懈，无故缺席

专业科目主要以线下专业技术培训为主，受培训时间、地点、收费等因素的影响，多数时候，一家出版单位仅有极少数编辑能获得外出培训机会。然而，有些编辑对这样的机会并不珍惜，认识不到继续教育对专业能力提升的重要性，没有主动学习意识，没有对业内优秀人士的崇敬之心，不认可他们的优秀，上课时聊天、玩手机、看稿子，或无故缺席，上课期间外出游玩，将培训机会当成了旅游机会。

### （三）缺乏学术思维

《出版专业技术人员继续教育规定》明确指出，发表相关学术论文，出版相关学术著作、译作等，均属于参加继续教育的形式，并可折算为学分。这充分体现了国家对编辑学术能力的重视。然而，大部分编辑没有长远的职业规划，不注重总结编辑工作经验，不系统研究出版规律，不全面认识出版体系，把工作当成职业而不是事业来做，缺乏学术思维，在理论研究上懒于耕作，只埋头于案头编辑工作，没有学术产出，导致学术能力相当低下。

## 四、编辑不重视继续教育的原因

多方面原因导致编辑不重视继续教育。

首先，编辑自身对继续教育的意义认识不足，导致其主动学习意识不强、主观能动性低，这也是导致这一问题的最主要原因。2019 年 8 月，笔者参加中国出版协会在北京举办的编校业务专题培训班，在小组讨论时，有编辑提出其来参加培训班的目的不是为了学习，仅仅是为了 72 小时的继续教育学时证书。这多少反应出部分编辑的心声及编辑继续教育长期面临的一个难题。

其次，从出版单位来看，也存在对继续教育重视不够、宣传不到位、鼓励不到位等问题。在我国，大部分编辑并非专业出身，入行之后，因所在单位缺乏完善的人才培养机制，编辑大多只能靠在实际工作中慢慢摸索获得缓慢成长。出版单位极少重视编辑继续教育培训，极少甚至没有对编辑宣传强调过继续教育的重要性，导致很多编辑入行多年仍然以为继续教育仅有上公需课和线下培训两种形式，且不以习得知识、提升能力而以获得继续教育学时为目的。

此外，继续教育机构的课程设置不对口、课堂管理松散、不严格要求培训纪律、老师上课没有风格没有吸引力等，也是导致编辑不重视继续教育的重要原因。比如，一个培训班的培训课程既有针对图书编辑的，也有针对期刊编辑的，还有针对报纸编辑的，这就会导致编辑认为部分课程与自己的专业不对口，从而缺乏学习积极性。与此同时，大多数培训班实行的是大班教学，通常一个班有上百名学员，但几无纪律规定，不签到不打卡；加之授课教师大多时候都专注于知识输出，有的缺乏授课技巧，忽视互动，课堂枯燥无味，没有吸引力，导致不少编辑不认真听课甚至逃课。

## 五、编辑继续教育问题的改善路径

### （一）编辑个人层面

2023 年 9 月，华为心声社区发布了华为创始人任正非在华为高端技术人才使用工作组对标会上的讲话。在这次讲话中，任正非全面阐述了他的人才观。他认为，人才不是靠培养，而是自我成长。这一观点放在出版行业同样适用，自我主动成长比任何外部鞭策都有效。编辑首先应深入了解认识继续教育体系，认识到继续教育对编辑成长的重要意义，在此基础上进行继续教育，真正获得专业能力的提升。其次，继续教育形式多种多样，除了对公需科目、专业科目的学习，编辑还要积极主动投身学术，研究出版规律，深入认识出版体系，了解与出版行业发展相关的新知识、新技术、新技能，有的放矢阅读专业文献，笔耕不辍撰写高质量学术论文或专著，形成独具个人风格的学术模式，努力成为学者型编辑，并争取在取得一定成就的基础上承担出版项目，担任出版专业培训班、学术会议、专题讲座等的授课人等，进而成长为政治过硬、本领高强、求实创新、能打胜仗的创新型、应用型、复合型编辑人才。

### （二）出版单位层面

出版单位应为编辑提供成长的土壤，将培养优秀编辑人才队伍当成重要的工作内容来抓，为出版事业的长足稳健发展提供足够的生产动能。在继续教育方面，出版单位应加大宣传，提供经费，积极鼓励编辑参加各种形式的继续教育培训，营造积极主动的学习氛围。同时，注重树立典型，对取得优秀学术成果的编辑，从绩效考核、职务晋升、物质奖励等方面予以鼓励，提高编辑的学习积极性，激发编辑投身学术的热情，从而不断充实优秀编辑人才队伍。

### （三）继续教育机构层面

首先应服务大局，按需施教。紧紧围绕出版事业发展需要和出版专业技术人员从业要求，深入开展马克思主义出版教育观，把政治能力建设贯穿继续教育全过程；遵循人才成长发展规律，把继续教育的普遍性与出版专业人才的特殊需要结合起来，优化课程设置，提高课程的针对性、实效性。其次要提高能力，注重质量，积极更新培训内容。编辑业务知识体系虽万变不离其宗，但社会发展是日新月异的，出版行业随时都有新问题、新用例产生。因此，编辑继续教育课程内容要持续替换旧资料、旧用例，更新新知识、新用例。比如有的老师在 2023 年授课，举的例子还是 2004 年甚至更往前发生的，可见其更新速度的迟滞。此外，还要优化建强师资，每次课后邀请学员针对教师授课内容、讲课能力进行评价和打分，优选出专业能力强、授课技巧突出的授课教师，逐渐建起一支高水平专业化的编辑继续教育师资队伍。

**（四）管理部门层面**

我国的出版专业技术人员继续教育实行的是统筹规划、分级负责、分类指导的管理原则。对有资质实施编辑继续教育的机构及其所组织的培训班，上级管理部门除了对其培训范围、教学内容、收费项目和标准等进行统筹外，还应不定期进行巡查监督，对于那些在培训过程中纪律松散、未能严格执行培训纪律、未达到教学目的的继续教育机构，应取消其培训资格。① 同时，积极鼓励并引导行业协会、高等院校、科研院所等具备培训条件的社会办学单位参与编辑继续教育工作，不断优化编辑继续教育培训全流程体系。

## 六、结语

历史滚滚向前，出版业始终都在发生着日新月异的变革，我国正在由出版大国向出版强国迈进。出版行业在未来的发展中，离不开完善的政策以及主管部门的引导、规范、管理，更离不开行业本身的自醒、自觉、自

① 参见曹莠青：《对编辑继续教育培训内容的反思》，《科技与出版》2016 年第 12 期。

律。[①] 编辑应深刻认识编辑继续教育对编辑成长的重要意义，主动学习，认真学习，提升综合能力，从而为出版强国建设、文化强国建设贡献积极力量。

（作者单位：贵州人民出版社）

① 参见陈汉轮、毛红霞：《我国编辑继续教育政策演变、突破与建议》，《中国出版》2022 年第 6 期。

# 构建新时代继续教育体系 切实提升编辑“四力”

任俊芳

新时代，出版业肩负着展示中华民族伟大复兴战略“文化复兴”的重要职责。目前，我国已经成为出版大国，在迈向出版强国的征程上，高质量发展成为新时代出版的发展主题。“十四五”规划中也明确提出 2035 年中国要建成出版强国目标。这为出版强国建设规划了时间和线路图。

出版业属于知识生产服务和文化创意产业，出版事业的持续发展，关键在于以人力资源为核心的知识、智力和技术的有效投入。[①] 而作为出版业核心的编辑，其能力的高低直接关乎出版强国的实现。本文聚焦编辑“四力”提升，分析现行编辑继续教育存在的问题，提出构建务实多元的

① 参见苏雨恒：《实行导师制培养模式 加强青年编辑队伍建设》，《中国编辑》2019 年第 1 期。

编辑继续教育体系，为实现出版强国目标助力。

## 一、要求越来越严格的编辑继续教育的体制建立

基于编辑出版工作的行业特殊性，对编辑的能力和素质要求比较高，要求编辑具备较为全面的综合能力。同时，编辑工作是终身学习制的行业，知识更新与时俱进，在数字时代，这种特征更为明显。为保障出版的有序发展，国家在保障编辑继续教育方面，从 1995 年开始陆续出台了一系列的“规定”“要求”。经过历年完善，逐步构建起中国特色的编辑职业继续教育的体系。尤其是 2020 年 5 月，国家新闻出版署、人力资源和社会保障部下发《出版专业技术人员继续教育规定（征求意见稿)》，要求把政治能力建设贯穿继续教育全过程，提出适当增加继续教育学时的建议；2020 年 9 月印发的《出版专业技术人员继续教育规定》（以下简称《规定》）要求编辑继续教育学习每年累计不少于 90 学时，且仅当年有效不得结转。从这些越来越规范、要求越来越严格的规定中，可以解读到国家层面对编辑职业的重视程度，从制度上指导并保障了编辑出版人员获得继续教育培训的机会。

## 二、目前编辑继续教育存在的问题

结合山西省的编辑继续教育现状，参照夏国强和赵玉山基于在“木铎书声”公众号面向编辑出版人开展关于继续教育现状的问卷调查的数据分析，可以较为准确掌握现行编辑继续教育存在的问题：“编辑继续教育仍存在培训方式单一、自主选择度低、课程内容与实际需求脱节等问题。”①

① 夏国强、赵玉山：《新形势下我国编辑继续教育现状的调研分析》，《中国编辑》2021 年第 1 期。

首先，继续教育培训方式单一方面。为了统一管理，方便安排，各地出版系统的编辑继续教育都不约而同地选择了以集体面授为主、网络培训为辅的方式进行。而集体面授又以最简单的讲座方式组织实施——几百人齐聚一堂，以一对多、单向传授。这样不作学员具体专业、职称、所属单位等的粗放式培训，其能达到的效果可想而知。同时，因为集体授课，就意味着脱产，面对繁重的书稿编校任务，很多编辑是带着工作参加学习，形成“人在曹营心在汉”的局面。本应该是提升能力，甚至是本应是作为编辑福利或是智力投资存在的继续教育，成了从上到下都很抵触的存在。而网络学习，也存在一些问题。就山西省选择的“新闻出版知识在线”平台，其在线课程更新比较滞后，编辑专业的内容偏重编校基础知识的讲授，缺乏新时代新业态下的最新成果，缺乏成功图书制作的优秀案例，导致网络培训演变为挂课凑时长的一种存在。

其次，继续教育的自主选择性较低的问题。集体授课课程设置、网络平台的选定大多是上级主管部门来决定的。其缺乏对一线出版编辑需求的了解，设置的课程大多出于加强行业管理和行业自律的考虑，在坚持正确出版政治导向下，其课程安排便会强调编辑的政治觉悟和编辑技能，而忽视了实际工作中编辑亟须的学术能力、业务能力的提升需求。同时，除了各地主管部门组织的培训外，出版社根据自身发展的需要，让编辑可以参加的培训其实也是很少的。而且还存在得不到继续教育学习时长的认可的问题。所以供需矛盾的不断加剧，让本是一件好事的继续教育成了编辑眼中的“负累”。

其实前面所述问题最终的落脚点，就是课程设计与需求的不对等、不科学、不适用。进入新时代，编辑出版工作承担“举旗帜、聚民心、育新人、兴文化、展形象的使命任务”更加凸显，但编辑继续教育的作用没有发挥出来，编辑的自驱力不断被消耗，适应时代需要的工作能力在退化。这样就造成出版业的内耗，无法产生与现代社会匹配的精神文化食粮。

基于目前的困局，如何取得破局之法，关键在于吃透国家对出版业的发展要求，结合习近平总书记提出的“四力”问题，为编辑继续教育开拓切合需求的、可行的途径。

## 三、从提升“四力”的角度，构建务实多元的继续教育体系

在出版专家多年的研究中，逐渐得出了一个共识，知识和技能虽然对编辑工作有着重要作用，但却不是影响编辑工作绩效和职业发展的决定性因素，知识结构、文字水平、政治觉悟只是从事编辑职业必须具备的基本能力和素养。[①] 从事编辑工作需具备的核心能力，如信息处理、人际关系、营销推广、策划能力等，反而是当前编辑继续教育培训中所欠缺的内容。[②] 笔者是认同这种观点的。编辑继续教育属于职业继续教育的范畴，其最终目的是解决行业发展的现实问题，传授行业发展所需的新知识、新信息、新经验。

在2020年出台的《规定》中，第十条、十一条就出版专业技术人员继续教育的内容与形式作了规定，在一定程度上反映了习近平总书记强调的“四力”能力提升的要求。

### （一）增强脚力

脚力是其他能力的基础。首先，脚力是实地调查的能力。“没有调查就没有发言权”，在出版行业也是如此。脚力在出版编辑这里主要体现在下沉市场作调研，做好同类书横向纵向的数据收集、分析。增强脚力的关键是勤于动腿，乐于动腿，善于动腿。但是现在出版业态中，编辑工作压力很大，从事案头工作比较多，每年能够走出去的机会寥寥无几。基于

---

① 参见田春霞：《编辑胜任力研究：现状、问题与对策》，《河北软件职业技术学院学报》2018年第1期。

② 参见田春霞：《基于需求导向的编辑继续教育培训的问题与对策》，《出版科学》2019年第4期。

此，建议从国家层面，或者各省局可以根据发展需要，将编辑参加全国大型图书博览会、国际图书博览会、图书馆配会，甚至开卷年会、编辑行业内的各项会议等，列为继续教育学时的有效考核范围。在集中的时间、地点范围内，目的明确地让编辑对全国图书进行考察，聆听业内最前沿的声音，这对编辑有效采集图书数据是很有帮助的。同时，网络时代的到来，大数据分析处理的精度越来越高，书市虽然是编辑采集资料的首选阵地，但是通过“大数据”分析平台，掌握数据处理分析技能，成为编辑职业的刚需。建议各地区行政主管部门，或者各出版集团，能够与一个或多个全国图书数据采集分析平台合作，在集团内或者全国层面实现数据共享与分析，帮助各出版社编辑更准确分析数据，进行选题研判。建议在全国网络课程平台，增设图书数据分析课程，以帮助出版社编辑掌握相关理论并运用于实践。

其次，脚力还关乎寻找目标作者、关联作者的能力。即便是面向大众的普及读物，其内容的呈现也是基于基础研究之上的成果转化。而从出版大国向出版强国的转变，更重要的是要把学科最新研究成果进入公众视野，提升中国出版内容的含金量。如何了解学科最新的科研成果，以及前沿学科、交叉学科发展情况，这就需要编辑根据自己专长、出版方向去爬梳相关信息，多去参加各种学术会议、学术活动，持续跟进学科进展，打入作者圈层。所以，关于编辑继续教育的开展，内容和形式上不能仅局限于出版领域中，而是应该将具有代表性的高校、科研院所、某一等级的学术活动，纳入编辑继续教育的内容范畴，打破出版圈和科研圈的壁垒，将编辑与科研一线紧紧联系在一起。

### （二）增强眼力

眼力，就是要多看，打开眼界，善于发现问题。文物界有个术语叫作“掌眼”，即具备相应专业知识经验的鉴定人员，他们能够对艺术品、文物等的真伪、年代等进行甄别。这些人“火眼金睛”的能力，也是通过大量的看、观察、实践才得来的。同理，要想具备精确捕捉具有市场潜力的选题，锚定选题最佳作者的能力，也是需要编辑通过大量阅读、调研经验才能获得的。站在编辑继续教育体制建设的角度，建议主管部门创新授课形式，邀请优质出版人、图书运营人来分享经验，帮助一线编辑打开眼界，提升境界。如果有可能，建议实施“以项目培训人”的模式，将主动权下放到出版社，让出版社直接邀请与该出版社产品线相匹配的优质出版人担任项目导师，带领该出版社相关人员，进行出版项目的全流程运作，以此来提升出版社整体出版能力。

其次，提升眼力还需要编辑涉猎新知识、新技术、新技能。这里就不得不提到近年来的网络营销、直播营销、图书众筹等新的图书运营模式，这些对于传统纸媒的编辑来说都是新鲜事物，是无法从日常工作中学习到的网络时代“生存法则”。现在图书的生产、销售、服务一体化程度越来越高，如何掌握数字时代的生存密码，变得至关重要。建议在编辑培训讲师队伍中，除了邀请出版业内人士之外，吸纳优秀的直播达人、众筹平台、数字平台等相关产业链的人员来分享经验，提出建议，帮助传统纸媒出版编辑的思维转型。

再次，在建设出版强国的征程上，提升眼力，还需要具备跳出省看全国、跳出中国看世界的眼光，了解全国出版市场、了解国外出版业态。而看世界的途径，更多的是要依托于互联网资源。建议在互联网培训课程中，引进一些国外的经典出版案例，帮助国内编辑了解国际书业的趋势以及发展理念。

**（三）增强脑力**

脑力是思考和分析问题的能力。提升脑力，首先是要增强编辑的理论思维能力。出版作为中国宣传阵地的重要组成部分，担负着重要使命。数字时代，大家的思维更活跃、思想更多元，形形色色的错误思想极具煽动性，“低级红”“高端黑”的舆论极具伪装性，这对出版领域的编辑来说是巨大的挑战。只有树立“打铁必须自身硬”的态度，加强自身的政治素养，增强思考能力和辨别能力，才能守住思想的底线，确保出版产品的政治正确。编辑要自觉用先进的理论武装头脑，用科学的方法指导实践。“一个民族要想站在科学的最高峰，就一刻也不能没有理论思维。”[①] 在学习和掌握马克思主义、学习领会习近平新时代中国特色社会主义思想方面，应端正态度，树立终身学习的理念，以科学的理论指导工作实践。在编辑继续教育学习中，希望能从出版业发展的顶层设计出发，结合出版业发展现状，深度解读相关理论，指导现实工作，切实能让编辑将理论学习与工作实践相结合，让理论学习入心、入脑，让编辑在理论学习中，能发现问题，捕捉亮点，提出切合时代需要的“主题出版”选题策划。

其次是要构建互联网思维。互联网思维和传统纸媒思维是两种不同的思维，但是大多数做习惯了纸媒的编辑，其互联网思维是缺失的。面对出版转型、数字出版，相应的技术、实操，更是传统纸媒编辑的短板。所以，立足行业转型发展，可以分步骤、分领域加强对编辑的数字技术运用、大数据分析的能力培养。比如，参照国家古籍培训、中国辞书学会的辞书培训模式，在设立相关专业的大学或社会机构，开设短期脱产培训班，出版社根据需求，安排相关编辑进行培训，考试合格后，颁发资格证书；提供数字出版服务的公司，与出版社开展项目联动，以项目培养人、锻炼人；在网络课程中，加大网络技术、数字出版的整体性课程内容设置，方便广大编辑通过学习建立相关的知识储备和基本理解能力。

**（四）增强笔力**

笔力，是指对语言文字的驾驭能力，这是编辑的基本功。编辑的笔力体现在出版的各个环节中：前期的市场考察，整理相关图书数据；将脑中的选题构想，形成条理清晰的策划案；审稿校对中，将书稿内容进一步完善，润色加工；撰写营销方案；撰写编辑手记等。在数字时代，新媒体的运用，让视频、图像、音频等活跃于大众视野，丰富了信息传递的方式，文字不再是唯一，但成为成就神奇的幕后英雄。好的文案设计，成为惊艳世人的存在。作出贴合受众的文案设计，让自己的文案在信息爆炸时代留痕，是出版编辑亟须提升的能力。在培训课程中，建议吸纳文案设计领域

① 《马克思恩格斯文集》第 9 卷，人民出版社 2009 年版，第 437 页。

的优秀代表，给大家讲授相关内容以及实操的经验。

同时，编辑的笔力还体现在学术论文的撰写中。撰写学术论文，不仅仅是笔力的体现，而是编辑“四力”的集中呈现。从调研到实操，再到经验的总结和反思，结合相关理论的学习，化为我用的经验，写作学术论文是对编辑综合能力的有效的总结和提高。所以，在《规定》中，也明确将公开发表或出版行业相关学术论文或著作等纳入继续教育考核的范畴。山西省编辑协会积极响应中国编辑学会每年的学术论文征集活动，并创造各种机会组织省内编辑撰写论文、编辑手记等进行评比，来促进编辑多动笔、勤动笔，营造了较为良好的学术环境。

以上从提升编辑“四力”的角度，指出了现行编辑继续教育存在的问题，也提出了一些建议，归结起来就是要做到三个方面的“宽松”，同时为了保障编辑继续教育的有效实施，还要做到三个维度的“收紧”。

三个方面的“宽松”。首先，内容呈现上实现宽松入场，内容提供主体身份可以更多元。以出版业顶层设计的理念，为编辑提供时代需求的培训内容。其次，在培训的形式上实现灵活宽松。集中培训、网络培训、短期脱产培训，甚至出版主体实施的“项目育人”等，都可以被吸收到培训的形式中去。最后，实现在考核形式上的多层次、多角度。每年不低于90小时的培训时长，是现在主管部门考量编辑继续培训是否合格的主要考核标准。唯时长论，在多元化时代，已经不适用。应将编辑的参会、论文撰写、选题策划、项目落地等纳入考核的领域，制定相应的考核标准，达到继续教育育人的目的。

三个维度的“收紧”。首先，严格审核内容提供主体的资质。入场的资质审定备案与年度审核机制相结合，对于违反国家规定、违背国家出版政策的行为，从严从重处罚。其次，收紧内容的审核关口。培训内容一定是符合中国法律法规要求，能够体现新时代出版产业需求的。主管部门要起到审核把关的职责，将新思想、新动态、新成果及时吸纳到编辑继续教育的培训中来。最后，收紧考核通过的标准。建立完善、多元、分层级的考评机制。从制度上，让编辑放弃“混时长”的观念，让编辑继续教育真正发挥职业继续教育的实质性作用。

## 四、结语

出版工作是一份彰显专业素养的内容创造性劳动，脚力、眼力、脑力、笔力是编辑必须提升的素养。“四力”提升，是环环相扣、相互影响的有机整体，而有效提升编辑的综合能力，一方面来自编辑的内在“自驱力”，自我学习、自我提升，另一方面还是要依托高质量的编辑继续教育，这是最为有效的途径。从切实提升编辑“四力”的角度，构建务实多元的继续教育培训体系势在必行。让编辑继续教育发挥实质性作用，推动高素质编辑队伍建设，促进我国出版事业高质量发展，早日实现出版强国目标。

（作者单位：山西三晋出版社有限责任公司）

# 强化编辑评论素养<br>深化编辑继续教育

## ——大力推动“评论型编辑”人才建设

秦婷婷

书评，或称图书评论，是作为主体的书评人对作为客体的图书在深入阅读、充分思考的基础上，发挥主观能动性和专业精神而撰写的评论性文字。《现代汉语词典》把“书评”释义为“评论或介绍书刊的文章”[①]。书评是评论工作的重要组成部分，书评人是我国评论人才的重要力量。编辑做好图书评论工作，既是习近平总书记关于评论工作要求的题中之义，也是新时代下做好出版工作的必然要求。

① 国社会科学院语言研究所词典编辑室：《现代汉语词典》（第 7 版），商务印书馆 2016 年版，第 1210 页。

## 一、编辑应切实加强评论素养，做好图书评论工作

习近平总书记高度重视评论工作，将评论工作置于文化强国建设和文化繁荣发展的高度加以强调。他指出，评论工作的作用是“引导创作、推出精品、提高审美、引领风尚”。习近平总书记在中国文联十大、中国作协九大开幕式上的讲话中指出，“要加强和改进文艺理论和评论工作，褒优贬劣，激浊扬清，更加有效地引导创作、推出精品、提高审美、引领风尚”①；在中国文联十一大、中国作协十大开幕式上的讲话中指出，“要加强马克思主义文艺理论和评论建设，增强朝气锐气，发挥引导创作、推出精品、提高审美、引领风尚的作用”②。为了做好评论工作就要进行“真正的批评”，习近平总书记指出，“真正的批评”就是“褒优贬劣、激浊扬清”，他沿用了鲁迅先生“剜烂苹果”的比喻，指出真正的评论工作就是“把烂的剜掉，把好的留下来吃”。在评论的尺度标准和理论依据方面，习近平总书记指出：要以马克思主义文艺理论为指导，继承创新中国古代文艺批评理论优秀遗产，批判借鉴现代西方文艺理论，运用历史的、人民的、艺术的、美学的观点评判和鉴赏作品。习近平总书记在历次讲话中对评论工作的指引和判断逐渐形成了理论深厚、切实可行、逻辑严明的体系，就评论工作的目标和理论旨归、怎样做好评论工作、评论工作的核心要求等方面提出了鲜明的判断，为广大文化战线的工作者和编辑做好评论工作指明了前进的方向、指出了确切的道路。

好的书评对于引导读者选择好书、帮助作者提高水平、净化出版环境、维护良好的阅读生态具有不可替代的作用。明人袁无涯托名李贽在《忠义水浒全书发凡》中说，“书尚点评，以能通作者之意，开览者之心

① 习近平：《在中国文联十大、中国作协九大开幕式上的讲话》，《人民日报》2016年12月1日。

② 习近平：《在中国文联十一大、中国作协十大开幕式上的讲话》，《人民日报》2021年12月15日。

也”[①]，揭示了“评”对于作者和读者的重要作用。对读者来说，书评扮演着阅读指示器、引路人、提灯人的角色。著名书评家萧乾指出：“在出版事业上，书评家是代表读者的鉴定者，是文化生产的监督人……他帮忙选购新书，他是作品与读者间的一座好桥梁，一个负责的介绍人。”[②]读者借助于书评中的“介绍”了解一本书的大概内容、是不是符合自己的兴趣点，也借助书评中的“评价”了解书的好坏、在同类书中的位置，最终决定要不要读这本书。

在当前的新媒体时代，书评作为阅读指示器的作用更为凸显。新媒体时代的书籍主要有两大根本性的变化：其一，出版业大大繁荣了。2000 年全国共出版图书 63.5 亿册（张）；2021 年我国共出版图书 110 亿册（张）。[③]与 21 世纪初相比，当前图书出版不论在新版数、重印数还是出书总量上都大大发展，出书总量接近翻倍，意味着人均图书拥有量的提高。其二，随着网络和手机的普及，我国读者的阅读习惯和阅读生态发生了巨大的变化，网络时代的发展让纸质图书受到了巨大的冲击。1999 年我国成年国民上网阅读率为 3.7%，2014 年则为 58.1%。2021 年，我国成年国民综合阅读率为 81.6%，人均纸质图书阅读量为 4.76 本，人均电子书阅读量为 3.30 本。[④]对读者来说，阅读时间有限而可选的对象近乎无限，对书评这一阅读中介的依赖作用更高了。如何在浩如烟海的品类中，让合适的书遇到合适的读者，是书评应该且能够发挥作用之处，即沟通书籍和读者，为书找人，为人找书。

评论工作能够“褒优贬劣，激浊扬清”。编辑提升评论素养、做好图书评论，不仅是做好编辑出版工作、多出精品和好书的必然要求，也是响应习近平总书记号召、勇担文化传承时代使命的必然要求。

---

① 袁无涯：《忠义水浒全书发凡》，转引自王猛：《古代小说传播与小说序跋关系脞论》，《文艺评论》2012 年第 2 期。

② 萧乾、李辉：《书评面面观》，人民日报出版社 1989 年版，第 22 页。

③ 参见国家统计局：《中华人民共和国 2021 年国民经济和社会发展统计公报》，见 http://www.stats.gov.cn/xxgk/sjfb/zxfb2020/202202/t20220228_1827971.html。

④ 参见国家图书馆研究院：《第十九次全国国民阅读调查结果发布》，《国家图书馆学刊》2020 年第 3 期。

## 二、编辑做好图书评论工作所面临的困难

编辑撰写书评，既能宣传自己的书，又能为读者筛选出好书，对编辑撰写书评的呼吁很早就有，譬如，发表于1991年的《撰写图书评论：编辑的一项基本功》，发表于1996年的《提倡编辑写书评》等文章。然而实际情形是，编辑撰写书评的情况不容乐观，存在专业认可度低、写书评不受重视、发表渠道少等问题，值得认真探讨。

其一，编辑所撰写的书评在业界的专业认可度低，编辑为自己责编的书、自己出版社的书写书评常被质疑为宣传稿、人情稿。图书编辑为自己责编的图书撰写书评有“王婆卖瓜，自卖自夸”之嫌，这与优秀书评所需要的客观性、公正性相抵牾。鲁迅指出，“批评必须坏处说坏，好处说好”①。优秀的书评不仅要对一本书的优点加以评价和宣扬，还应该对其缺点和不足进行分析。然而，说好容易，说坏难。编辑评自己责编的书，如果过多地说其缺点，至少有两点危害：一是与编辑的本职工作相违，编辑本职就是要尽力弥补书籍的缺点，现在书出版了，却要反过来说其缺点，将显得编辑本人失职。二是容易损害编辑与作者之间良好合作的关系。鉴于这些顾虑，编辑在撰写书评评论自己责编的书、自己出版社出版的书时就容易“只报喜不报忧”，更容易从优点和卖点角度来宣传书，将书评与图书宣传相混淆。正是由于两种角色之间的冲突，编辑撰写的书评往往得不到重视，甚至饱受诟病。止庵一针见血地指出，“责任编辑给自己出的书写书评，往往旨在宣传，也就近乎广告”②，并指出，书评要摆脱窘境首先要断绝与图书销售的关系。书评中的“人情稿”“雇佣稿”极大地损害了书评应有的客观公正性。书评与图书销售的关系暧昧，书评一沾上铜臭就让人不得不怀疑其客观公正性。

① 鲁迅：《我怎么做起小说来》，转引自金麟：《撰写图书评论：编辑的一项基本功》，《河南大学学报（社会科学版）》1991年第1期。

② 止庵：《史前阶段的书评业——书评业现状二人谈》，《出版广角》2005年第5期。

其二，编辑常常不重视书评的写作。写书评是“燃烧自己，照亮别人”，费时费力，编辑常常在本职工作中疲于奔命，很难有时间和精力撰写书评。编辑是与书打交道的职业，编辑也常常以读书人、文化人自居，令人吃惊的是，许多编辑甚至在编书之外不读书。原因无他，编辑的本职工作太耗费人了！编辑在校读书稿时的“编辑阅读”方式与一般读者阅读和欣赏时的“普通阅读”具有很大差别。“编辑阅读”要带着怀疑一切的态度，要对文章一字一句一个标点地慢慢打磨，常常为了集中注意力而采用回读、指读、默读等方式，阅读速度慢，阅读负载重，常常担心一不留神就放过文稿中的种种错误。染上“编辑阅读”职业病的编辑，需要在普通阅读中自觉地调整阅读策略，才能从阅读中获得知识、思想和愉悦。① 在出版单位普遍转企改制后，图书编辑一边背负着繁重的业绩压力，一边要面对严苛的出版物审查制度，编辑的本职工作已经让很多编辑感到应接不暇，很难再抽出大量时间为撰写独立书评而仔细地阅读。

其三，书评发表渠道少，在编辑职称评审时的作用低，进一步导致很多编辑不重视书评工作。网络时代，依托于豆瓣、微博、微信、抖音、小红书等渠道的书评，以其简短、自发、易读、互动性强等特点对广大读者读书、买书起重要推介作用。这些书评的领地往往被读书领域的意见领袖所占据，图书编辑在其中鲜少身影。书评在编辑职业技能考评材料中的地位低。国家新闻出版署对2022年度新闻出版单位高级职称评审工作的规定中指出，编辑评高级职称应提交的研究成果是“论文或行业标准、专利成果、研究课题、调研报告等”或者相关论著，其中并未明确提到书评。与专业论文相比，书评因为其篇幅短小往往被视作“二等公民”，2篇书评折算为1篇论文。被一些省份纳入职称评价系统的书评仅是在正式出版物上公开发表的书评，主要有两类，一是以《中国图书评论》期刊为代表的“学术书评”，一是发表在出版行业报纸、报纸副刊、独立书评杂志上，

① 参见秦婷婷：《从把关到过关：论编辑加工的难点与应对》，《今传媒》2023年第6期。

主要面对普通读者的“大众书评”。考虑到报纸与出版社之间错综复杂的关系和地域壁垒，普通编辑想要发表“独立书评”、表达自己对书的独立见解，其难度并不小。

可见，编辑做好评论工作面临着“内外交困”的艰难处境，内在方面是很多编辑自身不重视或者无力重视评论工作，外在方面是编辑撰写的书评存在发表渠道少、专业认可度低等困难。正是内外两个维度、多方面的原因造成了编辑疏于写书评的现状。

## 三、以继续教育为契机，着力强化编辑的评论素养

编辑提高评论素养、作出一定的评论成绩是以能写出受业界认可、对作者和读者有切实引导作用的书评为判断标准的。以习近平总书记重要讲话精神为指引，以继续教育为契机，着力提升编辑的评论素养，推动“评论型编辑”人才队伍建设，可以从以下几个方面展开。

第一，在继续教育课程中重视评论教育，加大评论素养类课程的比例。目前，不论在全国宣传干部网络培训系统的课程表中，还是中国编辑学会、各大高校新闻出版专业的课程或培训中，评论相关的培训都是凤毛麟角。近年来各省各地评论协会举办的各类基础评论人才的培训中，也鲜见关于图书评论的专门章节。图书评论陷入编辑培训和评论培训“两不管”的空白地带，不受待见。编辑们所撰写的书评大多是出于个人兴趣而在工作之余的自发所为，缺少组织性、规模性、体系性，不少热爱书评、有志于图书评论的编辑缺少持续交流的平台和环境，想求教不知道找谁，想提高摸不到大门，只能靠自己慢慢摸索，往往空抛心力、求索无成。继续教育要引导编辑自身提高对书评的认识，将写书评看作展现自己的重要舞台。撰写书评能展现编辑的理论水平、文字水平、出版方向和志趣。以书评为沟通媒介，有助于潜在作者了解编辑做书的风格、出版主题和擅长的领域，既可以帮助潜在作者筛选编辑，也可以帮助编辑筛选潜在的作者，即撰写

书评本身对于编辑本职工作是有重大助益的。应在编辑的继续教育课程中提高书评培训课程的比例，发掘编辑中热爱和擅于写图书评论的人才，聘请一批擅写书评的行业标杆为师资，举办编辑的书评技能培训班。

第二，在继续教育中提升编辑评论的理论素养。在书评中发扬习近平总书记的重要讲话精神，发挥评论“褒优贬劣，激浊扬清”的重要功能，在继续教育中培训编辑始终坚持客观公正的书评原则。继续教育要大力倡导编辑在撰写书评时爱惜羽毛、秉持公心，对所评的书采用实事求是的态度，不阿谀作者，不贬低对手，不论贬褒都要有理有据。继续教育要大力告诫编辑：不要为了图书销量而不切实际地大夸自己的书！从长远来看，客观公正地对待图书，培养的是编辑、读者的品位与见识，对整个出版环境有利无害。

在提高编辑书评能力的继续教育课程中应该回答这样的基础性问题：好的书评是什么样的、有哪些类型的书评、可以从哪些角度来写书评？为此，相关课程可以包括：有关评论的一般文艺理论；论文体、散文体、随笔体、笔记体等多种不同类型的书评范文；萧乾、朱光潜、沈从文、李健吾等名家的文学书评以及当代知名书评人的名篇，帮助编辑熟悉书评的不同写作风格和手法，建立对书评的整体认识框架；等等。此外，还可以通过继续教育，提高编辑的媒介素养，使得编辑能了解、学习并掌握基于不同媒介、不同平台、面向不同受众的书评技术，写出兼具通俗性和学术性，既有一定理论高度和思想高度，又能便于理解和传播的书评。尽管书海无涯、文无定法，只要书评有优劣高下之分，书评就内含着一套评价的理论体系，这套理论体系也应该是可供总结、可供讨论、可供学习的。

第三，在继续教育中提升编辑评论的实操水平。百闻不如一见，百讲不如一练，继续教育可就某一本书或几本书开展书评写作的实操培训，给广大学员搭建练笔和交流互鉴的平台，通过理论和实操相结合的方式快速提高编辑的书评写作水平。遇到好的书评稿子，继续教育的组织者也可以通过推荐发表等方式，提高编辑书评撰写的动力。

继续教育要引导编辑在书评撰写中发挥职业身份的优势，写出其他职业身份的人无法或无力写出的内容。图书从手稿到最终出版要经历政治关、思想关、文字关等种种关卡，比起局外人，编辑对出版大环境和气候有更深入的了解，能更好地把握书稿和宣传的关系。编辑能带来新的书评视角，如从作者写作周期的视角来看待书籍：发挥发现新作者、提携新作者的作用，对于新手作者应该要求低一些，更多地注重书稿的优点和亮点，中肯地指出不足并提出切实可行的完善建议；对于老手作者应该提高标准，督促作者保持创作势头，不断创新和突破。编辑在与作者打交道中和出版过程中的特殊经历、发现的有趣故事等，是书评写作的可用材料，也往往是第一手资料。继续教育如能引导编辑将上述新视角、新材料转化为书评，将使得“编辑视角的书评”在一众书评中凸显专业性和职业性，提升“编辑书评”的口碑和认可度。

## 四、结语

习近平总书记指出：“要加强马克思主义文艺理论和评论建设，增强朝气锐气，发挥引导创作、推出精品、提高审美、引领风尚的作用。”①在继续教育中重视编辑评论素养的培养和提高，是发扬习近平总书记在全国文代会、作代会讲话精神的必然要求，有助于编辑在工作中贯彻党的思想宣传路线，有助于编辑培养良好的职业品味、履行做好书和宣传好书的职业要求，有助于编辑挺膺担当、肩负文化传承使命。为了培养“评论型编辑”，打造一支“能编会评”的编辑铁军，推动出版业高质量发展，让我们大力呼吁在继续教育中加大、加强、加深对编辑评论素养的培养！

（作者单位：中国青年出版总社有限公司）

① 习近平：《在中国文联十一大、中国作协十大开幕式上的讲话》，《人民日报》2021年12月15日。

# 美术编辑继续教育面临的问题和可行性举措探析

孙达铭

习近平总书记2015年在北京会见第二届“读懂中国”的国际会议外方代表时指出:“中国有坚定的道路自信、理论自信、制度自信，其本质是建立在5000多年文明传承基础上的文化自信。”①悠悠文脉，弦歌不辍。文化的传承离不开出版。人才是出版业的第一资源。习近平总书记在中国共产党第二十次全国代表大会的报告中明确指出的“推进文化自信自强，铸就社会主义文化新辉煌”②是高素质编辑人才队伍建设的远景目标和根本诉求。推动国家文化繁荣、落实中华文化传承发展是高素质编辑人才队伍的历史使命。

---

① 《阔步走在中华民族伟大复兴的历史征程上——记以习近平同志为总书记的党中央推进全方位外交的成功实践》,《人民日报》2016年1月5日。

② 《中国共产党第二十次全国代表大会文件汇编》，人民出版社2022年版，第35页。

在编辑人才队伍中，美术编辑人才的培养是高素质编辑人才队伍建设中不可忽视的一个重要组成部分。美术编辑不仅担负着文化传承的重要历史使命，较之策划编辑、文字编辑而言，更是肩负着传承文化之美、传播中华美学、引导现代审美的社会职责和担当。①

现今各个出版社普遍存在少量美术编辑紧张应对每年大批量图书设计工作的现象，造成美术编辑对每本图书的投入不够，也无法从工作中得到专业上的提升，以及融媒体出版、人工智能等出版新趋势、新发展、新方向对美术编辑提出创新、探索的前沿性新挑战，这些都对培养新时代高素质美术编辑人才提出了更高的要求。为了建设高素质美术编辑人才队伍，培养高质量美术编辑人才，扩大阅读求知的文化影响力和中国设计的国际号召力，对美术编辑的继续教育应该大力深入，探求新的可行性举措，改善大部分美术编辑疲于奔命的工作状态，提升美术编辑的思维素养和专业技能，让美术编辑通过继续教育有“质”的进阶，让每一本在美术编辑手中设计的图书绽放出属于自己的夺目光彩。

## 一、美术编辑继续教育面临的问题

### （一）美术编辑的专业背景复杂多元化

首先，美术编辑继续教育的客体——美术编辑群体组成复杂，现阶段各出版社美术编辑的专业背景和院校背景呈现多元化的现象（见表1）。由于时代的变化、科技的进步，国内院校的设计专业从七八十年代的装潢专业渐渐细化为了各种设计门类，与美术编辑直接对口的专业（比如书籍设计专业、印刷专业）只是其中的个别专业，大部分美术编辑都不是直接对口专业背景。尤其是年轻一代的美术编辑，还有很多来自海外设计院

① 参见金台资讯：《在新时代，出版业如何实现高质量发展》，见 https://baijiahao.baidu.com/s?id=1678149865957070486&wfr=spider&for=pc。

校，专业背景和所受教育更加多元化。这就给美术编辑的继续教育带来了新的课题：如何在各有所长的基础上因材施教，发挥出不同专业背景、不同院校背景美术编辑的优势、特长，同时针对非对口专业美术编辑所存在的薄弱环节进行查漏补缺。

**各出版社美术编辑的专业背景和院校背景一览表**

| 年龄结构 | 专业背景 | 院校背景 |
|---|---|---|
| 中年及以上 | 装潢专业、装饰专业等 | 国内设计院校、职业学校等 |
| 中青年 | 平面设计专业、动画专业、插画专业、环境设计专业、产品设计专业、广告传媒专业等 | 国内设计院校、国内师范学院、综合类大学等 |
| 年轻一代 | 书籍设计专业、多媒体设计专业、信息设计专业、平面设计专业、动画专业、插画专业、环境设计专业、产品设计专业、广告传媒专业等 | 国内设计院校、国内师范学院、综合类大学等、海外设计院校等 |

### （二）美术编辑专业类课程占比少

以每年全国各出版社责任编辑必须完成的继续教育线上网络培训为例，在全国宣传干部网络培训平台①上，截至 2023 年 7 月 15 日，编辑继续教育培训课程条目共计 648 个，涵盖党政、历史、法律、出版基础、出版实务、期刊、数字出版、版权、营销、发行等出版各个方面，其中美术编辑专业类相关的课程（《从“图书设计”看图书成本控制》《书刊的整体设计》）仅有 10 个条目，即使再加上艺术拓展类课程（《汉字的再认识》《趣谈陶瓷艺术》《中国古代建筑：文化与历史》），共计 19 个条目，仅占该平台上所有课程的不到 3%。

综上所述，每年全国各出版社美术编辑在完成规定的网络培训学时的过程中，很难在美术编辑专业方向上得到量和质的提升，而基本把宝贵的时间和精力都花在了非美术编辑专业类的课程中，因为必须完成规定的网络培训学时。虽然部分课程对从事出版的美术编辑来说也很重要，但在美术编辑工作中的实用性和操作性上是不能和美术编辑专业类的课程相比较

① 参见《全国宣传干部网络培训》，见 http://wlpx.npca.org.cn。

的。另外，线下的继续教育培训课程也很少有美术编辑专业类的课程设置，以近期开展的编辑培训班为例，“新闻出版稿件审读与编辑加工培训班”“出版编辑业务技能提升培训班”等，都几乎没有针对美术编辑继续教育的线下培训班。

### （三）美术编辑继续教育课程设置结构问题

1. 缺少深耕中华美学的培训课程

中华美学博大精深，传承千年，辐射世界各国，影响深远。作为美术编辑，更应该“吃透”中华美学，将中华美学的精髓“天人合一”“意境”“空灵”“清”“逸”“妙”“神”等美学意向①运用在美术编辑的设计工作中，在不断发展的经济社会中发扬这些中华美学的文化内涵和精神内核，确立文化自信，推动美学传承。现阶段继续教育中美术编辑课程里缺少深耕中华美学的培训课程，是一个亟待丰富的课程内容。

2. 缺少印刷实践类培训课程

印刷实践类培训课程在当前美术编辑继续教育中也属于薄弱的一环。在美术编辑工作中，很多好的设计想法和理念最终需要转化成实物，这个过程少不了美术编辑对印刷实践的熟练掌握和创新应用。在纸张的性能、油墨的特性、印刷的技术特点、工艺的不同效果等实践应用方面都需要继续教育的培训和提升，以巩固已有的知识体系，并对新的物料和印刷手段有较好的领悟和应用能力。

3. 佳作个案分享不够

各出版社的美术编辑人数一般比较少，基本都只有个位数，同一出版社的美术编辑难以形成大规模交流、互动的良性群落。而不同出版社的美术编辑难得互动，很难组织大规模的学习交流，面对面分享佳作个案的机会很少。虽然现在网络平台上有不少书籍设计、平面设计的佳作案例展示，但缺乏学习、答疑的互动模式，只能泛泛一览，无法深入理解其精

① 参见《中国传统美学》，见 https://baike.baidu.com/item/%E4%B8%AD%E5%9B%BD%E4%BC%A0%E7%BB%9F%E7%BE%8E%E5%AD%A6/1484752?fr=aladdin#ref_1_4994414。

髓。如果继续教育中可以增加针对佳作个案分享并互动的课程，将会对美术编辑的技能提升大有裨益。

4. 缺少设计新软件的培训

随着科技的进步，设计软件已经是现阶段美术编辑绕不开、离不了的必要工具。其一，主要的几个设计软件（比如 Photoshop、Indesign、Illustrator 等）随着新版本的不断更新，开发出各种新的功能，如何“1+1>2”地使用这些新的功能，可以作为每年继续教育培训中的课程之一。其二，依据融媒体出版的需要，还有一些新的设计软件也需要美术编辑加强学习。其三，随着人工智能的不断发展，一些新开发的人工智能设计软件也需要美术编辑与时俱进地学习和实践，这些都可以合理安排在继续教育中。

5. 缺少跨界、破圈设计思维的培养

出版是一门杂学，美术编辑作为出版中使得各种不同内容展现其特有光华神韵的一个重要环节，做出送达读者手中的书籍，应该眼到、手到、心到，同时作为一门创作、创新的工作，更需要跨界、破圈的设计思维。继续教育中需要加强对美术编辑跨界、破圈设计思维的培养，使其从多种设计工种中汲取灵感，从不同设计理论中寻找突破，打破自身专业局限，达到在山外看山、水中看水的创作状态。

6. 缺少与港澳台同胞和国外同行从业者的交流

习近平总书记在中国共产党第二十次全国代表大会的报告中指出：加强国际传播能力建设，全面提升国际传播效能，形成同我国综合国力和国际地位相匹配的国际话语权。深化文明交流互鉴，推动中华文化更好走向世界。美术编辑工作要求创新，眼界要宽、手段要丰富、思维要灵活，不能闭门造车，要保持与港澳台同胞和国外同行从业者的交流。一方面，我们的中华美学在历史的长河中传承的时间非常悠久，长达 5000 多年，如何让其历久弥新，发挥出时代年轻的活力和感染力，离不开向内挖掘的历程，也离不开向外学习探索的过程。另一方面，从现代设计发源上来说，港澳台和国外开启地比较早；从设计风格上来说，他们的风格也比较多样，对于美术编辑工作具有不可忽视的学习价值和启发作用。美术编辑的继续教育中可以适当增加与两岸三地同胞和国外同行从业者的交流，一方面开拓了设计的思路，另一方面也传播了中华文化和中华美学。

## 二、美术编辑继续教育的可行性举措

把“美术编辑”拆开来看，“美”不仅仅是一种形式，更是一个文化的发展脉络、一个时代的精神追求，懂得欣赏美是一个人精神富足的前提。“术”指的是方法、策略，技艺、业术，需要钻、精、磨、练和不断地积累、不断地突破。“编”意为按照一定的原则、规则或次序来组织或排列，把材料加以适当的组织、排列，创作、创造，需要梳理已有的文字信息、材料内容，提炼其精华，炼其一点，设其全盘。“辑”作名词指整套书籍、资料等按内容或发表先后次序分成的各个部分，作动词指聚集、整修、补合。按此分析，美术编辑既需要理论知识体系的建立，也需要信息提取、重组、架构、整合，使其形象化的能力，也需要工匠般使其“精准落地”，形成装帧、工艺、纸张、油墨等一系列气息和谐的整体化成品。

针对美术编辑工作的特点和美术编辑继续教育所面临的问题，笔者认为美术编辑继续教育的可行性举措可以从两个方向入手：一是线上继续教育，可以最大效率地让美术编辑在繁忙工作之余查漏补缺，强化自身的工作能力；二是线下继续教育，可以最大化地提升美术编辑的实践技能和对优秀案例的学习创新效能。当然，无论是线上还是线下继续教育，都应该大力增加美术编辑的课程比重，让各出版社的美术编辑都可以有针对性地、有所收获地完成每年的继续教育学时，达到学以致用、学用相长，强弱项、补短板，学真本领、练真功夫的目的。

### （一）线上继续教育

线上继续教育的优点在于美术编辑受众的覆盖面广、课程内容丰富翔实、单门课程的时长无限制、学习的时间机动性强，不足之处在于难于互动、无法触摸物料和成品、学习的体验感不强。针对这些特点，美术编辑的线上继续教育可以加强以下这些内容的课程设置。

1. 触“红线”案例分析

美术编辑应该时刻绷紧思想政治、意识形态之弦。扶正固本，增强“四个意识”、坚定“四个自信”、做到“两个维护”。坚决维护祖国统一、民族团结，积极宣传正能量以及充满中华文化积淀的审美意识。通过以往的触“红线”案例分析，可以举一反三、深入理解这个方面的重要性和紧迫性。类似民族文化、国家历史、国旗、地图等国家形象以及插图的形态等，具体详尽地将这些容易“偏航”的内容总结、罗列并与时俱进地增补，完善思想政治、意识形态这一方面的美术编辑继续教育内容。

2. 相关法律、法规培训

美术编辑应该增加相关法律、法规的培训，例如《中华人民共和国著作权法》《中华人民共和国广告法》《出版管理条例》等与美术编辑工作密切联系的法律、法规，加强重要法律条文的学习，强化版权意识和出版责任意识，给美术编辑的工作指明光明的道路和正确的方向。

3. 中华美学相关课程

作为文化出版物的设计者——美术编辑，对中华美学的学习和领悟不可或缺。中华美学是文化自信的一个重要组成部分，尤其对于年轻美术编辑，或有海外学习背景的美术编辑来说，更应该深入领会中华美学的精髓和内在含义，在美术编辑的日常工作中、每一件书籍设计作品中，传达出中华美学穿透千年的魅力和神韵，进一步在世界上传递出中国设计的影响力。中华美学的课程可以从古诗文、绘画、书法、器物、建筑、园林以及人文哲学理念一一展开，从千年文化中感悟中华美学的独到之处，让其精神内核融入美术编辑工作的血脉之中。我们拥有值得自豪的历经时代长河冲刷积淀的书卷艺术传统和美学文化，忽视传统，设计会像漂浮的落叶一样，寻不到它的根，创新必然是建立在中华美学和书卷气息之上的现代化、有生命力的衍生和发展。

4. 设计软件的培训

设计软件已经成为美术编辑工作中的必要工具。毫不夸张地说，对于各个不同设计软件的熟练掌握和灵活运用的能力，一定程度上影响了设计构想的谋篇布局、提案的方向以及最终设计成品的展现。

其一，对于每年各项功能都有所更新的主要设计软件（如 Photoshop、Indesign、Illustrator），可以请 Adobe 设计公司的专业培训讲师来进行培训，以线上共享屏幕的方式来详细分解每一步新的操作步骤，使得美术编辑可以无遗漏地充分学习，与之前的个人使用经验结合，尽可能达到“1+1>2”的运用设计软件的效果。

其二，针对融媒体出版的需要，很多设计的小程序（如秀米编辑器、135 编辑器、I 排版、96 编辑器等）、网页阅读制作工具（如易企秀、VXPLO 互动大师、MAKA 等基于 H5 页的动画、交互设计工具）、网络用户数据反馈收集表单工具（如问卷星、麦客CRM、金数据等）① 都需要美术编辑熟知，在相应的融媒体出版领域积极应用。

其三，目前各种新的人工智能设计软件和小程序，如果运用得当，将是美术编辑更好地释放创意的一大助力。

5. 印刷及纸张资深从业者的工作案例分析

印刷属于美术编辑工作中的后期环节，同时也是至关重要的一个环节，最终的书籍设计成品能否达到预期效果，很大程度上取决于印刷环节中的承印材料即纸张性能、印刷油墨特性、印刷机器的效能、印刷工艺的先后顺序以及机器装订或手工装订、裱糊的技术等。由于目前美术编辑的学业背景比较复杂多元化，能够在工作之前接触到相关印刷领域专业知识的机会比较少，针对较为薄弱的印刷这一方面的知识体系，可以请印刷行业中的一线资深从业者针对常见问题进行分析，提供印前解决的路径，并对优秀案例进行讲解，指出印刷的窍门；还可以请艺术纸张公司的资深从业者从纸张的角度进行案例分析，与印刷结合，使得美术编辑在工作的“最后一程”中有一个清晰的路径指南。

---

① 参见晚云浅：《融媒体，自媒体运营必备工具清单》，见 https://zhuanlan.zhihu.com/p/636415978。

## （二）线下继续教育

线下继续教育的优点在于学习的触角更加全面，能够接触到实物，体验感和获得感更强，也利于师生之间、美术编辑之间的互动和交流。不足之处在于从美术编辑学习的时间角度来说机动性小，各门课程的时间有所限制，美术编辑受众的覆盖面比线上继续教育小。针对这些特点，美术编辑的线下继续教育可以加强以下这些方面的课程设置。

1. 佳作案例全流程分享、分析、市场反馈

美术编辑的工作越来越提前化，需要在前期就介入编辑思想的设计案例越来越多。线下继续教育的佳作案例分享，可以请作者、责任编辑、美术编辑、印务工作者分享出书、制书的全流程，从策划、编辑、设计、印制等各个方面细节化分享每一个想法、过程，特别是走过的弯路等；还可以请书店的导购员以及热心读者来反馈一线市场对于这本书设计、阅读方面的意见和建议。以这种全流程分享、全员分享、线下互动讨论的方式，可以让美术编辑学员从不同参与者的角度和侧面去理解这本书的设计构想和目的要求，把一个佳作案例讲深讲细，启发学员举一反三，带来新的设计思维碰撞。由于是线下面对面培训，可以现场触摸、感受、翻阅佳作案例，并与这本书的编辑团队、设计团队、制作团队交流、互动、答疑，能够真正领会这本书的设计意图、设计手法和设计结果。

2. 印刷单位、纸张公司实地学习

印刷单位、纸张公司实地学习的课程在美术编辑继续教育中十分重要，一是因为美术编辑的专业背景比较多元化，很多不是印刷专业或者书籍设计专业毕业的美术编辑很少接触到印刷技术方面的关键知识，更少在各种纸张的成分、涂层、印刷效果、油墨选择上有足够的研究；二是即便是已有足够工作经验的美术编辑，也无法对所有的印刷设备和艺术纸张都了如指掌，再者随着印刷技术、化工材料的进步，新的工艺、新的艺术纸张不断出现，也需要美术编辑不断地更新已有的知识库，在更多的选择面前如何抉择、如何让艺术和技术实现完美地结合，是美术编辑工作的一大难点。

在去印刷单位、纸张公司实地学习的过程中，除了可以了解新的设

备、技术和材料的性能，还能现场与印刷老师傅沟通，既能有效避免今后有可能会出现的印刷事故，更有机会寻找出与设计契合的最佳印刷手段。去纸张公司实地学习，可以现场感受不同艺术纸的纹理、柔软度、厚度、光泽度等，从纸张公司留存的各种精品样书、样册（其中很多不流通市场或仅少数流通市场或体量很大价格昂贵）中，可以获取很多从一般图书中难得一见的图书设计和制作灵感。

3. 设计其他相关领域的专家授课

为了培养美术编辑跨界思维，引导出更多、更好的创意点，可以邀请网络设计、神经科学、智能设计、建筑设计、产品设计、包装设计等设计其他相关领域的专家进行线下授课，包括可以以样品、实物展示的方式教学，美术编辑学员可以现场提问、讨论，更深入地寻求不同专业之间的联结点，突破固有的设计思维局限，在文化的基础上探求阅读的新可能和新形态。

## 三、结语

美术编辑继续教育是建设高素质编辑人才队伍的重要一环。尤其站在新的历史起点上，文化的传承与接续、美的守正与创新都是美术编辑的历史使命和社会责任。从历史文化角度来说，中华美学的传承和发扬时不我待；从国际文化影响力的角度来说，中国设计的影响力需要在国际舞台上奏响新的旋律；从社会角度上来说，对阅读的渴求是文化发展的诉求，对美的追求是时代发展的要求；从市场角度来说，设计是影响图书市场指标的一个重要因素。

近年来，面对出版体量的日益增大，书籍设计之难成为制约出版业发展的一大瓶颈，千篇一律毫无新意、内容与设计完全脱离、图片导向存在严重偏差的问题屡见不鲜，美术编辑人才的短缺已成为出版界不争之事实，优秀的美术编辑人才培养成为各出版社亟须解决和愈显紧迫的问题。

现阶段美术编辑继续教育所面临的问题主要有：美术编辑各个年龄层

专业背景复杂多元化、美术编辑专业类课程占比少、课程设置结构问题等。针对这些问题，美术编辑继续教育可行性举措首先需要增加美术编辑专业相关的课程比重，其次是在课程设置结构上进行调整和增补，可以在线上形成每年固定学习课程更新的模式，常年形成规模化的知识体系积累，多增加政治、意识形态方面的触“红线”案例分析，加强《中华人民共和国著作权法》《中华人民共和国广告法》《出版管理条例》等相关法律、法规条文的学习，增加相关中华美学的培训教育课程，结合融媒体和人工智能强化新的设计软件的培训，增加印刷和纸张资深从业者的工作案例分析；在线下充分发挥集群化学习效应，组织佳作案例全团队面对面全流程分享、互动、答疑，组织去印刷单位和纸张公司实地学习、邀请设计其他相关领域的专家授课等。

美术编辑赋予书籍以“嫁衣”，刷新着社会的审美追求，传承着历经千年依然璀璨耀眼的中华美学。习近平总书记在中国共产党第二十次全国代表大会上的报告中指出：“中华优秀传统文化源远流长、博大精深，是中华文明的智慧结晶，其中蕴含的天下为公、民为邦本、为政以德、革故鼎新、任人唯贤、天人合一、自强不息、厚德载物、讲信修睦、亲仁善邻等，是中国人民在长期生产生活中积累的宇宙观、天下观、社会观、道德观的重要体现，同科学社会主义价值观主张具有高度契合性。”①美术编辑继续教育对于美术编辑是一场修行，打磨美术编辑的专业技艺，解决在工作中反馈的问题，开拓眼界找寻新的设计思路和灵感，以格物致知、臻于至善、脚踏实地的工匠精神积蓄创新的力量，在每一次求索与创造中、每一次顿悟与精进中、每一次纸张翻阅的摩擦声中，在华夏文明熠熠生辉的璀璨星河中，奏响文化自信的时代强音。

（作者单位：江苏凤凰科学技术出版社有限公司）

① 习近平：《高举中国特色社会主义伟大旗帜　为全面建设社会主义现代化国家而团结奋斗——在中国共产党第二十次全国代表大会上的报告》，人民出版社 2022 年版，第 18 页。

# 新规定实施背景下<br>编辑继续教育的实践与优化

周滨遥

出版业既是党的宣传思想文化工作的重要阵地，又是促进文化繁荣兴盛、建设社会主义文化强国的重要主体。《出版业“十四五”时期发展规范》将“加强出版人才队伍建设”作为推动出版业出版高质量发展的一项重要保障，而编辑继续教育是建设高素质出版人才队伍的基础。2021 年 1 月 1 日起，《出版专业技术人员继续教育规定》（以下简称《继续教育规定》）正式实施，为编辑继续教育提供了重要依据。本文在新规定实施的背景下，简述编辑继续教育政策的发展演变，分析当前编辑继续教育实践中存在的问题，提出编辑继续教育的优化建议。

## 一、编辑继续教育政策的新变化

编辑继续教育从纳入出版专业技术人员管理相关政策，到新规定实施，逐渐完善细化。政策文本本身的变化体现了编辑继续教育政策随着时代发展和社会进步，不断总结、修订、探索、创新的过程。

**（一）编辑继续教育政策的发展**

2002 年 6 月，新闻出版总署印发的《出版专业技术人员职业资格管理暂行规定》明确，“出版专业资格获得者应不断更新知识，接受继续教育和业务培训”。2008 年 6 月，新闻出版总署印发的《出版专业技术人员职业资格管理规定》明确，“出版专业技术人员应按照规定参加继续教育”，出版专业技术人员职业资格续展登记、责任编辑注册时需提供继续教育证明材料。2010 年 11 月，新闻出版总署印发我国首个专门的编辑继续教育政策文件《出版专业技术人员继续教育暂行规定》（以下简称《继续教育暂行规定》），为编辑继续教育工作的有效开展提供了政策支持和制度保障。但国内外环境的变化，新技术的兴起，给出版业带来一系列新机遇新挑战，编辑继续教育也面临着不少新情况、新问题，亟须推动现有制度规定的修订与完善。

2020 年 9 月，国家新闻出版署、人力资源和社会保障部联合印发《继续教育规定》，共七章三十五条，对编辑继续教育的总体原则、管理体制、内容形式、学时管理、继续教育机构、考核监督、民营书业从业人员继续教育等作出了明确要求①。《继续教育规定》的出台，是规范和推进编辑继续教育工作的一项重要举措，也是从制度上进一步保障编辑继续教育权利，引导、督促编辑参加继续教育、提高综合素质和专业能力，提高出

① 参见中华人民共和国人力资源和社会保障部：《〈出版专业技术人员继续教育规定〉政策解读》，见 http://www.mohrss.gov.cn/xxgk2020/fdzdgknr/zcjd/zcjdwz/202009/t20200929_391932.html。

版质量的有效途径。[①]

## （二）《继续教育规定》的新变化

### 1. 突出编辑政治站位

《继续教育规定》明确，“坚持以习近平新时代中国特色社会主义思想为指导”，“把提高政治觉悟、政治能力、政治素养贯穿出版专业技术人员继续教育全过程，引导出版专业技术人员不断增强‘四个意识’，坚定‘四个自信’，做到‘两个维护’”。[②] 政策内容的变化体现出党和国家对意识形态工作的高度重视，对出版服务大局的更高要求。

### 2. 凸显继续教育战略地位

此前继续教育只是作为出版职业资格管理的一小部分出现在出版专业技术人员相关规定中；《继续教育暂行规定》首次将继续教育作为独立章节，有针对性地进行阐述；《继续教育规定》明确了“出版专业技术人员继续教育是建设高素质专业化出版专业人才队伍的基础性战略性工作”。随着时代发展，编辑继续教育政策不断完善细化，体现了党和国家对出版业、出版人才队伍建设及编辑继续教育的重视。

### 3. 强调编辑学术能力

《继续教育规定》最显著的变化是增加了编辑继续教育的学时要求、丰富了获取学时的方式、明确了学时折算标准，更加体现出学时获取的阶梯性与层次性，强调了编辑研究学习能力。《继续教育规定》对承担参与出版类研究课题、学术著作出版、学术论文发表、学术会议、专题讲座等形式，赋予较高学时，体现了编辑继续教育科研能力、专业化培养的导向，鼓励编辑成为专家型、学者型出版人才。

---

① 参见国家新闻出版署：《人力资源社会保障部关于印发〈出版专业技术人员继续教育规定〉的通知》，见 http://www.mohrss.gov.cn/SYrlzyhshbzb/rencairenshi/zcwj/zhuanyejishurenyuan/202009/t20200929_391929.html。

② 中华人民共和国人力资源和社会保障部：《〈出版专业技术人员继续教育规定〉政策解读》，见 http://www.mohrss.gov.cn/xxgk2020/fdzdgknr/zcjd/zcjdwz/202009/t20200929_391932.html。

## 二、编辑继续教育的积极转变

### （一）课程设置有所改善

新规定实施后，不少来自高校的思想政治研究领域的专家学者加入授课讲师队伍，反映出继续教育对于“政治能力建设”“突出政治引领”的原则要求。全国宣传干部学院、中国编辑学会、中国出版协会等重点机构的课程设置都符合《继续教育规定》对公需科目、专业科目的要求，内容覆盖范围广，侧重政策法规、编辑业务技能、编校质量等基础知识，同时增加了融合出版、大数据、短视频等新技能，① 对新时代编辑需要不断学习掌握新知识、新技能的要求作出了一定回应。

### （二）教育形式探索创新

编辑继续教育形式经过多年的不断探索，形式逐渐向多元化发展。一些出版机构和行业协会，结合本单位的实际，进行编辑继续教育形式创新的实践探索。例如，陕西新华出版传媒集团通过重大项目实施发现和培养编辑人才，通过推行导师制，提高对编辑的定向培养；② 中国出版协会少年儿童读物工作委员会和中国编辑学会少年儿童读物专业委员会联合《中国出版》杂志社共同举办“少儿出版编辑手记”征集活动，以“手记”为抓手，锤炼“四力”，提升能力素养，促进业务交流。

### （三）组织管理更加合理

从授课形式来看，除了已广泛采用的集中性的面授课程和网络学习平台的录播课程，部分短期课程由面授转变为在线直播，例如，中国青年出版总社在中宣部进出口管理局指导下举办的“国际图书编辑能力提升培训

① 参见许艳玲：《完善出版专业技术人员继续教育培训体系，助力高素质编辑队伍建设》，《传播与版权》2023 年第 2 期。

② 参见雷永利：《出版人才要全方位立体化培养》，韬奋基金会秘书处：《出版人才专业培养与继续教育：第六届韬奋出版人才高端论坛论文选》，山东人民出版社 2018 年版，第 117 页。

班”采用视频播放与直播授课相结合的方式。从继续教育机构来看，越来越多的行业协会、高等院校、科研院所等具备培训条件的社会机构，为出版机构和编辑提供继续教育服务。从培训对象来看，除了出版机构编辑，还扩大至民营书业从业人员及其他新媒体出版机构编辑。

## 三、编辑继续教育存在的问题

### （一）内容与编辑实际需求不匹配

编辑继续教育内容是出版业界和学界长期关注的重点，也是实践中问题反映的集中点。反映的问题主要集中在以下三个方面：一是内容缺乏新颖性，前瞻性、针对性和实用性，与编辑实际的问题仍有一定程度的脱节，①② 具体表现为授课内容未能做到及时更新，缺少对政策的变化、技术的革新的跟进。二是内容缺少分类分层，忽视编辑主体差异性，具体表现为对不同层次、不同类别编辑的需求未进行细分，提供的内容笼统，未能按需施教。三是内容同质化问题突出，具体表现为越来越多的社会机构参与到编辑继续教育中，一方面丰富了继续教育资源，另一方面由于各方机构缺乏整体统筹、未能优势互补，内容无法形成体系，导致重叠与缺位同时存在。

### （二）形式创新不足，自主选择较少

目前，编辑继续教育培训机构大多仍采用成本较低、组织相对容易的集中授课和网络平台录播课程方式。虽然近几年也增加了在线直播授课，但模式均是“一对多”的知识传输，编辑大多是被动接受专家讲授的内容，缺乏良好的互动与交流，实际成效并不理想。出于组织难度、培训经

① 参见李玉乐、李娜、刘洋等：《我国科技期刊编辑专业技术人员继续教育培训现状调查》，《中国科技期刊研究》2020 年第 4 期。

② 参见夏国强、赵玉山：《新形势下我国编辑继续教育现状的调研分析》，《中国编辑》2021 年第 1 期。

费等多重因素，符合出版实践和编辑学习特点的创新性模式仍然较少。此外，编辑参加继续教育更多是以单位统一组织参加学时培训为主，个人自主报名的情况较少。部分社会培训机构可提供较为多元、新颖的培训内容，但无法获得学时认证，编辑面临工作任务和培训经费的双重压力，更倾向于参加单位统一组织的集中学时培训。

### （三）编辑继续教育体系有待完善

《继续教育规定》作为纲领性文件，为规范编辑继续教育工作，保障编辑教育权益，提高编辑素质能力提供了政策支持和制度保障，但正因为其基本原则性质，内容更为宏观，执行和监督性质较弱。① 目前与之配套的实施细则还未制定完成，编辑继续教育体系有待完善，例如，课程和教材体系、继续教育监督体系、继续教育成效评估体系等等。

## 四、编辑继续教育的优化

### （一）优化编辑继续教育内容

1. 坚持人才成长发展导向，回应当前主导需求

《继续教育规定》指出，“遵循人才成长发展规律，不断深化专业能力建设，把继续教育的普遍性要求与出版专业人才的特殊需求结合起来”。编辑继续教育内容应着眼于编辑个人成长发展的全过程，体现各阶段内容的衔接、补充、提升。在出版基础与实务课程的基础上，加强政治理论、出版理念、信息资源集成开发、版权运营管理等方面的拓展延伸，引导编辑从职业新人到资深专家，不断积累专业知识，提升隐性能力素养。同时，针对编辑当前主要需求设置继续教育内容的侧重点，着重补充新信息、新知识、新技术，为编辑出版实践中遇到的问题难点提供解决思路和先进案例，协助编辑适应出版新业态，有效应对新时代出版的要求。

① 参见曹明倩：《编辑继续教育的改革创新路径》，《出版发行研究》2019 年第 2 期。

2. 重视编辑主体差异，提供差别化内容

《继续教育规定》提出，“根据出版专业技术人员不同岗位、类别和层次，统筹规划继续教育课程”。继续教育内容规划者和提供者，首先，应采用数据统计分析、问卷调查、实地调研等方法进行继续教育需求调查。其次，对编辑的需求进行科学分类，注重共性与个性的互补，根据不同编辑群体，制定相应的培训计划和课程体系。再次，注意课程体系之间的连贯性和系统性，对课程内容和范畴作出合理划分，避免不同课程的内容重复或空缺。

**（二）创新编辑继续教育模式**

教育模式是影响教育效果的要素之一。灵活多样的教育形式，有助于继续教育质量的提升和编辑积极性的调动。《继续教育规定》明确，编辑可选择参加包括面授、网络远程在内的十类继续教育形式，鼓励“综合运用讲授式、研讨式、案例式等教学方法，积极探索适应信息化发展趋势的网络培训有效方式，统筹推进线上线下相结合的培训模式”。

编辑继续教育应不断更新教育理念，结合编辑出版实际，总结编辑继续教育经验，积极探索创新有效的继续教育模式。根据编辑的不同职业阶段、工作类型、能力层级，采取讲授式、研讨式、案例式、情景式、任务驱动式等多种形式有机结合的教学方法。除集中性培训外，将多种形式结合的教学方法融入日常工作中，形成编辑自学、单位开展培训和新闻出版管理部门、学会、协会组织集中性学习相辅相成的继续教育网络。

创新继续教育模式，可通过以下三条路径实现：一是学习先进模式，将其他领域或其他国家的先进模式移植到我国编辑继续教育实践中，并加以吸收、调整、修正，使其符合我国出版人才队伍建设的实际需要，例如，借鉴德国“双元制”①，参考美国继续职业发展模式，等等。二是总结已有经验，对编辑继续教育实践中积累的经验加以归纳、提炼、优化，例

① 卢政、曹雪莲：《我国编辑出版专业高等教育教学模式优化研究》，《编辑之友》2012 年第 10 期。

如实行导师制、主旨发言与工作坊相结合模式①等等。三是探索新技术运用，推动智能移动终端、数字工具、人工智能等新技术融入编辑继续教育，打造多元化、个性化、交互式学习模式，例如，发挥人工智能在学习分析、数据挖掘、数据总结归纳等优势，深入挖掘和分析学习者的学习内容、进度、速度等数据，对学习者的学习需求、学习习惯、学习进展作出预测，进而为其推荐更适合的学习内容和资源。

无论是授课式、案例式，还是其他形式都各有利弊，每一种形式都不是孤立的。编辑继续教育应针对不同的主体、内容、目的采取恰当的模式，使编辑继续教育更有实效性，真正发挥提升编辑专业素养的作用。

### （三）完善编辑继续教育体系

完善健全编辑继续教育体系是保障编辑继续教育质量的基础。应由国家新闻出版行政管理部门协同人力资源和社会保障部门牵头建立健全并贯彻落实编辑继续教育标准体系、监管体系和协作机制，加强编辑继续教育研究，以确保编辑继续教育的质量。

1. 编制编辑继续教育实施细则与标准体系

主管部门应积极推动编制工作，协调国家级出版学术机构，邀请权威专家学者参与编辑继续教育的顶层设计，制定编辑继续教育的发展规划及具体的实施细则，将编辑继续教育的内容、形式、学时、考核和监督结构化、系统化，从而加强对编辑继续教育的规范与引导。此外，还应建立由编辑继续教育方案、课程标准、考核标准、机构建设标准等构成的标准体系，用以指导编辑继续教育的设计、组织、实施和监测。

2. 健全编辑继续教育监测体系

主管部门应明确继续教育机构资格条件，遴选有资质、有实力的行业协会、高等院校、出版企业等社会机构开展继续教育学时培训。对编辑继续教育机构可以采取资格登记制度，并定期进行考核评估；提供畅通可靠

① 参见裴栓保：《主旨发言与工作坊相结合的编辑继续教育新模式》，《科技与出版》2019 年第 5 期。

的频道供编辑查阅有资质的组织机构名单；对培训班次实行备案与公示，统一纳入新闻出版管理部门管理；建立全国编辑继续教育管理信息系统，加强对各地编辑继续教育的动态监测；鼓励编辑发挥“主人翁”意识，参与到监督管理中，在公众号或者网站上设置专门的意见反馈平台，便于管理者及时了解、改进继续教育工作中出现的问题。

3. 构建编辑继续教育协作机制

主管部门将各级出版行政管理部门、行业协会、出版机构、高等院校、科研院所等多方力量加以整合，构建政、产、学、研相结合的编辑继续教育协作机制，继续鼓励并引导行业协会、高等院校、科研院所等具备培训条件的社会办学单位参与编辑继续教育工作。

4. 推进编辑继续教育研究

进行编辑继续教育教育理论研究、开展出版类研究课题和科研项目，以理论指导实践、由实践上升理论。在中国编辑学会、中国出版协会等主要编辑出版学术团体下增设编辑继续教育专业委员会，定期组织专题论坛、研讨会、经验交流会等，专职研究编辑继续教育与专业发展方向的学术问题。① 新闻出版管理部门、行业协会还可以设立基金、组织专业评奖等激励编辑、专家、学者参与到编辑继续教育研究工作中，真正做到产、学、研相结合，以研究成果促进编辑继续教育科学发展。

## 五、结语

编辑继续教育是建设高素质专业编辑人才队伍的基础性、战略性工作，是出版单位实现良性发展的重要保障，也是编辑实现成长发展的主要途径。《继续教育规定》是对编辑继续教育的组织和实施的重要政策支撑，

① 参见张恰：《“十三五”时期编辑继续教育研究的成就、挑战和展望》，《中国编辑》2020 年第 12 期。

是编辑继续教育进一步完善的体现，但在实践中仍存在不足，需各方共同努力，建立布局合理、开放有序的继续教育体系。主管部门要统筹各方力量，进一步完善编辑继续教育体系，编制实施细则，整合教育资源，分层分类培养人才，优化继续教育内容，丰富继续教育模式，切实提高编辑继续教育的水平和成效，推动高素质专业化编辑人才队伍建设和出版高质量发展。

（作者单位：云南晨光出版社有限责任公司）

# 出版强国背景下大学出版社编辑人才培养的“三位一体”理念、现状与路径

## ——以清华大学出版社为例

孙墨青

大学出版社与我国高等教育发展同向同行，紧密相关，在我国学术出版、教育出版中发挥了不可替代的作用。在高等教育界，清华大学率先提出了“价值塑造、能力培养、知识传授”的“三位一体”的人才培养模式，后提升为教育理念，并被教育部认可，写入《高等学校课程思政建设指导纲要》（2020）①，在教育界逐渐得到认同且付诸实践。

出版强国背景下，“加强出版人才队伍建设”，被《出版业“十四五”时期发展规划》列为“完善出版业高质量发展保障措施”之一。② 由于大

① 教育部：《教育部关于印发〈高等学校课程思政建设指导纲要〉的通知》，2020 年。

② 国家新闻出版署：《出版业“十四五”时期发展规划》，《中国出版》2022 年第 3 期。

学出版社以学术出版、教育出版为主要职能，与高等教育的科研与教育目标相一致，以及出版行业对编辑人才的综合性要求，笔者提出，可将“三位一体”的高等教育理念，结合新时代出版工作的目标与规律进行转化，亦适用于大学出版社编辑人才的培养。

## 一、大学出版社编辑人才需求

《出版业“十四五”时期发展规划》指出，“加强创新型、应用型、复合型人才培养，重点打造出版理论人才、优秀骨干编辑、优秀校对人才、数字出版人才、印刷发行业务能手、版权运营专家、出版国际贸易人才等，建设新时代出版人才矩阵”①。大学社编辑人才需求，亦包含创新型、应用型、复合型三个方面。

### （一）创新型编辑人才

对大学社而言，创新型编辑人才意味着能敏锐捕捉新时代的学术趋势、教育趋势、大众阅读趋势，创造性地进行策划布局；意味着在热点领域的竞争中，能敏于发现新的、交叉的出版方向，提出创造性的选题思路与解决方案；意味着对社会效益与经济效益时而存在的矛盾，创造性地进行化解，保持二者的协调；意味着将图书看作文化教育、文化消费的有机环节，创造性地拓展图书营销、二次开发新途径；等等。

### （二）应用型编辑人才

应用型编辑人才，意味着将好的策划创意有效转化，适应学术—教学的发展需要，落实为具体可行的选题；意味着能将出版传播的共性规律与个人深耕专业领域的发展进行结合，使基础的、前沿的知识、理念，能有效地转化为高校教材与大众普及读物。与学者相比，编辑不是最先发现新知识的人，但应用型编辑理应是最懂目标读者，最能将新知识以简明的形

① 国家新闻出版署：《出版业“十四五”时期发展规划》，《中国出版》2022 年第 3 期。

式传递给读者的人。对于一本书而言（特别是教材），打磨出简明扼要的书名、自成体系的目录、层级清晰的标题、符合逻辑而流畅的行文，辅以知识导图、参考文献、教辅资源，是应用型编辑的基本职责所在。

### （三）复合型编辑人才

“编辑必须是杂家”，这一传统说法指的是编辑的知识储备，以及与形形色色作者、读者对话的能力。而在新一轮科技革命和产业变革趋势下，复合型编辑人才意味着要向职业经理人一样把控图书（文化产品）从市场分析到选题，从大纲到编写、审读、加工，从书稿到成品，从核算到定价，从上架到推广的全生命线。复合型编辑需要善观察—观察教育与市场动态，善动脑—思考选题创意与可行方案，善沟通—与作者、读者有效沟通，善统筹—将出版各环节的琐碎工作加以统筹，善细节—在立项、三审、申书号、印前等关键环节注重细节，精益求精。

## 二、大学出版社编辑人才培养理念

### （一）以价值塑造为核心

从文化精神传承的角度看，中华优秀传统文化、革命文化与社会主义先进文化，无不把国民的价值塑造放在首位；从行业需要的角度，我国的教育和出版均具有鲜明的意识形态属性，亦要求从业者具有正向的政治意识和积极向上的价值观。出版是文化传播的事业，大学出版社是学术与教育的主要传播者。在当今信息爆炸、自媒体发达、社会价值多元的背景下，大学出版社充当着文化把关人①，是知识的供给者，更是思考、价值

① 在2008年为庆祝耶鲁大学出版社成立百年的学术会议上，耶鲁社时任社长唐纳蒂契指出：“与直觉相反，这个获取研究和数据的机会无处不在的信息时代反而彰显了图书的重要性，由此延伸，也彰显了出版社的重要性……出版社作为文化把关人，制定了优秀图书的把关标准，而这正是现在比过去任何时候都更需要的。”参见［美］尼古拉斯·A.巴斯贝恩：《文字的世界：耶鲁出版史》，王立平译，南京大学出版社2022年版，第143页。

判断的塑造者。创新型编辑人才的培养，是在守正的前提下，进行文化传播观念与方法的创新。大学社编辑人才的培养，当以价值塑造为核心。

### （二）以能力培养为关键抓手

人秉承何种价值，内在于人的头脑和心灵。而这种价值外化为行动，表现为从业者的能力。大学社编辑人才，要具有密切关注政策、学术与教育动态的能力，洞察教育—市场需求的能力，与学者—教师对话的能力，策划高质量选题的能力，把控出版节奏的能力，编审、完善书稿的能力，对图书设计审美加以定位的能力，在媒体迅速多维发展的今天，还要有精准营销推广的能力，等等。应用型编辑人才的培养，应在实践中磨炼综合能力，强调好的理念、好的创意要落实为可为能为之事。大学社编辑人才的培养，当以能力培养为关键抓手。

### （三）“三位一体”，以一体为灵魂

如果将“三位一体”简单地理解为人才培养的三个方面及其排序——价值、能力、知识，还远远不够。任何行业的杰出人才，都有赖于人的全面发展，何况大学社编辑岗位更是需要复合型人才。一个仅有价值追求的编辑，可能是理想主义者，但缺乏实干；一个仅有应用能力的编辑，可能是实干家，但缺乏方向的指引；一个既有价值追求、又有应用能力，但在知识积累上存在欠缺的编辑，可能因为一处无知的错误，轻则让一本书产生瑕疵，严重者会产生难以估量的负面影响。

因此，大学社编辑人才的培养，不仅应注重价值、能力与知识三个维度，更要注重它们的一体化，使编辑素养全面高质量发展。

## 三、大学出版社编辑人才培养现状与重难点

### （一）编辑人才培养现状

大学社编辑人才，是其出版人才队伍的主力军。清华大学出版社历来高度重视对编辑人才的培养与锻炼，其培养路径主要分为以下四个方面。

第一，常态化的编辑素养培训——“全方位分级分层的员工培训课程体系，提高员工新业态下的综合能力”①。该培训课程平均每两周左右开展一次，形成常态。培训内容方面，主题突出、紧跟教育—科技—出版行业动态，主要从价值塑造、知识传授两方面对编辑进行培训，授课题目例如：“在出版工作中加强政治把关意识”“质量意识、精品意识与编辑基本功”“建设优秀教材、服务人才培养”“数字出版专题”“ChatGPT：一种通人性的数据智能新物种”等等。培训专家既有本社资深编辑、营销能手，又广泛邀请了出版界、教育界、科技界的专家学者，保证授课水准。

第二，有针对性的经验传授与指导——“加强对青年员工的培养，探索建立‘导师制’培养模式，以‘老带新’‘传、帮、带’的个性化、定制化培养方式，帮助新员工快速成长。”② 导师制的优点在于在实践中注重对编辑综合业务能力的培养，资深编辑在对青年编辑的培养时，无形中亦灌注了政治意识、敬业精神和文化追求，潜移默化地进行价值塑造。

第三，业务知识共享与评比——这一举措更加具体化，同时也十分奏效。每月，出版社质检中心会将全社新书及读者反馈中的常见差错案例进行汇总分析，发至每位编辑。同时，每年在全社范围内开展编校大赛，成绩突出者予以表彰，给予奖励；成绩不合格者，需要格外予以关注和培训。

第四，氛围与共同体的营造——编辑个体的培养固然重要，编辑队伍凝聚力的形成同样关键。出版社通过多元化的文体活动（如合唱比赛、诗朗诵、各种球类运动等），培养同事之间的协作意识，促进沟通与情感交流。

### （二）编辑人才培养重难点

第一，树立职业理想信念，为学术而传播，为教育而出版。从以编辑

① 宗俊峰：《中国式现代化视域下大学社高质量发展的内在要求与实现路径》，《现代出版》2022 年第 6 期。

② 宗俊峰：《中国式现代化视域下大学社高质量发展的内在要求与实现路径》，《现代出版》2022 年第 6 期。

为职业到以编辑为事业，需要一个深化认识的过程。青年从高校毕业，选择来到大学出版社以编辑作为职业生涯的开端，除了有对大学社的信赖和憧憬，对图书的喜爱，也有各种各样其他的客观原因。如何化被动工作为主动建设，如何将工作初始的憧憬和喜爱深化，逐渐沉淀为对出版事业的责任感，对出版精品的有意识追求、谋划，是编辑人才培养的重难点之一。

第二，学会与作者打交道，成为作者的同路人。一家优秀的出版社有赖于一群优秀作者，有赖于优秀作者与优秀编辑的通力协作。大学社的作者往往以在高校和科研院所工作的专业人士为主，资深教授、专家并不罕见。出版的意义，恰恰在于使高深的学问能被更多人所知、所理解，编辑就要发挥业务所长，辅助乃至引导作者实现这一目标。此外，出版既有文化又有商业属性，如何协调社会效益与经济效益，如何平衡作者利益与出版社利益，编辑就要学会与作者打交道，这是编辑人才培养的重难点之二。

第三，选题判断力的培养。编辑一旦从业一段时间，自然会积累一定的作者资源，就会形成意向选题在数量上多于实际出版能力的局面。于是如何在众多选题中优中选优，考验编辑的经验和判断力。当作者申报选题时并未完稿，此时判断它的出版价值，就要对该领域的科研、教学情况有所了解，对作者的背景有基本的调查，对书名、大纲、样章有审慎的考察，从而进行综合判断。对前沿而有应用价值的选题，应及时落实；对有潜力但有不足的选题，应与作者积极沟通、打磨；对有导向偏差或重大缺陷的选题，应果断拒绝。总之，选题判断力是编辑人才培养的重难点之三。

## 四、大学出版社编辑人才培养路径

根据以上人才培养现状和重难点的简要描述可知，大学社编辑人才培养的常态化显性工作有序开展。结合“三位一体”理念，可进一步补充、加强三个层面的人才培养路径。

第一，价值塑造。如前文所述，出版社是文化的传承者、把关人，编辑是传承与把关具体的责任人，责任重大。要想培养思想观念过硬、可堪大任的编辑，就要持续、有机地开展培训、教育。这种教育包括但不限于“三种文化”、党和国家的大政方针，应积极借鉴“课程思政”的做法，将价值塑造融入编辑出版业务。如可通过对中外出版史、出版家故事的研读与讨论，强化编辑的职业理想信念与使命担当。

第二，能力培养。出版不同于抽象的学术思辨，而重在“做中学”，在职业起步期，缺乏选题量的积累，往往难以获得质的突破。要培养编辑敢于尝试，敢于试错，事后及时对每一本书进行复盘和反思。值得注意的是，在当今学科细分、知识爆炸的时代，一位编辑很难擅长图书的所有领域、所有类型。因此对编辑人才的培养也应注重因材施教，[①] 教材、专著与大众零售书各有各必备的能力，如能及时发现编辑的优势与特点，适当进行分流培养、动态调整，则能将编辑人才的能力最大化。

第三，知识传授。一位称职的编辑需要多元的知识构成。一是出版自身的基本业务知识（规范、流程、版权、印刷、成本等）；二是政治、历史、时事方面的知识，是所有学科编辑的必需；三是对于深耕某方面的编辑，要对改方面学术—教学—科普动态做到相当熟悉；四是有比较深厚的语言修养、文学修养，至少基本掌握一种外文的阅读。

如果能做到在“价值塑造、能力培养、知识传授”三方面发力，编辑人才素养可得到一定的提升。而更高的境界在于使三位融为一体，这就需要出版社作为一个大团队营造一种整体向上、公平竞争、将高质量发展内化于心的良好氛围，使新老编辑每天工作于其中，自然而然地学到新知识，掌握新能力、获得新启示。到那时，一支为了出版强国共同目标而有担当、有实干的大学出版社编辑队伍，则不远矣。

（作者单位：清华大学出版社）

① “健全以创新能力、质量、实效、贡献为导向的出版人才评价体系，对急需紧缺的特殊人才实施特殊政策，构建充分体现知识、技术等创新要素价值的激励机制。”参见国家新闻出版署《出版业“十四五”时期发展规划》，《中国出版》2022 年第 3 期。

# 科技类出版社高质量发展下的市场化人才培养机制研究

## ——以中国科学技术出版社有限公司为例

周少敏

党的二十大报告指出，“教育、科技、人才是全面建设社会主义现代化国家的基础性、战略性支撑”“深入实施科教兴国战略、人才强国战略、创新驱动发展战略”“人才是第一资源”。新党章也增加了“充分发挥人才作为第一资源的作用”等内容。出版业是党的宣传思想文化工作的重要组成部分，承担着“举旗帜、聚民心、育新人、兴文化、展形象”的使命任务。作为知识密集型、智力密集型、创意密集型企业的科技类出版社，为做好新时代科技出版工作，必须全力打造高素质专业化出版人才队伍，强化出版人才引领支撑作用，以出版高质量发展更好地服务中国式现代化。

中国科学技术出版社有限公司（暨科学普及出版社，以下简称“中科社”）自 2015 年以来，连续 8 年实现国有资产保值增值，年均国有资产保值增值率 110.9%，推动出版主业转型升级，精品力作不断涌现，发展势头持续向好。中科社出版业务的高质量发展，离不开高素质创新型市场化人才队伍的重要支撑作用。近年来，中科社把“对党忠诚、善于创新、治企有方、兴企有为、清正廉洁”作为选人用人的标准，打造了一支高素质、专业化、复合型、市场化人才队伍，人员规模从 2016 年的 262 人增加到 2023 年的 677 人，其中包括学科齐全的科技科普类编辑人才、融合出版人才、数字平台运营人才、新媒体营销人才、经营管理人才、资本运营人才等。

本文以中科社的市场化人才队伍建设为例，从加强顶层设计、完善人才管理体制、优化人才结构、构建人才激励机制、推进企业文化建设、进行人才全职业周期管理等六个方面，试图探索市场化出版人才培养机制，以期为我国科技类出版社的高质量发展提供借鉴和参考。

## 一、加强顶层设计，垂直深耕专业领域，为市场化人才培养奠定坚实基础

人才培养机制的构建是一个基础性、战略性、系统性工程。市场化人才的培养必须扎根于企业。事关出版企业制度建设、发展方向的顶层设计是市场化人才培养的坚实基础。

我国出版体制改革经历了以放权让利为主要特征的改革探索阶段（1979—1992 年）、以治理整顿和强化管理为主要特征的“阶段性转移”阶段（1992—2002 年）、以转企改制和集团化为主要内容的体制转型阶段（2002—2012 年）、以融合发展和加强公共服务建设为主要内容的业态转型阶段（2012 年至今）。[①] 当前，我国经济已由高速增长阶段转向高质量

① 参见周蔚华：《中国出版体制改革 40 年：历程、主要任务和启示》，《出版发行研究》2018 年第 8 期。

发展阶段，出版业正处在新的历史发展机遇期，积极推进国有出版企业深化改革，建立完善现代企业制度，推动出版主业转型升级，方能构建高质量发展新格局。

科技类出版社的主要任务是反映中华民族伟大复兴进程中的思想创新、科学发现、技术进展、管理经验等方面的成果①。在高质量发展的时代要求下，科技类出版社必须突出专业特色，打造精品力作。

中科社树牢新发展理念，充分发挥内容资源优势，全方位重构图书出版工作，实行“1—2—3—6—9 战略”：“1”是以图书出版高质量发展为中心；“2”是以实现社会效益、经济效益双丰收为目标；“3”是采取自我研发、精选合作、精品引进 3 条开放式出版路径；“6”是围绕“普及科学知识、传播科学技术、推动科学教育、倡导科学生活、弘扬科学精神、建设科学文化”6 个范畴开展出版工作；“9”是瞄准“新时代科学思想、前沿科技、自然博物、科学幻想、科学家精神、发达国家科技国别史、中国古代农业文明、科学思想经典、技术经济”9 个重点选题方向。“1—2—3—6—9 战略”体现中科社作为科技类出版社找准出版重心与理念，突出专业特色，进一步深化图书出版结构性调整，为科技类专业化人才队伍建设指明了方向，奠定了理论基础。

## 二、探索实行“总社 + 分社 + 子公司”发展模式，科学合理设置市场化人才管理体制

人才管理体制是决定出版企业未来发展的“赋能引擎”。中科社通过探索实行“总社 + 分社 + 子公司”发展模式，全面深化人才管理体制改革：整合原有编辑部，引进专业团队，组建成立分社，实现将传统编辑部

---

①　参见韩蕾：《论高质量发展形势下的专业出版社人才队伍建设——以电子工业出版社有限公司为例》，《出版广角》2023 年第 9 期。

门变更为分社的市场化改造，各分社通过出版核心产品、深耕产品线、打造品牌，逐步形成市场规模。成立 8 个子公司，补齐传统出版、融合出版、项目管理等短板，尝试二级公司的股份制改造。

2019 年底，中科社聚焦科技与经济融合焦点，引进业内人才，组建科学技术经济分社（以下简称“技经分社”）。随后的 3 年时间内，技经分社的经营业绩从 1400 万元、4000 万元，到 2022 年实现破亿元，建立了中科书院品牌，下设中科财经、中科新知、中科管理、中科心理、中科人文 5 个子品牌，围绕科技商业阅读者需求，构建了经济、管理、新科技、技术人文、科普心理产品线。同时，技经分社组建起一支学历高、能力强的专业出版人才队伍，其中 90%的成员是硕士以上学历，50%是海归人员，毕业院校既有北京大学、清华大学、中国人民大学、复旦大学这些国内名校，也有约翰·霍普金斯大学等世界顶级藤校。技经分社打造了一套富有特色的市场化人才培养和激励机制，如完善的入职培训手册、年度产品线复盘模式、青年员工奖励基金等，部分培养机制已经持续输送给总社。

为了进一步丰富青少科普图书产品线，中科社于 2022 年 6 月引进专业化青少科普出版人才团队，并整合原有的少儿科普编辑部及子公司的编辑团队，成立了三个分社，分别从引进 IP、原创精品、经典著作等几个维度聚焦青少图书出版，打造了“中科羲和”“奇趣科学馆”两个青少科普图书品牌，出版了 2022 年全国少儿图书零售销量冠军《小学生超喜爱的漫画科学》、全球知名科普品牌 BBC Earth（博思星球）战略合作图书产品《王朝》《七个星球，一个地球》等，业绩十分亮眼。三个青少分社的人才队伍，来自社内培养、社外引进的双重渠道，既锻炼了中科社内部的人才储备力量，也借鉴了外部优秀出版企业的先进经验，搭建了一个全方位的人才成长交流平台。

此外，中科社不断健全市场化人才管理体制，如建立业务团队管理模式、选拔任用制度体系、人才招聘使用方式等管理制度，出台《干部职工交流管理办法》《干部选拔任用管理办法》《内部推荐奖励制度》《岗位职级管理办法》等，优化员工职业发展通道，激发向上动力。干部选拔任用时打破终身制，强化年度考核和任期考核。积极利用钉钉、OA、ERP等信息化数据平台，贯彻数字化办公的全新理念，简化工作流程，提高出版工作效率，为市场化人才培养保驾护航。

## 三、优化人才结构，建设全产业链型市场化人才队伍

随着时代的进步，出版人才资源的结构性矛盾愈加突出，不能适应出版业高质量发展的需要，尤其是现代出版企业管理人才、新媒体人才、电商运营人才和具备跨行业、跨学科、跨领域背景，懂出版、懂技术的专业复合型人才十分稀缺。出版企业要进行科学化人才甄选，优化人才结构布局，制定科学合理的人才队伍建设规划，构建全产业链型市场化人才队伍，并结合出版社员工职业发展需要，分别为编辑、发行、营销、管理、运营、职能人员等全产业链型人才队伍规划相关的职业发展路径。

中科社从2015年开始打造自有渠道生态圈，培育了一支小而精的新媒体推广团队，这支仅6人的市场化团队，逐步形成了以天猫旗舰店、微店、抖音小店为中心，辐射短视频、直播、社群、分销、众筹等新兴渠道的格局，年销售码洋1.5亿元。中科社近年来第一套现象级科普类畅销书——《DK博物大百科》的成功，正是源于这个团队的创新运营工作，截至2022年底，《DK博物大百科》销售已超过150万册，销售码洋超过7亿元。该团队一直以来坚持尝试、善于钻研、善于思考，他们借鉴行业内的成功经验，并结合中科社的实际情况因地制宜地进行思路转变，最终取得了良好效果。

自2022年开始，中科社成立了自己的品牌自播团队，全年抖音官方自播销售实洋500余万元，这是出版社自播平台相当不俗的业绩。为了更好地向读者传达本社的理念，中科社以自我培养主播的做法，代替了从外部聘请主播，主播人员都是从中科社的编辑队伍中选拔培养的。从品牌自

播到自培主播，中科社做到了自主掌握私域流量池，同时加强了自身抵御直播风险的能力。

目前中科社正在全面深入推动集团化发展，立足增量改革，稳步推进股份制改革，实现营业收入、资产总额、利润总额等持续增长。因此，中科社将下一步的新型市场化人才发掘点落在了经营管理人才、资本运营人才等方面。

## 四、完善薪酬绩效管理，构建良好的市场化人才激励机制

薪酬绩效管理是非常重要的人才激励机制之一，包括薪酬设定体系、绩效考核体系、薪酬福利管理等。制定科学合理的薪酬绩效分配机制，能够充分体现制度公平、机会公平、过程公平，使市场化人才收入既合理地反映其为出版企业创造的价值，也符合市场价值规律，既能够发挥薪酬的福利保障作用，也能够强化薪酬的绩效激励作用。同时应当积极探索岗位激励、分红激励、股权激励等方式在出版企业的可行性和实施路径，大力推进市场化人才激励机制。

中科社积极推进激励性分配制度探索，强化出版企业战略的实施与市场化人才绩效的有机联系，已建立多个绩效管理办法，如《市场化团队绩效考核办法》《业务团队绩效考核办法》等，进一步理顺分配关系，推动市场化人才价值创造。按照“新人新办法、老人老办法”的原则，实行差异化薪酬分配，对市场化人才实行富有竞争力的市场化薪酬分配机制，稳步推进薪酬分配过渡。工资总额分配重点向编辑部门、发行部门等一线倾斜。设立生产经营季度增量奖，对生产经营成绩突出的部门及人员加大奖励力度。探索多种方式实行中长期激励，推进法人治理结构完善和薪酬总额决定机制改革。

由于科技类图书出版具有回款时间长、图书产品有特殊的生命周期等

特点，对于新成立的分社、子公司和编辑部，中科社会酌情给予一定期限的“保护期”，帮助团队度过产品孕育期。保护期内即便完不成任务量，也按照正常薪酬发放。但很多新成立的部门，比如技经分社，常在“保护期”未满时便主动提出和其他部门一样实行市场化薪酬分配，按劳分配，多劳多得。

## 五、推进企业文化建设，夯实市场化人才培养的沃土

根据心理学家马斯洛的激励理论，人的需求分为五个层次，即生理需求、安全需求、交往需求、尊重需求和自我实现需要。① 其中，自我实现需要是最高的层次，是指人对实现理想和抱负的需要。出版企业制定人才激励机制，同样既要考虑到员工的生活生存需要，也要让他们得到精神上的满足。

企业文化是人才成长以及培养他们对企业认同感的重要因素，可以对人才的职业理想、职业道德、职业价值观形成深远的影响。中科社非常重视企业文化建设，先后荣获“全国文明单位”“全国未成年人思想道德建设工作先进单位”“全国巾帼文明岗”“全国青年文明号”“中央和国家机关五一劳动奖状”等荣誉称号。

中科社大力推进人才意见反馈机制建设，设立“意见建议日”制度，采取党委委员“轮值制”，进一步完善基层员工与社领导的沟通渠道，通过民主集中制及时推进解决反馈的问题、意见和建议。中科社党支部、工会、团支部、女工委定期组织一系列员工活动，如承办“书香科协”读书活动，开展“迎冬奥　健体魄”“健步走”等文体活动，开展“恒爱行动”等爱心援助活动，举办工间操、乒乓球、瑜伽等工间运动，丰富员工

① 参见刘思侃：《ZK 出版社员工激励机制研究》，硕士学位论文，东北农业大学，2020 年。

生活，鼓励员工劳逸结合，舒缓工作压力。从解决员工的具体困难着眼，为全体员工提供了卫生营养、种类繁多的一日三顿免费工作自助餐，为无房青年职工提供住宿，积极落实女性职工需求而设立多个哺乳室，用心服务，提升离退休干部幸福感。中科社的这些具体举措进一步加强企业文化建设，增强了全社员工的幸福感、凝聚力、归属感、安全感，在全社形成了民主和谐、团结奋进的良好氛围。

## 六、营造良性用人生态，进行市场化人才全职业周期管理

市场化人才全职业周期管理，包括人才规划、人才引进、人才培养、人才选拔、人才激励、人才评价、人才监督等方面，是围绕市场化人才队伍建设的整个职业生命周期而展开的。在整个人才全职业周期管理中，要营造良性的选人用人生态环境，促进人才多角色赋能，打造人才成长发展的快车道。使员工由参与者变成组织者，由被动配合转变为积极主动，充分激发员工的自我驱动力和主观能动性。

对于新员工，中科社重视老员工“传帮带”“导师制”等培养机制建设，遴选社内富有经验的优秀编辑等资深员工做师傅，带领新员工熟悉出版流程和业务特点，搭建桥梁让新员工逐步接触核心作家资源等。建立应届毕业生轮岗机制，让新员工了解出版社整体运营框架。持续开展新员工系统教育培训，使之顺利融入出版业务工作。对于青年骨干员工，中科社多举措搭建员工成长平台，出台《青年编辑出版专项基金管理办法》，选拔懂经营、会管理、善决策的优秀中青年人才，鼓励他们勇挑大梁。对于中层干部，中科社注重锻炼其在管理、沟通、协作、服务等业务工作中的桥梁纽带作用，经常为中层干部购买发放管理类、业务提升类等书籍以供学习，进一步提升其综合素养和大局观。自 2017 年以来，中科社共提拔任用 49 名中层干部，无论从数量上还是质量上都有了很大提升。

出版工作是终生学习型的积累性职业。中科社历来重视员工继续教育

工作，建立了具有中科社特色的编辑培训体系，经常邀请社内外知名的出版名家举办学术讲座，鼓励员工建立“终身学习”理念，强化传承工匠精神，将被动灌输转化为主动学习，不断提升素质与业务水平。

中科社大力支持全社员工备考出版中级职称和申报出版高级职称，加强职称申报分类指导，营造通畅、公平、高效、互助的人才职称晋升氛围，2023 年责任编辑人数较 2016 年增长 28%，高级职称人数接近翻一番。中科社于 2020 年申请设立博士后科研工作站获批，与清华大学合作招收博士后，为引进和培养高层次科技人才、推动公司集团化发展打造人才“蓄水池”。

## 七、结语

人才强则文化强，人才兴则出版兴。人才是文化强国之基，也是出版发展之源。不远的将来，随着以 ChatGPT 为代表的人工智能、大数据等技术的普遍应用，将会对出版业产生深远影响，也将给出版人才带来前所未有的变革与挑战。面对技术革命和产业变革，科技类出版社应当与时俱进，守正创新，通过完善的市场化人才培养机制，努力建设高素质专业化出版人才队伍，为出版高质量发展提供坚实的人才保障，加快推动我国从出版大国向出版强国迈进，助力铸就社会主义文化新辉煌。

（作者单位：中国科学技术出版社有限公司）

# 民族类图书编辑继续教育问题及对策初探

黎弘毅

民族类图书，简而言之，就是运用少数民族文字撰写或以汉字描绘少数民族主题的出版物，它不仅负责继承和传播中华优秀传统文化，更承担着在少数民族地区推广党的民族方针政策，繁荣多元文化，推动民族团结，保障社会稳定，以及强化边疆文化安全的政治使命。① 由此可见，正确编辑和成功出版民族类图书，不仅具有经济效益，更具有极高的社会效益。

在出版领域，编辑职务本身就是一项艰巨的任务，而成为民族类图书的编辑则是更高层次的挑战。民族类图书编辑不仅需要具备基本的编辑理论和业务知识，还必须熟知和理解多元民族知识，深刻掌握党的民族理论

---

① 参见覃[illegible]：《如何把握好编辑民族图书的“尺度”》，《学术论坛》2011 年第 9 期。

和政策，具备足够的警觉性和责任感，从而确保在审读、编辑书稿的过程中沿着正确的方向前行，保证经手的每项出版物都能正面促进我国的民族团结和文化繁荣。

继续教育是编辑职业中必不可少的环节。其不仅是一个自我提升的阶梯，更是一项具有深远政治意义的任务，一个不仅需要完成，更要力求完善和优化的任务。为了满足这一目标，民族类图书编辑，特别是民族出版社的青年编辑，必须致力于提升个人的思想理论水平，深化业务修养，并积极培育与磨炼自身的专业特长。继续教育便是他们实现这一目标的关键途径之一。虽然继续教育已经历了多年的发展和实施，但目前仍存在一些不足和待改进之处。有鉴于此，本文旨在深入剖析我国民族类图书编辑在继续教育培训方面的现状和问题，并提出有针对性的改进建议，期望能够更好地促进编辑继续教育的深化和完善，从而更好地发挥其在推动民族类图书编辑职业成长和提升行业标准方面的重要作用。

## 一、民族类图书编辑接受继续教育的必要性

### （一）编辑继续教育的历史演变与出版行政法规支持

在编辑出版学科正式设立之前，编辑的教育和培养主要依靠传统的口传心授和师徒相承的模式。这种模式让老编辑能够手把手地教导新编辑，是中国传统的编辑教育模式。然而，随着时间的推移，这种模式已无法满足行业的实际需求。

为了填补这一空白，1984 年，北京大学、复旦大学和南开大学开始设立编辑学专业。到 20 世纪 90 年代中期，全国已有 19 所高校开设了编辑出版专业。[①] 然而，由于专业人才的培养数量较少，导致大部分编辑没

① 参见刘雪立、侯建国：《中国编辑继续教育的现状和对策》，《中国科技期刊研究》1996 年第 3 期。

有接受过专业高等教育。这体现在各省的民族出版社，其中大多数编辑是由省民族和宗教委员会或民族大学教师中选调的，他们往往缺乏必要的系统培训，而且其知识结构与民族类编辑所需也并不相同。

为了解决这个问题，编辑继续教育成为一个迫切的需求。它不仅能满足编辑出版专业毕业生的实践教育需求，还能为非出版专业的从业者提供必要的理论教育。

在这种背景下，国家新闻出版署、人力资源和社会保障部在2020年9月发布了《出版专业技术人员继续教育规定》（以下简称《规定》），规定出版专业技术人员每年的继续教育时间不少于90学时。这项法规为编辑继续教育提供了强有力的政策支持，同时也表明了国家对于出版专业继续教育工作的高度重视。

**（二）新入职的民族类图书编辑也需要继续教育**

在当前的民族类图书编辑领域，存在着明显的知识结构与职业要求之间的间隙，这使得尚未获得责任编辑证书的新编辑们比之获得了责任编辑证书的编辑，更需要全面而系统的继续教育。以贵州民族出版社为例，经分析发现，该出版社通常通过校园招聘的方式吸纳新的编辑人员。这些新聘人员大多具备民族学、文学或历史学背景的硕士研究生学历，他们拥有良好的职业核心能力和扎实的语言文字基础。然而，由于缺乏相关的工作经验和编辑出版的理论知识，他们在民族类图书的编辑出版工作中显得相对无力，这意味着他们必须接受更加专业的继续教育和培训。

李玉乐等人的研究显示，高达82.10%的编辑人员表现出“非常愿意”或“很愿意”参与继续教育和培训的积极态度。① 他们期望通过这种方式能够及时了解行业的最新动态和学科的发展前沿，从而提升个人的业务能力和拓展出版社间的交流与合作机会。

① 参见李玉乐、李娜、刘洋等：《科技期刊编辑人员继续教育培训需求调查与分析》，《中国科技期刊研究》2021年第4期。

## 二、民族类图书编辑继续教育现状及存在的问题

### （一）继续教育现状

编辑作为出版领域的核心力量，其能力不仅体现出版物的品质，还是推动整个行业高品质发展的关键因素。因此，编辑继续教育与出版业的高质量发展密切相关。据最新的调研和问卷反馈显示，编辑自学和相互交流学习等传统方式，仍是目前编辑最主要的学习途径，但接受系统的继续教育已经成为编辑普遍业务能力提升和职业发展的重要方式。①

目前，继续教育的课程内容大致可以划分为两个主要部分：公需科目和专业科目。②公需科目覆盖了政治理论、法律法规和职业道德等基础知识模块，强调编辑需保持政治敏锐性并秉持高度的职业道德标准。这不仅是维护出版社品牌声誉的基石，也是确保图书社会效益的重要方面。

专业科目则涉及编辑必须熟悉和掌握的出版政策法规、编辑业务知识、编辑和校对技能及质量要求等方面。虽然编辑学已经是一门成熟的学科，并已经有了丰富的理论研究和专著，但对于那些没有出版专业背景的新入职编辑来说，接受专业知识的继续教育显得尤为重要。值得强调的是，大多数担任编辑继续教育专业科目讲师的人，都是从基层职位逐渐成长起来的。他们一步步积累经验与知识，最终达到了当前的专业水准。因此，他们的个人经历和专业积累将极大地助益于新入职编辑甚至是资深编辑的职业发展。这强烈表明，参与编辑继续教育不仅是必要的，更是推动编辑职业成长的重要途径。

---

① 参见夏国强、赵玉山：《新形势下我国编辑继续教育现状的调研分析》，《中国编辑》2021 年第 1 期。

② 参见《出版专业技术人员继续教育规定》，《中国新闻出版广电报》2020 年 9 月 29 日。

### （二）继续教育存在的问题

目前，继续教育的实施主要由地方新闻出版局、全国宣传干部学院（培训中心）及相关学会协会承担，形式包括线上和线下的教育培训。从实际情况来看，是以线上教育为主，辅以线下教育。当线上学时不足时，才会转向线下教育。而这种线下教育通常是大规模的，涵盖几十甚至几百人的集体学习，而这无疑暴露了一系列问题。因参与培训的人员基数庞大，教育内容往往只能做到“一刀切”，缺乏针对不同编辑群体的个性化和差异化设计。

线上教育也存在许多短板，例如课程的设置和选择较为有限，尤其是公需科目的可选范围狭窄，且完成后学时仍然不足以满足要求等。更重要的是，在线教育常常缺乏有效的互动和监管机制。编辑们在参与线上学习时，往往可以在视频播放的同时完成其他工作，这不仅降低了学习的效果，还产生了刷课、缺考等不良现象。为了解决这一问题，有必要尽快完善在线学习的监管策略，将日常学习与测试、考勤紧密结合，特别是将其与有实质约束力的考核形式如成绩和学分联系起来，以实现更为有力的监管。然而，线上考试模式也显现出其明显的弱点。多数情况下，线上考试题目设置相对简单，甚至显得随意，这使得考试者可以轻易地复制题目并在网络搜索引擎如百度中搜索答案，大量原题和答案的泛滥，使得考试失去了其应有的严谨性和考核意义。这种情况或许是出题者担忧通过率偏低而作出的妥协，但这无疑削弱了考试的监管效果和其对个体能力提升的促进作用。

此外，现行的继续教育策略还存在一定的失重。它主要集中在《规定》提及的专业科目学习上，而较少触及各类图书的实际编辑业务。比如在继续教育中，较少看到有课程能满足民族类图书编辑的实际业务需求，例如如何准确把握涉及民族宗教内容的重点问题，以及如何熟练掌握民族学知识、宗教学知识、民族政策和民族理论等方面的知识，这些都是目前继续教育迫切需要加强和改进的地方。

## 三、民族类图书编辑继续教育改进建议

### （一）实行多层级与定制化的培训

继续教育是根据“终身学习”理念来指导和推动的，呼应了“活到老，学到老”的价值观。然而，每个人在学习的目标、兴趣和内容方面都有所不同，编辑的继续教育也不例外。因此，应该考虑实施更加个性化和层次化的培训方案。

首先，可以根据受训人员的背景差异和目标差异来制定不同的培训计划，以保证培训内容与需求的相契合，同时避免在不同的课程之间出现内容的交叉和重叠。由于不同背景和工作年限的编辑对继续教育的需求是多元化的，因此，分层次和分类的培训更能够实现培训价值的最大化。

为此，可以借鉴大型学术会议的模式，设置包括大会特邀报告和专题报告在内的多种形式。例如，公需科目和关于国内外经济、社会发展新动态的“共同点”可以通过大会特邀报告的方式来进行统一教授。而对于更细分的专业知识，可以设置多个专题学习小组，甚至在线继续教育培训，其中一部分内容可以通过自学来完成，例如编辑可以自行学习相关内容，并通过完成读书笔记的方式来完成培训任务。

比如，在民族类图书编辑领域，由于涉及的知识面宽广、专业跨度大、深度与细节要求高，编辑人员在某些前沿和热点领域也需要不断深化学习和拓展见解。对于非直接相关研究领域的编辑，尤其需要紧跟最新的学术动态和民族政策。这即使是资深编辑也需进行相应的培训和讨论，以确保他们能够准确、全面地把握和呈现民族类图书的多元性、正确性及深度。

然而，由于学科门类众多，按学科专业来组织培训会增加组织的难度。为了解决这一问题，组织者应提前收集和听取参会人员的专业意见，并加强与相关学术机构的合作，以共同完成高度专业化的继续教育工作。

### （二）推行编辑部内部学习的机制

无论是从培养编辑的主人翁意识方面，还是充分利用老员工的经验进行培训和指导方面来说，内部培训无疑是一个能够实现双赢效果的有效策略。虽然《规定》明确指出编辑每年可以通过参加本单位或相关专业机构组织的与本单位出版范围相关的专业类培训，最多折算为30学时，但具体的折算标准和操作细节尚未明确。目前，许多出版社还没有将内部培训纳入学时考核范围，主要原因是缺乏明确的赋值标准。因此，不同机构在加强内部学习方面的表现不尽相同。

为了解决这个问题，建议新闻出版总局与人力资源和社会保障部等相关部门共同努力，制定具体的标准和可操作的细则，同时设立专门的机构进行核实和监督。这样可以使编辑部更好地参照实施，充分利用多层次和多元化的培训方式。特别是那些制度完善的编辑部，通过开展有针对性的内部学习，可以更好地发掘和发展其实践智慧。

以贵州民族出版社为例，他们已经实行了导师制度，由具有副高级及以上职称的资深编辑担任导师，指导新加入出版社的编辑。这样的培训内容涵盖了从选题策划，到出版专业指导和书稿审读、编辑等多个环节，真正做到了“老带新，传帮带”的效果。这种培训方式不仅能够快速提升新员工的业务能力，还能够发挥老员工的经验优势，实现双赢。

### （三）推动培训课程内容优化升级

当前，多数培训课程以请来业内专家进行专题讲座的形式进行，主要采用一对多的教学方式。这种方式下，教师主导课堂，往往留给学员互动的时间较少。然而，编辑在工作中遇到的实际问题，往往需要通过一对一的交流和提问来解决。因此，建议在设计培训课程时，增设专题交流环节，以便能更加具体和有针对性地解答编辑在实际工作中遇到的问题。

为提升培训效果，建议在培训报名阶段就广泛收集编辑们希望得到指导的具体问题，邀请专家在培训现场进行答疑解惑。这种方式可以更好地解决编辑实际工作中遇到的问题，从而提高培训的效果和实用性。

另外，在课程安排上也需要进一步细化和优化。目前，多数培训课程将来自不同背景的编辑混合在一个大班中进行教学，这往往会导致课程内容无法满足所有编辑的需求。例如，有些课程可能适合刚入行的编辑，但对于有多年工作经验的资深编辑来说就显得基础了。①

为解决这一问题，建议根据编辑的不同工作年限和背景，开设不同层次的培训课程。通过这种方式，可以更好地满足不同编辑的学习需求，帮助他们提升自身的专业能力和水平。

对于新进编辑，他们的教育需要更偏向于职业道德和基本知识的培养，包括出版规范、法律法规等。这样的课程可以邀请各出版社的资深编辑来讲授，既丰富了课程内容，又解决了资深编辑的继续教育学时问题。而对于资深编辑，他们更需要的是一个能够协助他们升级专业技能和认识新出版模式的平台。在信息爆炸的时代，编辑需要更积极地接纳和认识新媒体和融媒体出版模式。这样的课程不仅能够帮助他们适应新的出版环境，更能够拓展他们的专业视野。

为了让继续教育更加贴合实际，我们还需要根据编辑的实际工作内容和职能范围来创新和丰富培训内容。编辑的职责已经不仅限于文字处理，他们需要全方位地了解和掌握稿件的整个处理流程，包括审理、加工、校对等方面。而对于民族类图书编辑来收，他们的工作内容更是多元化、严谨化，涵盖了书稿质量控制、文字校对、语言逻辑校对、民族政策把关等多个方面。

因此，我们建议相关部门根据编辑的实际需求，拓展课程范围，包括但不限于邀请民族研究院、民族理论与政策专家、民族高校高水平教授等方面的专业人员来授课，这样继续教育才能帮助编辑更全面地提升他们的职业技能。

（作者单位：贵州民族出版社）

① 参见曹明倩：《编辑继续教育的改革创新路径》，《出版发行研究》2019 年第 2 期。

# 科学教育视角下科普图书编辑队伍继续教育的内容探析

魏　昕

科技是第一生产力，创新是第一动力。习近平总书记指出，要进一步加强科学教育、工程教育，加强拔尖创新人才自主培养，为解决我国关键核心技术“卡脖子”问题提供人才支撑。校内教育是青少年接受科学教育的主阵地，作为丰富知识、拓展视野、提升能力的科普图书，也应当秉承学校科学教育的理念与目标，成为将科学教育由校内延伸到校外的桥梁和纽带。从事科普图书策划与开发的编辑人员应当基于教材中涉及的科技进展、大国重器、科学家精神、古代科技成果等开发科普图书，打造与科学教材相联系的科普图书品系，贯彻“科学教育做加法”的精神。

为了实现这一目标，就要求从事青少年科普图书出版的相关编辑人员了解我国目前科学教育的目标、科学教材中的素材选取情况，以及相关研究的最新进展，从而能够更加精准地策划科普图书选题，与作者有效沟通，为校内与校外科学教育有机融合奠定基础。

## 一、关注科学教育的目标

科学教育的主要目的，是为了提升广大青少年的科学素养。随着社会不断向前发展，社会各界对科学素养的认识也在不断深入，已经从20世纪七八十年代注重“双基”训练（基本知识和基本技能），逐步演化为关注青少年运用科学知识、方法来解决实际问题的能力。在这种观念转变的背景下，我国教育研究者在参考世界其他主要国家相关研究的基础上，提出了“核心素养”的概念，将其定义为青少年在接受相应学段的教育过程中，逐步形成的适应个人终生发展和社会发展需要的必备品格与关键能力。[①] 发展青少年的核心素养，已成为我国小学、初中、高中阶段教育的主要目标，科学教育在这个过程中更是发挥着不可替代的作用。

### （一）提升青少年的科学思维

自然科学不仅以概念、规律揭示了自然界的本质，而且还在建立知识体系的过程中形成了科学思维和方法。对于学习自然科学的青少年，除了科学知识以外，建构科学模型、开展科学推理与论证、进行质疑与创新等蕴含着科学思维和方法的程序性内容同样是需要掌握的重点。[②③] 科学思维的水平高低以及参与程度将显著影响知识的学习情况。

在介绍科学知识的过程中，首先要注重培养青少年的问题意识，基于

① 参见林崇德：《中国学生核心素养研究》，《心理与行为研究》2017年第2期。

② Lederman, N. G.（2007）, *Nature of Science: Past, Present, and Future*, *Handbook of Research on Science Education*.

③ Osborne, J., Simon, S. & Collins, S.（2003）, “Attitudes Towards Science: A Review of the Literature and Its Implications”, *International Journal of Science Education*, *25*（9）, 1049–1079.

真实生活构建问题情境，引导他们从中找出需要研究的科学问题，并针对问题形成相应的科学假设。在这个过程中，应当鼓励青少年对同一问题形成不同的科学假设，利用批判性思维进行质疑与反思，找出其中最似然的科学假设以待检验。其次要向青少年展现科学研究的过程，不仅要呈现通过实验获取数据，通过数据得出结论的实证研究范式，也要注意呈现通过逻辑严密的科学推理得出科学结论的研究过程，从而促使青少年领略研究方法的多样性。同时，也要向青少年呈现提取主要因素，忽略次要因素，建立科学模型的过程，以培养他们建构科学模型的能力。在解释科学现象时，要呈现科学论证的过程，即表明科学推理是联系证据和结论的桥梁，只有依据科学推理，才能从证据推知科学结论。

**（二）发挥科学教育的育人价值**

除了科学思维和方法，科学态度与责任也是核心素养的重要组成部分。在科学态度与责任的要求下，青少年要理解科学、技术、社会、环境之间的关系，从而形成探索自然的内在动力，形成严谨认真、实事求是、持之以恒的品质，形成热爱自然、保护环境、推动可持续发展、遵守科学伦理的自觉行为，以及正确的科学态度和价值观。此外，在教育部发布的《习近平新时代中国特色社会主义思想进课程教材指南》等六个指南和两个纲要中，指出科学课程要结合学科专业特点阐释人民至上、生命至上思想，培养学生胸怀祖国、服务人民的爱国精神，勇攀高峰、敢为人先的创新精神，追求真理、严谨治学的求实精神，淡泊名利、潜心研究的奉献精神，引导学生认识创新在我国现代化建设全局中的核心地位，理解科技自立自强作为国家发展战略支撑的重大意义，努力把自己的科学追求融入建设社会主义现代化强国的伟大事业之中。

从以上可以看出，适合青少年的科普读物，除了要关注图书内容和呈现方式能否帮助他们形成良好的科学素养，还要兼顾青少年能否从中体会到相应的科学精神，能否厚植爱国情怀，能否追求科技创新等，实现科学教育目标与思想育人目标的有机统一。

## 二、关注科学教材中的素材选取

青少年在校内使用的教材，主要以介绍经典的科学内容为主，但也会关注当代科技前沿，我国重大科技成就、科学家事迹以及古代相关科技成果等。选取这些素材的目的就是为了实现上述两个目标的统一。因此，服务于青少年的科普图书也可以此为鉴，既可以关注最新科技发展与科学家事迹，也可以与传统科技文化相结合，在普及科学知识的同时弘扬中华优秀传统文化。

### （一）关注前沿科技进展和科学家事迹

科学研究的最新进展、科学对技术和社会发展的重要作用、科技应用对生产生活带来的影响等内容，能够开阔青少年的视野，引起他们的思考，激发他们的兴趣。而科学家事迹是展现科学家实事求是、不断探索、自强不息，勇于创新的生动案例，青少年通过了解真实而又感人的科学家事迹，能够从中领略科学精神的真谛。例如，各个学段的科学教材都介绍了我国在国防建设、航空航天、空间探测、环境保护、生物医药、新材料研发、新能源开发等领域取得的成就和最新进展，与此同时，也涌现出了一大批优秀的科学家，如钱学森、邓稼先、钱三强、黄旭华、袁隆平、屠呦呦、南仁东等。全面了解这些科学事件以及科学家事迹，就能够为科普图书的开发积累优质的素材资源。

此外，在选取科技进展和科学家事迹时也应注意具有国际视野，使学生从全世界优秀的科学发现和科学家事迹当中汲取营养。例如，2010 年因成功用普通胶带制备石墨烯而获得诺贝尔奖的科学家，他的研究表面看似简单，取得成果的过程似乎也充满了运气成分，但背后起决定性作用的却是细致的观察和严谨的分析。这一事件充分体现了热爱与兴趣对于研究的重要性，同时也揭示了创新的方法和本质，即解决具有挑战性的科学问题，除了扎实的理论和精密的仪器外，好奇心、想象力，以及对日常生活的细致观察和灵活运用也同样重要。

### （二）关注我国古代科技成就

古代科技是中华优秀传统文化的重要组成部分，在悠久的中华文明里，我们智慧的祖先一直在努力探索自然。各种典籍之中记载着他们探索的结果和科学思想，生产生活中也留存了大量的科技发明，如生产生活工具、传统建筑等，有些成果至今仍然发挥着重要作用。因此，将我国古人对自然的思考以及科技成果纳入到科普图书当中，既可以用这些实例作为载体，提升青少年的科学素养，又可以让他们体会中华民族在探索、改造自然的过程中所表现出的勇于探索、自强不息、接续奋斗的科学精神和民族精神，筑牢文化自信的根基，增强民族自豪感。

在介绍古代科技成就时，应当设法与青少年的现代生活和发展相联系，借助已有生活经验，使他们感受到我国古人智慧的历久弥新。例如，在介绍我国运载火箭所取得的成就时，可以从“嫦娥奔月”的经典传说引入，体现我国古人对飞天的美好向往，然后介绍明代万户发明火箭，奋不顾身、勇于探索的可敬勇气，再到我国载人航天实现筑梦苍穹的千年梦想。通过古今衔接的方式，使学生体会我国古人探索自然的科学精神。又如，可以从元代郭守敬在北京通惠河上修建多级船闸使船只逆流而上的故事出发，引导青少年思考船闸的科学原理，而后介绍我国三峡船闸的建设与成就，使学生在提升科学素养的同时体会古代智慧对当下的影响。

## 三、关注科学教育的最新进展

为了实现发展青少年核心素养的目标，科学教育领域的研究也在不断向前发展。聚焦于青少年科普图书的编辑人员应当关注这一领域近来的主要研究成果，并将其适当地应用到科普图书当中，能够更加有效地实现科学教育的目标。

### （一）关注学习进阶策略在科学教育中的应用

“学习进阶”在科学教育领域备受关注。美国《K—12 科学教育框架》

以及《下一代科学标准》便是在该理论的基础上制定而成。已有学习进阶的相关研究成果显示[①]，为了实现青少年在科学知识和科学思维等方面的进阶，需要依据学习目标，将相关内容整合为学习单元，每个单元则由若干学习活动组成，各个活动相互支撑。每个单元都会设置一个统领整个单元的开放性问题，称为“驱动问题”，它的意义在于帮助青少年认识到学习内容的价值所在。同时，驱动问题还要具备可分解性，即它能够被分解为一系列具有内在联系的子问题，每个子问题都分别对应整个单元目标的某一方面。来自生活中的问题让青少年感到熟悉和亲切，但也容易使他们的思维发散，从而关注与目标无关的内容。因此，图书的作者和编辑要从真实性和适宜性两个方面衡量驱动问题的质量，努力实现二者的平衡。为此，就需要了解青少年的兴趣和期望，而且时刻要以读者为中心，才能得到合适的驱动问题。

每个单元虽然会涉及多种科学思维和方法，但必须聚焦于其中一种。例如，某个单元聚焦于模型建构，另一个单元则可聚焦于如何基于证据构建解释。在提升具体的科学思维和方法时，设计者要利用“脚手架”策略[②]。首先要调动青少年的积极性，鼓励他们勇于尝试和探究；然后引导青少年对活动内容进行细致的解构，使他们了解其中每个环节和所有细节；在对若干类似活动解构的基础上，引导青少年归纳其中的关键步骤，形成一定的流程和范式；更进一步，要让青少年理解实施每个步骤的原因和依据；最后，要提供练习的机会，让青少年能够运用所学内容来分析和解决问题，从而达到巩固和提高的目的。

在开始的几个单元中，可重点关注鼓励和解构等环节，在后续的单元中则可逐渐过渡到归纳关键步骤和解释背后原因的环节，并且可以不断增

---

① Shwartz Y., Weizman A., Fortus D., et al.,“The IQWST Experience：Using Coherence as a Design Principle for a Middle School Science Curriculum”, *The Elementary School Journal*, 2008, 109（2）：199–219.

② Hug, B. & Krajcik, J. S., *Students' Scientific Practices Using a Scaffolded Inquiry Sequence*, Paper Presented at the International Conference of the Learning Sciences, Seattle, 2002.

加活动的难度。各个年级之间也要实现进阶。例如，在低年级的书中聚焦于如何提出问题和形成科学假设，在高年级则侧重于如何进行调查方案的设计等更为复杂的活动，每个活动都以之前学习的内容为基础，从而实现科学学习的稳步进阶。

**（二）关注社会性科学议题对科学教育的价值**

在生活中，青少年往往需要面对与科学相关的社会性问题，即社会性科学议题。社会性科学议题的关键特征是具有不确定性，青少年在解决这类问题时，会认识到道德、态度、价值观等因素的重要意义。因此，这类问题将成为全面提升青少年分析和解决问题能力的有益平台。①② 具体而言，社会性科学议题对于培养青少年的能力有以下价值。

认识科学的局限性。解决社会性科学议题的基础是科学，然而单靠科学的严密推理却无法得到准确的答案。这是因为议题本身包含其他重要因素，而这些因素无法依据科学理论推演得出确定结论，即科学具有一定的局限性。例如，在分析能源对社会发展的影响时，虽然青少年依据初中阶段的科学知识就可以得出不同能源的效率和排放情况，但却不能仅以此为依据给出能源使用建议，因为在这个议题中，政治、经济、安全乃至信仰等因素往往发挥着与科学同样重要的作用。

提升批判性思维水平。批判性思维会镶嵌在青少年解决社会性科学议题的过程中，具体表现为：不断反思自己在解决问题过程中所使用的科学知识、分析方法等；对议题中涉及的各种矛盾信息进行质疑和评估；对调查方案中的细节进行仔细评估；对论证过程和所用证据的合理性进行判断；用准确的语言阐述自己的观点。③ 例如，在论证与传统燃油车相比，

---

① Roberts，Douglas A.，*Scientific Literacy*，*Science Literacy*，*and Science Education* || *Handbook of Research on Science Education*，New York，NY：Routledge，2014.

② 参见两杰、李诺、刘恩山：《美国社会性科学议题教学研究及启示——以“议题探究”项目为例》，《比较教育学报》2021 年第 6 期。

③ Sadler，T.D.，Foulk，J.A. & Friedrichsen，P.J.，“Evolution of a Model for Socio-Scientific Issue Teaching and Learning”，*International Journal of Education in Mathematics*，*Science and Technology*，2017，5（2）.

新能源汽车对环境是否有利时，要对不同类型燃油车和新能源汽车的能耗数据等进行仔细评估，对如何选取典型研究对象、计算能量转化效率等进行细致衡量，才能得出经得住检验的结论。

增强换位思考能力。个体的自身经验和偏好各不相同，因而在分析同一社会性科学议题时，所采取视角和立场也会有所不同，进而可能给出不同的解决方案。换位思考要求青少年能够秉持开放的思想，愿意站在他人的角度思考问题，同时也要能够分析不同观点中的优点与不足，发现自身解决方案的缺陷，相互借鉴，最终实现制订最优解决方案的目标。仍以上面的新能源汽车为例，有观点认为我国主要以火力发电为主，即使新能源汽车能量利用效率高，但在电力生产环节同样会产生大量污染。针对这一观点，应当肯定它的合理之处。但我国是世界最大石油进口国，能源安全问题不容忽视。因此，最优的方案应当是进一步提高火力发电效率、减小污染排放，同时大力发展水电、风电和太阳能发电等清洁能源发电比例，最终实现可持续发展。

## 四、结语

青少年科普图书的核心在于服务科学教育，从事科普出版需要全面的专业知识，既包括通用的编辑出版知识，又包括对科学教育的系统了解。继续教育恰好提供了这样一种宝贵的机会，能够为相关编辑人员补齐短板。以上分析了科学教育目标中的主要内容，科学教材中的素材选取情况，以及科学教育的主要研究进展，这些内容可以为编辑人员准确把握青少年科普图书选题方向、提高图书编辑质量、提升图书教育价值而服务。

（作者单位：人民教育出版社主题出版研究开发中心）

# 数字出版编辑继续教育与阅读服务能力提升策略

连叶煖　郑志亮

2020年9月，国家新闻出版署、人力资源社会保障部研究修订了《出版专业技术人员继续教育规定》（以下简称《规定》），对比2010年原新闻出版总署印发的《出版专业技术人员继续教育暂行规定》，《规定》是结合10年来我国出版业发展实际，为响应党和国家对出版工作提出的新要求，适应出版业改革发展的新形势，满足人民群众对出版业的新期待，在系统研究的基础上所提出的政策实施行动方案，指导出版专业技术人员继续教育在人才队伍建设中的“基础性战略性”地位。为厘清《规定》的演化逻辑与未来面向，本文将基于知识图谱可视化分析，归纳总结出版专业技术人员继续教育研究现状，为本文的研究视角奠定学理基础。

# 一、继续教育研究热点及脉络分析

本文以 CNKI 数据库为数据来源，利用“高级检索”功能，限定多个检索条件：主题为“继续教育”，文献分类为“信息技术—出版”，出版时间为“2010 年至今”，共检索出 427 篇中文学术期刊。

## （一）关键词共现聚类分析

利用 VOSviewer 文献计量分析软件，共提取到 1129 个关键词，关键词词频在一定程度上反映了该领域的研究热度，将词频最低阈值设置为 10 次，筛选得到 16 个热点关键词（见表 1），其中词频最高的是继续教育，其余词频较高的还有编辑、科技期刊、青年编辑、学术期刊、人才培养、出版专业技术人员等关键词。

继续教育研究关键词（前 16 位）

| 排序 | 关键词 | 词频 | 排序 | 关键词 | 词频 |
|---|---|---|---|---|---|
| 1 | 继续教育 | 145 | 9 | 媒体融合 | 15 |
| 2 | 编辑 | 64 | 10 | 期刊编辑 | 15 |
| 3 | 科技期刊 | 55 | 11 | 编辑素质 | 15 |
| 4 | 青年编辑 | 34 | 12 | 专业技术人员 | 13 |
| 5 | 学术期刊 | 28 | 13 | 对策 | 11 |
| 6 | 人才培养 | 22 | 14 | 学报 | 10 |
| 7 | 出版专业技术人员 | 21 | 15 | 继续教育培训 | 10 |
| 8 | 高校学报 | 16 | 16 | 编辑素养 | 10 |

在关键词共现聚类图谱中，每个节点对应一个关键词，节点间的连线对应二者的共现关系，同种颜色关键词标签即代表一个聚类。将词频最低阈值调整为 4 后，筛选得到 60 个热点关键词，去除主题词聚类并去重后，得到五类研究主题。主题一：出版人才培养与编辑队伍建设，相关关键词为“培训”“新时代”“责任编辑”“融媒体”“课程设置”“高质量发展”等；主题二：科技 / 学术期刊编辑素质，相关关键词为“媒体融合”“数字出版”“数字化”“工匠精神”等；主题三：青年期刊编辑培养，相关关键词

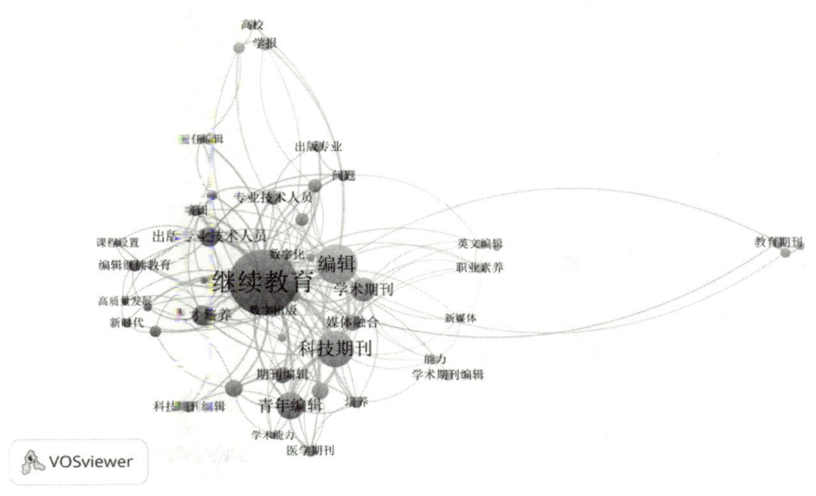


**图 1　继续教育研究关键词共现聚类图谱**

为“医学期刊”“高校学报”“学术能力”等，以及职业素养与能力、问题与对策两类研究主题。

**（二）关键词共现时间分析**

将时间因素加入关键词共现图谱中，可以考察研究领域内出现的新主题以及研究方向的时域变化（见图 2）。节点颜色由蓝色趋向绿色再趋向黄色，表示该关键词的研究时间愈来愈新。自 2010 年《出版专业技术人员继续教育暂行规定》出台，研究主题偏向高校学报、科技期刊等典型出版物编辑培养；2014 年媒体融合发展上升为国家战略，新兴媒体与传统出版融合发展，研究主题转向数字出版、数字化、编辑素质等，注重编辑继续教育中的问题与对策；2017 年《新闻出版广播影视“十三五”发展规划》颁布，要求实施重点人才工程、完善继续教育制度、完善职业资格制度、推进职称评审与继续教育制度衔接等，研究主题聚集在人才培养、编辑队伍建设、继续教育培训等领域；“十三五”时期迈向“十四五”时期，进入新发展阶段，推动出版业高质量发展、深化出版领域供给侧结构性改革、推动出版业改革创新的历史节点下，《出版专业技术人员继续教育规

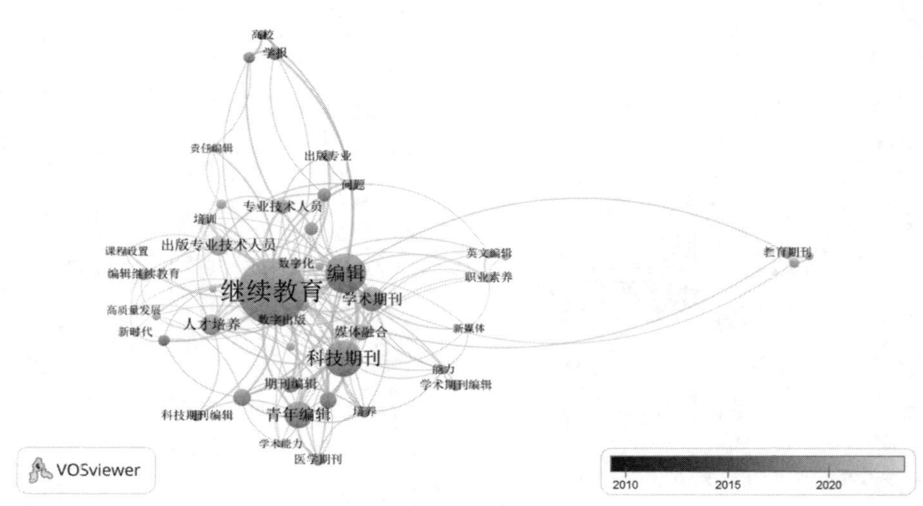


**图 2　继续教育研究关键词共现时间图谱**

定》应运而生，研究主题愈加趋向改革与发展、高质量发展、提升策略等建设性领域。

### （三）继续教育研究综述及未来面向

结合前述继续教育研究热点及脉络，我国学者大体从三个维度展开相关研究：宏观层面，基于梳理专业化政策的修订进程及其内容，深刻掌握政策发展脉络及其本质，对相关基础性制度和配套保障制度进行解读，分析《规定》修订前后变化，剖析出版专业技术人员继续教育的目标逻辑，并为更好落实政策文件提出实施建议。中观层面，多位学者针对编辑继续教育培训现状展开问卷调查，分析当前编辑继续教育工作中存在的问题短板，以范式变革为编辑继续教育改革创新的突破口，从培训范式走向发展范式。微观层面，学者针对社科类期刊、学术期刊等不同类型出版物，剖析从业人员需求、培训方式等，总结编辑继续教育的成效与发展。未来研究方向要兼顾“从上而下”和“从下而上”的系统逻辑，兼具全局意识和细节把控，丰富“模式与方法”研究，推动建立集国家宏观要求、出版行业发展需要、编辑个人成长需求的继续教育标准体系。

## 二、数字出版编辑继续教育的内在逻辑

《规定》第2条厘清明确了出版专业技术人员继续教育的适用范围，结合出版业发展的新形势，2022年文化新业态发展韧性持续增强，数字出版业在16个行业小类中表现亮眼；《中华人民共和国职业分类大典（2022年版）》在“专业技术人员—新闻出版、文化专业人员—编辑”分类之下，新增“数字出版编辑”职业，即从事数字化出版产品的策划、编辑、加工、转换的专业人员。将出版专业技术人员继续教育的普遍性要求与数字出版编辑的特殊需要结合起来，探究数字出版编辑继续教育的内在逻辑，加快建立数字出版编辑职业标准及继续教育体系。

### （一）目标逻辑：建设高素质专业化数字出版编辑人才队伍

习近平总书记在党的二十大报告中明确指出“人才是第一资源”，要“全面提高人才自主培养质量”，“深入实施人才强国战略”，对培养造就德才兼备的高素质人才作出具体部署。继续教育是培养造就高素质专业化出版人才队伍的重要途径和手段，《规定》第1条明确指出“不断提高出版专业技术人员素质能力”，数字出版编辑继续教育要确保人才队伍的政治素养与职责使命相匹配，把提高政治觉悟、政治能力、政治修养贯穿数字出版编辑继续教育全过程，以马克思主义出版观为指导开展工作，引导数字出版编辑强化专注性投入和专业性聚焦，更好地为党和人民服务，主动服务国家战略，向专家型、学者型编辑靠拢，高度契合互联网时代与数字文化产业发展的高端专业人才诉求。

### （二）价值取向：“主客我”视角下数字出版编辑终身化成长

美国社会心理学家乔治·赫伯特·米德（George Herbert Mead）认为，人的自我意识是在“主我”和“客我”的辩证互动过程中形成、发展和变化的。《规定》第1条提出的“为规范出版专业技术人员继续教育工作”，强调数字出版编辑继续教育的工具价值，紧紧围绕出版事业发展需要和出版专业技术人员从业要求，发挥编辑继续教育在人才队伍建设中发挥先导

性、保障性和持续性作用的社会功能，引导数字出版编辑从“客我”层面塑造对职业标准的专业化认知；“保障出版专业技术人员继续教育权益”，强调数字出版编辑继续教育的本体价值，主张“以人为本”“按需施教”，从“主我层面”重视数字出版编辑在专业成长中的主体地位和内在需求，激发编辑参加继续教育的内驱力，从被动培训转向主动研修，从短期培训转向终身化成长，从而实现工具价值与本体价值的有机统一。

### （三）培养模式：优化多层次分类别的继续教育资源供给

《规定》要求根据出版专业技术人员不同岗位、类别和层次，统筹规划继续教育课程和教材体系建设。数字出版编辑人才队伍涵盖广泛，面向策划、编辑、加工、转换等岗位，面向社科类编辑、科技类编辑、艺术类编辑等类别，面向初级、中级、高级等层次。数字出版编辑继续教育需要做好供给侧改革，优化多层次分类别的继续教育资源供给，实现教育内容与形式从同质到定制，根据数字出版工作特点，综合运用讲授式、研讨式、案例式等教学方法，统筹推进线上线下相结合的培训模式。《规定》列举了出版专业技术人员可以选择参加继续教育的十种形式，并且在学时管理上对培训班、学术会议、专题讲座等授课、参与出版类课题研究、学术著作出版等形式，赋予更高分值，彰显出版专业技术人员继续教育的层次性以及对研学的导向性，鼓励数字出版编辑加强专业学习与科学研究。

## 三、数字出版编辑的阅读服务能力提升策略

公共文化服务供给的不平衡与不充分是当前我国公共文化服务体系建设的主要矛盾，习近平总书记在党的二十大报告中对“健全现代公共文化服务体系”作出战略部署，为推进公共文化数字化建设提供了根本遵循。数字出版作为内容创作生产这一文化核心领域提供的出版服务，在公共文化服务体系中占据更加重要的位置，为公共文化服务提供新体验、打造新

场景、培育新模式。面向深入推进全民阅读的时代背景，数字出版编辑继续教育要加强融合发展理论与实践人才培养，为人民提供全方位、立体化的阅读服务，提供处处可读、时时可读、人人可读的文化条件。

### （一）培养数字出版编辑生产多形态出版产品的专业胜任能力

深入推进全民阅读最终仍需要落实到个体的阅读行为，数字出版要进一步提高全行业精品化意识和内容价值引领力，将优质出版内容和先进数字技术有机结合，以社交化传播、精准化推送体系，有效满足读者阅读需求。数字出版编辑继续教育要针对这一特殊需要，涵纳现代出版学技术前沿与创新理念，着力培养融合出版领域专家型编辑，引导编辑更新知识、拓展技能，全面提升专业胜任能力。从继续教育内容上看，从公需科目和专业科目入手，引导数字出版编辑坚持及时学、系统学、深入学，真正做到学懂弄通做实；从策划、编辑、加工、转换等多个出版环节切入，引导数字出版编辑努力提升交互编创能力和产品经理思维，更加注重利用新型传播手段，生产内容精深、样式多元、交互及时的多形态出版产品，既要培育原创数字阅读内容，也要充分利用传统纸质书籍的优质内容资源，将其转换成数字资源重新加工出版，实现产品策划、内容编辑、技术开发、传播运营的最优效果。

### （二）引导高等院校充分利用专业建设及师资队伍的培训条件

《规定》提出要鼓励并引导行业协会、高等院校、科研院所等具备培训条件的社会办学单位参与出版专业技术人员继续教育工作。据统计，截至 2023 年 9 月，全国有 25 所高等院校获得教育部批准开设数字出版专业（见图 3），其中北京印刷学院和中南大学获批成为数字出版国家级一流本科专业建设点。高等院校依靠其独特的科研资源和育人资源，应该积极参与数字出版编辑继续教育工作，在理论培育与技术实践的平衡性、人才再造能力上发力。一方面，打造适配于数字出版编辑的“理论＋实务”双轨制课程体系，服务于编辑从业语境下多媒体作品创作、融媒体数字读物制作、融合作品研究等实践活动，提升数字出版编辑的全民文化普惠能力、数字内容供给能力、阅读空间创新能力。另一方面，

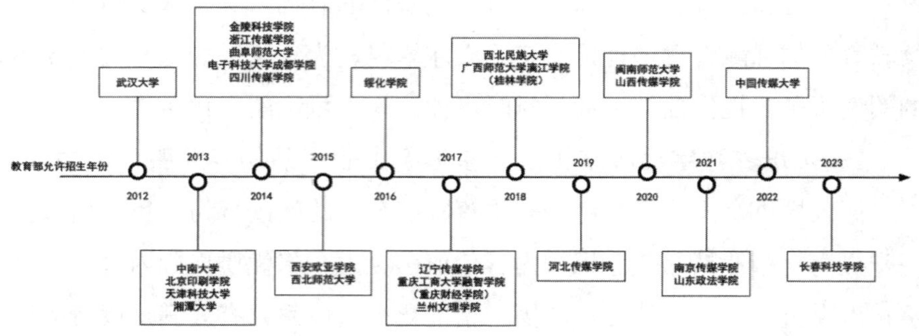


**图 3　开设数字出版本科专业院校概况**

建设高素质高水平专业化的数字出版编辑继续教育师资队伍，不仅深耕数字出版理论研究，又精通数字出版流程，善于将理论讲授与案例分析相结合，以生动、多变、智能化的全媒体教学形式激发编辑学习兴趣，从而打造更多新时代新经典，推动优质出版产品向阅读服务产品转变，增强数字阅读内容的供给能力。

### （三）加快建立人才评价体系、职业标准及编辑继续教育体系

面向阅读服务的数字出版编辑，始终以创新价值、能力、贡献为导向，在主客我互动中，围绕个人特点、优势及努力方向进行自我评价，也接受来自评审专家、考核与监督部门的综合社会评价。与人才评价体系相匹配，出版单位应该建立本单位数字出版编辑继续教育与使用、晋升相衔接的激励机制，把参加继续教育情况作为考核评价、岗位聘用的重要依据。从职业标准研定来看，数字出版编辑这一新兴职业的具体从业范围、工作内容、生产手段、产品形态以及营销渠道等方面，与传统出版编辑具有较大差异，需要国家新闻出版署和人力资源社会保障部、各省级相关部门、其他机关、企业、事业单位以及社会团体等共同推进，加快构建分工明确、优势互补、布局合理、开放有序的继续教育培训体系。同时鼓励高等院校、出版单位、新型出版企业、科研机构等创新主体共同参与，进行资源融合互补、知识协同共享、价值共创。

## 四、结语

要回答“培养什么人、怎样培养人、为谁培养人”的根本教育问题，就要先回答出版“为了谁”的根本目的问题——中国式出版现代化以人民为中心的价值特征、出版融合的技术特征、社会效益优先的社会特征，明确了新时代出版专业技术人员的使命和责任。锚定“健全完善继续教育培训”重点任务，出版专业技术人员继续教育已迈向科学化、制度化、规范化的发展范式。为建设高素质专业化数字出版编辑人才队伍，提升数字出版编辑的阅读服务能力，推动优质出版产品向阅读服务产品转变，需要将出版专业技术人员继续教育的普遍性要求与数字出版编辑的特殊需要结合起来，通过多层次分类别的继续教育资源供给以及多形态智能化的继续教育形式，激发数字出版编辑寻求终身成长的自驱力，重视数字出版编辑在继续教育中的行动者身份，参与到继续教育高质量发展变革，确保个体价值、社会价值、共创价值寓于继续教育与出版实践之中。

（作者单位：中国传媒大学电视学院）

# 继续教育应培养编辑对出版物衍生资源的开发能力

## ——以“善书坊 vlog”为例

李宣仪

## 一、我国编辑继续教育的现状与培养要求

### （一）编辑继续教育的现状

习近平总书记在党的二十大报告中指出：人才是全面建设社会主义现代化国家的基础性、战略性支撑。编辑人才是出版物内容质量高低的关键因素，创建一支高水平、高素质、高效率的编辑队伍也是一个出版社能够获得持久双效的重要保证。人类社会需要通过教育不断培养社会需要的人才，需要通过教育来传授已知、更新旧知、开掘新知、探索未知，从而使人们能够更好认识世界和改造世界、更好创造人类的美好未来。而继续教

育是编辑进行职业培训、更新和提高专业知识以便更好服务出版工作的重要组成部分，它具有成本低、见效快的优点，是编辑人才队伍不可缺少的环节。当前国家规定出版人员继续教育每年累计不少于90学时，省级以上人力资源部社会保障部门组织的面授、网络远程等继续教育活动均被认定学时。2020年，以往的线下教育大部分转为线上，让更多出版机构参与到在线教育培训中，极大地推动了继续教育的时代步伐，也符合融合出版的发展路径。2023年8月，出版行业有10项新标准颁布，更新了版权、VR、二维码等领域内容，更是加快了融合出版的步伐。因此，编辑的继续教育内容需要在这些新规中不断更新、创新，而无论如何出新，都要服务于出版物的内容资源，培养开发衍生资源的能力、推陈出新是当前工作的中心任务。

### （二）新时期编辑继续教育的人才培养要求

1.拥有过硬的政治素养

2020年9月，国家新闻出版署和人力资源社会保障部下发《出版专业技术人员继续教育规定》，要求把政治能力建设贯穿继续教育全过程。编辑的职业素养之一就是旗帜鲜明讲政治。作为意识形态重要阵地的“把关人”，编辑应加强政治理论学习，坚持以习近平新时代中国特色社会主义思想为指导，增强“四个意识”、坚定“四个自信”、做到“两个维护”。深入学习《出版业“十四五”时期发展规划》，结合选题策划、组织稿件、联系作者、编辑加工等环节“讲好中国故事，传播好中国声音”。

2.拥有“理论＋实践”的业务能力

新时期出版人才要有深厚的理论基础和丰富的实践经验。如今，出版社编辑大部分是具有学科背景的专业人才，虽然所学专业能够应对编校工作中遇到的知识性问题，但是国家对出版工作有一套量身定制的标准——凡是编辑岗，必须在到岗2年内取得编辑资格证书。考试内容以编辑业务基础与实务为主，通过考试，编辑对出版工作有了理论认识。内容质量是出版的生命线，对稿件的编辑加工能力是编辑需要的基本能力。强化编辑业务能力也是出版人才队伍建设中的必修课，编辑应在实际工作中积累经验，认真对待每一份稿件、每一个编校流程，结合每一个图书项目，努力夯实基本功。

3. 拥有自主研发产品项目的能力

去年，美国企鹅兰登集团公布了两大裁员方案。有媒体报道，编辑的工作不再如同往前，他们除了关注书本身，也要开始关注社交媒体的各种指标。随着移动互联网、大数据、区块链、5G、AR/VR、AIGC 等新技术出现，传统图书编辑的业务能力已无法适应新时代。新时期要求编辑成为产品经理人，成为能够独立策划融合出版项目、组合并熟练运用多种新媒体新技术的全媒体复合型人才。出版物作为精神文化载体，它的信息资源是可再生的。因此，在融合出版的大背景下，编辑需具备将内容灵活“变现”的能力。

## 二、编辑掌握出版物衍生资源能力的重要性

融合出版背景下，要求出版物实现数字和其他领域的交融，创造出新的生产与销售链条。因为衍生资源价值链可以延长一本图书的寿命，通过其他产业带来的“反哺效应”：促进图书销售，扩大它的影响力；可以提升出版物品牌效应，打造自身 IP，衍生产品最大的优势就是将资源整合，使其发挥最大价值；可以让出版企业因为某个出版物的衍生品而收获社会效益与经济效益的双效增值，实现“多赢”。

### （一）出版物衍生资源的界定

现代汉语中，“衍”有“开展，发挥”之意，“衍生”则指“演变而产生”。通俗地讲，指从母体物质得到新物质，如金融业中的金融衍生品、网络建设中的网络衍生技术等。“衍生资源”在出版工作中的主要体现为图书演变而产生的图书衍生产品，或者是围绕图书开发的周边产品等。比如迪士尼闻名世界的米老鼠，先是通过制作的动画片和纸质漫画收获了大量市场，后来又成立了迪士尼主题乐园营业至今。这是衍生资源的成功案

例，迪士尼变成一个大 IP，开拓出了新的产业链。

### （二）出版物衍生资源的开发基础与路径

数学题的解法多种多样，但万变不离其宗，基本公式是每道题的钥匙。衍生资源同理，它的诞生也来自基本的内容资源——“元出版物”，可以是一本书、一部电影或者一个游戏等，由它出发，按照不同的衍生资源载体形态，将内容资源分成：同一内容、同种载体的衍生模式，比如一本书做成一个系列，或改成精华本、插图本等；相关内容、同种载体的衍生模式，比如把图书做成姊妹篇，或另对其进行注解、翻译等；不同载体的衍生模式，就是将它改变成影视剧、游戏等数字产业产品，也是我们现在所提到的融合出版。不同的衍生路径所达到的效果自然不同，而“元出版物”在路径上需要进行“创意 + 内容”的深度开发。如果说打造原创出版精品是第一次创造与创新，那么开发衍生资源，拓展出版产业链就是第二次变革。

## 三、出版物衍生资源的探索——以“善书坊 vlog”为例

截至 2023 年 5 月，陕西师范大学出版总社的“善书坊 vlog”视频号拥有粉丝 219.5 万，获得 1939.8 万赞，传统图书推广视频获赞量 71.2 万赞，2686 条评论，吸引超过 60 万人次观看，达成“累计获赞 1 万”“2022 年最受欢迎视频号”等成就。它克服了传统图书与短视频平台融合的不良反应，凭借传统图书营销推广短视频化而成功刺激了销量，综上原因，本文就以它为研究案例。

### （一）“善书坊 vlog”的背景

“善书坊 vlog”成立于 2022 年 4 月，它是一个由出版社自主创建的、在丰富的内容资源基础上衍生开发的教育类自媒体，也是社里为融入短视频时代而打造的符合自身调性的品牌 IP。它依托微信视频号平台，通过短视频的形式，以“共听、共话、共情”的定位，连接作者和读者。通过

两个群体围绕着“生活”与“读书”主题的发声，引发更多人的共鸣。

平台依托的总社优秀作家和学者是保证高频次、高质量内容输出的有力保障。作为陕西本地视频号，以传播三秦文化、讲好陕西故事为己任，用年轻人易于接受的方式和语言，打破讲座、说教模式，以对话、平视的态度开展，引发观众的思考和共鸣。

**（二）“善书坊 vlog”的衍生特点**

不少文化博主在微信视频号上开通了主播讲书的平台，例如都靓读书、帆书（原樊登读书）等大 V，他们的内容资源来自图书内容和自己的阅读感受，团队再结合“人生”“压力”“成功”等社会热词，经过录制剪辑后形成短视频，为读者熬制心灵鸡汤。这种阅读方式虽能吸引市场，但主播始终是图书内容的搬运者，而非创作者。他们对一本书从策划到出版的流程并不清楚，且未必能真实表达出作者的写作意图。“善书坊 vlog”始终保持了作者的话语权，由作者来主讲每一期的内容，这样的传授形式更具权威性，也能让他的书迷和其他热爱文学的读者们进一步了解作者本人，拉近作者与他们之间的距离。

在纸质书营销宣传方面，“善书坊 vlog”每档节目下方都会添加这期节目图书的购买链接，有时会标注“独家签名”等字样在节目播出的同时带动纸质书的销量。在平台运营推广方面，团队的运营专员会逐一回复读者后台的问询留言，并在平时节目的评论区收集读者的反馈，制作用户画像，以便后期推出更多有针对性的内容。在项目成长方面，研发团队也在尽力突破“图书 +”的内容生产模式，随着栏目知名度的日益扩大和作者本身的影响力，凝聚了一批高黏度用户，为后续商业转换打下了基础。如原创植物学节目《守山人的珍藏》，一经播出浏览量就迅速破千，在赢得同行的认可与鼓励的同时，也受到大量读者的关注。这档节目除了向大家介绍陕西秦岭的植物外，还进一步宣传秦岭的旅游资源，进而和当地旅游部门合作，由线上转线下，通过举办“善书坊 vlog”作者见面会、同省作协联合举办教育培训、进行广告冠名合作、图书销售等商业行为。

“善书坊 vlog”视频号选择的内容资源主体是那些在业内知名度较高

的文化名人，通过他们分享读书、生活的感悟，进而拉进与粉丝的距离，增强粉丝黏性。运营近一年，发布视频 77 个，浏览量超过 60 万。保持每周二、周五两更的频次，持续输出优质内容。相较于传统出版物营销以特定产品、直接目标用户为中心的“强关联”营销思路，“善书坊 vlog”在 IP 打造之初，站在用户角度，以“润物细无声”的文化内容，以大家喜闻乐见的载体形式，追上近两年短视频的红利后，找到了一条适合本社出版物融合发展的新道路。

## 四、编辑在衍生资源开发过程中需注意的问题

### （一）研究不同载体平台的特点

“善书坊 vlog”选择搭载的微信视频号是一个以强社交关系为关联的短视频平台，它有着强连接性、强在场性和强互动性。由于视频号直接与微信通讯录打通，所以用户的朋友圈可以共享视频信息，用户的每条点赞和喜欢都可以让其朋友圈看到。视频号的主要用户是 20—45 岁的、在分布在各个城市的、男性群体多一点的、使用视频号的时间和使用微信的时间基本一致的群体。群体数量庞大就是视频号的优势，微信视频号覆盖着更加广泛的用户圈层。

做出版物衍生资源开发时，编辑要了解每个平台的运行机制和算法，以及内容的选择是否符合平台的调性。比如小红书平台的用户女性群体居多，策划时可选择女性读物或和女性成长相关的内容，陕西师大出版总社“善书坊 vlog”曾与陕西省“百优作家”、诗人庞洁就她的新书《孤意与深情：诗经初见》做过一档“重新发现《诗经》”的系列视频节目，在选题策划过程中，作者庞洁有自己的小红书账号，她将系列视频在小红书发布后，反响热烈，收获了广大女性读者的点赞与关注。

### （二）有效率开发资源，避免浪费

近年来，IP 的概念越来越多地引入出版，IP 出版融合各类媒介形态，

是实现IP价值最大化的新型出版模式。但由于“信息茧房”的存在，当下各大短视频平台的推送机制往往聚焦于娱乐热点，长此以往，难免消解其严肃性与知识性，这让很多明明优质的内容，一味迎合大众后造成了资源浪费。因此，衍生产品在内容制作过程中，要保护原有内容的真实性。比如“善书坊vlog”里中国唐史学会会长杜文玉的《解谜五代十国》，虽然杜老师语言诙谐幽默，但在历史史实和重大节点处的讲述内容都经过史料考证，有一定史学价值；肖云儒的《重走丝路八万里》节目中，肖老师所讲的丝路游记，全都是他本人的亲身经历。读者透过视频来看两位学者，他们的形象儒雅、言语风格活泼，他们本人的性格也确实如此。如果主创人员为了迎合大众审美，只追求经济效益，忽视社会效益的话，会造成IP浪费，影响后期核心IP内容的延伸与发展。

为了让IP能够不脱离轨道，编辑应提前整合社内资源，将图书内容进行分类：大众出版、教育出版、专业出版等。首先，在出版融合过程中，要明确出版社的主打资源，也就是办社理念。比如陕西师大出版总社以“刊书载道，立社弘文”为目标，人文社科类的内容资源是王牌，那么在进行衍生资源开发时，着重以此为基点，寻找在人文历史方面有所建树的学者专家参与选题策划，以学术的严谨与标准重新定义衍生产品的文化性与知识性。其次，并不是所有不被市场所熟知的专业性图书就不适合被衍生开发。古籍类、专业类书籍的社会需求不高，与大家都喜闻乐见的大众类读物不同，他们有特定的阅读群体，就有特殊的需求。衍生资源开发选题策划时要学会“逐冷”。最后，是教育出版，近年来的教辅类读物运用了很多新技术，让学生既能听音频又能看视频，花样繁多。但辅导书最终目的是要学生学会自学、举一反三，那么内容就尤为重要，开发该类读物的衍生产品，一要学会抓眼球，比如请名师线上授课；二要办活动丰富的课外活动能够开阔学生视野，获取更多知识。

### （三）注意版权保护

版权已成为国家核心竞争力的战略资源之一。“十四五”规划纲要中提出，实施知识产权强国战略，实行严格的知识产权保护制度，完善知识产权相关法律法规，加快新领域新业态知识产权立法。编辑继续教育除了加强编辑的业务能力，还要将版权教育融入其中。因为在出版融合的大背景下，数字化使得作品的复制和传播变得更加容易，导致版权侵权行为的增多；网络传播让作品突破地域限制，使得版权保护难度加大；技术保护措施如数字水印、加密等在一定程度上保护了版权，但同时也可能影响到合法用户的权益。除此之外，新兴技术如人工智能、区块链、大数据等对传统版权体系也提出了新的挑战。

以上都在提醒出版企业，纸质书的版权保护是行业最基本的常规操作，而新媒体带来的数字出版内容已成为当下版权保护的重中之重。编辑在开发衍生产品的过程中，既要保证内容资源的原创性，也要在数字传播过程中加强版权意识，防止信息泄露造成的不良后果。比如，如今的衍生产品在策划过程中，难以避免有“知识溢出”的现象，极容易被他人模仿。这就要求我们必须在拿到“元出版物”的专有版权（禁止他人二次使用）基础上进行创作，这样我们的衍生产品才能在整个过程中被不断确权，才能使各方参与者都能获得公平的合作收益，使出版物衍生活动持续进行。

## 五、结语

如今，出版物内容资源的深度开发借助新媒体力量，用跨载体、跨媒体、跨行业的手段创造出的衍生资源逐渐成为融合出版的发展趋势。因此，继续教育在培养编辑内容资源策划能力的同时，还应着重培养编辑的衍生资源开发能力，打破编辑工作在内容资源开发与运用上的传统做法和局限性，与时俱进，运用新技术创造更多优质产品，实现双效统一，从而更好的服务出版工作。

（作者单位：陕西师范大学出版总社）

# 新时代背景下编辑继续教育工作中存在的问题及解决路径

贺莎莎

编辑工作是整个出版工作的中心环节，编辑的职业素质是保证出版物质量与水平的关键所在。但随着时间的推移、时代的发展，编辑自身的理论需要、知识结构以及职能技能等综合素质与能力都需要不断更新与提高，编辑继续教育培训工作既是出版事业良性发展的外在需求，也是编辑个人实现自我价值提升的内在要求。

多年来，国家对编辑继续教育培训工作极为重视，初步建立了编辑继续教育国家、两级管理体系与运行机制，在科学化、制度化、规范化等方面都取得了长足的发展，对加强我国编辑队伍建设起到了重要的推动作用。2002 年新闻出版总署发布的《出版专业技术人员职业资格管理暂行规定》指出："每年参加继续教育应不少于 12 天（或 72 学时）"，"出版专业资格证书实行定期登记制度。每 3 年登记 1 次"。《出版专业技术人员职业资格管理规定》(2008 年)和《出版专业技术人员继续教育暂行规定》(2010 年)中同样明确了出版专业技术人员应按照规定参加继续教育且当年完成规定学时。2021 年发布的《出版专业技术人员继续教育规定》更是将 72 学时增加到 90 学时。由此可见,国家对出版专业技术人员继续教育的重视。但从继续教育实际操作的层面来看,目前我国的编辑继续教育培训工作依然存在一些问题。

## 一、当前编辑继续教育工作中存在的问题

### (一)培训理念陈旧,与时代要求脱节

随着互联网技术在我国的飞速发展,新媒体时代下,编辑工作也随之发生了重大变革,编辑背景网络化、编辑手段现代化、编辑流程高效化、编辑模式多元化、编辑管理自动化、编辑知识共享化、编辑传播丰富化……老观念、老经验、老办法已经不能满足编辑工作需求。虽然目前培训中每年会更新不同培训课程的内容,但是这些内容和实际工作需求相比较,仍然存在一定程度的脱节,更注重常规而忽略具体的变化。某些专家的授课内容不能随着时代演变更新推进,经常会出现老生常谈的情况,授课内容无法与国家政策、法律的变化相互匹配,不能及时跟进时代变化。

### (二)培训模式单一,培训实效较差

在当前的模式下,我们的编辑继续教育培训以单向知识灌输方式为主,忽视了编辑的成人属性,缺乏有效的互动,往往会陷入过分偏重知识传递的误区。需要明确的是,编辑继续教育参与者都是有备而来,而当前所采用的面授或是网络函授培训模式,参训人员处于被动接受的状态,忽视了编辑的学习特长和成长规律。即便有一定的互动设置,也存在预设受众面过大、针对性不强的痼疾,甚至有一些互动的内容和课程关系不大,只是为了将气氛烘托出来而进行相应的文娱活动设计。

此外,千篇一律的课程设置,没有对课程内容进行相应的层次划分和

类别划分。很多培训班忽视了培训对象的主体差异性，向具有不同需求的编辑出版人员提供无差别的培训，未能针对不同性质、不同岗位、不同职称层级的编辑进行区分。如出版社图书编辑、报社编辑与杂志社编辑，甚至是广播电视台编辑培训的需求都不一样；专业类别不同，对培训的需求必然不同，如文字类图书和纯图片图书不同，理工科专业图书和文科专业图书不同等；出版专业初级、中级和高级技术职务的人员，对培训的需求也存在着差异。有的资深编辑，从事编辑工作几十年，已参加过多次系统的出版培训学习，有的编辑则是刚刚进入编辑出版行业。如果都统一课程培训，这样的继续教育培训最终只会演变成走过场、凑课时，其培训实效可想而知。

### （三）培训机制不完善，培训市场管理混乱

2010 年《出版专业技术人员继续教育暂行规定》颁布后，作为继续教育专项规定，对编辑继续教育时数有了明确规定，出版单位及编辑也越来越重视。当前的编辑继续教育培训主要是由政府机关主导推动，举办者除了各省级新闻出版部门，全国新闻出版标准化技术委员会等机构也会不定期举办各类培训。但这些正规机构举办的培训课程很难满足实际需求，于是各种培训机构、培训班相继出现。然而这些机构培训配备的师资力量相对欠缺，课程设置也缺乏科学性，甚或有很多培训机构没有固定的培训师资，只能临时性请一些业内人士授课，授课质量很难得到保证。而且有的机构培训后颁发了结业证书，却不是国家计划内的培训班注册认可内容，并未获得正式官方认证。整个编辑继续教育市场鱼龙混杂、质量参差不齐。

## 二、对适应新时代发展的培训进行对策的构建

### （一）提高时代性、实用性业务知识比重，提升编辑更能够驾驭全局的能力

编辑工作是整个出版工作的中心环节，其所承担的职责不单单是校

对、编辑文字，更关键的一点是，他们应当对行业发展趋势有进一步了解，并且应当围绕着出版理念和编辑工作方法等进行相应的创新优化，所以在培训编辑的过程中，应提升素质培养的内容比例，立足于当下所具有的业务前提之下，适时将一些编辑经常使用的时事政治理论内容等放置其中，对包含组织策划等在内的内容进行融合运用。

### （二）丰富培训手段，让新媒体技术融入到授课与考核中

为提高课堂互动性、提升授课效果，很多高校和商业培训机构研发了相关的课程App，如腾讯课堂、网易云课堂、学而思、手机知网、途途课堂、洋葱学园……若在编辑培训中对此加以运用，就能够实时统计分析学员反馈的具体问题，不仅能够提升课堂效率，同时也能够在一定程度上发挥记录考勤的功能。为了进一步巩固培训效果，可以在核心课程之外，导入一些重点内容，使得参训者日常的学习拥有相应的参考。甚或将某些考试环节纳入其中，可以减少某些非必要环节，有效地节约人力物力资源。

### （三）细化课程设计，落实分层分类多模式培训模式

有研究者提出，可以让编辑自行对培训需求进行申报，组织者开启有针对性的培训班活动，使分层分类培训目标得到顺利落实。还有一些研究者提出，当面临着比较强的专业性内容之时，可以运用工作坊这样的培训模式，使培训能够真正发挥成效。但就目前而言，研究者们还未能就分层和分类的依据做进一步分析，这也是至为关键的环节。若分层分类标准设定太过模糊，其效果恐难实现，必将陷入以前的老路；若标准设定太过琐碎，则会面临着巨大的人力物力资源的浪费。笔者认为，应根据不同专业编辑的需求，对相关课程进行整合与科学分类，合理划分课程内容，区分出共性课程和个性课程。共性课程主要采用传统授课方式，个性课程则可以运用多种培训方式，针对差异化的单位性质和背景经历等方面的编辑，进行差异化课程的匹配和开发，满足编辑个性化成长的需求。

### （四）规范培训市场，保障编辑继续教育工作有序推进

针对目前培训市场的乱象，国家出版行政部门应该出台整顿措施，取缔无资质培训机构，同时在主管机关网站上公布有资质的培训机构，确保

培训完成的学时可以被认可。国家新闻出版署可在每年年初或定期公布当年已纳入继续教育培训班次的信息，让参训人员可根据需求选择参加，提前安排。如此，则可有效防止培训结束后有的学时或证书不被国家新闻出版署认可、责任编辑续展登记无法通过的窘境，避免各项资源的浪费。从国家新闻出版署至各级机关，尤须明确自身的职责与定位，统筹规划。

## 三、结语

编辑继续教育工作是提高编辑综合素质与能力，提升出版质量的重要保证，是新时代出版事业发展的内在要求。在新时代背景下，新政策、新知识、新技术层出不穷，编辑继续教育工作亦应与时俱进，切实提高针对性与实效性，着力向高质量发展的目标迈进。

（作者单位：故宫出版社）

# 从目标导向和问题导向分析继续教育如何引导青年图书编辑实现自我价值

牛壮壮

继续教育是出版行业非常重要的基础性工作，是自主培养人才的重要助推器。理清“十四五”时期编辑队伍建设的发展思路，确定编辑队伍建设的价值定位与发展路径，已成为亟待研究的重要课题。青年图书编辑需要自身的价值定位与目标，但在职业生涯初期，除了实际工作之外，青年图书编辑还需要得到继续教育的引导才能对整个职业生涯有所了解，并对如何实现自我价值有初步规划。只有及时对实现自我价值的目标定位与存在问题进行自我检视与剖析，才能更好地规划职业生涯，真正实现自我价值并“自学成才”。

## 一、青年图书编辑实现自我价值的目标

### （一）价值目标

1. 个人达到职业最高标准

对于青年图书编辑来说，职称是伴随整个职业生涯的重要价值目标之一，从编辑到副编审，再从副编审到编审，最少需要10年光阴才能达到编辑的最高职称。笔者自2013年入行以来，2016年才考取中级资格，经过5年努力在2021年取得副编审资格，正在向最后的编审前进，与过程中所付出的汗水是成正比的。

2. 助力出版单位社会效益提升

对于青年图书编辑来说，无论在一线编辑岗位还是编辑管理岗位，都是把社会效益放在第一位的，而且社会效益大部分评选指标与编辑有着重要关系。如果对于一个编辑来说，其个人编辑的精品图书能够对出版单位社会效益增长有一定助力的话，他就有成为出版人才的潜能。

3. 成为出版人才

对于青年图书编辑来说，成为出版人才有很多方式，但进入省级和国家级出版人才梯队无疑是最具有吸引力与认同感的，不但有助于编辑提升自己的影响力，更有利于出版单位人才梯队建设。

### （二）能力目标

1. 工作能力

从职称评审标准来看，主要有三方面的体现：一是掌握出版工作规律，具有深厚扎实的出版选题策划、编辑校对实践功底，用丰富的经验保障自身工作的完成质量。二是能够解决重大疑难问题并在出版工作方面有创新，解决问题是一项很重要的工作能力，而创新则意味着开辟新领域实现“弯道超车”。三是具备指导与培养人才的能力，能够带领团队完成任务并为团队可持续培养后备人才。

2. 专业能力

能够根据党的路线方针政策制定重大选题和实施计划，策划组织出版精品出版物，取得显著的社会效益与经济效益。这不仅需要编辑有敏锐的政治意识，还要具有极强的统筹规划能力。

3. 学术能力

在出版界有一定学术影响，这对于编辑来说，通过实践来总结经验，在核心期刊发表论文是一件比较内卷的事情，这需要一定时间写作与经验的积累，这里的学术能力笔者认为不仅是发表观点，总结规律，更是要推陈出新，形成能够指导实际出版工作的应用转化，对于编辑来说，应用转化更为务实。

**（三）贡献目标**

1. 编辑影响力

笔者认为青年图书编辑的编辑影响力主要体现在以下方面：第一个是其策划组织的精品出版物在社会上的影响力与经济效益，以第十六届“五个一工程”获奖图书为例，其入选标准之一为市场发行 3 万册，既体现其经济效益，又从侧面反映出其社会影响力，大部分图书入选主题出版重点出版物与中国好书，说明其社会影响力之大，能够策划组织这种精品图书的青年图书编辑势必会受到更多精品图书创作者的青睐。第二个是其策划组织的图书产品线在市场上长期销售，通过产品线互补单品种图书的发行弱势，提升整个产品线的市场影响力，增加出现畅销书的概率，同样吸引具有市场潜力的优质选题。第三个是以现象级图书建立起来的图书品牌，并以该品牌建立的个人编辑工作室或编辑部，通过一种书的衍生产品形成可持续效应的编辑影响力。

以上三种方式让青年图书编辑通过社会效益与经济效益获得优质的选题与优秀的作者，从而形成人脉与资源效应，最终转化为编辑影响力，带动出版单位整体编辑影响力的提升。

2. 社会效益贡献值

从社会效益考核角度来说，青年图书编辑的图书质量要精品优先，近年来的书号政策就是出版高质量发展的要求体现，只有多出精品力作才是青年图书编辑未来的生存之道，无论是冲击出版国家级重点出版规划、奖项，还是致力于讲好中国故事并版权输出海外，只有在社会效益上帮助单位加分才是真正落在实处，因此社会效益考核指标中涉及的各类项目应是青年图书编辑的重要关注点。

3. 学术影响力

对于青年图书编辑来说，除了在出版类核心期刊发表论文之外，也要关注国家级行业协会的学术会议与大学研究机构的学术论坛。

## 二、青年图书编辑在实现自我价值中存在的问题

### （一）缺少目标规划

1. 缺乏对目标的关系分析

对于青年图书编辑来说，想对价值、能力、贡献三个目标的关系进行梳理需要转换角度，举例分析，青年图书编辑想要成为价值目标中的出版人才，前提需要具备贡献目标中的编辑影响力与社会效益贡献值，而这两项需要能力目标达到一定标准才能实现。对此，笔者认为首先要达到锻造能力，能力上升到一定标准，才会出现编辑影响力，提升社会效益贡献度，成为编审，最终成为出版人才，进一步扩大编辑影响力与社会效益贡献度，形成良性循环。

2. 缺乏对目标的规划制定

以笔者职业生涯举例，22 岁本科毕业入行成为样书管理员，24 岁考取助理编辑资格，在总编室工作 4 年后，在 26 岁考取中级资格，成为一名编辑，回想入行的 4 年，缺少对三个目标的制订，这 4 年应该在能力目标上加以锻造，但却在编务工作上止步不前。

### （二）能力提升方式有限

1. 外部培养不足

在实际编辑工作中，青年图书编辑培养通过师徒制及传帮带在初期效果明显，但随着编辑工作的繁忙，在中后期出现使用大于培养的情况，无法给予青年图书编辑对自己业务能力的自信，影响青年图书编辑的培养效果。

2. 内生动力不够

在实际编辑工作中，青年图书编辑容易被多项工作交叉影响，沉重的利润指标与社会效益考核分数让其分身乏术，缺少主动学习及提升的内在动力。

## 三、继续教育如何引导青年图书编辑实现自我价值

### （一）继续教育为青年图书编辑实现自我价值提供方向

1. 工作能力方面

参加本科及以上相关专业学历（学位）教育可以折算继续教育学时，对于本科毕业进入出版社的笔者来说，通过参加学历教育增加知识储备是十分必要的，在进入出版行业从事 2 年以后，发现在知识深度与广度方面与其他研究生学历的同事有一定差距，所以笔者一方面在管理样书的时候抽空阅读重点图书，一方面积极备考在职研究生。历经 3 年光阴，笔者在卸任样书管理岗位时对社内 30 年内的重点图书及获奖图书都有所了解，提升了笔者的专业知识储备与经验。同时，经过两次考试，终于成功考取 2017 年黑龙江大学工商管理专业硕士研究生，恰逢其会，成为首批非全日制研究生，并于 2020 年 7 月顺利毕业。

在此期间，无论从出版专业知识或工作能力上收获良多。所以笔者怀着对增加知识储备的渴望及对更高学习平台的向往，成功考取 2020 年中国社会科学院大学商学院产经经济学高级课程班学员，为获得博士研究生学位奋斗至今，每一阶段的学习都会带来更新的知识储备，更会带来更高的学习要求，所以建议青年图书编辑如有时间还是需要尝试更高平台的学

习，例如青年图书编辑硕士研究生毕业居多，而最新提出的出版博士专业学位就是青年图书编辑的最佳奋斗目标之一，激励大家提升学习能力与知识储备，最终提升工作能力。

2. 专业能力方面

在专业能力方面，笔者认为可以通过两种途径来学习，第一是向书学习，向全国的重点图书、获奖图书、畅销图书学习，例如国家重点出版奖项，要学会独立分析获奖图书的特点，探寻其中规律，对于国家出版基金项目，要分析其经费预算构成，书是编辑意志与想法的直接体现，所以先从学书开始，再从学书到学人。

学人比学书更难一些，需要与人一起参与，在打造图书的过程中学习先进经验、做法亮点、设计理念等，才能将书中学到的新知识学以致用。对青年图书编辑来说，如果有前辈或师傅愿意传授经验，那就一定要抓住学习，笔者认为这就是工作中的继续教育，所以青年图书编辑要抓住各类继续教育的学习机遇成长自己。

经过这么多年继续教育培训，可以发现继续教育根据多个编辑岗位开设专业课程，从选题策划到宣传推广都可以学习，青年图书编辑根据需要选择在自己擅长的流程上成为专家，先成为专家再成为全能型人才。

3. 学术能力方面

承担出版研究课题，发表出版学术论文与专著，也能折算继续教育学时，对于青年图书编辑来说，继续教育无疑为他们提供了一个重要的发展方向，当下青年图书编辑发表学术论文的主要目的是达成职称评审编审与副编审的需求，除了职称评审所需之外，笔者认为青年图书编辑应该寻求提升学术能力的机会，青年图书编辑发表出版学术论文，才能为个人发表学术专著积累学术资源，青年图书编辑如果早日能转型为作者，将为以后的出版选题策划提供重要助力。此外，在中华优秀出版物优秀论文奖评选中，在出版类核心期刊发表学术论文提升编辑影响力是非常重要的。

**（二）继续教育帮助青年图书编辑规划职业生涯**

以笔者目前的职业生涯为例，结合出版实际情况展现青年图书编辑如何在继续教育的引导下规划职业生涯：

1. 以目标为着眼点统筹谋划

在价值目标方面：入行 10 年到 15 年之间获得编审职称；担任出版社中层职务；成为中宣部宣传思想文化青年英才。

在能力目标方面：策划组织出版精品出版物并获得第六届中国出版政府奖；个人获得第六届中国出版政府奖优秀编辑奖；个人论文获得第九届中华优秀出版物出版科研论文奖。

在贡献目标方面：策划组织图书申报中宣部第十七届精神文明建设“五个一工程”优秀作品；策划教育类市场图书产品线并取得盈利；在出版核心期刊至少发表五篇论文。

2. 从目标倒推列出时间表

笔者以未来的第六届中国出版政府奖、中宣部第十七届精神文明建设“五个一工程”优秀作品、第九届中华优秀出版物为例，结合三个目标倒推列出时间表，得到流程如下：

参评第六届中国出版政府奖图书奖的图书，首版时间应该是 2021 年 1 月至 2025 年 7 月；参评中宣部第十七届精神文明建设“五个一工程”优秀作品，首版时间应该是 2022 年 6 月至 2025 年 5 月；参评第九届中华优秀出版物的论文，发表时间应该是 2022 年 4 月至 2026 年 6 月。

上述可见，对于申报第六届中国出版政府奖图书奖的图书，当下时间节点为 2023 年 9 月，笔者需要策划一套丛书，预计出版时间在 2025 年 1 月左右，作为 2025 年的新书，同时留出半年时间做宣传发行，扩大图书影响力。根据出版时间推算书稿完成时间应在 2024 年 4 月左右，届时有三个选择，第一个是在 2023 年 10 月申报 2024 度国家出版基金项目，第二个是在 2023 年 12 月申报“十四五”国家重点出版物规划增补项目，第三个是在 2024 年 7 月申报 2024 年主题出版重点出版物，这样在短期及中长期规划都有所准备，同时，这三个项目的申报重点都有相同之处，一旦入选，对申报奖项有重要作用。

对于参评中宣部第十七届精神文明建设“五个一工程”优秀作品，侧重政治理论读物、文艺类图书与少儿图书，例如策划文艺类图书，笔者认为可以额外关注茅盾文学奖与鲁迅文学奖，以及中宣部的各项重点工程，还有中国作协的年度规划项目，根据各项目的申报时间及重点奖项的评奖时间，统筹选题进度与项目申报，选择现实题材，邀请获得奖项的知名作家创作，至少留出半年发行宣传，助推销量，才能取得社会效益与经济效益，有资格参评。

对于参评第九届中华优秀出版物的论文，首选是 2023 年到 2024 年这两年之间发表的论文，因为 2023 年 CSSCI（2023—2024）在 2023 年下半年公布，在此目录上的核心期刊比较稳定，在挑选期刊时候要看各栏目的入选文章与选题重点，先研习文章，再选择小角度，结合案例切入，在这里笔者建议结合实际出版案例更佳，且更具有说服性。对已入选第八届中华优秀出版物的获奖论文进行下载研究，查寻关键点进行分析比较，邀请行业权威专家担任专业评委进行审读，并结合意见进行改进。在论文发表后，定期关注论文下载量与引用量，直至申报。

3. 解决问题，激发内生动力

笔者除了通过继续教育提升学历以外，还可以通过参加编校大赛来提升专业能力，激发内心的竞争动力与荣誉感。笔者认为除了出版业绩带来的物质奖励，还需要出版行业与出版单位给予青年图书编辑一定的精神激励与价值认同，进一步增加内部凝聚力。此外，青年图书编辑还可以在全民阅读中发挥自身的优势，撰写书评，尝试创作，获得成就感。笔者多次参与上海好童书的阅读推广活动，在获奖后激发自己的创作热情，近年来正在积极发表各类书评。

## 四、结语

综上所述，笔者认为，继续教育对青年图书编辑规划职业生涯很重要。不同于其他文章关注继续教育的内容本身，本文把关注点放在继续教育的展现方式，青年图书编辑如何将其与自身职业生涯规划联系起来，并通过目标导向与问题导向相结合的分析方法，来展现青年图书编辑如何根据继续教育分析出自己的价值、能力和贡献三个目标，以及实现目标需要的三种能力，并根据存在的问题提出继续教育如何引导青年图书编辑实现自我价值，希望能给青年图书编辑的职业生涯规划提供借鉴。

（作者单位：黑龙江教育出版社有限公司）

# 出版融合背景下的编辑继续教育发展探析

贾雨露

传统出版物以报纸、图书、期刊等为载体，现发展到以kindle、PC、手机阅读端为载体，依托于知识传播环境的变化，突破了传统纸质媒介平面传播与线性阅读的局限性，大幅提升了对知识获取的速度。传统出版渠道较窄，信息结构单一，编辑对知识的应用与整合能力较弱，如今“互联网+”的模式被广泛运用和赋能，在出版行业也受到青睐，主体知识产业与上下游产业的紧密联系，使出版行业呈现出市场融合的新态势。在此背景下，继续教育对于编辑进行知识的更新与迭代，补充与拓展显得尤为重要，是使其成长为复合型编辑的重要途径。做好出版专业技术人员的继续教育工作，是提升编辑职业素养与专业能力的有效途径，是保证出版物质量与水准的重要环节，是促进出版社升级与转型的必由之路。在出版融合的大环境下，知识信息互动性增强、媒介传播速度加快，传统编辑的编辑能力结构构成已然发生变化。媒介信息的良莠不齐导致编辑在信息的选择上更趋复杂，读者的个性化需求愈发使得传统编辑理念难以适应，知识生产效率的提高使得传统出版方不再是唯一的内容生产方与提供方……因此持续推进编辑的继续教育培训工作显得格外重要，编辑既要秉持编纂工作的专业性、编纂流程的严谨性，也要适应网络传播的新特点、内容运营的新模式，逐渐成长为复合型编辑人才，才能持续推进出版行业的融合发展。

## 一、做好编辑继续教育工作的必要性

出版专业技术人员的继续教育是编辑拓宽认知，更新知识的重要途径。在出版融合发展的大环境下，知识的容量大大增加，知识的表现形式丰富多样，知识的生产效率大幅提高，信息呈爆炸式增长。继续教育培训可以让出版专业技术人员广泛涉猎多领域知识，完善知识结构，实现知识更新，补齐知识短板；通过不断接触新理念、新观点，与时俱进创新出版内容，避免闭门造车；做到客观与审慎，深入思考、严谨分析，确保信息的真实性与准确性，最大程度地发挥其出版价值。

出版专业技术人员的继续教育是打造高素质出版人才队伍的必要举措。知识的传播方式与传播载体在变，不变的是知识内容本身的内涵与价值。编辑能力的核心竞争力始终是对内容质量的严格把控，保证高质量、高水准的内容产出。优质的内容组织与生产、有效的内容识别与遴选是编辑出版的根基。继续教育对于编辑强化、巩固编校基本功，进一步丰富自身知识结构，提升专业水平，把握正确的政治方向等发挥着重要作用。编辑在内容组织生产过程中，必须确保内容质量的严谨性与科学性，坚守知识的专业性。要求编辑具备从庞杂的信息中甄选出有价值内容的能力，能够牢牢守住政治底线，严格把关知识内容的选择与加工，弘扬主旋律，宣传正能量，以社会效益为主，坚决不能为了“内容流量”和“粉丝经济”

而放弃编辑底线、职业道德。

出版专业技术人员的继续教育是加快跟进出版业融合发展的关键环节。互联网是出版融合的着力点，在互联网技术的变革中，要求编辑树立内容与技术相融合的思维，坚持内容为本、技术为翼，使图书不仅是分享知识的窗口，更为知识的流通与创新提供了可能。融合发展思维涵盖了信息搜集、知识生产、品牌营销等各个环节，与传统模式下针对单一内容、单一介质的内容加工有本质区别。充分利用新技术的强大功能，将创新型互联网思维运用到编辑实践中去是对编辑工作的新要求。此外，随着读者的阅读思维和阅读方式的变化，对传统的编辑手段和编辑方式也带来了冲击，线性叙述的传统方法被突破。因此，继续教育的开展对改变传统编辑思维，跳出传统编辑框架，拓展编辑创新意识发挥着重要作用。编辑通过继续教育学习大数据技术知识，了解图片、文字、音视频资源之间的数字化采集、存储和管理的关系，可以建立起元数据描述和知识迁移描述、百科编纂体系标准和学科知识体系标准以及出版流程及管理各项标准的认知模式；通过建立互联网思维，突破原有知识门类限制，直观展现知识体系与知识关系；能够充分运用新媒体平台实现知识内容的多维呈现，丰富知识的表达方式，使知识内容的传播更有趣、更易于被读者接受。

## 二、编辑的继续教育发展困境

### （一）继续教育课程设计缺乏顶层思考

出版专业技术人员的继续教育培训是为了更好地服务于图书出版工作，其主要目的在于帮助编辑工作者了解出版行业动态，补充与拓展知识范围，全面提升业务能力，培养创新意识，适应出版融合发展对编辑的新要求，逐渐成长为复合型人才。但顶层设计方面缺乏从编辑主体角度的思考，没有对出版从业人员的实际需求进行前期调研与科学分析，从而缺乏自下而上的信息反馈。因此在继续教育课程的整体体系制定上，在系统性、科学性、连续性等方面都有所欠缺，编辑通过继续教育学习达到自身能力成长的目的难以解决。

### （二）继续教育课程内容与编辑出版实际工作脱节

当前继续教育课程内容包括学习习近平新时代中国特色社会主义思想、出版基础与实务、政策法规、版权贸易、经营管理、营销推广等几大类型专题。虽然其课程分类涵盖范围较广，但实际在学习过程中编辑仍感到课程内容与实际需求有所差距，主要原因在于课程板块细分不够，课程内容针对性不强。根据编辑不同的专业背景、岗位职责、服务对象等可从不同维度划分，那么实际工作会涉及选题策划、内容编辑、装帧设计、印刷发行等诸多方面。编辑的专长和实际工作性质不同，对继续教育课程内容要求必然存在差异。此外编辑的入职年龄、特长、职称等也各有不同，所需要掌握的专业知识也有一定的差异，而继续教育课程内容无法满足这些差异化的需求。

### （三）继续教育课程学习方式单一

当前，出版专业技术人员主要通过面授培训、网络培训及其他方式三种途径开展继续教育。网络培训主要是通过参加全国宣传干部学院，编辑根据自身需求自主选择课程，在学习完相关课程后答题通过即记入学分。网络培训课程包括 600 多节，授课内容与线下培训相比相对传统，出版行业新趋势、新观点、新理论、新技术等较为前言的知识涉及较少。线下培训，不管是面授培训还是参与出版物质量评审等其他方式，因受学时换算、学时证明等问题的影响，面授培训方式较为统一和固定。

## 三、编辑的继续教育发展路径

### （一）继续教育课程设计横向分类

首先，管理部门对出版专业技术人员进行继续教育课程内容需求调查。调查对象既要包括图书编辑、期刊编辑，也要包括初级、中级、高级职称编辑人员，以及一线基层和管理岗编辑人员。对出版技术人员的从业时间、工作类别、学历专业等进行统计分析，以调查编辑工作需求为主，广泛征集课程议题，通过组织座谈会、发放调查问卷等方式深入了解对继续教育的实际需求，设立专项课题研究，合理规划课程体系，科学安排课程内容。其次，对入选的课程议题进行科学分类，既重视共性需求，也要凸显个性化差异，尽可能满足编辑差异需求，提高继续教育的针对性和有效性。管理部门每年提前制订下一年度的培训计划，针对培训方向从宏观上予以指导；各培训机构根据培训方向，制订培训主题，上报培训方案，符合计划要求的则予以批准。再次，重视加强政治觉悟、政治修养、职业精神等方面的课程内容。课程设计紧跟时事热点，对出版行业最新政策和出台的相关规定进行深度解读，以提高编辑的政治站位，提升编辑的职业素养。继续教育培训要不断强化编辑职业的使命感与荣誉感，发扬编辑的工匠精神。

**（二）继续教育课程内容纵向深耕**

多渠道引进丰富课程资源。通过不同平台、高校、培训机构等引进优质资源，邀请出版行业权威专家、前沿研究学者等做线上与线下的课程分享。与专业出版会议合作，纳入继续教育课程，使出版行业学会充分发挥带头作用。开展形式多样的课程学习模式。继续教育承办单位要创新培训方式，增加互动性较强的课程。如开展研讨会、案例教学、现场经验分享会等，课堂现场进行答疑解惑。通过开展小组活动、专业技能比赛、成果汇报等方式，充分发挥继续教育教学成果互动式学习模式，为编辑搭建业务交流平台。网络教育具有承办单位不受地域限制，选课编辑不受时间限制等优点，应充分利用其制作成本低、受众范围广、操作方便的特点，探索线上与线下的融合发展模式，丰富选课资源，为实现自主选课提供便捷性。

增加数字技术与融媒体相关领域知识，让编辑从思维建构到策划营销树立新理念，掌握新方法；增加国内出版行业前沿理论、最新出版动态的相关课程，让编辑紧跟行业发展，完善知识结构，更新认知；增加国外出版行业发展趋势、探索创新等相关课程，开阔编辑视野，丰富编辑知识积累。可以邀请国外出色的出版集团，进行出版技术探讨与出版经验分享；组织编辑到国内有特色的出版单位进行参观学习，现场交流，情景教学等。编辑通过继续教育学习能够胜任现阶段工作，提升解决实际问题的能力，通过加强创新能力的培养，积极地将所学运用的工作中去。

### （三）继续教育课程效果综合评估

由于线上、线下培训的教学效果与质量很少进行跟踪与评估，编辑的学习收获程度也不得而知。为提升继续教育的培训质量，确保继续教育的培训效果，建立有效的综合评估机制尤为重要。通过给参加培训的课程打分，进行满意度调查等方式，可根据反馈意见及时对课程进行调整、优化；通过检查培训学习笔记、课后作业完成情况、抽检考试成绩等方式，可评估编辑的学习状态和收获程度。建立双向的评估机制，既可保证教与学的效果，又可以达到培养编辑人才的根本目的。管理部门要加强对继续教育培训承办单位的前期审核与后期回访的工作，加强对继续教育培训机构资质的审核与内容质量的监督工作。如选择有资质、有实力的出版单位、科研机构、高等院校、行业协会等作为公开招募的培训承办方，并鼓励他们行有序竞争；建立师资库，优化师资队伍，完备师资结构，提高师资力量，为加强对继续教育培训师资的评估，制定对其培训效果的量化考核指标。确保培训内容符合编辑需求，培训内容质量过关，从而到达一定的培训效果。

## 四、结语

加强继续教育的完善与发展，是出版融合背景下的必然要求。经过多年的实践与探索，我国的编辑继续教育培训日渐规范化、制度化，为出版业打造高素质、高质量的编辑人才队伍提供了保障与支持。但出版业的快速发展对出版专业技术人员提出了更高的要求，继续教育需要适应时代发展与编辑需求，加强顶层设计的系统性、科学性、连续性；细化课程板块，强化课程内容针对性，使继续教育课程内容与编辑出版实际工作紧密结合；丰富师资力量与课程资源，组织形式多样的学习模式。出版专业技术人员继续教育培训通过设计科学合理的课程规划，持续深耕的内容建设，健全完善的课程效果综合评估机制等，可以丰富编辑的知识储备、提升专业技能、培养创新思维，真正做到学以致用，坚定不移地坚持正确的政治方向，坚持以社会效益为主，以孜孜不倦的工匠精神发挥出版价值，推动出版强国建设。

（作者单位：中国大百科全书出版社）

# 编辑继续教育：现状、问题与对策

杜生权

继续教育是提升编辑编校能力和学术素养的重要形式，“是建设高素质专业化出版专业人才队伍的基础性战略性工作”[①]。继续教育对编辑的重要性，是由编辑职业的特殊性所决定的。编辑是出版物的第一把关人和责任人，负有保障作品符合国家出版物相关要求的义务；同时，编辑具有对作品的选择权和“对作品作文字性修改、删节”[②]的权利。因此，从某种意义上来说，编辑决定了什么样的作品可以面向读者，进而具有把控意识形态导向和引导文化潮流的特殊职业价值。习近平总书记指出：“马克思

① 《出版专业技术人员继续教育规定》，《中国新闻出版广电报》2020年9月29日。

② 《中华人民共和国著作权法》，见 https://www.gov.cn/guoqing/2021-10/29/content_5647633.htm。

主义必定随着时代、实践和科学的发展而不断发展，不可能一成不变”①。不仅马克思主义在不断发展，社会文化也在不断发展，这就对编辑对作品的选择能力和把关能力提出了更高的要求。推动出版业高质量发展、建设文化强国，是编辑继续教育的出发点和落脚点。然而，当下的编辑继续教育存在着培训模式市场化、培训内容狭窄化、培训效果过程化的问题。本文立足编辑继续教育发展现状，针对存在的问题，从“内容为王”和结果导向的视角提出解决路径。

## 一、编辑继续教育的现状

《出版专业技术人员继续教育规定》（以下简称《规定》）规定了出版专业技术人员继续教育的管理体制、内容与形式、学时管理、继续教育机构等内容，是编辑继续教育开展的主要依据。从对《规定》的落实来看，呈现出以下现状。

### （一）从组织机构来看，呈现出多元化模式

承办编辑继续教育培训的机构需要满足一定的条件，基本条件如一定规模的培训场所、较为完备的师资库、较为健全的规章制度等，但《规定》并没有细化条件内容。《规定》第 19 条规定：“国家新闻出版署以适当方式向社会公布承办出版专业技术人员继续教育的机构及其培训范围、教学内容、收费项目和标准等。”② 但目前国家新闻出版署还没有公布承办出版专业技术人员继续教育的机构。当下，编辑继续教育培训的组织模式大致可分为两类：一是由新闻出版主管部门、人力资源社会保障部门直接举办的继续教育活动；二是由新闻出版主管部门、人力资源社会保障部门主办，继续教育培训专门机构、行业协会、高等院校、科研院所、出版企事业单

① 《习近平著作选读》第一卷，人民出版社 2023 年版，第 80 页。

② 《出版专业技术人员继续教育规定》，《中国新闻出版广电报》2020 年 9 月 29 日。

位等承办的继续教育活动。从各省的培训现状来看，以承办模式居多。

在多元化的承办模式中，继续教育培训专门机构主要指全国宣传干部学院，其主要负责出版单位负责人岗位培训以及出版专业技术人员网络远程培训；行业协会是承办编辑继续教育的主体，主要包括全国性的行业协会如中国编辑学会以及各省期刊协会、出版协会等；高等院校在省级及以上新闻出版主管部门授权下，承办本省的出版专业技术人员继续教育培训，如 2022 年度黑龙江省出版专业技术人员继续教育培训，就由中共黑龙江省委宣传部出版处主办、黑龙江大学继续教育学院承办。行业协会也可以直接作为主办方，由高等院校、科研院所、出版企事业单位承办，如 2023 年江苏省期刊编辑继续教育培训就由江苏省期刊协会主办、江苏凤凰报刊出版传媒有限公司（江苏时代教育有限公司）具体承办。此外，有些省份设有专门的出版从业人员职业资格技能鉴定站，如 2023 年度吉林省期刊出版专业技术人员继续教育培训班就由吉林省新闻出版从业人员职业资格技能鉴定站承办。

**（二）从收费标准来看，随意定价，收费不一**

目前，国家新闻出版署还未公布出版专业技术人员继续教育的收费项目和标准，以致出现随意定价，收费不一。全国宣传干部学院组织的面授培训为免费，但主要针对的是出版单位负责人，普通编辑不能参加；全国性行业协会面向全国编辑组织的培训班，通常收费，如中国编辑学会举办的 2023 年“出版编辑业务培训班”收费标准为 2300 元 / 人（7 天，56 学时）；各级新闻出版主管部门、人力资源社会保障部门直接举办的编辑继续教育活动为免费，但实际上直接举办的很少，通常由行业协会、高等院校等承办；各省期刊协会、出版协会直接承办的编辑继续教育培训有的收费、有的不收费，如福建省期刊协会、福建省出版协会组织的编辑继续教育培训均不收费；高等院校承办本省的出版专业技术人员继续教育培训通常都收费，如四川大学成人继续教育学院承办的 2023 年四川省出版专业技术人员继续教育培训班培训费为 1350 元 / 人（4 天，32 学时）；出版企事业单位承办的继续教育培训班通常也收费，如江苏凤凰报刊出版传媒有限公司承办的 2023 年江苏省期刊编辑继续教育培训班培训费为 1400 元/人（8 天，56 学时）。

**（三）从培训内容来看，呈现出政治导向和“编辑学家”导向**

《规定》第 10 条规定了出版专业技术人员继续教育内容，包括公需科目和专业科目，并详细界定了公需科目和专业科目的具体内容。其中，公需科目指向政治导向，即旨在提升编辑的政治把关能力；专业科目指向“编辑学家”导向，即旨在提升编辑的编校能力。从历年全国宣传干部学院、中国编辑学会以及各省期刊协会、出版协会组织的编辑继续教育培训内容来看，也基本指向政治导向和“编辑学家”导向。以 2023 年福建省期刊编辑业务培训班课程安排为例，为期 3 天的培训课程包括：“出版阵地意识形态安全与工作能力建设”“中华优秀传统文化的传承与创新”“数字时代的学术期刊变革”“人工智能的版权治理与期刊高质量发展”“AIGC 时代学术期刊的机遇与挑战”“与期刊编校相关的国标、规范、行标、工具书重难点及缺憾”。可见，培训目标旨在提升编辑的政治把关能力和编校能力。

## 二、编辑继续教育存在的问题

《规定》自 2021 年 1 月 1 日起施行，其取代的是《出版专业技术人员继续教育暂行规定》（新出政发〔2010〕10 号）。因新《规定》施行不久，从对《规定》的具体落实情况来看，存在不少问题。

**（一）培训机构鱼龙混杂，识别难度大**

从全国的角度来看，出版专业技术人员是一个人数不少的职业群体。2021 年，全国新闻出版业就业人数为 313.4 万人，其中，报纸出版业 16.6 万人，期刊出版业 6.2 万人，图书出版业 6.6 万人。[①] 在 2022 年

① 参见《2021 年新闻出版产业分析报告》，见 https://www.nppa.gov.cn/xxgk/fdzdgknr/tjxx/202305/P020230530667517704140.pdf。

版《中华人民共和国职业分类大典》中，数字出版编辑成为一个独立的职业门类。“根据中国音像与数字出版协会对网络文学和数字阅读行业年度调研数据显示，数字编辑类从业人员数量大致在 80 万—150 万。”①由于参加继续教育是编辑职称评审的必备条件，而根据《规定》，编辑参加继续教育的时间每年累计不少于 90 学时，且继续教育学时只在当年度全国范围内有效，不得结转或顺延至下一年度。这就无形中造就了一个规模不小的培训市场。由于国家新闻出版署还没有公布承办出版专业技术人员继续教育的机构，在利益的驱使下，编辑继续教育培训班如雨后春笋般涌入市场。市场允许竞争，也欢迎竞争，但不能无序竞争。编辑参加未取得省级及以上新闻出版主管部门或人力资源社会保障部门授权的机构组织的培训班，所取得的学时在责任编辑续展及职称评审时就不会被认可。但问题是，对编辑个人来说，辨别哪家机构真正取得了授权却难度很大。

**（二）培训呈市场化趋向，但报销不易**

由于新闻出版主管部门无力也无经费承担编辑继续教育培训工作，因此，实践中的做法通常是授权给行业协会、高等院校、科研院所或专门的培训机构。由行业协会组织的编辑继续教育培训，通常有两种形式：一是行业协会自身组织培训，主要面向会员单位，培训费用从收取的会员单位会费中支出，故不再向参加培训的编辑收取费用；二是行业协会主办、高等院校或其他培训机构承办，通常向参加培训的编辑收取一定的培训费以用来支付场地费、资料费、授课人的劳务费等费用。由新闻出版主管部门直接授权给高等院校、科研院所或专门的培训机构，也一样根据市场原则向参加培训的编辑收取一定的培训费。从近年来编辑继续教育的趋向来看，市场化程度明显提高，编辑免费参加培训的机会越来越少。但问题是，单位财务常以培训是个人的事情而与单位无涉为由，

① 宋吉述：《育引兼顾、用留并重，关于数字出版编辑人才队伍建设的思考》，见 http://jnpub.com/article/detail/2022-9-26.html。

不予报销编辑培训费。尽管根据《规定》，出版单位应该为本单位出版专业技术人员参加继续教育提供保障和支持，但实际情况中，多数出版单位尤其是不具有法人地位的报纸编辑部和期刊编辑部的编辑并不能报销培训费。

### （三）培训面向所有编辑，缺乏针对性

在出版单位从事出版专业技术工作的编辑人员，依据出版物的形式不同可分为图书编辑、期刊编辑、报纸编辑、音像制品编辑、电子出版物编辑等；依据出版物的学术性又可分为学术编辑和非学术编辑；依据岗位的性质还可分为文字编辑、英文编辑、美术编辑、数字编辑等。虽然《规定》作为部门规章，只能作出宏观的规定，不可能针对不同类别编辑作出细分；但《规定》界定的公需科目和专业科目，具有明显的政治导向和“编辑学家”导向。不同出版物以及不同岗位的编辑，虽然都需要提升政治把关能力和编校能力，但更需要提升对出版内容的把关能力，出版内容才是决定出版业高质量发展的核心要素。《规定》对编辑继续教育培训内容的导向，实则无形中构建了一个“闭圈”。

### （四）培训以过程为导向，效果难以保证

当下的编辑继续教育培训，注重过程导向而非结果导向，实际的培训效果大打折扣，表现为：第一，培训课程设置偏离了提升编辑内容把关能力和编校能力的需求。课程内容通常由承办机构根据实际邀请到的授课人的要求而定，只要是与《规定》确定的公需科目和专业科目相关即可，既不征求培训受众的意见建议，也不考虑课程内容对编辑实际工作是否有用，具有很大的随意性。第二，学时取得几乎没有任何考核。线下培训，多数只要到场签到即可取得学时，既没有考试，也不用提交心得体会；线上培训相对线下培训较为严格，需在课程结束后完成考核题目并取得及格分数方可取得学时，但因题目设置过于简单，实际上不需要听讲也可以取得及格分数。当然，有些线下培训也需要参训者提交心得体会，但并不会对心得体会的内容质量作出要求。宽松的培训氛围，使得培训效果大打折扣，一些参训者甚至以培训之名行旅游之实。

## 三、编辑继续教育的优化对策

### （一）构建“公益性＋市场化”的编辑继续教育机构体系

《规定》指出，国家新闻出版署、人力资源社会保障部要“推动构建分工明确、优势互补、布局合理、开放有序的继续教育培训体系”。从《规定》的指向来看，试图构建公益化和市场化相结合的继续教育机构体系。但从实际的构建来看，市场化趋向更加明显。因此，编辑继续教育机构体系的构建，首先需要思考的就是是否走市场化之路。

与其他职业继续教育不同，编辑继续教育具有职业要求的特殊性。编辑参加继续教育，既是权利也是义务，是作为出版物把关人与责任人的特殊性所决定的。因此，编辑继续教育机构体系的构建应坚持公益性原则，而不能为了利益受资本裹挟。实际情况中，数据库资本、稿件采编资本、校对软件资本等资本商家常左右了培训内容。但因编辑从业人员数量庞大，构建完全公益性的编辑继续教育机构体系也不现实。因此，可行的模式是构建“公益性＋市场化”的编辑继续教育机构体系。

第一，国家新闻出版署、人力资源社会保障部要加强顶层设计，指导加强全国性及省级编辑继续教育机构建设。顶层设计要明确规定设立编辑继续教育机构以及承办编辑继续教育单位所需具备的条件，具体包括场地规模、工作人员要求、制度建设、师资库建设等。面向全国的编辑继续教育机构，由国家新闻出版署、人力资源社会保障部直接审核；省级新闻出版主管部门、人力资源社会保障部门审核本省的编辑继续教育机构，并向国家新闻出版署、人力资源社会保障部备案；国家新闻出版署、人力资源社会保障部要对备案的省级编辑继续教育机构加强监督检查。

第二，国家新闻出版署要及时向社会公布承办编辑继续教育的全国性及省级机构；省级新闻出版主管部门要通过各种方式向社会公布承办本省编辑继续教育的机构。

第三，国家新闻出版署、人力资源社会保障部应明确规定，省级新闻出版主管部门、人力资源社会保障部门每年应举办不少于32学时（即4天，每天8学时）的公益性继续教育活动。

第四，国家新闻出版署、人力资源社会保障部应向社会公布承办编辑继续教育机构的收费项目及其标准，鼓励并引导高等院校、科研院所等具备培训条件的事业单位承办编辑继续教育工作；高等院校、科研院所承办编辑继续教育工作应不以营利为目的。

第五，国家新闻出版署、人力资源社会保障部应会同教育部、财政部等部门，明确规定出版单位应为本单位编辑参加继续教育提供经费保障，对本单位编辑参加继续教育所需的培训费等合理支出应予以报销。

### （二）构建“政治导向＋编辑学家导向＋内容导向”的培训内容体系

政治把关能力和编校能力是一个编辑所应具备的基本素养，也是编辑继续教育的基本培训内容。任何类型的编辑都需要努力提升政治把关能力和编校能力，但这仅仅是一个合格编辑所需的基本能力，对出版内容的把关能力才是编辑的核心素养。为此，编辑继续教育应突破当下“政治导向＋编辑学家导向”的培训内容体系，而应构建“政治导向＋编辑学家导向＋内容导向”的培训内容体系。

第一，优化培训内容的顶层设计。较之对编辑的其他类别划分，学术编辑和非学术编辑差异最大，故可将编辑类别基本分为学术编辑和非学术编辑。学术编辑应以“学者型编辑”为发展导向，培训应旨在提升“具有与审稿权匹配的学术素养”①；非学术编辑应以“某一学科的专家”为发展导向，培训应旨在提升对责编内容的把关能力。培训内容应在基本的政治素养、编校素养的基础上，增加内容素养所占比重。

第二，内容素养的培训可构建“小同行培训”机制。所谓“小同行培训”，即根据责编内容将编辑划分为若干“小同行”，实行更有针对性的

① 杜生权：《“学者型编辑”：内涵变迁、发展指向及其实现路径》，《福建江夏学院学报》2019年第5期。

同一学科培训。如法律类栏目的责任编辑就可以构成一个“小同行”，内容培训就旨在提升对法律类论文的把关能力，其具体内容可包括法律类论文撰写、法律类内容编校、法律前言问题研究等。实践中，针对内容素养的培训，可由承办编辑继续教育培训的机构具体组织，根据责编学科将参训编辑进行分组，并邀请学科专家作主讲人；也可以由学术团体承办组织，如福建省法学会就可以承办针对法律类责任编辑的内容培训。

第三，作为面授教育的重要补充，网络继续教育应大幅度增加针对内容素养的培训内容。需要指出的是，内容素养培训应以一级学科划分为宜，并可由学术团体负责网络课程的开发建设。同时，还可以引入慕课资源，探索与中国大学 MOOC、学堂在线、华文慕课、网易云课堂等慕课平台合作共建内容培训网络课程。

（三）构建结果导向的培训考核体系

习近平总书记强调：“教育培训工作要深入研究准备，提高培训的针对性、有效性。”①编辑继续教育旨在提升编辑对出版物的把关能力和编校能力，获得学时只是一种量化考核手段，不能本末倒置。编辑继续教育应改变以过程为导向的现状，构建以结果为导向的培训考核体系。

第一，课程设置应能切实提升编辑对出版物的把关能力。承办编辑继续教育培训的机构应从提升编辑对出版物的把关能力出发设置课程，而不是从能邀请到的授课人的要求出发设置课程。因此，继续教育机构应加强师资库建设，建立师资准入和退出机制，避免课程设置“年年老生常谈”。继续教育机构应以多种方式广泛征求编辑对课程设置的意见建议，并根据多数编辑的建议提前确定授课人，给予授课人充分的备课时间。

第二，多种方式提升培训实效。一是严格会前签到、会后签退制度；二是建立考试与撰写心得体会相结合的考核制度，由授课人根据主讲内容设置考核题目；三是推行分组讨论机制，在全部授课结束后，根据授课内容，由授课人或组织者负责召集分组讨论，鼓励与会编辑就工作中的困惑

---

① 王爱文：《增强新时代干部教育培训质效》，《中国组织人事报》2019 年 1 月 23 日。

畅所欲言；四是创设圆桌论坛，可以出版物的种类不同分成多个分论坛，与会编辑既可以分享有益经验，也可以抛出“疑难杂症”互相讨论，授课人与组织者都应参与论坛，以收集编辑实际关心的问题。

## 四、结语

编辑继续教育是推动出版业高质量发展的重要举措。编辑继续教育在实践中存在的继续教育机构鱼龙混杂、继续教育呈市场化趋向、培训内容缺乏针对性、培训效果难以保证等问题，根源都在于顶层设计不够优化，以致执行不到位甚至走样。因此，国家新闻出版署、人力资源和社会保障部应以问题为导向进一步优化顶层设计，修订《出版专业技术人员继续教育规定》，或制定《出版专业技术人员继续教育实施细则》。在有限的人财物资源下，积极探索与慕课平台、学习强国等平台合作开发培训课程，构建以结果为导向的多元培训体系。

（作者单位：福建江夏学院学报编辑部）

# 三 等 奖

# 新时代编辑继续教育的发展与实现路径探析

肖子东

出版业是文化建设的基础行业和意识形态领域的主要舆论阵地，是促进文化繁荣兴盛、建设社会主义文化强国的重要力量，在巩固壮大主流思想舆论、增强文化自信、满足人民精神文化需求、提升国家文化软实力等方面担负着重要职责。习近平总书记在党的二十大报告中明确指出“人才是第一资源”，强调要深入实施人才强国战略，全面提高人才自主培养质量。开展优质高效的编辑继续教育，提高从业人员的整体素质，是促进出版事业发展的重要手段；因而，出版从业人员需要时刻保持开放进取的心态和与时俱进、善于学习的能力；出版单位也要着力培养造就德才兼备的高素质人才，建设规模宏大、结构合理、素质优良的人才队伍。正如著名出版家邹韬奋曾经提出的，“须加强我们的学习，时常有进步，必须这样，才不致事业愈扩大，弊病也随着增多”[①]。

## 一、问题的提出

### （一）编辑继续教育制度的建立与发展

在国家对出版专业技术人员实行职业资格制度之前，出版单位对于从业者并未普遍设立规范统一、有组织的培训制度。编辑教育在形式上以导师制为主，在实际工作中边学边做；在学习内容上则主要侧重于编辑实务，包括编校符号使用、书稿体例规范等。这种教育形式的优点在于实用性强，但是缺乏系统性、连续性和稳定性。

我国出版专业技术人员职业资格制度自 2001 年开始实行，并纳入全国专业技术人员职业资格考试制度的统一规划。为推进出版专业技术人员继续教育的科学化、制度化、规范化，2011 年 1 月起实施的《出版专业技术人员继续教育暂行规定》要求：“出版专业技术人员每年参加继续教育的时间累计不少于 72 小时。其中，接受新闻出版总署当年规定内容的面授形式继续教育不少于 24 小时。”[②]2020 年 5 月，国家新闻出版署和人力资源社会保障部下发《出版专业技术人员继续教育规定（征求意见稿)》，要求把政治能力建设贯穿继续教育全过程，提出适当增加继续教育学时的建议。有学者指出，通过此规定，编辑继续教育政策的演变体现出 4 个方面的本质特征：更加凸显政治站位、继续教育不断受到重视、突出编辑研学的重要性和加强对继续教育机构的管理。[③] 由此，全国各地贯彻落实编辑继续教育制度，结合对编辑政治敏锐性、新技术应用能力等方面

① 聂震宁：《韬奋精神六讲》，生活 · 读书 · 新知三联书店 2015 年版，第 128 页（原文见《韬奋全集》第六卷，第 162 页）。

② 《关于印发〈出版专业技术人员继续教育暂行规定〉的通知》，见 http://www.gapp.gov.cn/xxglz/fdzdgknr/zcfg_210/gfxwj_215/201012/t20101206_4640.html。

③ 参见陈汉轮：《我国编辑继续教育政策演变、突破与建议》，《中国出版》2022 年第 6 期。

的要求，进一步强化出版专业技术人员继续教育工作，努力培养造就高素质的人才队伍，为出版业的高质量发展提供保障。

**（二）编辑继续教育中存在的问题**

编辑继续教育的目的是促进出版专业技术人员坚持正确的出版方向，不断拓展专业知识，提高业务技能和专业技术水平，然而，在继续教育过程中长期存在内容陈旧、形式单一、管理临时化等问题，如何有效解决这些问题，不仅与每位编辑的工作与考核息息相关，而且关系到出版行业的人才培养和长远发展，有着重要的现实意义。

1. 培训内容缺乏针对性

当前的编辑继续教育主要由行业协（学）会组织出版单位的专业技术人员集中开展。在培训内容方面主要选择政治理论、法律法规、业务知识、技能训练、职业道德等具有普遍适用性的公共知识，授课教师通常是经常合作的专家，有时连续几年的课程内容重复率较高。由于编辑队伍组成比较复杂，专业不一，年龄和阅历各异，继续教育内容覆盖面广但重点不突出，理论性强但不能与个人职业发展密切结合，难以贴近编辑的实际需要，实效性较差，影响了编辑接受再教育的积极性。例如，期刊编辑、图书编辑、数字编辑在工作中面对的具体问题不同，需要掌握的知识与提升的能力也各不相同，如果设计完全相同的培训课程，教学效果就不会太理想。

2. 授课方式缺乏有效互动

编辑继续教育的形式主要有面授、讨论交流、提交作业与完成考核等。其中，面授以大班教学为主，编辑与讲师的交流不多，同时还增加了培训组织方面的人力、财力和时间等成本。近年，原新闻出版总署教育培训中心开发了远程教育系统，编辑通过在线形式完成网络课程学习及考试，系统可以自动记录学时，这种方式虽然便捷高效，省时省力，能够发挥资源共享的优势，但缺少互动而且课程时长较长，编辑在紧张忙碌的工作中很难有时间静下心来学习，在线学习常常流于形式。

3. 管理与评价机制尚未健全

编辑参加继续教育如果有明确的学习目的和要求，并能联系自身工作有针对性地吸收，实现以学致用、以用促学，可以将培训内容内化为业务能力，使参加继续教育与做好本职工作相得益彰，使继续教育能够为自己的职业生涯发展服务。① 但是实际上，为了达到继续教育规定的学时，一些资深编辑在参加培训时仍然要重复学习语言文字规范等基础知识，课程安排不够合理。在培训管理方面，通常采用签到或抽查、点名等原始的考勤方式保证课程出勤率，但对继续教育的效果没有形成统一的评价体系，对于编辑是否确有收获、是否解决了实际问题，缺乏科学的评价和反馈。

除此之外，在编辑继续教育中还存在重视上岗培训，轻视晋升后培训；重视集中培训，轻视日常培训，难以满足行业需求等问题。由此，导致培训效果提升不够显著，接受继续教育在某种程度上成为获取学时的手段而不是培养人才的途径，违背了继续教育的初衷。

## 二、新时代对编辑工作提出的新要求

近年来，互联网所引起的社会变革势不可当。“推动传统出版和新兴出版融合发展，把传统出版的影响力向网络空间延伸，是出版业巩固壮大宣传思想文化阵地的迫切需要，是履行文化职责的迫切需要，是自身生存发展的迫切需要。”② 政府高度重视出版产业战略发展，鼓励出版企业加快业态转型升级，为我国出版业的发展带来积极影响。在此背景下，出版从业人员的工作形式和范围发生根本性变化，我们要不断进行知识的更新、扩充和技能的提高，以更好地应对新形势下出现的新情况和新问题，实现个人职业成长，促进出版事业蓬勃发展。为此，出版从业人员的继续教育工作也需要不断改革，继续教育模式的调整和重新构建势在必行。

---

① 参见张雪梅：《出版职业资格续展中的继续教育问题研究——以学术期刊编辑为例》，《出版广角》2014 年第 9 期。

② 《关于推动传统出版和新兴出版融合发展的指导意见》，见 http://www.cac.gov.cn/2015-04/10/c_1115079278.htm。

### （一）数字技术的发展给出版业带来机遇和挑战

在融合发展的大趋势下，互联网日益普及并由此带来电子读物、数字课程等逐渐兴起，用户阅读习惯发生了重大变化，这就要求出版物从内容到形式进行全面革新，数字出版成为出版产业发展的必然方向。然而，近年来发布的一些数据显示，传统出版单位数字出版业务的收入增长低于网络游戏、网络广告、移动出版的增速，表明传统新闻出版单位在数字化转型升级与融合发展方面仍需加快速度。

传统出版单位的优势在于丰富的内容和作者资源、品牌优势、较为成熟的编辑队伍、稳定的资金来源，短板主要是思想观念陈旧、行业结构性问题突出、全媒体编辑和数字人才培养周期长等。虽然大力倡导多元化发展战略，但是旧有制度和体制的保守导致复合型人才匮乏，编辑职业发展容易面临瓶颈。这是很多出版单位在数字化转型时期普遍面临的严峻挑战。为此，各出版单位密切关注信息技术发展，将纸质图书和数字资源结合探索新的发展业态，并通过成立数字部门等融合部门在组织机制上予以重视，数字化内容及呈现形式更加丰富，图书的实践性和交互性大大增强。

### （二）新时代编辑工作重点与职能的变化

出版单位是知识密集型企业和文化创意组织，随着传统出版的内容生产、消费和传播向定制化、多媒体化转变，出版单位在选题策划、出版载体、传播方式、产业模式等方面发生了较大变化，催生出新的出版产业链，也对出版人才提出新的更高的要求。①

数字出版作为出版业深度融合发展的重要方向，是落实国家数字化战略的重要着力点。在编辑工作实践中，近年来，不仅作者稿件从手写文稿变为电子文档、视频课程，产品形式更加丰富，传播方式也随之发生革命性变化，需要从出版流程、产业结构、传播载体、市场推广和服务方式等

① 参见黄成群、余艳平、黄柯：《编辑出版人员继续教育中的四大关系及其应对》，《出版参考》2013 年第 8 期。

方面全面调整。编辑工作的重点由以文稿加工与规范为主，转变为对优良选题的挖掘和书稿最佳呈现形式的把握。例如，随着数字经济的火热发展，很多出版单位通过微信、QQ 等积极开展数字运营活动，或是通过直播、运营社交平台账号等方式扩展销售渠道；同时，其数据中心实现对用户数据进行统一管理，建立庞大的用户体系，通过对购买偏好、应用访问量、访问时间等方面的分析对用户信息进行整合挖掘和精准定位，建立用户画像并进行群体分类，尝试进行个性化推荐。这就要求编辑具备全流程营销的意识以及多元化产品策划、信息处理等方面的能力。

随着融合出版成为时代发展的必然趋势，有些出版单位对产品的数字化提出硬性规定并纳入考核，例如要求 1/3 以上的出版的纸质图书必须配备电子产品，这无疑加大了编辑的工作量，也对编辑素质提出了更高的要求。中国人民大学出版社等单位制订融合出版人才建设规划，坚持全员参加与专人负责相结合，在员工考核评价、工资福利、职业发展等方面对融合出版人才给予大力支持，鼓励创新发展，在编辑队伍建设等方面做出了有益尝试。

## 三、新时代编辑继续教育的实现路径探析

根据“木铎书声”微信公众号 2018 年和 2020 年在全国开展的编辑出版人员问卷调查显示，近年来编辑出版人更新知识、掌握新技能、提升自我综合素质的需求强烈，对自身有着较为清晰的职业规划，期望获得业务能力提升，期待分享更多实践案例和半脱产式培训机会，并且更认可实践经验丰富的授课专家。①

面对时代发展的新要求，出版单位要从工作实际出发，适应编辑角色

① 参见夏国强、赵玉山：《新形势下我国编辑继续教育现状的调研分析》，《中国编辑》2021 年第 1 期。

的转变和专业成长的需要，关注高层次、综合型的编辑人才队伍建设，完善制度建设，优化继续教育体系，更加有计划、有成效、系统性地组织继续教育活动，“通过引入‘互联网＋’”式的开放型继续教育思路，并适当利用新媒体技术，才可能满足新时代出版业发展的需要”①。

**（一）注重知识更新，提高培训的实效性**

新媒体的兴起，改变了人们获取信息的方式，更新了出版人的思维模式；在对编辑能力提出更高要求的同时也创造了新的条件。出版业在加速转型，继续教育要注意将行业改革发展的新趋势、新特点和出版实践中的新知识、新技术有机结合，基于行业实际和发展需求组织相关培训，带动编辑尽快了解新的产品形式和服务形式，帮助编辑克服“本领恐慌”，不断提升综合素质和业务能力。

编辑工作的数字化转型不仅是当前的重要任务，也是出版单位融合发展的重要保障。由于出版单位普遍存在数字化人才匮乏的困境，数字出版相关知识培训应该纳入编辑队伍建设规划，引导编辑在学习中逐步培养跨媒体技术的综合编辑能力、出版资源的整合能力以及处理电子出版物著作权关系的能力等。

**（二）加强分类指导，按需施教**

随着社会分工的不断精细化，从事不同岗位工作的出版人员需要具备的知识、能力有着很大区别，继续教育的需求也截然不同，传统的编辑培训课程很难做到面面俱到。日渐多元化的职业发展方向对编辑知识的广度和培训个性化的需求更高，这就要求建立更完善的继续教育体系。为解决这一问题，各单位借助互联网的便捷性以及在线教育自主性和灵活性的优势开展继续教育，使编辑继续教育的针对性和便利性向前推进了一大步。例如，中国编辑学会曾组织专家精心策划推出“当代中国编辑继续教育视频课程系列”，以在线视频教育为基本形式，分为新编辑入职培训和老编

① 林茂：《浅析“互联网＋”时代下的出版业人才继续教育模式创新》，《中国编辑》2018 年第 6 期。

辑业务技能提升培训两个版本，课程设置针对性强，内容具有前瞻性和实用性，较适合编辑利用碎片化时间进行学习。

出版单位还可针对不同层次、不同专业背景的编辑安排不同侧重点的培训内容，促使继续教育模式从“基础培养”转变为“个性服务”，做到按需施教，有的放矢。例如，科学出版社根据不同岗位要求采取不同的培养方式并匹配相应培训资源，为编辑制定个性化的职业发展路径。对于业务人员，着重培养他们的业务能力，使之成为业务能手和专家型人才；对于管理人员，倡导“管理为业务一线服务，管理出效益”，着重培养他们的大局意识和服务能力。① 由此，以往编辑继续教育中存在的内容陈旧单一、覆盖面小等问题得以妥善解决，切实为编辑出版的创新发展提供了坚实保障。

**（三）拓宽培训渠道，加强日常培训**

众所周知，编辑是一份积累性工作，需要工匠之手与学养之心兼具。继续教育制度是以人为本精神在企业发展中的必然体现，是挖掘企业潜力的一个重要举措，也是整合多种资源的最佳途径。② 在继续教育中可以适当拓宽培训渠道，实现知识共享和传承。

例如，高等教育出版社历来就有编研一体的优良传统，注重发挥社内人才在专业领域的引领作用，发掘和培养优秀员工作为内部讲师分享实践经验。其人力资源部在 2022 年组织员工开发了 58 门内训课程，并在内部培训网站畅想书院进行集中展示，供员工学习。这些课程涉及不同业务环节，大多偏重于实务性，初步形成了编辑技能、融合发展、职能服务全覆盖的课程体系。上线仅一个多月，内训课程点击量已累计 9188 人次，完成课程 3174 人次。有员工感慨：（内训课程的推出）是培训也是分享，是交流也是传承。让我们能够更加系统地学习本职工作内容，深入体会前辈总结出的宝贵经验，不断提升业务能力。同时，打通了各部门之间的知识

① 参见李锋、匡敏：《科学出版社打造学术精品图书的实践探索》，《中国编辑》2018 年第 8 期。

② 参见吕晓东：《建立出版继续教育制度的 N 个理由》，《中国编辑》2004 年第 9 期。

壁垒，让大家有机会接触到其他岗位的专业知识，从而对社内整体工作有了更加全面的认识，为工作的有序开展提供有力支持。

此外，出版单位要高度重视对从业人员思想观念的教育，遵循出版人才成长发展规律，将继续教育融入到日常工作中，科学施教，激发员工学习的主动性和主人公意识。例如，长江文艺出版社重视在实际工作中对编辑进行面对面的“案例教学”“以会代训”，通过月度生产调度会、市场分析会和选题论证会等形式引导青年编辑快速积累实战经验；并邀请资深编辑介绍做书的体会和心得，以典型引路的方式，产生了很好的示范效应。

邀请业内专家学者或高校等教育机构加入，也是编辑继续教育的有益补充。中国大百科全书出版社采用聘请外部新媒体专家与社内百科全书专家共同教学的方式，为新员工组织“双导师”“导师团”等进行业务指导，以达到继续教育实践性、理论性和学术性的有机统一，培养既懂百科又熟悉网络技术应用的新型编辑队伍。

**（四）丰富培训形式，优化培训体系**

近年来，部分出版单位组织的继续教育更加突出新媒体的地位，增加数字出版、人工智能以及与出版相关的交叉学科等前沿知识，并且更强调培训对工作实践的指导作用。各出版单位将数字技术融入编辑继续教育的管理考核等方面，在丰富培训内容的同时结合在线课程、直播课、线上考试等方式提升编辑培养的效能，不断优化培训体系。

例如，二十一世纪出版社在 2020 年年初复工后组织编辑学习直播带货，与作者联动，开展了多场线上直播；江西教育传媒集团在 2021 年夏季开展短视频专项培训，其中包括“手机视频拍摄技巧”等实操性很强的课程，并且要求编辑课后提交手机拍摄的短视频作品，后续进行评比，充分激发编辑的学习热情。[①] 传统教育手段与现代技术手段相融合，既缓解了培训能力不足的问题，又大幅度提高了培训质量，还可降低教学成本，

① 参见敖青：《编辑继续教育培训的变化分析及建议》，《出版参考》2022 年第 6 期。

对编辑人才培养产生了积极的影响。

在此方面，还有很多出版单位积累了可供借鉴的成功经验。例如，人民卫生出版社实施“人才强企工程”，每年进行社级研究课题招标、实施和评选工作，倡导员工结合工作开展“人卫开放大学”“人卫慕课建设”“人卫网络增值服务建设”等课题研究以及相关课程学习，有效提升了编辑的创新与科研能力。这些在编辑继续教育中的新探索，积极推进编辑培训的供给侧改革，帮助员工提升业务能力，激励其安心工作，增强获得感。

以编辑为代表的专业人才是支撑出版单位生存发展最宝贵的资源，因此编辑人才培养是出版业提升核心竞争力的重要方式。面对新业态下的机遇和挑战，出版单位要密切契合国家发展战略，逐步建立和完善适应人才成长的制度与激励机制，通过多样化的继续教育形式不断提高员工的理论与业务水平，进一步解放生产力，打造优质人才队伍，做精做强做优编辑业务，为推进我国出版企业融合发展，铸就社会主义文化新辉煌提供内生动力。

（作者单位：高等教育出版社有限公司）

# 实践性：编辑继续教育助推出版学科建设的时代背景与现实意义

马伊颀

党的二十大报告强调："深入实施人才强国战略。"人才强国的关键在于培养造就大批德才兼备的高素质人才，因而人才培养是人才强国战略实施的基本盘与风向标。出版业的核心资源是编辑人才，无论是业界深耕多年开展的编辑继续教育，还是学界积极推动探索尝试的出版学科建设，二者的价值旨归均指向编辑人才培养，推动出版业高质量发展。本文尝试探究编辑继续教育与出版学科建设的内在勾连与外在影响，从二者互动关系中寻求“契合点”与“结合性”，进而探索编辑继续教育助力出版学科建设的可行路径，进一步推动人才强国、文化强国建设。

## 一、编辑继续教育与出版学科建设“相结合”的时代背景

### （一）溯源：编辑继续教育亟待新的研究维度予以观照

编辑出版专业教育由来已久，甚至可追溯至1897年创立于上海的商务印书馆，中国现代出版业就此发轫，“师带徒”“传帮带”生发其中，经过不断探索、发展与改革，逐渐形成传统、成为制度，流传至今，可谓仍是行之有效的编辑培养与教育模式。2010年11月，新闻出版总署印发《出版专业技术人员继续教育暂行规定》（以下简称《暂行规定》），不仅为发挥编辑继续教育建制化优势打下良好基础，而且为全体编辑人员加强理论学习、了解行业动态、立足实践创新提供了根本制度遵循。由此开始，关于编辑继续教育学术研究的序幕拉开，广大研究者希望通过持续研究，不断促进继续教育内容与形式的跃迁与转型，进而促进编辑人才在其中学有所得、用有所据。随着经济社会的发展与变迁，政策、制度、规范、理念、形势也在不断变革与更新，《暂定规定》实施近十年，早已不适应当下出版业的新环境与新模式，加之新技术的迭代与层出不穷，数字平台、融合出版、全媒体产品已广泛渗透于传统出版业中，数字化转型是新形势下编辑人才寻求破圈、寻觅机遇的关键通路。

为顺应新时代新要求，2020年9月，《出版专业技术人员继续教育规定》适时推出，为编辑人员强化理论武装头脑、缓解技术转型焦虑、寻求编辑职业认同指明了方向。新规的发布，引起了学业两界的充分关注，一时间关于新旧两版的对比研究如火如荼。一是对新规的变化作出解读与分析，提出相应的培训改进建议；① 二是从范式变革的视角，阐释我国编辑继续教育从培训范式到发展范式的演变；② 三是梳理我国编辑继续教育政

① 参见敖萌：《编辑继续教育培训的变化分析及建议》，《出版参考》2022年第6期。

② 参见张恰：《从培训范式到发展范式：我国编辑继续教育的范式变革及其实现路径》，《出版科学》2022年第1期。

策演变过程，寻求转型突破与创新模式。[1] 综观关于编辑继续教育的整体研究可以发现，无论是新规发布前还是发布后，大家更多地把目光聚焦于编辑继续教育的授课内容、培训形式、存在问题、转型方案，以及对编辑人才产生的内化影响方面，甚至将编辑继续教育等同于编辑培训单一维度，亟待联系实践，从新的视角对其进行新的观照。

### （二）生成：出版学科建设亟待编辑实践予以反哺贯通

近代以来，“出版学”一词正式出现，而出版学知识体系生成大致经历了依附古典文献学的萌芽期、20世纪初至改革开放前局限于出版史研究的探索期、改革开放至20世纪末围绕学科基础理论问题探讨的成长期、21世纪以来受社会环境嬗变影响的变革期。[2] 由此看来，关于出版学及其作为学科的探讨已有近百年历史。其中，最具代表性的就是武汉大学1983年设立我国首个图书发行学专业，如果将其视作出版学科建设的开端，那么经历了四十年的探索与发展，出版学科正在逐步走向成熟，并被更广泛的社会大众所接受和认可。

2022年7月，首届全国出版学科共建工作会在北京大学召开，五所高校以共建工作为抓手，迅速成立、挂牌出版学院、出版研究院，为进一步建强出版学科夯实阵地基础；同年9月，《研究生教育学科专业目录(2022年)》发布，出版专业人才自此可被授予出版博士专业学位。由此，出版学科建设迈入一个新的纪元，充分彰显出版所要肩负的更为重要的文化使命、所要承担的更为迫切的时代任务、所要承载的更为厚重的育人情怀。

一年多来，围绕出版学科建设的学术话题纷至沓来，出版学界聚焦出版学自主知识体系建构、出版学教材体系建设、出版人才培养、数字出版转型等维度，为学科建设出谋划策、贡献智慧，引起了广泛的关注与

---

① 参见陈汉轮、毛红霞：《我国编辑继续教育政策演变、突破与建议》，《中国出版》2022年第6期。

② 参见方卿、王一鸣：《中国特色出版学自主知识体系建构的思考》，《中国编辑》2023年第9期。

影响。学科共建的突出特征即贯通政产学研用，尤其是打通高校“教育教学”与出版机构“实践应用”的连接关系，在学科体系构建上凝聚新力量，在人才培养方式上锚定新高度。站在新的学科发展史起点上，立足建设中国特色一流出版学科，通过出版业界的编辑实践来反哺学科建设，以编辑继续教育深化探索、寻求突破、激发认同、合力创新，无疑是一条新的合理性路径。

## 二、编辑继续教育与出版学科建设“相结合”的现实意义

习近平总书记在文化传承发展座谈会上强调，把马克思主义基本原理同中国具体实际、同中华优秀传统文化相结合是必由之路。“结合”的前提是彼此契合，“结合”的结果是互相成就，“结合”筑牢了道路根基，“结合”打开了创新空间。编辑继续教育与出版学科建设的“结合”，不仅是彼此契合、互相成就的，而且是打牢学科根基、谋求创新发展的；不仅在于“实践性”紧密勾连二者内在逻辑一致性，更加突出指向二者价值旨归的外在影响统一性。

### （一）实践性：编辑继续教育与出版学科建设的内在逻辑一致性

正如前文所述，我们不能单一地将编辑继续教育等同于编辑培训，仅从课程设置、培训形式、师资力量等层面去看待它，由此如何正确地理解甚至拓展其意涵便成为推动其破圈的关键。而从实践性出发，尝试从出版实践到出版知识再到形成出版学自主知识体系进而反哺出版实践的出版学科建设路径①，则为理解和拓展编辑继续教育本质性问题及其转型发展提供了有益参考。如果说出版学科建设的重点在于高校教学，以培养匹配出

① 参见吴赟、叶芃：《从实践性出发：中国出版学自主知识体系建构的内在逻辑与可行路径》，《中国编辑》2023 年第 9 期。

版业界发展的人才为目标，可能或多或少会由于教师缺乏实践经验与编辑工作背景而导致“对空言说”，那么编辑继续教育来源于出版实践、发展于出版实践、作用于出版实践，是编辑人员“用中所学”“用中促学”的具体办法，不仅涵盖学术研究的范畴，而且凸显专业教育的实务意涵。由此，可以把编辑继续教育理解为出版学科建设的重要构成内容和关键外围拓展，既是学科建设的“最后一公里”，也是学科体系形成的核心内环。

首先，实践性融会知识传递畅达与凝练。出版承担着知识生产与传播、传承文化与价值的重要使命，在整个出版业生产加工流通中，育人职能蕴含其中并发挥着根本作用，但这一职能并非显性的，而是隐性的。出版育人往往体现在两个方面：一是编辑，二是读者。后者不言自明，本文不作展开探讨，而前者往往被大家所忽视。一方面，编辑扎根于出版业务工作中，在循环往复的图书出版、报刊发行、融合转型中积累知识、拓展技能，升维自身对行业的认知，进而形成独特的编辑理念；另一方面，编辑每年按规定和要求参加继续教育，于学习中收获新知，进一步学以致用，将新知应用于实践、检验学习效果，与既有编辑理念形成互补、更新迭代。由此，出版通过业务实践与继续教育体现对编辑人员的育人职能，编辑人员无论是从实践中积累的知识与技能，还是从继续教育中收获的真知与思考，都通过其特有的编辑理念上升为自身的出版知识体系，而这一知识体系恰恰是出版学科建设的最后闭环，通过编辑作用于实践，实现了知识在继续教育与学科建设两端的畅达流通与凝练升华。

其次，实践性贯通产学研合作与共赢。实现产学研合作与共赢的基础在于平台建设，近年来出版机构逐渐建立并形成一定发展规模的博士后科研工作站就是连接产学研、体现实践性的重要基地平台，为打造继续教育与学科建设通路发挥了桥梁纽带作用。截至 2022 年底，全国出版专业机构申请获批设立的博士后科研工作站共有 16 家。其中，2013 年，中国社会科学出版社博士后科研工作站获批设立，致力于马克思主义哲学与中国特色社会主义文化、学术出版行业研究等方面工作，至今已积累逾十年培养经验；2022 年，北京师范大学出版集团获批设立博士后科研工作站，为支持人才发展营造良好学术氛围，不仅与北京师范大学新闻传播学院联合开展“出版传媒”博士后培养项目，而且制定实施《科研课题管理办法》《科研课题资金管理办法》等，支持编辑人才学术创新。2020 年，高等教育出版社设立博士后科研工作站，一方面关注新时代教材体系建设，另一方面加强基于新一代信息技术的融合出版研究；随着对在站人员培养方案探索的持续深入，于 2021 年 4 月发布《博士后科研工作站管理办法（试行）》并于 2023 年 7 月修订，进一步规范制度管理。出版机构的博士后科研工作站围绕国家发展大局和出版业战略需求，立足本社特色优势，积极促进出版科研创新成果的落地实践和产业转化，在发挥重要平台作用的同时，既为编辑继续教育提供热点内容而完善课程结构，也对高校出版学本科、硕士、博士一体化培养体系构成知识延续，通过科研工作站的平台实践，进一步强化产学研合作与共赢。

**（二）殊途同归：编辑继续教育与出版学科建设的外在影响统一性**

编辑继续教育与出版学科建设因实践性的勾连而促成了二者的内在逻辑一致性，不仅如此，它们的外在影响——价值旨归也具有统一性，即二者的目标与动力在于人才培养，助力出版业高质量发展，进而推动人才强国、文化强国建设。

首先，以“专精特新”推动出版业高质量发展。“十四五”时期，出版业的主题是高质量发展，但数字时代对于编辑人员的要求往往是多线程、多面向、多元化地开展实践，如何平衡好高质量与效益规模的关系就显得尤为迫切，尤其是在出版深度融合发展的当下。“专精特新”理念无疑为编辑实践把握新机遇提供了新思路。一方面，随着出版业数字化转型的纵深拓展、融合出版的变革迭代，编辑继续教育不断对课程内容、培训形式、师资力量、成果验收等展开创新探索。例如，在内容设置上融入更多新技术新概念，不仅由互联网技术人才对 VR、AR、元宇宙等新技术原理进行讲授与阐释，而且让学员亲身感受虚拟现实头戴式显示设备，充分体验前沿技术带来的身临其境感，这些都为编辑在后续新形态教材研发、学术图书 AR 化、大众读物有声化中融入更多技术元素提供了灵感来源；又如，在培训形式上采用直播、录课等多元方式，不再局限于传统的课堂教学，不仅使编辑的学习时间更加灵活可支配，而且通过直播互动、录课答题等多样生动的模式，加深了编辑对课程内容的理解，也让师生、学生之间形成了良性反馈，有利于进一步调整优化后续课程设置，为出版业高质量发展夯实基础。另一方面，随着出版学科共建工作的持续深入展开，政产学研用壁垒逐渐打通，学科建设、学术研究、行业实践相辅相成、趋向融合，对教育出版、大众出版、学术出版等出版业三大板块的观照愈加细分，对融合出版、数字平台、知识服务等新兴领域的研究愈发深化。值得关注的是，《2021 年新闻出版产业分析报告》显示，2021 年，我国图书出版规模实现全面增长——共出版新版图书 22.5 万种，重印图书 30.4 万种；主题图书传播力影响力进一步提升——在年度印数达到或超过 100 万册的一般图书中，主题图书有 28 种，占 40.6%。由此可以看出，出版业已经从过去追求数量规模增长逐步转向高质量发展，《觉醒年代》《人世间》《我心归处是敦煌：樊锦诗自述》等展现伟大建党精神、百姓家庭故事、传承中华优秀传统文化的精品图书聆听读者声音、感悟读者情怀、收获读者认可，为弘扬主旋律、传播正能量发挥了积极作用。既体现高度又充满温情且双效俱佳的现象级产品层出不穷，使得出版学科、学术研究愈发聚焦精品出版、主题出版领域，对实践热点问题展开经验性总结与学理性提炼，形成出版学创新理论，进而建构出版学自主知识体系，推动学科建设，再次指导实践，为出版业高质量发展提供动力。

其次，以人才引领驱动人才强国、文化强国建设。实现出版业高质量发展的核心在于人才，而编辑继续教育与出版学科建设的目标殊途同归，即通过培养高层次编辑人才，助力建成人才强国、文化强国。优质人才从遴选储备到培养任用是一个长期的过程，不可能一蹴而就，不仅需要产学同枝加大培育力度，而且强调政策扶持保障人才质量，充分调动政产学研用各方力量，尤其是得到政策支持显得必要又迫切。2022 年 9 月，国家新闻出版署公布 2022 年度出版融合发展优秀人才遴选培养计划，50 位来自出版机构的专业人才入选；2023 年 7 月，国家新闻出版署公布 2023 年度出版智库高质量建设计划入选机构，除继续培育此前入选的 15 家出版智库外，有 12 家新申报机构入选，27 家机构涵盖高校出版院系、出版企业研究部门、出版领域专门研究机构等多种类型，其中最突出的优势就是理论与实践相结合，展现政产学研用一体化建设高质量出版智库、培育优质出版人才的现实意义。国家从政策支持、人才扶持等宏观层面为人才遴选提供战略性规划与方向性指引，行业从多方贯通、跨界联动等中观层面为人才储备提供整体性方案与客观性条件，出版机构、高等院校则需通过实践性建立继续教育改革与学科建设创新的有效联结点，从产学同构、实践为基等微观层面为人才培养提供具体而微的落地转化，进而以人才力量为核心资源引领，驱动人才强国、文化强国建设。

## 三、编辑继续教育助力出版学科建设的可行路径

从历史生成背景来看，编辑专业教育与出版学发轫时间相近，但前者比后者出现时间更早，而出版学作为一门应用型学科，出版实践与人才培养的目标指向、价值旨归与编辑继续教育具有内在一致性与外在统一性，在学科共建工作如火如荼开展、政产学研用深度融合的时代背景下，亟待抓住编辑继续教育理念升维、破圈革新的现实机遇，推动出版学科建设，为构建中国特色出版学提供价值遵循与实践动力。

首先，以编辑继续教育问题导向谋思路，构建中国特色出版学学科体系。党的二十大报告指出："问题是时代的声音，回答并指导解决问题是理论的根本任务。"编辑继续教育发轫于实践，也要善于解决实践中的各类问题，继而为出版学科建设补足"实践"这一大课，形成完整的出版学学科体系。针对编辑继续教育内容同质化、形式单一化、学习集中化等问题，可以根据编辑的岗位要求、知识储备、专业差异等制订个性化培养方

案，构建分层分类的编辑继续教育新体系①，以发现编辑实践中的新问题与真问题为出发点，善于对继续教育授课专家提出问题，而专家通过前期的查阅资料、调查研究、交流研讨、学术争鸣、亲身实践等方式寻求解决路径、提供落地方案，在授课过程中反馈给编辑解决办法，再于编辑实践中检验、论证办法是否切实可行，在不断发现问题、解决问题、检验答案的循环演进中，进一步发展分类分层的新体系理念。由此，将实践中涌现出的新问题汇集凝聚，不断丰富完善这一新体系，按照分类分层的原则、与时俱进的理念深化体系结构改革，并作用于出版学学科体系，促使学科体系融入更多实践元素，以形成出版学特色理论、创新概念，构建中国特色出版学学科体系。

其次，以编辑继续教育守正创新谋发展，构建中国特色出版学学术体系。党的二十大报告指出："敢于说前人没有说过的新话，敢于干前人没有干过的事情，以新的理论指导新的实践。"通过构建针对性强、问题意识、特色突出并不断创新发展的编辑继续教育新体系，而形成的结构化、层次化、纵深化编辑继续教育新理念将进一步作用于编辑实践并指导出版学科建设。面对编辑工作的主要矛盾日益转变为编辑人才与日俱增的求知学习需求和不完善不创新的编辑培养方式之间的矛盾这一现实困境②，编辑继续教育亟待将其逐步形成的新理念进行规律性总结与思想性凝练，升华为编辑继续教育理论体系，并在编辑实践中予以观照、审视。比如，在继续教育培训课程中，对于图书选题策划、编校质量提升的课程内容反复涉及，而开展继续教育的主体为避免同质化与重复性，多方考察比较这类课程内容的异同，形成自身优势与特色，从而体现的差异化方案、被广大编辑认可并应用于实践的理念经过验证提炼成为编辑继续教育理论，日积月累沉淀形成理论体系，以此为基础，构建中国特色出版学学术体系，进

① 参见白文三：《新规定实施背景下提升编辑继续教育实效的路径研究》，《传播与版权》2023年第7期。

② 参见马伊颀：《"出版+"理念下编辑人才培养模式探索》，《中国出版》2019年第12期。

一步建构出版学自主知识体系。

最后，以编辑继续教育胸怀天下谋大同，构建中国特色出版学话语体系。党的二十大报告指出，“我们要拓展世界眼光，深刻洞察人类发展进步潮流，积极回应各国人民普遍关切，为解决人类面临的共同问题作出贡献”。新时代以来，我国出版业积极布局国际市场，推出了一系列被海外受众喜闻乐见且广泛传播的优质作品，为讲好中国故事、传播好中国声音贡献了中国出版的力量。但是，我们也应正视我国出版业在国际舞台话语权还不够强、出版物在国际市场影响力还不够大、中国特色出版学话语体系还未建立起来的现实境况，积极寻求破局关键。2023 年 6 月，在首届出版教育国际高峰论坛上，海外专家普遍认为，面对深度融合时代国际出版界发展趋势与面临的挑战，尤其是在提高产业多样性和包容性、吸引下一代读者方面，出版教育扮演着至关重要的角色，甚至关乎出版价值的长久存续问题。① 中华民族历来是兼容并包的，中国人民始终是兼收并蓄的，编辑继续教育应以提升国际传播效能、推动中华文化更好走向世界为落脚点，从海外受众文化接受心理、阅读媒介偏好、圈层传播方式等展开数据分析，以实时精准、覆盖面广的数据调研为编辑选题策划、形态研发、渠道拓展等提供有力支撑，为促进国际出版合作与交流搭建平台，助推出版业加快步伐“走出去”，以世界眼光、胸怀天下的大格局构建中国特色出版学话语体系。

（作者单位：高等教育出版社有限公司）

① 参见黄莹：《国际视角下融合出版产业实践与人才培养——首届出版教育国际高峰论坛之海外专家谈》，《数字出版研究》2023 年第 3 期。

# 对出版业绩效评估标准暨继续教育体系并行变更的思考

林　茂

2022 年，国内多家知名出版社在教材、儿童绘本领域出现了多起重大质量事故，引起了较大的社会反响。在笔者看来，若单纯地将这些事故的成因归结于责任心与编校等方面，仍属于头痛医头脚痛医脚的表象，不能从根本上解决这些顽疾。应当正视这样一个现象——近几年，虽然各类有关运用现代化科技与新型管理方法去培养出版人才的呼声不绝于耳，但成效并不显著，这背后的根本原因在于，出版业在生态环境建设上一直存在着系统化的认知与执行缺陷：正因为从来没有制定过一个科学合理的绩效评估标准，才导致在开展继续教育时一直缺乏可用于参照的量化型指标，具有一定的随意性；由于不知道绩效评估时应该坚守的准则和方法，在实际业务的开展过程中，很多出版工作者会更容易受到社会上一些“伪学”式出版理念的影响，将之与出版业强行嫁接，进而造成损失，这已经从根本上影响了从业者对出版质量的管控能力。

举例而言，在内容导向正确的前提下，我国出版业长期以来采用将文字差错率控制在“图书万分之一、期刊万分之二”以内的标准对出版物进行质量管控，这种操作方式的引入是基于出版物内容与形式多样性的特点来展开的，似乎只有通过对产品终端的文字差错率进行监督，才能有效避免出版物的质量问题。该方法确实简便易行，在多年的工作实践中总体上也能保障出版物的品质。但它是以结果为导向的，忽略了对人的绩效评估过程，未考虑编辑在图书组稿、内容题材、原稿质量、加工时间等环节上面临的差异性，更无法以量化、理性的方式去评价一本书背后的经济效益和社会效益。从定义来说，绩效是指组织、团队或个人，在一定的资源、条件和环境下，完成任务的出色程度，是对目标实现程度及达成效率的衡量与反馈。[①] 其中，绩效对于“程度”的评估极为看重，而不仅仅是以结果为导向。当下各出版社对于绩效评估采用的尺度也较为单一：有些出版社仅将其理解为根据个人创利来给责任编辑发奖金的经济行为，显得十分肤浅。还有些出版社仅以年度发稿字数、文字差错率统计的方式对编辑进行评估，又会出现十分不公平的结果：如绘本类图书字数十分有限，有时全书字数不超过一千字，但编写难度却很高；文史政经或大中专教材类图书编辑的发稿字数较多，但工作难度相对而言也更大——这类图书涉及的知识面更广，出错的概率也更高。

笔者认为，若仅依托现有的“以文字差错率定江山”的质量评估机制，很难从根本上扭转图书质量在局部领域差强人意的现象，类似 2022 年因教材与绘本图画内容导向问题引起质量事故井喷的现象仍有可能再次出现。这背后体现的是平时的绩效评估标准问题，如果不从这个角度入手去解决好有关工作评价的尺度，势必会让从业者缺乏最终成就感，引起继续教育建设体系指向性的混乱，由此又会以“负反馈”的方式进一步影响

① 参见蒋世儿、谢梦梦：《集团化管控模式下的国有企业子公司绩效评价研究——以 Z 市 H 国有集团企业为例》，《中国集体经济》2023 年第 22 期。

图书生产，造成恶性循环。在某种程度上，未能科学合理地制定绩效评估标准正是出版行业近年来不断呼唤人才却收效甚微的根源：在顶层设计不完备的情况下，指望在战术层面上改变一下人才培养方式就能推动事业发展的念头显得过于理想化，也注定难以维系。

在继续教育领域，我国出版业就人才培养策略而言，主要存在以下三种模式。

## 一、我国出版业主要人才培养模式概述

### （一）师徒传承型

该模式多见于国有出版企业之中：由人事部门根据新人招聘时报考的岗位并结合其所学专业、个性特点等，将其安排至相关科室，一般委派具有一定从业经验并具备相关职称的资深员工（多为科室负责人）对其进行引导，有时也会以组织员工参加集体讲座的方式进行学习。新人大多从校对和审稿工作开始入门，在日常的工作实践中学习相关的技能，进而积累社会资源和业务经验，逐渐迈入组稿与独立策划这个更高阶的环节。迄今，该模式仍是出版业主要采取的人才培养模式，对我国图书事业的贡献卓著——很多知名出版人正是通过这一方式将自己毕生所学知识与拥有的社会资源传递引荐给了新进员工，竭力帮助他们更好更快地成长，也切实有效地促进了我国图书事业的发展与繁荣。但不可否认，该方法也存在一些缺陷，例如：人才培养时间过长，很难满足出版社转企改制后要求新员工在短时间内就能创造出经济与社会效益的目标，而图书业相对社会其他行业而言并非高利润领域，业务能力的形成也需要时间和经验的积累，这就意味着新员工会在一段时间内处于收入弱势地位，由此造成人心浮动，申请转岗或离职的人不在少数。新人遇到什么样的导师也具有一定的随机性，若导师德才兼备，新人必然是终身受益；若导师的业务水准有所欠缺，甚至存在道德残缺，那由此带来的恶劣影响可能需要新人花费很长的

时间才能自我察觉，乃至一生都难以消除。

**（二）融合出版型**

受近年来推广融合出版等工作理念的影响，一些出版社加大了对数字出版领域的投入，也不断鼓励从事传统出版工作的责任编辑通过向纸书中添加二维码等方式来融入新媒体技术，并为此组织了多种业务培训活动，试图让责任编辑成为全面发展的通才。一定程度上，这种以融合转型为主要特征的培训模式有助于增进责任编辑对新媒体技术的了解，也确实提高了部分图书的销售业绩与可读性，但在客观上也让人员的工作量陡然上升，并且这种期待编辑队伍能够整体实现融合转型的设想显然不具备现实性。①

**（三）校企结合型**

近年来，因出版行业自身发展遇到瓶颈以及出版专业的知识结构难以胜任时代需求等多种因素影响，高校在出版专业招生规模方面有所减退，甚至取消了一些出版专业的本科办学点。某些出版企业因为觉得出版专业学生在学科方面没有专长，也不太愿意招录该专业的毕业生。但一个行业的发展状况与学界之间大多是呈正相关的互动关系，如果行业长期得不到来自高校的正确理论指导，往往会呈现自我迷失的状态，在业务方向上容易“人云亦云，盲目跟风”，最终走偏；学界如果缺乏与企业的联动合作行为，那就无法了解行业发展动态，导致毕业生想在这个专业领域内得到机遇与发展变得更加困难。江苏凤凰出版传媒集团在这方面不受杂音所扰，以实际行动走在了时代前列：其在2019年自行创办了以企业内训为主要授课方式的“凤凰学院”，由各下属单位推荐优秀员工入学，在完成相关课程后，全体学员会在每年秋季前往南京大学信息管理学院进行为期一周的全封闭式培训。2022年6月，双方又联合举办了“南大—凤凰出版菁英训练营”活动，招募南京大学各专业本科三年级以上学生及研究生

① 参见林茂：《浅析“互联网+”时代下的出版业人才继续教育模式创新》，《中国编辑》2018年第6期。

参加。凡在该项目中能够获得综合表现优秀评定的学生，今后在应聘江苏凤凰出版传媒集团相关工作岗位时可以免除笔试，直接进入面试环节。这类校企合作活动的顺利开展，为行业与学界实现“双向奔赴”奠定了良好的业务合作基础，并已从中涌现出了一批具有较强业务能力和创新举措的佼佼者，策划出版了《嘉卉：百年中国植物科学画》等在全国具有较大影响力的优质图书，意义十分深远。

以上三种人才培训模式各有特点，虽然都切实产生过一定的功效，其中的某些举措也着实培养了一大批活跃在我国出版舞台上的优秀人才，但笔者认为，这些做法的作用是有限的、局部的，只有真正解决顶层设计中的战略问题——有效搭建与实施出版业新型绩效评估标准，并对继续教育体系进行扬弃与改良，在第三种的基础上引入现代学徒制的人才培养理念，才能标本兼治，真正有效地壮大出版业的后备力量。为了实现这项目标，应从以下方面着手进行改革。

## 二、出版业新型绩效评估标准与现代学徒制人才培养体系的引入与构建

如前文所述，当下以文字差错率为主要考核手段的图书质量判定方式在评价维度上显得过于单一，进而在绩效考核方面忽视了图书题材的多样性与组稿加工过程中可能面临的难度等要素，更没有考虑到衡量责编最重要工作能力的标志——选题策划能力，且疏漏了在经济效益与社会效益方面对图书进行客观公正评价的标尺。培养人才的目的是更好地服务于内容生产，激发员工创新的动力，如果不从根本上改革这个有关考核方式的绩效评估标准问题，随后的内容生产会逐渐失去方向甚至转向投机，创新也会因此而缺乏动力。在笔者看来，应当选用以下两种策略，由上而下、由表及里地根治影响出版业人才培养的顽疾。

### （一）引入量化计算的方式，积极构建出版业新型绩效评估标准

在以往的人员绩效评估过程中，文字差错率几乎成了评定其图书质量好坏的唯一硬性指标，全然忽视了书稿题材、加工难度等诸多隐藏于图书编辑加工流程之中，却又难以在成品中有效体现的客观因素，由此造成了责任编辑内心的不平衡甚至委屈，有时埋头苦干的编辑反而处于弱势不利地位。尤其是对于图书社会效益的考核，往往在图书对外参与展宣活动的过程中才会引起重视，单就出版社内部的绩效评估而言很难有一个公正的衡量标准：有些存在明显社会效益但经济效益缺失的图书甚至可能导致责任编辑的绩效考核不利，十分被动；反之，虚构编造不存在的社会效益为自身增加砝码的现象也屡见不鲜。这就需要引入量化计算的方式，通过设定相关的难度系数与权重因子，让管理层对员工进行综合性评估，进而得出相对公平的分数。通过采取这样的手法，能够让同一个出版社内从事不同内容题材且图书难度存在差异的责任编辑们可以相对公平地站在同一个起跑线上进行竞争。例如，可在向上级主管提供历次审核校样的前提下，采取如下的表格形式进行评价。

**绩效评估加权评价表**

| 成品的文字差错率是否达标？（3 分） | | 有无审核出意识形态问题？（3 分） | | 排版与插图质量审核评估（1 分，责任编辑在校样中每改出一幅具有重大差错的图片再加 1 分） | |
|---|---|---|---|---|---|
| 未排版前的原稿返修次数（需提供往来邮件记录，起始分为 0 分，每增加 1 次返修，多得 1 分） | | 内容难度（可按如下类别划分：科技、大中专、职业教育类教材得 5 分，人文社科类得 4 分，中小学教辅得 3 分，小说类得 2 分，童书、绘本得 1 分） | | 编校成本评估（3 分，考虑到书稿难度，可将校次放宽到四校，四校以上每增加 1 个校次扣 1 分，用以强调责任编辑的成本意识） | |

续表

| 责任编辑的工作态度与表现（3分） | | 图书销售利润是否达到预期值？（1分，如利润超过预期，可按所超过的百分比进行加分） | | 图书有无荣获省级以上重大奖项？（省级奖项得1分，国家级奖项得2分） | |
|---|---|---|---|---|---|
| 与本书研发相关的业务招待费用是否控制在规定范围内？（3分） | | 选题为自主策划还是由集体分配？（3分） | | 图书上市后的读者反馈意见（可结合读者来信、网店评分、网友留言等指标，2分） | |
| 责任编辑的直属主管对所出版图书的质量评价（2分） | | | | | |
| 初次总分（上述各项指标之和） | | | | | |
| 分管社领导对所出版图书的质量评价（可在初次总分基础上最高乘以1.25倍的权重） | | | | | |
| 出版社绩效考评委员会对所出版图书的质量评价（可在初次总分基础上最高乘以1.5倍的权重） | | | | | |
| 加权后的总平均分（取两次加权评估分的平均值） | | | | | |

由此表可知，若按照其中的各项内容对员工所编辑出版的图书进行综合性评价，就能在相当大的程度上避免过往单一依靠文字差错率去进行质量评估的弊端，同时兼顾了图书题材、加工难度、工作态度等内容，亦考虑了经济与社会效益，最后由熟悉员工表现的各级主管与考评委员会进行客观评估，这就可以得出一个相对合理的结论，可作为发放经济奖励时的参照依据，更为人才培养提供了明确的指向性——多出好书。如采用这样的量化计算方式，不仅能使员工有被公平对待的满足感，亦能让彼此的工作成绩一目了然，更有利于管理层从中发现真正具有业务潜力的好

苗子。

**（二）引入现代学徒制人才培养理念，对“校企合作制”继续教育模式开展重组**

在步入现代文明社会后，为扭转职业教育缺乏实践和技能培养的弊端，英国将传统学徒制改为工学结合和具有完善资格认证制度的现代学徒制，并获得了普遍成功。[①]它是通过学校、企业深度合作，教师、师傅联合传授，对学员以技能培养为主的现代人才培养模式。现代学徒制更加注重技能的传承，由校企共同主导人才培养，设立规范化的企业课程标准、考核方案等，体现了校企合作的深度融合。中华人民共和国教育部于2014年正式提出了这项旨在深化产教融合、校企合作，进一步完善校企合作育人机制，创新技术技能人才培养的教学模式。出版业的继续教育作为职业教育的一个行业分支，理当积极应用现代学徒制的发展理念来开展人才培养工作。前文所述江苏凤凰出版传媒集团与南京大学信息管理学院开展的校企合作项目已经带有现代学徒制的雏形，只是缺乏明确的师徒传承型关系；合作的程度也仍然不够深入，仅限于部分员工和学生；合作方式仍属于单向，未能实现“学场”“职场”相统一。但这种办学模式的指向是正确的，因为它改变了高校与企业以往各说各话，仅依靠内训手段去开展人才培养活动的传统模式，也避免了学界与行业的割裂。

出版业需引入的现代学徒制人才培养体系应是学校企业双主体、教室公司双环境的教学模式，要兼顾两种不同培训情境、两个不同实施主体，对培训内容重新进行选择、组合与设计，将理论知识和实践操作并举。学校和企业双方应当通过校企“交替式”、校企“合作式”、校企“平台式”、校企“项目式”等多种培训模式去实现人才培养目标。校企双方应设计“双导师制”标准去实施项目，双向聘请建立“师傅”队伍，共同组建管理团队、教学团队、研究团队等，共同制订现代学徒制双导

---

① 参见范梅芳：《高职学生对现代学徒制认知状况的调查研究——以江苏省常熟中等专业学校为例》，《职业教育研究》2017年第2期。

师遴选与聘任原则、双导师考核标准，明确职责与待遇，共同实施教学任务。

在出版业的现代学徒制人才培养体系中，学徒不应受到身份的限制，既可以是高校里的出版专业师生，也可以是出版企业里的员工、领导，大家本着学习知识与锻炼技能的目标，向各位具有专业技能的前辈请教，并且提供可以开展实践锻炼的场地，以实操的方式尽快地将理论转化为实践，在实践中升华对理论的认知。由于高校与企业之间采取了学分与证书相互认证的方式，高校中的学生可以在就业时获得被优先留用的便利，企业中的员工亦可以及时获取学术理论界的最新研讨成果，并完成继续教育学时，彼此双赢互利。现代学徒制与传统师徒型出版人才培训模式的重大区别还在于，前者的学习维度是多向的，学习范围是开放的，在这个学习体系中，能够以导师形式呈现在你面前的导师不止一人，学员可以对其进行综合性的选择与比较，博采众长，形成自己的判断，从而有效地避免传统师徒型培养模式的封闭性，尤其可以规避“一旦跟错人有可能遗憾终身”的缺陷。该方案亦能够在一定程度上化解我国高校出版专业近年来逐渐萎缩的尴尬，以企业的充沛资金和事业创新的活力来有效促进出版专业研究水平的提升。

综上所述，为深入学习贯彻习近平新时代中国特色社会主义思想，促进出版人才培养，助推文化强国建设，从重新制定绩效评估标准这个顶层设计的角度来推动改革显得刻不容缓，如不打通出版工作者面临的这个终极靶向环节，就不能确保从业者所面临的职业公平，进而也无法构建真正健康可持续的出版生态环境，萌发创新动力更是无从谈起。同时，必须引入现代学徒制人才培养体系，用现代化的教学思想与培训理念去培育新人，确保他们在开放、多维、理实一体化的氛围中汲取专业营养，从而真正有效地实现学业两界相辅相成、彼此支撑的可持续发展理念。

（作者单位：江苏凤凰少年儿童出版社有限公司）

# “大编辑”理念下编辑文化修养的养成：科学的理性

矫　正　甄志忠

“大编辑”是指能够把握媒体融合发展的趋势和规律，全面协调、可持续发展的复合型创新人才。它既具有大媒体编辑的包容性，又具有单媒体编辑的专业性；既具有编辑基本功能的同一性，又具有编辑特殊功能的个性；既具有传统媒体编辑的继承性，又具有新媒体编辑的创新性；既具有大媒体编辑知识的广度，又具有单媒体编辑知识的深度。①“出版文化的高地建设，需要出版人的理性和坚守。口号与纲领能给人以鼓舞和信心，但作为出版文化建设的实践者，出版人注重的应是精神的凝聚和脚踏实地的行动自觉。”②纵观各个时代的编辑史，每一个时代得风气之先、拔

① 参见张增顺：《大编辑与科学发展观》，《中国编辑》2008 年第 6 期。

② 吴士余：《出版人的文化精神》，《文汇读书周报》2012 年 3 月 2 日。

时代头筹、启百代源泉的出版物、出版人或出版机构的自身素质，无不影响着一个时代、一方社会、一种文明的品质、层次和走向。可以说，编辑事业是立言、存史、资政、育人的事业。因此，编辑必须有文化使命感和文化担当意识，牢记自己在文化传播与传承中的作用与责任，与时俱进，不断提高自己的学术造诣、文化修养，练就一身真本事硬功夫，多出原创精品，推动社会主义文化大发展、大繁荣。而要想生产出文化精品，就必须将增强文化修养作为一项长期任务来抓。中国编辑学会会长郝振省曾多次指出，当代编辑的文化修养要着重培育“六性”，即“文学的感性，艺术的灵性，哲学的悟性，史学的智性，科学的理性，伦理的德性”①。本文从“科学的理性”内涵、编辑理性的重要性及培养编辑理性精神的路径三个维度展开探讨编辑文化修养的六性之一——科学的理性。

## 一、“科学的理性”内涵

科学具有文化属性，它不仅仅是一个知识体系，还具有精神的力量。如果说文化是一个群体、一个组织乃至一个国家的灵魂，对成员的行为选择与实施、对社会的经济发展具有至关重要的影响，是团体软实力的体现，那么精神则是文化的核心和灵魂。科学精神是人们在长期的科学研究实践活动中所形成的价值信念、思想观念、行为规范的总称，它包含四个方面：理性精神、实证精神、怀疑精神和伦理精神，即：理性的态度，避免情绪的主观性判断，处处讲究逻辑；勇于探索，尊重事实，严密谨慎地求证，事事追求依据；独立思考，敢于质疑，拒绝盲从，时时保持谨慎；造福人类、尊重自然，人人坚守伦理道德规范。科学精神既是科学家进行科学活动的价值与思想意识的结晶与体现，同时又对科学家的实践活动具有约束作用，是科学活动取得成功的根本保证。在这里，笔者“偷换”一

① 郝振省：《关于出版业的文化理性问题研究》，《出版发行研究》2006年第12期。

个概念，将上句话中的“科学”换作“编辑”，会是这样的：编辑精神既是编辑家进行编辑活动的价值与思想意识的结晶与体现，同时又对编辑家的实践活动具有约束作用，是编辑活动取得成功的根本保证。这样是不是对于理解编辑的“科学的理性”不那么抽象或者说更切实一点了呢？但是，这句话显然是不科学也不符合逻辑的，因为首先编辑精神是一个模糊的概念；其次，“严格逻辑的科学观点对于任何一个理性的人来说都是令人折服的”①。如果换作“编辑理性精神”，再整理加工一下：“编辑理性精神既是编辑进行编辑活动的价值与思想意识的结晶与体现，同时又对编辑的实践活动具有约束作用，是编辑活动取得成功的根本保证。”这样就合乎逻辑也容易理解了。

接下来我们再说说理性与理性精神。理性一般指我们形成概念、进行判断、分析、综合、比较、推理、计算等方面的能力。意思和感性相对，指处理问题按照事物发展的规律和自然进化原则来考虑的态度，考虑问题、处理事情不冲动，不凭感觉做事情。理性精神的第一缕曙光来自于古希腊文明。其代表人物之一的亚里士多德就说过：“最优良的生活是理性指导下的快乐。”“人们总在追求圆满，追求这个活动的最佳状态。这种最佳状态的心理感觉就是快乐。如果停止理性的追求，停止改变现实的活动，那快乐也不会持久”。笔者认为亚里士多德所说的“生活”是泛指的，代表一种生活状态，用于指代编辑的工作未尝不可，那么“快乐”也可以包括由编辑工作而产生的快乐，并且为了得到这种快乐而一直不断地进行理性的追求。

迄今为止，在人类已有的所有有关自然与世界的认识当中，科学是理性和人类文化的最高成就，它将现象与本质相区分，将真理与谬误相区分，将明智与愚蠢相区分。与其他人类认识相比，可以说理性精神是科学文化的精髓与第一要义，是科学文化的支柱。现代科学的文化效应使得科

① ［英］约翰·齐曼：《真科学——它是什么，它指什么》，曾国屏等译，上海科技教育出版社 2002 年版，第 163 页。

学理性成为判断一切知识、做法的重要判据。而如何为科学知识的精确性、条理性和可靠性提供保证，确保科学理性呢？那就是要坚守实证精神和怀疑精神。理性的本质就是否定与怀疑。科学发展的历史表明，没有哪种观点或者理论是完美无缺的"终极版本"。科学就是在改正一个又一个错误的基础上发展起来的。经过反复实证、否定、怀疑、确定，科学才不断创新和发展。那么，如何保证科学的客观与公正呢？那就要坚持科学伦理道德精神。科学伦理道德精神的基本原则就是造福人类、尊重自然。科学是为大众服务的，一切损害当代人和后代人公共福利的科学活动都是不道德的。因此，科学家要客观地、不带个人感情色彩地、不掺杂任何价值判断地分析和解释自然现象。感情中立、价值中立可视为实现完满理性的途径和条件。

综合以上论述，我们来探讨一下编辑应具备的"科学的理性"内涵。编辑活动是一个选择过程，如何保证编辑选择过程中的客观、公正、科学，就需要编辑理性，在编辑选择的过程中，一个好编辑，也可说一个优秀的理性编辑要客观地、不带个人感情色彩地、不掺杂任何价值判断地经过调查对比（实证）、否定、怀疑，审慎分析作品，才能最终确定科学合理的选择与优化。因此，编辑"科学的理性"可以这样理解：编辑主体秉承认真负责的科学态度、实事求是的科学精神、正确无误的科学方法、从理性的角度出发，全面、公正、客观、准确、深入地审视和把握作品，并在对作品的深刻感受和体验之中，在对社会思潮和文化价值取向准确把握的基础上，对作品进行必要和恰当的加工。

## 二、编辑理性的重要性

编辑之所以需要理性，是因为编辑工作是整个出版工作的中心环节，编辑掌握着对作品"生杀予夺"的大权，编辑选择决定编辑产品出版传播的价值，也体现编辑披沙拣金引领社会文化发展的眼光和智慧。编辑活动直接关系到作品能否面世、以什么样的面貌与读者见面，以及出版后的社会效益与经济效益如何。一部图书从散稿到成稿再到成为精品，其过程中融入最多的不是时光的印痕，不是四季更迭的蹉跎，而是编辑主体的心血与汗水，是科学的理性的印证。因此，编辑在其编辑活动中，多一分理性，多一点科学精神，不仅是必要的，也是必需的。

首先，编辑理性是时代发展的需要。

编辑工作是随着文化的发展出现的，并随着文化的发展而发展。编辑担当着学术文化向社会传播的中介，他们必须始终回答时代的呼声，分析和预见学术文化前进的方向和文明发展的趋势，并能及时地推出一批反映时代风气的学术文化成果。在中国历史上，一些编辑家之所以为人们所称道，正是因为他们通过自己的编辑活动，及时地反映了学术文化发展的动向，并为未来的文化发展提供了参考资料。因此，编辑是时代要求的被裹挟者、时代要求的执行者。编辑工作与学术文化的关系，就是编辑工作顺应时代潮流的关系。戴文葆曾说："编辑都必须有紧迫的时代感。丧失了时代感，编辑工作就必然被窒息而萎缩枯干。认识自己所处的时代，回应时代的呼唤，肩负起时代使命，努力为时代服务，才能成为称职的和优秀的编辑。"①

其次，编辑理性是个体编辑主体发展的需要。

杨牧之在《我对编辑文化修养的认识》一文中指出："编辑要有本事。没有本事，没有办法与作者深入交流，策划不出好选题、找不到好稿子；没有本事，得不到作者尊敬，没有办法平等地开展工作；没有本事，无法了解掌握学术动态，无法把握现有的学术水平；没有本事，就没有辨别真伪的能力，何来正确的价值取向。"②本事是编辑理性的前提和保障，编辑有了本事才能站在理性的高度科学、客观、公正、准确、深入地选择和加工稿件，并随着本事的不断增强而越来越科学理性地对待作品、作者、读

① 戴文葆：《寻觅与审视》，中国华侨出版社 1990 年版，第 335 页。

② 杨牧之：《我对编辑文化修养的认识》，《编辑学刊》2010 年第 6 期。

者，越来越能把握时代的脉博和市场信息，才能有越来越多的机会出好书、出精品、出传世力作，而编辑自身也会在这种坚持不懈的科学的理性指引下不断成长、精进，进而从编辑匠成长为编辑大家。这是每一个优秀编辑主体终其一生也要追求的文化理想、编辑理想。

最后，编辑理性是读者全面发展的需要。

读者的全面发展，从哲学角度讲，就是指读者的各种社会关系的全面发展。为此，“要提高读者思想水平、理论水平、知识水平、科学水平、艺术水平，提高读者认识事物、分析问题的能力，提高读者的精神境界，陶冶读者的情操。就是要帮助读者树立科学的世界观、正确的人生观、进步的价值观。总起来说，就是要以科学的理论武装人，以正确的舆论引导人，以高尚的精神塑造人，以优秀的作品鼓舞人。这是编辑活动的根本目的，也是编辑工作的根本任务，是每一个编辑，在任何时候都不能忽视的”①。因此，从事精神生产活动的编辑要有理性精神，从理性角度看待编辑与读者的服务与被服务的关系，以读者为中心，全心全意为读者服务，对读者负责，在满足读者阅读愿望的基础上，塑造精品，以文化人，以文育人，促进读者的全面发展。

## 三、培养编辑理性精神的路径

明确了“科学的理性”内涵，知晓了编辑理性的重要性，那么，到底怎样培养编辑的理性精神呢？笔者认为，树立科学理性的编辑理念、构建科学理性的知识理论体系、坚持科学理性的编辑决策是培养编辑理性精神、最终实现编辑“科学的理性”的有效途径。

### （一）树立科学理性的编辑理念

做任何事都要确立目标，要坚守编辑理性精神，首先就要树立科学理

---

① 邵益文《编辑的心力所向》，贵州人民出版社 2004 年版，第 224 页。

性的编辑理念。那么，什么是科学理性的编辑理念呢？笔者认为，科学理性的编辑理念一定具有现实性、人民性、历史性和批判性的特点。优秀的编辑，能扎根社会生活，以社会现实生活为源泉，来构建自己的编辑理念，并进行判断和编辑活动。毫无疑问，这要求编辑对社会和人民的生活，具有真切的实践经历和情感认同，能把握历史的发展脉络和趋势。一名优秀的编辑，在自己的生活经验与作品所反映的社会生活、所表达的历史真实之间建立起以现实精神为内在逻辑线索的紧密联系，从而影响到自己的编辑判断。简单而言，编辑鉴审，关键是编辑要有生活，要与时俱进，要把握时代发展规律，围绕读者利益，以历史的眼光审视和加工作品。矗立时代的潮头，编辑通过自己敏锐的嗅觉捕捉到社会文化思潮的暗涌，激发自身的文化自觉，顺文化演变之势，将时代特点注入文化之中，形成适应、反映时代的先进文化，推动文化的不断发展。批判性的编辑理念主要表现在两个方面，一是敢于对社会落后现象予以批判，针砭时弊；二是批判地继承和发扬传统文化。批判性的编辑理念，既是认识、剖析社会的大无畏的科学精神，也是对文化的传承、创造以及自我人格理想的进一步完善和坚守。随着我国改革开放的进一步深化，人们的物质生活和精神生活都发生了翻天覆地的变化，出版业也面临着各种各样的问题，面对纷繁复杂的变化，编辑要时刻保持清醒的头脑，不要迷失编辑理念，以科学的理性不断地提高自己的文化修养，从而促进出版业文化理性的发展，为建立文化强国、出版强国贡献自己的力量。

**（二）构建科学理性的知识理论体系**

树立起做一个理性编辑的目标之后，重要的便是行动，构建科学理性的知识理论体系是培养编辑理性精神的基础。编辑理性不仅需要有认真负责的科学态度、实事求是的科学精神、正确无误的科学方法，还要有敏锐的洞察力，更需要有较高的理论造诣和知识水平。这就需要编辑不断学习、积累和提高，以胜任编辑工作的需要。首先，编辑应该有深厚的编辑学理论修养。实践只有在正确理论的指导下，才能朝着正确的方向行进。编辑学通过对编辑过程、编辑实务、编辑规范、编辑规律等的研究，为编辑提供了正确处理编辑工作的理念与方法。这是编辑工作的基础性前提。其次，尽可能地扩大自己知识的涉猎范围，力求成为某方面的专家。在推动文化建设大发展大繁荣的今天，这样的要求更加迫切，然而在追求经济效益的影响下，一些编辑人员囿于金钱的迷惑而缺乏上进心，在一些出版单位和编辑人员中，存在“文化产品无文化，创意产业缺创意”的问题。因此，编辑要不断提高自己的学术修养，有自己独特的学术研究领域，及时了解相关的学科动态以及学术热点和成果，努力成为一名学者型编辑。再次，努力培养自己成为一名杂家。编辑活动是以知识的运用为主要内容的，因此，编辑要有过硬的知识储备、能力运用和扎实的学问功底，既专且杂，这就要求编辑要有心，要注重平素点点滴滴的积累。如，古籍编辑需要具备一定古汉语知识；儿童文学编辑要懂一些儿童心理学等。最后，要不断更新知识储备，优化知识结构。如今是大数据时代，各行各业面对的挑战日益增多，出版行业也不例外。处在这样时代背景下的编辑应努力提高自身的专业能力，不断更新知识储备，优化知识结构，在掌握传统出版技术的基础上，不断学习并掌握相关的数字出版技术，将其应用到实际的操作之中，为读者提供多元化的文化产品。总之，只有构建科学理性的知识理论体系，编辑才有能力站在理性的高度进行编辑活动的创意、选择、结构的优化。

**（三）坚持科学理性的编辑决策**

由于编辑主体受主观非理性因素和客观非理性因素的影响，对问题的决策缺少理性的思考，在行为上表现出较大的非理性，给决策的准确性和出版质量带来很大影响。主观非理性因素包括自身的心理、经验、习惯、修养、情感、环境等，客观非理性因素包括决策资源不足、决策方法有限、决策信息不全面等。客观的非理性因素是客观存在的，在编辑决策中是不可避免的，但是，主观非理性因素在编辑决策中是可以克服和避免的。这就要求编辑坚持科学理性的编辑决策，站在理性的高度从事编辑活动，无论是宏观的方针任务、总体编辑构思、选题计划、特色风格等决策，还是中观的稿件选择、作者选择、形式选择等决策，抑或微观的作品内容的优化，编辑都需要用理性的透镜去透视和审视编辑活动，用正确、全面、客观、公正的标准进行编辑决策，排除一切主观非理性因素，不以传统习惯行事，不随大流，不凭经验，不感情用事，消除一切私心杂念，保持头脑高度的冷静，以保证作出准确的编辑决策。

首先，要提高理性决策的意识。编辑的非理性决策影响面很广，比如，由于编辑的非理性选择，会将看似平平淡淡，只要加以润色和修饰，就会光彩夺目的作品拒之门外；会失去有才华的作者；会使作品内容粗制滥造；会形成成一种死板的、僵化的、老套的决策行为方式等等，不仅影响出版质量，也影响编辑自身的成长和发展。因此，编辑要提高理性决策意识，规避主观非理性因素，使自己的决策行为朝着既定的决策方向发展。其次，要调整自己的情感和情绪。辩证唯物论告诉我们，感性认识是对事物的初级的和表象的认识，它只有上升为理性认识，才能反映事物的本质和内在联系。因此，编辑切不可用自己的情绪或情感来代替自己的理性思考和分析，情绪化地、盲目地、简单地对问题作出决策，也不可仅凭自己的感觉、习惯来采取决策行为。最后，秉承科学理性的职业态度。一个编辑只有端正职业态度，从理性的角度审视编辑工作，才能提高编辑理性，才能做出准确的理性的编辑决策。中共中央、国务院《关于加强出版工作的决定》指出："编辑工作是整个出版工作的中心环节，是政治性、思想性、专业性很强的工作，又是艰苦、细致的创造性劳动。编辑人员的政治思想水平、知识水平和业务能力的高低，直接影响出版物的质量。"可见，编辑工作不是雕虫小技，稍有不慎，就会影响全局，容不得丝毫随意和马虎。因此，编辑要树立强烈的责任意识，秉承科学理性的职业态度，敬业自律，理性从事编辑活动，做一个理性编辑。

## 四、结语

在信息爆炸的新媒体时代，快餐式阅读、浅阅读、阅读泛娱乐化等已经成为大众最常用的阅读方式，编辑的门槛也越来越低，一些编辑为了迎合大众的需求，片面追求经济效益，迷失了编辑理念，非理性地进行编辑活动，造成图书选题泛娱乐化、新闻化现象的发生。过多的“文化垃圾”破坏了人们对于阅读的主动性，使人们形成一种欲罢不能的阅读惰性，获取的知识趋于浅薄与平庸。因此，提高编辑的文化修养，坚守文化底线，以科学的理性精神从事编辑事业，是每个文化工作者义不容辞的历史使命和责任担当。这就要求每一个编辑树立科学理性的编辑理念，坚持编辑理性，坚定自身的信念和理想；构建科学理性的知识理论体系，提高自己的专业理论水平和文化修养；坚持科学理性的编辑决策，秉承科学理性的职业态度，坚守编辑职业道德，体恤作者、服务读者，多出原创精品和力作，从而提高和引导大众的文化素养和精神追求，推动出版事业向着健康化、精品化的方向发展，为提高国家文化软实力，建设文化强国、出版强国贡献自己的力量。

（作者单位：吉林大学出版社有限责任公司）

# 继续教育模式下“雁阵型”编辑人才团队构建路径

杨　晨

习近平总书记在党的二十大报告中强调“加强全媒体传播体系建设，塑造主流舆论新格局”。随着数字技术的快速发展迭代，新媒体技术日益成为宣传思想工作中的重要方式，互联网与多种信息技术平台也日渐成为宣传工作的重要阵地。在我国新媒体行业高速发展的背景下，出版业也朝着数字化方向发展，因此也对出版工作的核心“编辑”产生了新的需求。

## 一、数字时代与编辑工作的互动

在“变”与“不变”的辩证法中，“编辑”工作同样蕴含着“变”与

"不变"两方面。一方面，数字时代，内容为王。丰富与生动的内容是数字文化生产最主要环节。从精神文化资源的发掘、采集到编辑与制作，编辑要严把精神文化生产的第一关。另一方面，优质的内容必然是有着适宜的呈现形式的内容，从图画到文字，从文字到图像，乃至今天的VR/AR等数字和新媒体技术，无不呈现着技术进步对内容呈现方式的影响。在"变"与"不变"中，既有编辑一直以来对"内容为王"的初心的"不变"坚守，也有编辑们对"变"的执着追求。

此前，中共中央、国务院印发的《数字中国建设整体布局规划》强调，要深入实施国家文化数字化战略，建设国家文化大数据体系，形成中华文化数据库。提升数字文化服务能力，打造若干综合性数字文化展示平台，加快发展新型文化企业、文化业态、文化消费模式。以互联网为代表的新兴技术不断涌现，文化与科技深度融合，使得出版产业的发展格局、规模结构、发展方式等都发生了巨大的变化。加快发展文化新业态，加速出版业变革已经成为实施国家文化数字化战略的重要任务。

每一位编辑都是一座"富矿"，数字技术的发展为一座座"富矿"的开发带来了更多可能。数字时代的编辑必须具备崭新的思维和开阔的视野。既要有"内容为王"的坚持，还要牢牢掌握数字文化新业态这个实现文化产业高质量发展的重要抓手。以数字技术赋能文化产业，为文化强国建设按下"加速键"。

## 二、通过继续教育打造"雁阵型"编辑人才团队

党的二十大报告就"实施科教兴国战略，强化现代化建设人才支撑"进行专项部署，强调必须坚持人才是第一资源。因此，建设社会主义文化强国，实现文化产业高质量发展，其关键之一在于在精神文化领域拥有丰富的人才资源。对人才工作而言，教育是其前端，是培养潜在人才，发掘新型人才以及赋能传统人才的关键所在。就编辑工作而言，编辑不是一次

成型的“速成品”与“快消品”，而是需要不断在实践中磨炼、在继续教育中成长、在新形势下不断突破的宝藏型与再生型人才。数字时代下，通过继续教育不断培养编辑应用数字和新媒体技术的能力已成为编辑工作的重要内容，也是每一位编辑实现新突破的重要渠道。

通过继续教育不断培养编辑应用数字和新媒体技术的能力，必须把牢政治方向，坚持党对出版工作的全面领导。这就要求我们抓数字出版与学习新媒体技术时必须首先注重党的宣传出版工作方向，在利用数字技术时必须警惕“技术泛化”和“数字利维坦”，警惕出版工作在数字时代与现代商品经济的叠加下面临的商品化、娱乐化的冲击，始终坚持党管出版的原则，时刻坚守社会效益第一位，社会效益与经济效益相统一的原则。

通过继续教育不断培养编辑应用数字和新媒体技术的能力，必须抓住“人才队伍”这一重中之重，打造人才团队。与传统出版相比，数字时代背景下的数字出版更加突出编辑团队的作用，一个拥有强大核心、分工明确且又团结高效的编辑团队将是数字出版工作的核心人才资源。对此通过继续教育不断培养编辑应用数字和新媒体技术的能力，打造“雁阵型”编辑团队，可以从以下几方面着手。

一是以“老编辑”为核心和“头雁”，以“老＋新”的模式构建“雁阵型”人才队伍基本框架。一个编辑从入行成长到成熟需要多年实践的不断打磨，其在不断实践过程中形成的丰富经验是教科书所不能涵盖的。因此，在继续教育的过程中，以数名经验丰富的老编辑为核心和“头雁”，以老编辑的丰富经验结合数字与新媒体技术构成团队的基本框架，才能实现编辑团队的稳固发展与持续壮大，才能实现人才的聚集和优化配置。

二是以技术团队和营销团队为主，构建“雁阵”两翼，为团队的数字化出版实践提供保障。在数字技术快速发展背景下，出版业编辑队伍当前还存在结构性不足，编辑人才的知识结构与行业发展不相匹配的问题，究其原因，数字技术其专业壁垒较强、学科跨度较大、实践成本较高等特点决定了其难以通过短暂的学习而快速掌握，但同时，出版业对其的客观需求也促进了数字技术领域人才与编辑行业的跨界融合。因此，在继续教育的过程中，编辑需对数字技术有一定的了解，对数字技术的特点与应用模式有一定掌握。同时，数字技术领域的人才亦可积极尝试跨界发展，与出版业深度融合。如：掌阅、喜马拉雅同部分精品图书开展跨界合作，实现了优质内容与先进技术的有效整合。

在营销团队的建设方面，数字技术的快速发展正在为宣传营销不断加速，宣传与营销的成果也逐渐成为促进数字技术不断升级的重要力量。在数字媒体时代，有效地“发声”才能实现更好地“发光”与“发热”。因此，在编辑的继续教育过程中，一方面，要高度重视宣传营销工作，培养编辑愿发声、想发声、敢发声、能发声和会发声的能力，逐渐培养能“发好声”的团队。另一方面，要高度重视人才与平台的结合，重视微博、微信公众号、抖音、快手、小红书乃至自有 APP 等平台的运营与运作模式，为好书找好平台，让好平台更好地服务好书。正如凤凰出版传媒集团股份有限公司总经理佘江涛指出的，内容在自己手上，营销话语权完全交给别人，是不可接受的分裂。对出版单位而言，新媒体营销还是要以内容矩阵为主，但必须逐步以自有新媒体营销为主。同时，营销平台必须定位清晰，文字、图像、音视频专业能力强，具有聚合用户（高级一点的是粉丝）和社区（高级一点的是社群、书友群）的能力，以及汇聚、重组用户提供内容的能力。

三是以强调跨学科和跨领域的专业人才为“雁尾”，为数字时代的编辑出版工作提供更为坚实的保障。数字和新媒体技术催生了文化创新矩阵，提升了文化的表现力，整合了海量的文化数据资源，强化了文化资源与内容的可感知性。海量的资源、丰富的途径以及如毛细血管网般的发行与消费渠道在带来行业的全面升级的同时也带来了日渐增加的版权保护风险。因此，在继续教育的过程中，不仅要持续强化编辑的版权保护意识，让编辑了解数字技术视域下潜在的版权保护风险与应对措施，细化版权权属分工，出版单位也应加快制定新业态下的版权保护制度，充分保障出版单位与编辑的权益。同时，还应制定相应的人才队伍扩展模式，打破传统的“编辑＋其他专业”模式，大胆创新“其他专业＋编辑”的模式，不断

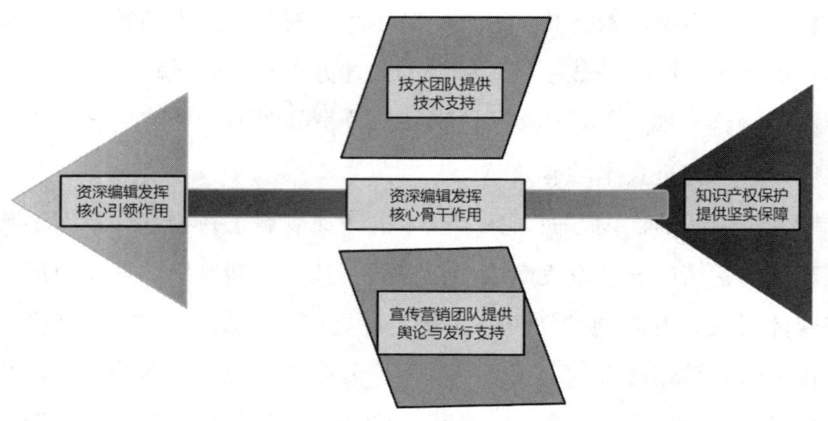


“雁阵型”编辑团队组织及分工构成

将其他专业，特别是法律或版权保护领域的优秀人才吸收到编辑的人才队伍中来。

## 三、继续教育与“雁阵型”编辑团队的互动发展

### （一）教育、科技、人才三位一体，打造继续教育的内外双循环

“雁阵型”编辑团队不仅是继续教育致力于实现的目标与客体，同时其本身也是继续教育持续深化的主体，一是因为“雁阵型”团队本身的构成就是一个新技术与新内容双向互动，纸媒介与新媒体跨界融合的产物。因此，其作为一个团队既有核心领导又有跨界专长，同时不同专长在团队配合中也在交流思想，融会贯通，实现了内部的继续教育。二是团队自身在不断发展过程中基于自身的特长或技术优势本身亦可不断产生新知，从而使自身成为继续教育的主体，正是在主客体的“双向奔赴”中实现了继续教育、数字技术与编辑人才三位一体的不断发展进步。

### （二）教育、科技、人才三位一体，以团队内部灵活调整适应数字化发展趋势

2022年，中共中央办公厅、国务院办公厅印发的《关于推进实施国

家文化数字化战略的意见》明确要求“加快文化产业数字化布局”，党的二十大也首次将“实施国家文化数字化战略”写入报告。新一轮科技革命和产业变革是进行时而不是完成时，其发展模式与构建的新业态正在不断对人们的生产生活以及精神文化活动产生深刻影响。唯有不断创新以适应发展才能不断把握世界的深刻变革。因此，“雁阵型”编辑团队内部也始终处在不断创新发展与变化调整中，其内部的发展始终离不开继续教育的不断推进，其主要关系有以下几方面。

其一，以继续教育不断促进团队核心的思想革新与理念创新。“沧海横流显砥柱，万山磅礴看主峰。”团队的发展方向与发展模式关键取决于团队的核心。在继续教育的过程中，不断促进团队核心的思想革新与理念创新，团队才能在技术与理念快速发展的时代中准确把握时代的脉搏，团队才能在数字化的浪潮中不断创造出符合人民群众精神文化需要的文化产品，创造出无愧于时代的文化事业。

其二，以继续教育不断促进团队“两翼”的专业化水平提升。专业的事情应由专业的人完成，一枝独秀不是春，百花齐放春满园。没有完美无瑕的团队，“偏科”也成就不了团队的未来，只有在不断的培养教育中磨砺专业技术，以专业技术不断促进团队整体的发展，才能实现团队整体对个人的“反哺”。

其三，以继续教育实现团队的综合化与专业化。团队必有其特长，培养特长与综合化发展是辩证统一的。在不断的实践锻炼中，受到人才构成、现实发展以及理念创新等因素的影响，不同的团体必然会产生不同的优势领域。加强继续教育，既能不断放大团队的优势，又能不断弥补团队的短板，从而实现特长与综合化发展的有机结合，共同发展。

**（三）教育、科技、人才三位一体，有效适应中华文化“走出去”发展需求**

跨专业、媒介的融合以及技术因素跨文化的共同性在让“阅读”变得更容易的同时也进一步推动了文化的传播、交流与融合，为中国故事和中国声音的全球表达提供了更多可能的模式与渠道。因此，通过继续教育打造“雁阵型”的编辑人才团队也将为“走出去”工作的持续发展不断注入新的活力。

其一，以资深编辑为核心和“领头雁”的编辑团队具有更好的优质内容发掘与把控能力，其丰富的一线工作经验使得其拥有更好的团队管理与项目把控能力，从而能够将优质的内容运营好。其二，跨专业多特长的团队构成更有助于打造独特文化 IP 并发掘更为适宜的呈现模式。通过挖掘文化资源，提炼文化符号，持续完善文化 IP 的形象与文化内核，在培养受众群体的过程中不断丰富自身的 IP 矩阵，以超级 IP 讲好中国故事，从而让传统与现代融合，让国内和国际融合，从而构筑起具有中国特色、国际视野的出版格局。

**（四）教育、科技、人才三位一体，筑牢文化产业高质量发展的人才根基**

党的二十大对“推进文化自信自强，铸就社会主义文化新辉煌”进行了战略部署，将社会主义文化建设的时代使命提升到新的历史高度。利用继续教育的良好机遇，打造“雁阵型”编辑团队，不仅是编辑团队自身的持续发展，同时也将有助于出版业推动文化产业高质量发展。首先，“雁阵型”编辑团队有效结合了老中青三代编辑，并通过合理的组织与结构从而实现了不同年龄段编辑的有效配合。“雁阵型”编辑团队的构想牢固树立了以“内容为王”为核心的指导方略，同时结合现代化的传播与呈现模式，并配以知识产权保护为核心的辅助团队，三者三位一体而又能实现有效结合，从而高效助力文化产业实现高质量发展。

## 四、结语

习近平总书记指出，推动媒体融合发展、建设全媒体成为我们面临的一项紧迫课题。同样，在出版界，融合出版已成为推动我国出版界高质量发展的关键，走好融合之路既是时代所需，亦是发展所急。在新的起点上继续推动文化繁荣、建设文化强国、建设中华民族现代文明，是新时代的编辑在新时代新的文化使命，强化数字赋能，在继续教育中不断解放思想，创新理念，才能更好适应文化数字化的发展大趋势，实现党的文化事业高质量发展。

（作者单位：山西经济出版社有限责任公司）

# 按需施教，注重实效

## ——编辑继续教育培训存在的问题及创新发展路径探析

陈青丽

1995年国家人事部印发了关于《全国专业技术人员继续教育暂行规定》的通知，提出要对专业技术人员实施继续教育。2010年原新闻出版总署颁布的《出版专业技术人员继续教育暂行规定》指出继续教育的目的是“促进出版专业技术人员坚持正确出版方向，不断增加、补充、拓展专业知识，提高业务技能，提高创新水平和专业技术水平”。并提出继续教育的基本原则为“以人为本，按需施教；突出重点，提高能力；加强指导，创新机制”。2020年9月《国家新闻出版署、人力资源社会保障部关于印发〈出版专业技术人员继续教育规定〉的通知》（以下简称《规定》）指出“必须坚持以习近平新时代中国特色社会主义思想为指导，紧紧围绕新时代宣传思想工作……打造政治过硬、本领高强、求实创新、能打胜仗的出版专业技术人员队伍，为推动出版业持续繁荣发展提供人才保证和智力支持”。并指出继续教育工作应当遵循“服务大局，按需施教；提高能力，注重质量；改革创新，注重实效”的原则。

编辑继续教育提出并实施多年以来，为出版业培养了大批优秀的专业技术人才，对编辑人才队伍建设起到了重要的促进作用。但因为起步较晚的缘故，我国的编辑继续教育工作虽然取得了一定的成效，但整体培训效果不尽如人意，尚存在一些问题，有些问题已成痼疾，虽久被呼吁，但因种种原因一直悬而未决。习近平总书记在党的二十大报告中提出“深入实施人才强国战略”，在此大背景下，编辑队伍的高质量发展已迫在眉睫，而作为建设高素质专业化出版专业人才队伍的基础性战略性工作的继续教育，也应顺应时代、补足短板、优化整合、创新发展，为推动出版业持续繁荣发展提供人才保证和智力支持，打造出一批批大国工匠，从而更好地为人才强国战略服务。

## 一、继续教育培训存在的问题

### （一）培训方式较单一

《规定》中提及了参加相关专业学历教育，承担出版类研究课题或科研基金项目，发表相关学术论文或公开出版相关的学术著作、译著和整理古籍图书，参加编校大赛获得优秀以上等次等继续教育培训方式，这些方式的目的是鼓励编辑参加学历教育、开展出版类课题研究、发表论文、参加编校大赛，确实有助于提升编辑的职业能力和专业水平。但这些方式通常对编辑的年龄和能力有较高的要求，不少编辑只是忙于日常编校工作，能够投入日常工作之外的精力很少，大部分编辑只能接受传统的授课培训。

而目前，我国的编辑继续教育培训方式大多为以专家讲授、学员听课的培训班、讲座形式，近几年也有网络培训形式出现，但由于其交互性功能欠缺、监督环节缺失及人们惯性思维等诸多因素的影响，应用还比较少。由于线下培训班的开设一般都是省级部门统一协调开展，基本都会涉及十几家乃至几十家出版机构几百名编辑，因此在时间、地点上局限性都很大。有的编辑因为社里工作量大、赶稿期会不得不带着书稿去培训，其培训效果可想而知。另外，这种满堂灌的培训方式，因为受时间的限制，参与培训的编辑很难有机会与授课的专家进行互动交流。

**（二）培训内容缺乏针对性、不够全面、不成体系**

目前的培训班、讲座式的编辑继续教育培训大多为几百人的大班型集中培训，其讲授内容大多包括政治导向问题、编校质量差错问题、版权问题、语言文字规范、融媒体等。年年基本如此，缺少实战培训、选题策划、组稿、数字编辑、新媒体技术应用等更贴近编辑实际需求的培训内容。如编辑在编辑加工、校对稿件的过程中都会用到黑马软件，但是有关黑马软件的应用都是以老带新地了解个大概，就跑一遍完事儿，其中的很多功能都不会使用。这就会造成资源浪费，也会加重编辑的工作量、降低工作效率。

有的培训教师连续多年都参与讲授，但其讲授内容却大同小异，更新内容较少。这就难以引起学员的兴趣，其培训质量和效果就大打折扣，这也凸显了培训内容的重复性和不成体系性。而参与培训的人员，从级别看，既有刚取得编辑证的新编辑，也有已取得编辑证三五年的编辑，更有已做编辑工作多年的资深编辑、副编审、编审等；从出版类型看，既有期刊编辑，也有图书编辑、报社编辑等。另外，不论是期刊编辑还是图书编辑其所在出版机构的出版物所涉内容更是千差万别。而这么多出版机构的编辑一起参加培训，对培训机构及培训教师来说确实也很难做到分门别类、有层级、有针对性地设置培训内容。这就使得培训未达到《规定》的“按需施教，注重质量，注重实效”的原则，有些流于程式化。培训内容上存在的问题在早期的相关研究中已反复被提及，至今仍悬而未决，已成痼疾。

目前与编辑继续教育原则相应的具体细则如继续教育培训内容大纲尚未出台，又无相应的配套培训教材，因此也造成培训机构及培训教师无授课大纲可依，无具体教材可用；参与培训的人员亦无较为系统、专业的资料可参考，单纯靠笔记、脑记，也致使培训效果不尽如人意。

**（三）监督考核机制有待完善**

赵怡欣等在《中国报业》中指出："编辑对接受继续教育的紧迫性、重要性缺乏足够的认识，部分编辑业务能力薄弱，使命意识和责任担当不够强，缺乏开拓进取的精神，存在职业倦怠感。"由于平时的懈怠惯性，致使其继续教育意识淡薄，缺乏积极性，对培训效果无所谓，只要能拿到学时即可。受传统教育思想的影响，出版机构更倾向于在招聘时就挑选拥有较高学历和文凭的人，对员工后期的培养消极懈怠，看重眼前利益而轻长远利益，进而导致出版机构对编辑继续教育的管理过于懈怠，消极采取奖惩考核措施。很多出版企业缺少对编辑的考核机制和激励政策。培训机构或组织部门则抱着完成任务即可的态度，大部分就是培训前签到，培训中有监督人员在会场视察，对继续教育培训效果缺乏必要的考核机制以及科学标准，因此无法对编辑继续教育培训内容和培训效果进行评价与认定。三方合力的结果直接导致培训效果大幅度弱化。

**（四）相关研究不足且无持续性**

首先，编辑继续教育研究学术地位尚未建立。笔者在知网上以"编辑继续教育"为主题查询了1995—2010年、2011—2020年及2021—2023年三个时间段的论文研究数量，分别为47条、82条和8条，平均每年发表3篇、8.2篇和3.2篇（2023年按半年计）。这个数据说明了自编辑继续教育开展以来，业界、学界对其进行的研究一直比较少，这说明不管是业界还是学界对编辑继续教育关注度都不高，研究氛围淡薄，未形成体系。

其次，相关编辑继续教育的研究人员少，结构不合理。笔者又查询了这些作者的所在单位，2011—2020年及2021—2023年中发表的这些论文，其对应作者所在单位大部分为出版社，分别占44位和5位。另外，也有杂志社、期刊社、报社，他们的总和分别为14位和1位。由此可见，对编辑继续教育进行研究的大多是各出版机构的编辑，其他社会性研究甚少。而且这些研究也基本无连续性，都是为了评职称等而进行的一次性研究，后续的跟进研究也很少。这种研究难以跨越实践层面，上升到理论高度，形成理论体系，对继续教育培训实践没有持续的促进作用。

### （五）其他问题

除了以上问题，编辑继续教育还有无证者不让参与培训、培训师资水平参差不齐等问题。《规定》总则中有“包括出版物选题策划、内容编辑加工和校对、装帧和版式设计、信息资源集成开发、编务印制和质量管理、版权运营、出版物营销等专业技术人员继续教育，适用本规定”。这说明除了编辑部的编辑之外，出版部、营销部、宣传部等部门的工作人员也应该参加培训，但因为这些部门的工作人员不强制取得编辑证，所以大多被排除在外，无法参与继续教育培训。另外，新入职的人员因没有取得编辑证，目前来看一般是不让参加继续教育培训的，但是从培养人才“有教无类”的观点来看，这些人员也应该被允许参加编辑继续教育培训。

## 二、继续教育培训创新发展路径

### （一）丰富培训方式

首先，各省级相关组织部门应大力提倡《规定》中所提及的参加相关专业学历教育，承担出版类研究课题或科研基金项目，发表相关学术论文或公开出版相关的学术著作、译著和整理古籍图书，参加编校大赛获得优秀以上等次等继续教育培训方式，多措并举，激发编辑的学习积极性，形成一个课堂学习和自主研究相结合、多方激励与锐意进取互促进的高效继续教育培训模式。

其次，笔者认为内容日益丰富、课程设计科学、技术日臻完善、成本低廉、考核方便的网络培训可作为培训班、讲座式培训的有益补充，甚至可以成为今后编辑继续教育培训的主要方式。庄亚华在《出版专业责任编辑继续教育培训乱象分析》一文中指出“国家新闻出版广电总局研修学院（培训中心）开发了可供学员在线学习的课程，课程内容涉及学习贯彻党的十九大精神、政策法规专题、编辑业务基础知识……400多门网络课程，课程内容几乎涵盖了整个编辑出版的专业知识”。而且目前的在线学习平台进行了技术升级，编辑可以随时随地进行学习，每门课程学习完成即可自行考核，且系统会自动记录学时，登记及续展注册无须再提供学时证明，手续更简单。

再次，在面授培训课程中可增设与专家互动交流环节，让编辑有机会将其在实践中遇到的问题与专家进行面对面的交流，这样既可提高编辑听课的积极性，也可有效解决实际问题，进而达到理想的培训效果。

最后，各出版机构、相关培训负责部门及培训机构也应大力开发移动端微信小程序、公众号平台，慕课（MOOC）、微课，乃至“云课堂”“云教室”等融媒体培训教育资源，使培训形式更加多样化，更加便于广大编辑按需择优学习。

**（二）有针对性、系统性、全面地设置培训内容**

首先，应添加有关审稿、选题策划、组稿、编辑加工、校对等实战培训和有关新媒体技术应用、数字编辑、融媒体等新技术的培训，这些更贴近编辑的实际需求，可以切实帮助编辑提高相关技能，从而提高工作效率。对黑马软件、善锋软件和方正智能校对等软件的应用实战培训，也应列入培训内容，相信会受到广大编辑的欢迎。

其次，笔者认为有针对性、系统性地设置培训内容尚需下大功夫。国家新闻出版署或各省级新闻出版主管部门应分门别类、按层次、成体系、有针对性地设置培训大纲，组织专家挑选、编写培训教材，让培训教师有大纲可依、有教材可用，让参与培训的编辑也有资料可参考，形成有着多元化、菜单式课程的长期培训机制，来满足编辑的多样化需求及出版行业快速发展的实际。

最后，在有大纲可依、有教材可用的前提下，按不同需求分层级分内容、成体系地对编辑进行培训。如，对于从事编辑工作时间不长或刚拿到资格证的编辑，应组织他们参加有关编辑职业道德、出版法律法规等方面的培训。对于已从事编辑工作多年的编辑，可着重培养他们的选题策划、编辑加工、宣传推广、营销等专业技能；随着互联网出版、数字出版等出版形式的发展，可着重提升他们对新的出版理念、出版模式、出版动态知识的了解掌握，重点培训新媒体技术以适应融合发展的要求；随着中国读物出版"走出去"，也应该培养有关国际版权贸易的高技术人才，对外讲好中国故事。

### （三）建立监督考核机制

田春霞在《基于需求导向的编辑继续教育培训的问题与对策》中指出"新闻出版管理部门应加强对编辑继续教育培训的前期审核与后期追踪……切实保证培训内容符合编辑工作实际需要"，新闻出版管理部门还应制定合理的编辑培训考核机制，考核机制可以是考卷形式、编校大赛形式，也可以是论文等形式，以考核促进编辑的学习动力，进而提高培训的效果。建立师资评价体系，对授课教师的上课效果进行评价和追踪，并形成反馈机制，如课后全体学员在培训系统中给授课教师打分，或者以问卷调查的形式让学员从多方面给授课教师以评价等。

### （四）调动相关研究，注入发展活力

首先，应采取积极措施，吸引学界对编辑继续教育的关注，营造浓厚的研究氛围，将以业内为主的实践研究上升至理论高度，形成理论体系，进而以理论促实践，以研究促教育，更好地发挥继续教育研究的促进、监督和导向作用，进而推动我国编辑继续教育培训良性发展。

其次，也应积极开展对业内人士的调研，如培训组织部门、培训机构、培训专家、参与培训的广大编辑及出版机构的相关人员，对编辑继续教育进行研究，比如以调查问卷、征文活动、研究课题等形式深入调查业内不同部门对继续教育的实际需求。在吸纳各方建议的基础上制定出最科学、符合多方需求的培训计划、方案，乃至体系。

## 三、结语

编辑继续教育培训既是编辑实现自我提升的内在需求，也是出版单位实现良性发展的必然要求，更是深入实施人才强国战略，为国家培养高素质专业化出版专业人才队伍的途径之一，并将最终推动终身学习理念和学习型社会的形成和完善，繁荣社会主义文化，助力人才强国战略建设。

（作者单位：大连海事大学出版社）

# 编辑继续教育的现状与进路

## ——兼述对《出版专业技术人员继续教育规定》的理解

杨宁巍　王子依

党的二十大报告将建成人才强国、文化强国纳入2023年我国发展的总体目标。出版业作为文化产业的重要组成部分，以编辑人才为第一资源，融合了文化与人才两项基础要素，是增强国家文化软实力的重要发力点。出版专业技术人员继续教育是建设高素质专业化出版人才队伍的基础性战略性工作。[①] 分析以编辑为主要对象的继续教育现状，探寻编辑继续教育发展的创新路径，具有重要的现实意义。

---

① 参见国家新闻出版署、人力资源社会保障部:《关于印发〈出版专业技术人员继续教育规定〉的通知》，见 https://www.nppa.gov.cn/xxfb/tzgs/202009/t20200928_666220.html。

## 一、关于编辑继续教育发展环境的审视

### （一）新时代对编辑继续教育提出新课题

出版工作作为党的宣传思想文化工作的重要组成部分，是促进文化繁荣兴盛、建设社会主义文化强国的重要力量，肩负着举旗帜、聚民心、育新人、兴文化、展形象的使命任务。

在国内外环境深刻变化、新技术新业态蓬勃兴起的今天，我国出版业处于从数量规模扩张向质量效益提升转型的关键期。[①] 传统媒介与“新媒介”之间，正在技术发展的驱动下完成“媒介制度化”，并持续催化社会场域发生巨变。[②] 同时，新知识的不断涌现提高了各领域交融程度，模糊性学科研究及应用逐渐增多，内容产品呈现形式得到极大丰富，技术赋能下的媒体融合趋势倒逼传统出版流程再造。

打造出版铁军，确保出版人才队伍的政治素养与职责使命相匹配，业务能力和知识创新相适应，培养造就一支担当新时代出版使命，政治过硬、本领高强、求实创新、能打胜仗的高素质专业化出版人才队伍，是当前发展出版事业的重要方面。如何通过继续教育提升编辑人员综合素质以顺应新时代的新要求，成为编辑人才队伍建设的紧迫课题。

### （二）发展编辑继续教育工作的政策牵引

早在 20 世纪 90 年代，就有学者提出应重视编辑人才的继续教育。2010 年，我国第一部关于编辑继续教育的专项政策法规《出版专业技术人员继续教育暂行规定》（以下简称《暂行规定》）出台；在此基础上，2020 年修订颁布了《出版专业技术人员继续教育规定》（以下简称《规定》）。继续教育规定的出台与修订，体现了党和国家对这项工作的日益重视。

---

① 参见人力资源社会保障部：《〈出版专业技术人员继续教育规定〉政策解读》，见 http://www.mohrss.gov.cn/xxgk2020/fdzdgknr/zcjd/zcjdwz/202009/t20200929_391932.html。

② 参见黄旦：《媒介变革视野中的近代中国知识转型》，《中国社会科学》2019 年第 1 期。

根据人社部的政策解读，《规定》在修订过程中按照有关文件精神系统全面梳理了中央关于人才工作和专业技术人员继续教育工作的新要求。① 值得注意的是，“服务大局，按需施教”被确立为编辑继续教育工作的首要原则，要求把政治能力建设贯穿全程，充分凸显了继续教育的政治站位。②

此外，修订工作还对《暂行规定》中涉及的继续教育内容与形式进行了补充和细化。其中，继续教育的内容被划分为公需科目和专业科目，且“专业知识”的范畴相较于以往得到了较大拓展，更加符合当前编辑工作应用所需。这样的内容分配方式，体现了党和国家对出版专业人才能力建设的总体要求，也为继续教育工作的开展指明了方向，即此项工作所培养的编辑人才应在具备过硬政治本领、较高道德法治修养及自觉职业操守的基础上，有针对性地提升与实践领域相适应的专业素质及创新能力。在继续教育的形式方面，《规定》进行了较大程度的调整和进一步规范，增设了承担研究课题、发表学术论文、讲座授课等多种选择维度，以体现继续教育目标的导向性、层次性和实效性，鼓励编辑重视出版专业能力和学术科研能力的培养与锻造，努力成为专家型、学者型编辑。③

**（三）接受继续教育是编辑的迫切需求**

在日益复杂的国际格局之下，出版战线亟须增强政治敏锐性和政治鉴别力。④ 而新媒体平台凭借“算法”对信息定制式投放、裂变式传播的技术优势，对作者、IP 及受众等资源的抢占及转化能力、效率远高于传统出版行业。职业使命要求编辑在信息泛滥的环境中甄别和获取有效内容，

① 参见人力资源社会保障部：《〈出版专业技术人员继续教育规定〉政策解读》，见 http://www.mohrss.gov.cn/xxgk2020/fdzdgknr/zcjd/zcjdwz/202009/t20200929_391932.html。

② 参见韩曙明、赵慧君：《推进出版专业技术人员继续教育务实发展——〈出版专业技术人员继续教育规定〉初探》，《出版广角》2021 年第 21 期。

③ 参见陈汉轮、毛红霞：《我国编辑继续教育政策演变、突破与建议》，《中国出版》2022 年第 6 期。

④ 参见国家新闻出版署、人力资源社会保障部：《关于印发〈出版专业技术人员继续教育规定〉的通知》，见 https://www.nppa.gov.cn/xxfb/tzgs/202009/t20200928_666220.html。

弘扬主旋律、传播正能量、防范意识形态风险，“社会效益首位”是其必须始终秉持的原则。

随着技术与经济的快速发展，人们的精神文化生活呈现出更多元的需求，出版业态的加速演进使编辑人员所具备的能力与实际工作要求间存在脱节，对新知识的掌握、新技术的应用、综合能力的提升路径往往难以有系统清晰的认知，编辑队伍面临诸多新的挑战。媒体融合要求编辑在受众注意力上与新兴媒体展开博弈，对内容产品价值进行挖掘延伸和应用增值。同为内容类产品，传统出版物因其自身属性较之快节奏的新媒体内容应具有更高质量，以体现专业性、权威性、系统性。这使得编辑在适应新媒体技术环境的同时，仍要坚持追求出版物内容品质的提升与自身专业技能的精进，由此常常陷入及时处理信息与专注打磨产品的两难境地，极易产生职业倦怠。诸多因素共同作用下，编辑需具有的能力结构变得复杂，角色边界模糊、漂移，职业异化的风险逐渐增加。编辑身为在职人员，较少有机会在能力瓶颈阶段回到学校专门深造，继续教育作为出版业践行人才强国战略的有力举措，应为编辑人员提升自身综合素质锚定明晰方向、提供有效途径。

## 二、现阶段编辑继续教育工作的局限

在当前出版实际中存在这一普遍现象，即编辑出版专业人员对编辑工作及相应知识技能的理解和掌握较为全面，但往往缺乏其他专业领域的学科素养；而专业学科背景的编辑人员虽然具有相对完善的学科知识储备，却不免在编辑出版方面暴露出职业技能上的欠缺，编辑出版人才市场需求与高校编辑出版专业人才培养现状呈现错位性偏差。① 继续教育属于职业教育范畴，应在二者间起到中介调节效用。作为针对编辑进行的以政治理

① 参见曹再信：《编辑继续教育的改革创新路径》，《出版发行研究》2019 年第 2 期。

论、业务知识、技能训练等为内容的教育活动，继续教育是编辑这类较高学历在职人员补充、拓展新知识、新技能，增强专业水平和创新能力的重要渠道，为编辑提升自身综合素质的迫切需求提供了有力支持①②，但仍存在一些局限，主要集中在以下几个方面。

**（一）课程的系统性不够**

目前最常见的继续教育方式是编辑培训讲座，单次培训的时长通常控制在 3 小时以内，对于某一类型或领域的内容无法进行深入、系统的讲解和探讨。单调的信息传达路径使教学内容的“到达率”和“有效率”随“空间”与“时间”的变化推移，出现不同程度的损耗和衰减。编辑大多在课上认真听讲、做好笔记，但由于缺乏对所学内容本质内涵的深刻理解，时间一长便会遗忘，难以从根本上完善知识体系，强化底层能力。

**（二）内容的针对性不足**

图书编辑因专业、能力、兴趣、产品类型、职业规划的不同，对培训内容的需求也存在差异。当前的继续教育培训多要求各类编辑集中参训，笼统的授课方式并不能满足不同编辑的实际所需。且由于学时等硬性要求，一定程度上难以避免教与学的“形式化”。部分课程的内容陈旧重复，不仅导致预期的培训效果大打折扣，也额外增加了编辑参训的机会成本。值得关注的是，目前高等教育体系中多授予编辑出版专业文学、情报学或管理学位，整体设置偏文科。③ 从实践来看，专业出版对编辑相应学科领域知识要求较高，出版专业背景的编辑在这一方向上并不具备优势，这点尤以理工类出版为甚。继续教育阶段应起到对学科背景知识进行补充、提

---

① 参见新闻出版总署：《关于印发〈出版专业技术人员继续教育暂行规定〉的通知》，见 https://www.nppa.gov.cn/xxgk/fdzdgknr/zcfg_210/gfxwj_215/201012/t20101206_4640.html。

② 参见孔艳、颜帅、张铁明：《探讨责任编辑的继续教育制度》，《编辑之友》2010 年第 4 期。

③ 参见郝黎明、赵云峰、杨永毅：《出版融合发展新业态下编辑的继续教育——以教育出版为例》，《科技与出版》2015 年第 11 期。

高和跟踪学科进展的作用[①]，而现实的情况表明，专业学科知识尤其是学科前沿进展的获取渠道在现有的继续教育中占比极低，编辑提升自身学术科研水平的需求难以得到实质性满足。

**（三）教育的有效途径不多**

《规定》中将继续教育的形式扩充到十种，与《暂行规定》相比，新增的承担课题、讲座授课、命题阅卷等几种继续教育形式，使已经具备较高专业水平的编辑拥有更多选择，减少了工学矛盾，并对编辑专业化发展作出了有益引导。但更为广大的继续教育对象，始终是那些需要通过继续教育途径进一步提升自身专业水平的普通编辑，在其目前所处的能力边界内，接受继续教育的渠道也相对窄化，仍局限于以参加集中授课为主。

**（四）新知识、新技能的培养存在滞后**

《规定》中专业科目内容包含信息资源集成开发，以及与行业发展相关的新知识、新技术、新技能，表明党和国家要求新时代编辑人才应当及时掌握适应新发展环境的新本领。而当前的继续教育培训中较少见到相应课程，即便有也是倾向于介绍或灌输的形式，编辑并不能从中真正实现对有关内容的理解与掌握。

此外，《规定》将每年参加继续教育的学时由原来的 72 学时调整为 90 学时。这意味着面临诸多现实压力的编辑需要抽出更多时间以达到规定学时进而完成续展。一方面是学习的需求得不到满足，一方面是硬性规定的学时使之疲于应付，编辑继续教育的目标与结果间存在一定程度的错位。

## 三、编辑继续教育创新发展的可能路径

《规定》的落实离不开主管部门的引导、规范、管理，更离不开行业

① 参见郝[illegible]、赵云峰、杨永毅：《出版融合发展新业态下编辑的继续教育——以教育出版为例》，《科技与出版》2015 年第 11 期。

本身的自醒、自觉、自律。① 以《规定》为牵引，编辑继续教育的创新发展需要主管部门、培训机构、出版单位、编辑个人等多方面共同发力。

**（一）主管部门及培训机构**

继续教育理念转向发展范式。当前的编辑继续教育以知识灌输为主，忽视编辑的成人学习特征，陷入了偏重知识传递的误区。② 创新的继续教育理念应构建以认知心理学为理论基础的发展范式，更关注编辑对出版活动的深入理解，而不再局限于外在技术性知识的获得，将以“教”为中心转向以“学”为中心，从知识补偿向问题解决和求变创新拓展，促成编辑思维的发展和意识的培养。③

继续教育内容注重统分结合。所谓“统”，即党和国家对当前出版从业人员一系列政治思想和政策法规方面，要统一要求；所谓“分”，即应在坚持提升编辑队伍基本职业素养的原则基础上，根据编辑间学科面向、编龄层次、知识结构、胜任素质等维度的差异，针对性分配教育资源，减少无差别的大规模培训，尽量避免重复内容和信息冗余。如借鉴学术年会的形式，在统一的基础课程结束后，再设置不同细分方向的专题培训，编辑可按照自身需求和兴趣自行选择更深入的学习内容。

继续教育形式趋向动态多元。为了使编辑及时具备适应当前出版工作要求的能力素质，继续教育的内容应更加具有前瞻性、连续性、动态性④，同时匹配更为灵活多元的形式和渠道。例如，与科研院所、高等院校联合设立长期的继续教育学院，编辑利用业余时间在其中进行专业学科类的补偿性或发展性研修。又如，针对政治能力建设可以常态化开设党史

① 参见韩曙明、赵慧君：《推进出版专业技术人员继续教育务实发展——〈出版专业技术人员继续教育规定〉初探》，《出版广角》2021年第21期。

② 参见张怡：《从培训范式到发展范式：我国编辑继续教育的范式变革及其实现路径》，《出版科学》2022年第1期。

③ 参见张怡：《从培训范式到发展范式：我国编辑继续教育的范式变革及其实现路径》，《出版科学》2022年第1期。

④ 参见田春霞：《基于需求导向的编辑继续教育培训的问题与对策》，《出版科学》2019年第4期。

学习、地缘政治分析、政策文本精读等小范围、少量多次的精品课程，帮助编辑构筑底层逻辑、拓宽宏观视野，将逐步建立的认知内化为深层的政治素养，从根本上提升出版实践中的把关意识和“讲好中国故事”的能力。此外，有关人工智能、大数据、区块链等可能引起出版业深刻变革的新技术和新理念也应进行更及时、更系统的课程安排，除了可以尝试参照“发布会”模式推介新技术的短期培训，也可鼓励编辑通过慕课、知识服务产品等线上平台推出的有关课程，自主了解、学习、应用前沿科技知识，并从学费或学时等方面提供支持。

继续教育效果建立反馈机制。当前继续教育课程缺乏自下而上的信息传导机制和自上而下的反应机制，尚未建立对编辑主体需求进行全面考量的调查研究和科学分析渠道。① 构建继续教育效果的反馈机制，可以采用柯氏评估模型从反应、学习、行为、结果 4 个层面对培训进行评估②；也可以通过问卷、访谈等形式，配合技术手段对编辑反馈结果进行信息收集与数据化，从中发现新的需求，搭建“需求—教育—反馈”回路，起到反哺和丰富继续教育内容与形式的积极作用，不断产生组织者与参与者共同进步的“复利效应”。

**（二）出版单位及编辑个人**

《规定》中要求出版单位为继续教育工作提供保障和支持。而由于出版是一个依赖智力资本的行业，出版单位普遍对编辑人才培养和编辑队伍传承格外重视，“师徒制”“导师制”等“传帮带”式的传统培养机制至今仍具有很强的生命力。如果从广义的角度理解“继续教育”，出版单位可以做的应不止于落实《规定》所要求的相应责任和惯例化实行现有的编辑培养模式，而应充分发挥平台的资源优势，使编辑获得教育的方式展现出更多种可能。例如，开展对“翻转课堂”等非常规培训的尝试。“翻转”

① 参见田春霞：《基于需求导向的编辑继续教育培训的问题与对策》，《出版科学》2019 年第 4 期。

② 参见张洽：《从培训范式到发展范式：我国编辑继续教育的范式变革及其实现路径》，《出版科学》2022 年第 1 期。

指培训过程的颠倒，即授课者在培训前将学习任务、学习材料提供给受训者，后者据此进行自学。此后，受训者在“课堂”上展示和分享前期的学习成果与体会，授课者给予适当引导。① 这一教学方式将有效激发编辑自主学习、调查研究、信息处理、人际交往等潜在能力素质的发挥；同时利于编辑对传统继续教育较少涉及，而在实践中比重逐渐增大的产品营销、项目管理、业态分析等方面内容的掌握。又如，关于新技术应用、业务流程再造等内容的继续教育形式，可采用以点带面的方式布局，先在某个与学习内容相关性强的部门进行试点，待确定学习成本与可操作性及应用价值相匹配后再逐步铺开。

就编辑个人而言，编辑是继续教育的目标对象，也是继续教育的受训主体。从广义上讲，编辑的主体性决定了其完成继续教育的动力不应仅仅被动地局限于来自外界的安排，而要有意识地在硬性的培训之外自主构建能力进阶模型，以最大限度满足自身实际所需。专业方向上前沿信息的掌握，依靠编辑对相应领域的主动观照；优质作者资源的积累，有赖于编辑专业水平、沟通能力等多方面的共同作用；文稿中隐性差错的识别，取决于深厚专业功底所积淀的敏感性；等等。这些都是编辑需要持续提升的核心能力，除了通过集中化的培训，更应积极发挥主观能动性开展自主学习。例如，有规划地围绕某一专门方向进行系统阅读，将该领域权威文献转化为培育自身专业素养的土壤②，为发现蓝海选题、赢得作者信任、敏锐识别文稿隐性差错提供知识储备，夯实专业化发展的能力底座。又如，在参与重大项目时，全程关注、记录项目进展，进行总结性思考并形成编辑手记③，不同项目组的编辑在回顾选题构想、内容组织、体例设计、审稿加工乃至营销推广等关键环节的过程中分享心得与经验，进而产生知识

---

① 参见姚贵平：《编辑职业培训的现状调研与对策建议》，《中国编辑》2019 年第 11 期。

② 参见郝振省：《全民阅读与编辑阅读》，《出版发行研究》2021 年第 4 期。

③ 参见郝振省：《研究编辑能力与素养的又一重要标本》，《中国出版》2023 年第 S1 期。

创造的协同效应。

## 四、结语

编辑理论家阙道隆先生指出，编辑工作所承载的社会职能使其从根本上区别于其他思想文化工作，也昭示着编辑工作存在、发展的客观必然性。从更高的角度审视，编辑工作是一种文化工程，它按照一定的规划和标准，把人类创造的精神成果构造成一个国家、一个时代的思想大厦、文化大厦。[①] 编辑人员在这种职业使命的感召下，在出版业因应时代的进程中，应具有识变的敏锐眼光、应变的专业能力、求变的创新意识，努力成为爱学习、擅专业、精本职、专思想的出版人。[②] 为实现这一人才培养目标，编辑的继续教育工作也应坚持创新发展，起到引导、调节、补充、拓展的积极推动作用。

（作者单位：长江出版传媒股份有限公司）

① 参见阙道隆：《论编辑工作的性质》，《编辑学刊》1988 年第 4 期。

② 参见韩璐玥、赵慧君：《推进出版专业技术人员继续教育务实发展——〈出版专业技术人员继续教育规定〉初探》，《出版广角》2021 年第 21 期。

# 刍议责任编辑制度视野下的出版专业技术人员继续教育面授培训

蔡　瑛

责任编辑制度是我国出版事业中的一项基本制度，责任编辑证是责任编辑制度的一个重要的具体体现。无论是责任编辑证的“首次”注册，还是每三年进行一次的“续展”注册都对出版专业技术人员在继续教育面授培训中的学时作了明确规定，并随着社会生产实践的发展变化而进行相应的调整。因此，落实、落地、落细出版专业技术人员继续教育，尤其是面授培训，贯彻好、维护好、发展好以责任编辑证为载体的责任编辑制度，对新时代打造一支高素质的出版人才队伍、构建社会主义现代化出版强国和为人民大众提供高质量的出版服务有着重要的基础保障作用。

## 一、“责任编辑制度”和“责任编辑证”，是出版专业技术人员的“根本要求”和“身份证”

“责”，早在甲骨文中已有记载。上部读音同“刺”，下部为“贝”(货币)，本义为“索取”，引申为“责任”。提到“责任”二字，无形中给人以压力、困难、勇气和担当的心理感受，以及可能由此产生的结果——“奖与罚”。从新中国的社会主义建设到改革开放，再到社会主义现代化强国建设，可以说“责任制”贯穿于中国政治、经济、社会发展的各个领域。尤其是新闻出版领域，从制度到人、再到精神文化产品，“责任制”被发挥得淋漓尽致。如总共50条的《图书质量保障体系》全文提及“责任”二字的共29处，算下来约每两条“规定”就出现一次“责任”。

出版工作是一项集理论性和实践性的综合性工作。随着生产力的发展，社会分工的不断精细化优质化专业化，出版专业技术人员囊括了编辑、校对、设计、印制、营销、发行等在内的出版从业人员。但是，不管社会生产生活如何变化，编辑工作始终是出版工作的“中心”。这一方面取决于“编辑”本身的工作属性，另一方面基于编辑工作在出版工作中所起的关键、核心、保证、基础作用。无论是“火与铅”“光与电”“数与网”的时代，还是人工智能、元宇宙、物联网等外在技术条件不断发展成熟，只要是“内容为王”的信息产品的本质没有改变，那么“编辑”的“核心”就没有改变，对“责任编辑”和“责任编辑制度”的要求也没有改变。

在图书出版过程中，为保障图书出版质量，法律明确规定了必须坚持选题论证制度、图书稿件“三审”责任制度、责任编辑制度、责任校对制度、责任印制制度、责任设计编辑制度、图书重版前审读制度、稿件及图书资料归档制度、对违规出版社和责任人的处罚制度等等，但是在所有这些制度中，都或多或少地存在着“编辑”的工作，编辑所承担的角色也都能将其串联在一起。因而，《出版管理条例》《图书出版管理规定》《图书质量保障体系》中，均明确强调了“编辑”的“责任制度”。如“出版单位实行编辑责任制度，保障出版物刊载的内容符合本条例律的规定”“图书出版实行编辑责任制度，保障图书内容符合国家法律规定”“坚持责任编辑制度”等。

“责任编辑”一词在 20 世纪 50 年代从俄文翻译而来。“本规定所称责任编辑是指出版单位为保证出版物的质量符合出版要求，专门负责对拟出版的作品内容进行全面审核和加工整理并在出版物上署名的编辑人员。”责任编辑一般指对某部（篇）稿件的组织、初审、编辑加工，并对其全面负责的人员。责任编辑对稿件内容、编校、设计、印制全面把关，是图书稿件“三审”责任制度中必须（也是唯一）在成书信息上署名的人。责任编辑是图书（文章）的第一责任人，一旦图书（文章）因某个方面出现问题，责任编辑就是第一个也是最主要被问责的人。同样地，因所编辑的图书（文章）选题独特、立意深远、编校质量优秀等，责任编辑作为幕后的第一劳动者也是首要被表彰奖励的人员。

新中国的出版事业因党而生，为党而兴。经过七十多年的发展壮大，笔者认为“责任编辑制度”已经成为涵盖编辑责任机制、出版专业技术人员职业资格考试及责任编辑注册等内容的成体系的制度。“在出版单位担任责任编辑的人员必须在到岗前取得出版专业中级以上职业资格，并办理注册手续，领取责任编辑证。”自 2002 年开始的全国出版专业技术人员职业资格考试，每年以 40%左右的通过率保障着出版人才队伍的执业水准，2008 年开始实行的责任编辑注册工作，以继续教育培训的方式对出版从业人员每年的政治素养、职业素养、道德素养的不断提升作出了明确要求。

## 二、面授培训，是出版专业技术人员继续教育的压舱石

如果把通过全国出版专业职业资格考试后获得的“出版专业技术人员

资格证（中级）比喻为出版专业技术人员的“户口本”，那么“责任编辑证”无疑是“身份证”。从“户口本”到“身份证”的转化，必须有继续教育的支撑。按照《出版专业技术人员职业资格管理规定》，担任责任编辑的人员，需申请责任编辑注册。申请首次注册、续展注册均需提供继续教育证明材料（面授培训是必要条件），由国家新闻出版署终审通过后领取责任编辑证，未取得责任编辑证的人员不可独立担任图书责任编辑、申领书号。

2021年1月起施行的《出版专业技术人员继续教育规定》第四章“学时管理”第十三条规定“出版专业技术人员参加继续教育的时间每年累计不少于90学时。其中，专业科目学时一般不少于总学时的三分之二”。已经废止的《出版专业技术人员继续教育暂行规定》（新出政发〔2010〕10号）第七条规定“出版专业技术人员每年参加继续教育的时间累计不少于72小时。其中，接受新闻出版总署当年规定内容的面授形式继续教育不少于24小时。其余48小时可自愿选择参加省级以上新闻出版行政部门认可的继续教育形式”。一方面，新规增加了对总学时的要求；另一方面，笔者认为虽然新规并没有明确规定“面授培训”的学时，但实际上已将面授的学时要求提高到50学时。这是因为新规在“学时管理”中明确了学时具体的计算标准，明确规定“参加网络远程培训每年最多不超过40学时”，至于其他9种可以折算为学时的方式对绝大部分出版专业技术人员来说不是能够容易取得的。如“学历提升”方面，现在进入出版单位的基本是研究生，本科生的比例较少，其他从业人员通过学历提升获得学时人员较少且不具有长期性；“承担研究课题”方面，除高校及研究机构人员外，一般的企事业单位的出版从业人员既没有多余的时间精力进行，也达不到研究所需的理论研究要求；“论文及著作”方面，除对口参加职称评审人员的“刚性”外，其他从业者大多忙于每年单位规定的任务指标及日常的事务性工作，无暇顾及。至于“参加资格考试”“命题”“授课”等方式则距离普通从业人员较远。所以，绝大部分出版专业技术人员选择不超过40学时的网络学习外加50学时的面授培训完成当年度继续教育。

新规对出版专业技术人员继续教育面授的要求有较大的提高，这是顺应时代发展的必然要求。

面授培训，是教育强国的一个不可或缺的组成部分，对于出版专业技术人员继续教育具有举足轻重的地位。在总体国家安全观的布局下，文化安全、出版安全对新时代的出版从业人员有着更高的要求。面对世界百年未有之大变局，我们如何守好意识形态阵地，如何打好文化保卫战，如何在国际社会赢得更多话语权，光依靠新技术新手段还不够，关键是要发挥人的主观能动性。在很多面授培训正式开始前，都会强调“禁止录音录像”，这并非授课人的私心，的确是因为一些涉及国家安全的、秘密的、内部的、不宜公开的信息不能通过互联网进行传播，出版行业的特殊性，出版人的审核把关，决定了面授培训的必要性、重要性和不可“缺位”。

## 三、出版专业技术人员继续教育面授培训的初步探究

当下，不少面授培训往往是“大杂烩”式地进行。通常参训人员集中在一个会场，人员密集（多则五六百、少则一两百），学习环境不佳；授课教师尤其是德高望重、对口急需的行业顶级专家学者面临“赶场”实际，无法深入交流学习；讲授采取灌输式为主，方式单一；不管出版类型、不看人员岗位、不掌握学员需求、不分年龄层次，同上“一堂课”；有的课程内容交叠，有的授课方向与学员需求不匹配……这样的面授，无论是对组织培训方、出版单位来说，还是对进行脱产学习的从业人员来说，都是事倍功半，收效有限。

其实，面授培训与出版专业职业资格考试、责任编辑注册（证书）挂钩，是责任编辑制度一体化、全方位发展的体现。在现有法律保障机制下，更好发挥“面授”在出版专业技术人员继续教育中的作用，锻造一支靠得住、干得好的德才兼备、本领过硬、类型齐全的新时代高素质出版人才队伍，笔者认为可以从以下四种方式入手。

第一，在高校出版专业研究生班中采取旁听制。高等院校是理论研究的前沿，近年来出版单位与高校合作办学已属常态化。高校师资力量、办学条件、学习环境俱佳，但目前的合作模式往往是在寒暑假时选派少部分人员参加某一专题学习，周期短、受训人数少、随机性大。而高校出版专业的研究生班，人数不多，可面向出版从业人员开设旁听制。旁听制人员参加正常课程，专业选择包括但不限于出版专业，适当完成相应考核，通过后给予结业证书。这样既不影响高校正常的教学活动，又能节约资源，也可以助力在校学生加深对所学专业的理解，同时提升、更新出版一线人员的理论知识，更好地指导实践。可谓互利共赢、相得益彰。

第二，课程“私人”定制、小班制授课。划定参训人员后有针对性地开设定制化课程，采取小班制面授。按人员情况划分，针对社长、总编辑等社领导的班级，重点安排经营管理、全局发展、着眼未来的相关课程；针对骨干人员的班级，重点安排主题出版、精品打造、优秀出版物选题策划等内容课程；针对青年人员的班级，重点讲授项目申报、重大选题备案等知识以提升专业技能；针对刚入职人员的班级，侧重出版行业、单位历史等内容。按需求划分，面临职称晋升人员可分设申报中级、副高级、高级职称班级，讲授参加全国统一考试或全省统一评审的相关知识；面临较大工作压力的人员，侧重讲授心理健康、情绪疏导等相关内容；临近退休人员，则侧重工作总结梳理、做好传帮带等内容；也可按照岗位，如编辑、设计、校对、财务、编务、新媒体人员分门别类开课。编辑类又可按组稿编辑、策划编辑、文字编辑、图片编辑等范畴进行定制化小班制授课等等，不一一赘述。

第三，同类型出版社同上一堂课。根据出版社所属类型，如教育类、法制类、科技类、少儿类、古籍类、文艺类、医学类等组织安排面授培训，即把同类型的出版单位人员集中后，邀请系统内行家里手讲出版，主要是针对国家的最新理论、政策或行业内新兴成果、技术等侧重国家或权威层面的解读分析。以民族类出版社为例，把全国民族类出版社的专业技术人员分批统一集中授课，邀请国家民委、民族院校、民族研究机构的专家学者重点讲授“铸牢中华民族共同体意识”专题和新时期党的民族宗教理论政策研究、工作开展等系统性专题性较强的、有高度有深度有力度的培训。这样统一思想认识、集中优势力量的面授，一方面有利于国家意志的贯彻实施，另一方面又能加强不同地域间相同类型的从业者学习交流、取长补短。

第四，挖掘出版单位自身资源，自行组织面授培训。《出版专业技术人员继续教育规定》明确了对出版单位自行组织出版专业面授培训的认可，且“每年最多折算为30学时”。其实是鼓励各单位自行开展面授培训工作。出版单位可定期（或不定期）邀请本（外）单位在职（或退休）的资深专家学者梳理总结工作得失，为社内人员进行面授培训，讲述“个人出版史”“单位出版史”。每个人的“出版史”汇总起来就是国家的“出版史”。这样的面授对后来者的激励作用较大，也更有利于增进干部职工间的交流互信，增强单位凝聚力、向心力，对于一把手带好出版队伍事半功倍。

## 四、结语

新时代，我们要继续坚持好党管出版。“责任编辑制度”作为图书出版体系中一项“根本制度”，是做好社会主义现代化出版事业的有力支撑，是出版物实现“双效益”的基础。出版主管部门要牢牢牵住“责任编辑证”这个“牛鼻子”，省级行政部门、行业协会、出版单位及出版工作者要扎实做好以面授培训为核心的出版专业技术人员继续教育，切实提高出版专业技术人员的政治理论水平和专业技能，进一步坚定信念、锤炼意志、增强本领，切实担负起出版工作者“举旗帜，聚民心，育新人，兴文化，展形象”的文化使命。

（作者单位：云南民族出版社）

# 出版业继续教育中“1236”模式探析

郭文礼

人才是支撑发展的第一资源。做好出版人才的培养工作，事关出版业的高质量发展。高质量的出版产品背后必然是高质量人才队伍的生产。如何让我们的出版人才队伍质量不断提升，如何完善出版行业的人才培养体制机制，如何培养一支具有崇高理想、热爱出版事业、专业水平过硬的出版人才队伍，这是出版业继续教育必须思考和解决好的问题。

## 一、人才问题是制约出版业发展的最大症结

出版业是创意型产业，对高素质人才的需求更加明显和迫切。但近年来，受各方面因素的影响，出版业普遍出现人才结构不合理、人才梯队后

继乏力、选人难留人更难的窘境，人才问题已经成为制约出版业发展的最大症结。

第一，环境障碍。部分出版单位还没有真正树立起“人才为王”的理念，现实中还存在“三多三少”现象：政策宣讲多，落实举措少；计划规划多，实际扶持少；效益指标要求多，人才指标要求少。本质上讲，就是对人才价值的重视不够，对人才重要性的认识不足。特别是对继续教育，部分出版社将其视为可有可无的工作，走入“重选择，轻培养”的误区，选人时把门槛提得很高，非“985”、“双一流”不用，但录用后，就放任人员“野蛮生长”，缺乏继续教育的总体规划和部署。

第二，体制障碍。部分出版单位传统的选人用人思路仍然比较根深蒂固，特别是目前出版社大都是国有企业，在人才选用上，基本是“能进不能出，能上不能下”，即使有些出版单位建立了优胜劣汰的机制，限于很多原因，也很难发挥实际效用。更不论对新媒体运营人才、战略规划人才、资本运作人才、法务人才等特殊人才的引进了，加之人员身份、社保关系等等，都制约着人才的流动，与此也带来了人才不能充分培养的难题。

第三，待遇障碍。“2022年全国出版从业人员收入调查”结果显示，全国出版从业人员2022年平均税前总收入为18.86万元，同比增长7.14%。从数据看，出版业的薪酬水平还不算太低，但背后的地区差异、岗位差异非常大。如果考虑到出版行业对人才尤其是编辑人才素质的高要求，编辑工作的繁难程度及其承担的巨大压力，出版行业的薪资性价比明显偏低。薪酬待遇走低，就形不成人才洼地，不仅对新毕业人员的吸引力不足，在职人员因待遇不高而选择离职的每年都不在少数。

以上三大症结，极大影响了出版业的高质量发展。要想破题，笔者认为，建立一套全方位、多层次、立体化的继续教育体系是很好的突破点。

## 二、出版业继续教育“123”架构设计

出版业面对新的历史时期和新的发展任务，迫切需要建立起一套科学完善的继续教育培养体系，通过明确宗旨理念、建立统筹机制、优化教育资源配置、完善教学内容和方法、提高从业人员参与度等举措，切实提升继续教育整体水平，以推动高素质人才在行业内不断涌现，将人才创造活力转化为事业发展的不竭动力。

### （一）继续教育的一个根本宗旨

笔者认为，继续教育与学科教育一样，根本的宗旨就是立德树人。具体到出版行业来说，所谓“立德”，就是通过继续教育使全员树立高尚的职业理想和从业规范，以马克思主义出版观来武装自己的头脑，熟练掌握马克思主义意识形态的世界观和方法论，锻造政治素质，坚守正确导向。所谓“树人”，就是要培养与新时代中国特色社会主义出版事业相匹配的人才队伍，在继续教育中注重因材施教、分类培养，搭建起结构优良、布局合理、专业突出、特色鲜明的人才梯队。

### （二）开展继续教育的两大必要性

我们探讨出版业开展继续教育的必要性，可从两个方面来思考。

1.继续教育是应对“百年未有之大变局”的有效保障。中央党校教授沈传亮指出，百年未有之大变局重点在“大”，在“变”。当前，世界经济重心和世界政治格局都在发生重大变化，同时新的科技革命浪潮的出现催生了很多新产业，这个变化是很长时期以来没有过的。面对这样的内外部环境，出版从业人员必须强化全局思维、历史思维、创新思维，才能在变局中找到自身的工作着力点，否则，面对纷繁复杂的形势，就会陷入乱花渐欲迷人眼的茫然状态，出版航向就会发生波动和偏移。世界每天都在发生新变化，出版从业人员在学校的知识积累根本不足以应对变化的世界，那么继续教育的重要性就凸显出来了。通过继续教育，我们可以从专家学者那里得到第一时间的信息，并在专家的辅导下，得到清晰的认知和

判断。这从近年来各类培训班上加大时事政治、新技术应用等内容的分量就可以看出，与时俱进强化全局思维、历史思维、创新思维的培养，继续教育切中了要害，发挥了定盘作用，值得充分肯定。

2. 继续教育是落实“出版强国”战略的有效抓手。《出版业“十四五”时期发展规划》明确提出，“十四五”末我国出版业主要目标为：展望 2035 年，我国将建成出版强国，出版创新创造活力充分激发，优质内容供给能力显著增强，出版服务大局服务人民能力凸显，出版业实力、影响力、国际竞争力明显提高，出版领域治理体系和治理能力基本实现现代化，出版在增强国家文化软实力和中华文化影响力中的作用更加彰显。对表“出版强国”各项要求，不论是优质内容供给还是创新创造活力，不论是出版的服务能力还是治理能力，背后的根源都要落到人的身上。培养一批能够担当民族文化复兴大任的出版从业者，继续教育是有效的抓手。通过继续教育，我们能够将国家战略落实到具体的岗位职责中，加强对编校人才、融媒体专业人才、企业管理人才、阅读推广人才、国际化版权运营人才的继续教育培训，构建起一支规模宏大、素质过硬，具有扎实专业技能和国际眼光的出版人才队伍，为出版强国提供坚强的人力资源支撑。

**（三）继续教育的三种模式**

党和国家相关部门高度重视出版从业人员的继续教育工作，组织开展了形式丰富的继续教育，有效提升了出版从业人员综合能力。综合各类继续教育培养模式，笔者认为，以下三种宏观思路值得强化和推广。

1. 行业协会为经，构建从上至下的纵向培养体系。行业协会作为一种自治性社会组织，通过行业规则实行自律管理，具有很强的沟通、协调、约束、提升的职能作用。我国拥有完备的出版行业协会组织以及各分支机构，如中国编辑学会、中国图书评论学会、中国音像与数字出版协会等，多年来致力于从业人员继续教育培养，不仅拥有强大的专家资源库，为继续教育提供了智库保障，而且扮演着引导本行业人力资源发展方向的管理角色，承担部分职业技能鉴定的工作，同时负责对人才质量进行把关和筛选，作用相当重要。各省区市的行业协会在国家行业协会的指导下，因地制宜开展继续教育工作，已形成贯通上下的一体化人才培养新格局，今后需进一步强化协会作用，释放更多人才培养之动能。

2. 产教融合为纬，突出专业人才的横向培养。习近平总书记在党的十九大报告中明确提出“深化产教融合”的理念，党的二十大报告中提出要“产教融合、科教融汇”，以产教融合为抓手，是专业化人才培养的关键。据统计，全国有 50 余家高校开设了编辑出版学专业，其中许多高校的任职教师就是聘用具有多年实践经验的业界领军人才担当，为此，这些高校培养出的学生具有基础扎实、职业忠诚度高、实践能力强的优势，召之即来，来之能战，深受出版单位的青睐。同时，部分高校还开设了面向在职人员的继续教育课程，接受专业领域人才回炉锻造，加强了从业人员的理论素养和专业化锻炼。以上这种“双向奔赴”的做法，是对“产教融合”这一理念的有效落实，有利于人才在短期内实现能力的快速进阶提升。

3. 多元培养为核，彰显应用型专业的本质属性。编辑出版属于应用型专业，理论为基，重点在用。为此，在出版专业人才的继续教育中，要把侧重点放在应用能力的培养和提升上，出版单位在人才培养规划的设定上，就要明确出版的专业化分工，编辑、印制、营销、文创、装帧、新媒体技术等等要分类培养，既要有出版方面的通识教育，更要强化各专业领域的能力提升。特别是要高度重视相关的职业技能竞赛，在赛马中练马，在实战中练兵。譬如“韬奋杯”青年编校人员大赛、全国印刷行业职业技能大赛、全国新华书店业务技能大赛、华文出版物艺术设计大赛，等等，在出版从业人员心目中具有重要地位，吸引了广大出版工作者的积极参与，社会影响逐年提升。

## 三、出版业继续教育要用好“六脉神剑”

近些年，各地出版单位在继续教育领域作出很多有益探索，教育方式不断创新，教育内容更加贴合实际需求，在各界对继续教育的重视和努力下，各类出版人才脱颖而出，展现出强大的人才创新力和引领力。笔者概略总结，出版人才继续教育至少应该着眼以下六个方面，彼此均不可偏废。运用好这“六脉神剑”，足以笑傲江湖，驰骋书海而不畏不惧。

**（一）固本培元：基本功绝不能忽视**

如同传统武术理念一样，若想功夫精进，必须从打牢基本功开始。出版业的“功夫”亦然如此。在继续教育中，出版基础的训练永远是必修课。出版的法律法规、语言文字规范、质量差错认定标准等，每一位出版从业者必须牢记于心。但现状是，很多出版从业者，特别是新入职的编辑，不能静下心来逐字逐句学习领会以上这些行业规范，入职后马上学策划、学创意，总想着短平快，做出一些华丽的成绩出来，而忽视了基本功的重要性。所谓“基础不牢，地动山摇”。图书内容是否在制度许可之内，作者行文是否符合语言文字规范，图书纸张、印制有什么样的要求，合同签署是否按照著作权法的规定来执行等，这些知识看似简单，但这是基础，如同大树的生长，根扎得越深，枝干才能更加坚韧茂密。

**（二）协同高效：培养树立团队意识**

出版是个全流程产业，优秀作品的产生必须依托于强大的团队，因此每一位出版人才都必须牢固树立团队意识，杜绝个人英雄主义。在继续教育工作中，由于编、印、发每个环节的执行人专业不同、擅长不同、经验不同，可通过以老带新、扬长避短、专业搭配、确保重点、强强联合等不同方式，将目标导向功能、凝聚功能、激励功能、控制功能运用到图书生产全过程，有专家形象地称之为“多兵种协同作战”。继续教育中只有把“协同”的功能提升起来，才可以确保发挥出人才资源的集聚放大效应。

**（三）学海无涯：不断丰富知识储备**

美国未来学家詹姆斯·马丁测算，人类知识的倍增周期，在 19 世纪为 50 年，20 世纪前半叶为 10 年左右，80 年代末到了 3 年翻一番的程度。2020 年以来，已达到每 73 天翻番的空前速度。知识总量的提升，倒逼我们每一个人都要主动参与继续教育，不断丰富自身的知识储备。出版业继续教育的一个重点就是对新知识的教育和传导，特别是近年来兴起的 AI、区块链、元宇宙、ChatGPT 等，对传统的出版业有多大的冲击，新技术的革新又带给传统出版业多少机会，这些都需要通过继续教育来加强出版从业者对新知识的掌握，做到拨云见日，一窥堂奥。

**（四）鲇鱼效应：竞争机制比学赶超**

鲇鱼效应原本是管理学中的一个概念，通过个体介入，对群体产生激励竞争作用的一种模式。继续教育中出版单位可以将此模式作为考量手段进行合理化应用。可以从制度层面，建立一套与继续教育挂钩的考核机制和薪酬分配机制。如笔者所在出版社的制度规定，员工在继续教育中取得优异成绩或者完成既定任务，单位给予相关奖励，并作为评先评优的重要依据。在这样的导向下，社里员工不仅自觉参加上级管理部门组织的年度培训，同时积极利用各类网络学习平台进行自学，员工学习成绩进行年度排名，进行积分，充分发挥积分考核制度的指挥棒、风向标作用。对成绩特别突出者，如在“韬奋杯”竞赛中的获奖者，给予重奖，激励员工比学赶超，提高优秀人才干事创业的示范带动作用。

**（五）理想主义：仰望星空胸怀大海**

华中师范大学教授范军曾有一个著名观点——出版本质上是理想主义者的事业。笔者认为，在继续教育中，应该注重加强理想主义教育，特别是出版史上那些名家、大家的事迹教育，用先进的事迹来感染人。在中国近现代出版史上，我们可以列举出一长串杰出出版家的名字。他们之中，绝大多数都属于理想主义者，如“昌明教育平生愿，故向书林努力来”的张元济，矢志为中华文化传承努力的中华书局创始人陆费逵，身体力行“竭诚为读者服务”的邹韬奋，他们身上都有着理想主义的光辉，也写下了出版事业的不朽篇章。我们继续教育培养的出版人才，一定也是如张元济、陆费逵、邹韬奋那样，是仰望星空、脚踏实地、胸怀梦想、追逐山海的信徒，他们不被眼前的功利所左右，血液中流淌着使命担当和理想情怀，拥有一批这样的人，才能让出版事业走得长远，鲜花盛开。

**（六）人文关怀：温情凝聚持久力量**

人文关怀是一种持久深沉的力量。人才的培养、使用中要高度重视人文关怀，继续教育中亦然，除了要将人文关怀基本内涵融入教育理念和职业规划设计中，努力将员工的个人发展与出版事业发展相结合，还要给予员工充分的尊重和爱护，呵护他们成长进步。当今时代，做出版不易，做传统出版更不易，面对内卷白热化的现实，主管单位也好，行业协会也好，还是出版单位自身也好，都要对每一位从业的同志之所思所想、所求所盼多些了解多些亲近，员工需要提升什么，单位就要尽力满足什么，让员工切身体会到单位带给他们的温暖，营造一个遮风避雨和实现价值的港湾，增强人才对企业的认同感、责任感以及归属感。

## 四、结语

出版人才队伍的继续教育工作，是一次破立结合的艰难过程，各界正在对培育路径和模式进行探索和重塑。只有做到不断创优新的人才培养和使用环境，让各领域精英人尽其才、才尽其用，新时代下出版企业才能拥有更广阔的发展空间，才能实现基业长青。

（作者单位：北岳文艺出版社）

# 新时代编辑精准培训体系建设可行性研究

黄善灵　黄康瑄

党的二十大提出“高质量发展”这一首要任务，在全面建设社会主义现代化国家新征程中，建设高质量编辑人才队伍是出版业高质量发展的应有之义。当前，以AI、大数据、云计算、5G等为代表的新技术日新月异，推动经济社会的深刻变革，传统出版向融合发展新业态深入持续演进，对编辑综合职业素养提出更高要求。而面对世界百年未有之大变局，如何在日趋复杂严峻的国际环境中，讲好中国故事、传播好中国声音，愈加凸显编辑“国际化表达力”的重要性。毫无疑问，作为文化传承者、传播者、创新者的新时代编辑责任重大、使命艰巨。然而，现行编辑继续教育在实践过程中尚存在一些问题和局限，无法满足新时代编辑人才培养的需求，不利于出版业的高质量发展。笔者从教师培训改革中得到启发，试对构建新时代编辑精准培训体系的可行性进行探究，以期为完善或改革编辑人才培养机制提供新的思路或视角。

## 一、编辑继续教育实践过程中存在的问题

2020 年颁布的《出版专业技术人员继续教育规定》（以下简称《规定》），为新时期开展出版专业技术人员继续教育工作提供基本遵循。对照《规定》相关内容与编辑继续教育实践情况，笔者总结出目前编辑继续教育存在三个层面的问题。

### （一）培训机制层面

1. 缺乏有效管理机制和全面质量评估手段，培训质量难以保证

一方面，《规定》虽明确了编辑继续教育的管理机制，却尚未颁布相关实施细则，实际工作的开展多流于形式，因循守旧，培训质量参差不齐，教育效果难以保证。另一方面，《规定》针对教学具备一定的质量评估机制。然而，评价内容注重结果性评价，而缺乏过程性评价；评价对象仅限于继续教育机构，而不包含教育主体。故而，无法充分发挥评估机制对继续教育质量的监督提升作用。

2. 现行激励机制作用有限，学时认定范围有待针对性拓展

编辑继续教育与职称评定、职位晋升基本绑定，实际已成为一种普遍的强制性要求，激励作用有限。2021 年起，继续教育最低学时要求提高至每年 90 学时，学时获取渠道有所拓展，但仍偏向出版专业研究领域，与普通编辑实际工作相关性较弱。多数编辑日常工作繁忙，没有多余的时间精力参与科研项目或撰写论著等，参加培训可谓其获取学时的主要甚至是唯一手段。学时认定方式的“相对单一”，某种程度上也导致了“被动学习”的状况。缺乏积极性和内驱力，则继续教育效果不佳。

### （二）办学主体层面

1. 培训内容和方式单一，缺乏针对性与多样性

《规定》要求，继续教育工作应“遵循人才成长发展规律”，“增强教

育培训针对性，引导出版专业技术人员更新知识、拓展技能”；也明确提出“分级分类组织”，“建立兼容、开放、共享、规范的继续教育培训体系”。限于种种因素，目前多数办学主体并未针对不同层级、不同岗位的参训人员的不同需求设计多样化培训课程。新人编辑、资深编辑、编辑室主任等层级各异的编辑，图书编辑、报社编辑、杂志编辑等不同出版单位的编辑，文字编辑、策划编辑、营销编辑等分工迥异的编辑，在同一个培训班上课的场景并不鲜见。这些编辑的职业素养、编辑能力和实际工作需求都有所不同，统一的培训内容和授课方式不仅无法满足其实际工作需要，也难以激发学习兴趣。

《规定》还提出，继续教育工作要“服务大局，按需施教，紧紧围绕出版事业发展需要和出版专业技术人员从业要求”。但目前编辑培训一方面过于偏重理论知识的传授，与编辑工作实践脱节；另一方面仍沿用传统低效的灌输式教学法，难以提高编辑的实际操作能力和解决问题能力，无法实现编辑职业素养和综合技能的提升。

此外，办学主体多元格局导致的办学质量参差不齐、监管失位等，也降低了编辑继续教育的质量和实效。

2. 培训时间安排不合理

编辑工作繁忙，常常身兼数职，积稿成垛，而培训时间安排也不尽合理，未充分考虑不同岗位编辑人员的工作时间和个人需求。以教材、教辅编辑为例，省级统一安排的编校培训多在七八九月间，正值教材、教辅出版高峰，编辑既要完成本职工作，又要参加继续教育培训，难免焦头烂额、分身乏术，无法集中精力，以致学习效果减弱。

3. 培训师资力量不足

为了满足多元化培训需求，编辑继续教育需要更加雄厚的师资力量，细分各层次、各类别编辑人才的需求，策划、讲授更加多样化的培训课程。尤其是复合型、创新型高端编辑人才培养，更是需要高素质的培训师资与高品质的课程规划。目前编辑继续教育的师资力量不足，已成为建设高质量编辑人才队伍的瓶颈。

### （三）参训人员层面

作为学习主体的编辑，无法保质保量参培或学习态度消极，也是编辑继续教育存在的突出问题。线下集中培训一般为期三四天，部分编辑由于工作任务繁重无法按时参培，或在培训时分心处理工作，又或因紧急任务不得不请假早退等，类似情况屡见不鲜。而抱着“混学时”的心理得过且过，教学者采取缺乏互动性和参与感的单向传授方式等，都将使参培者学习态度变得消极，难以达到培训目的。

## 二、构建编辑继续教育精准培训体系

上述问题自编辑继续教育实施以来便长期存在，大有积重难返之势，其中培训的针对性与实效性不足最为突出。为解决编辑继续教育的痛点难点，畅通人才培养全链路，保证出版行业的健康持续发展，亟待建立精准的编辑继续教育培训体系。

### （一）构建精准培训体系的理论依据

教师继续教育培训此前一定程度上也存在成效欠佳等问题，不利于高质量教育体系的建设。2021 年，国家层面从“定位精准、对象精准、内容精准、方式精准、评价精准”五个维度大力推行教师精准培训改革，并不断深化。对 2019—2022 年教师培训成效的调查数据显示，精准培训改革实施以来，2022 年度教师培训总体成效最高，教师培训提质增效显著。这就为编辑继续教育的发展指明了正确方向，也提供了宝贵借鉴。

### （二）构建精准培训体系的创新路径

截至 2023 年 9 月初，以“教师”+“精准培训”为关键词在知网搜索，结果超过 300 条；反之，以“编辑”+“精准培训”为关键词，主题相关搜索结果仅有 1 条。《规定》提出“分级分类组织”，已具备“精准培训”的初步概念；曹明倩点明“实施精准培训”，但未对此做系统建构。可见，“编辑精准培训体系”这一研究主题尚属有待开拓的“蓝海”。

就本质而言，精准培训主要具备三大特征：一是需求导向，即根据参训人员日常工作实际需求与职涯发展需求开展培训服务；二是个性定制，即针对参训个体及群体的差异性，实施个性化培训；三是循证实践，即依据客观数据、信息等，判断参训人员需求，策划继续教育课程内容及评估培训成效。

具体落实上，首先，将参训人员分层分类，主管部门、出版单位可自行统计参训人员的资历、岗位、职级、负责学科等基本信息，再通过问卷调查、访谈或评估前期培训成果、收集学习行为数据等方式，收集参训人员训前、训中、训后全过程的需求和个人职业发展要求，利用数据分析、AI 等技术，完成编辑人员的“用户画像”。然后，根据各类参训者的人数比例、培训需求等信息，针对不同培训对象设计相应的培训目标、课程内容及授课方式，并提供个性化、客制化的课程选择、路径规划和学习资源。

所有编辑人员共同需要的业务知识可由公需课程提供，以下将具体针对专业课程，提出关于培训对象分类、课程规划安排、课程内容制定、学时认定方式之创新设想。

1. 培训对象与课程内容精准化

按职务、岗位分类。依据编辑所负责出版物的类型，设计相应的授课内容。如：面向图书编辑的培训课程，可包含图书质量管理、图书出版规范、图书选题策划等；针对期刊编辑，可提供期刊质量管理、期刊出版法规、栏目设置以及审稿组稿等方面的培训；对于电子音像编辑，可设计电子音像出版物质量管理及相关规范、音视频产品策划、音视频制作前沿技术等授课内容。

一些出版单位会根据出版流程的上中下游来划分编辑职务，故可根据不同职务要求设计个性化的培训课程。如：策划编辑可能需要学习使用新技术进行市场调研、读者调研与用户分析，着重培养数据收集与分析、选题策划与推进等能力；文字编辑侧重于精进编校技能、文献查询能力，以及提高对政治导向问题的敏感性等；营销编辑除需具备市场调研、数据收集与分析能力，还需掌握多媒体、多渠道的营销手段，并提高营销文案写作能力等。

按职级、资历分类。除依照职务横向区分授课对象外，也可根据编辑的职级与资历进行纵向分层，规划课程。如：针对新进编辑提供出版政策法规、编校基础与实务知识、出版标准流程、编辑职业发展规划等课程，让刚入行的新人对出版行业有整体宏观的认识，对编辑工作与职涯规划有深入了解；对于具备基础技能与一定经验的中级编辑，培训内容可包含选题策划、编校疑难、合作方沟通交流、著作权交易等，以期助力解决实务工作中的疑难杂症，优化出版流程，提高工作效率；面向高级编辑与管理阶层，可增加稿件审读、编辑人员管理、商业谈判技巧等课程。

按学科分类。对于大学出版社、教育类出版社的学科编辑，也可按照学科门类区分授课对象，定制课程。如：为文科编辑提供现代汉语、古代汉语、人文社会科学前沿知识、古籍检索与校勘、地图出版规范等培训课程；针对理科编辑，可侧重于理科常用符号，自然科学前沿知识，实验数据、结论和论据审查等授课内容。

其他分类方式。此外，可按编辑的职业发展规划和工作方向设计课程。如：学者型编辑需要关注学术界的研究动态及最新成果，重点提高专业研究能力、学术质量把关能力，深入了解学术规范、引文规范、学术伦理监督等，可为之设计系列培训课程。畅销书编辑和主题出版物编辑等工作方向各有侧重，也要精准定制符合各自需求的课程。

2. 课程安排个性化

如今科技高度发展，可从技术层面丰富继续教育课程体系，在现有网络培训平台基础上整合资源，搭建精准培训智能平台，在培训课程设计细分化、标签化前提下，进一步提高继续教育对编辑专业能力培养的助益。在绘制编辑的“用户画像”后，利用 AI 等技术规划学习路径，推送学习资源，乃至智能化测评，并生成评估报告等。针对不同参训个体和群体的差异性，精准制定课程，提高培训的针对性和有效性。如此一来，既能解决培训内容单一的问题，也能帮助编辑明确自身职业发展方向，合理安排工作与培训时间，事半功倍地拓展专业技能，全面提升综合职业素养。

3. 授课方式多样化

如前文所述，现行编辑继续教育以培训等方式为主，授课形式单一且多局限于单向输送，缺少互动性和参与感。编辑精准培训体系提倡混合式学习，如在线学习与线下研修双管齐下，根据培训内容需要，丰富授课方式。

一些技术性课程如电子音像出版物制作、文献数据库使用、数据分析、图书设计等，较适合在线教学。参训人员可在培训过程中一边学习一边实操，既可加深印象，若遇到操作问题也可直接向教师请教，提高课程参与度及互动性。部分课程或可采取在线录播、在线考核的形式，让参训人员根据自身工作安排灵活调整学习日程，解决时间冲突问题。

线下研修除上课外，可适当安排出版相关主题研讨会，参观图书相关展会、排版厂、印刷厂等实践活动，让参训人员加深对出版产业及图书出版工序的认识。还可推行项目式学习，如通过“导师制”或“先进带后进”模式，模拟出版物生产全流程，以具体项目实践，助推编辑人才高效培养。

4. 学时认定形式多元化

目前编辑继续教育学时认定倾向于专业研究领域，造成普通编辑学习动力不足，积极性较低，因此，建议推动编辑继续教育学时认定形式多元化建设，将学时认定与日常工作成果挂钩，拓宽认定渠道。

针对不同资历、不同职级、不同岗位、不同学科的编辑，设置与其日常工作内容对应的学时认定方式，提倡“学中做，做中学”。鼓励编辑人员在完成日常实务工作的同时，主动学习行业前沿知识、关注市场动态，自发吸收更多专业知识，并应用于实际工作，有效提高自身专业素养。如策划、编辑、设计的出版物获得出版相关大奖或入选重大项目，担当责编的出版物在省级及以上质检中差错率低于一定数值，策划、营销之出版物销售量达到预期以上高位目标，等等，均可酌情折算学时。通过完善继续教育激励机制，激发不同个体或群体自我提升的内驱力，实现从“被动学习”到“主动学习”的关键转变，精准提升编辑的选题策划能力、编校水平、营销技能等综合职业素养。

此外，建议将归并到编辑精准培训课程体系中的线下研讨、实践活动以及项目式学习等，也按照一定比例折算学时，构建多元立体的学时认定体系。

## 三、构建新体系的现实困境与解决思路

### （一）现实困境

很多学者都认识到并指出编辑继续教育存在的症结，呼吁从形式到内容或自上而下的改革，但至今未有较大改观。曹明倩将其原因归纳为“利益平衡”“办学主体多元”“培训需求复杂”等，具有一定的概括性。同样，建设和推行编辑精准培训体系的过程中也存在诸多现实困境。

第一，破旧才能立新，构建新体系必须先打破旧有办学格局，从根本上触及多元办学主体利益分配，必将使改革阻力增大，推进难度增加。

第二，罗马非一日建成，构建新体系仍需多方调研、综合考量，以制定科学、合理的执行策略；精准培训智能平台的搭建以及多元课程体系的运作，需耗费大量的人力、物力、财力，而增加办学成本则可能进一步提高培训费用。

第三，与教师群体不同，区域范围内编辑人员基数较小，针对细分需求组建一定规模线下培训班的难度亦增大，但放至更大区域范围内统筹安排，师资力量的不足也将对构建新体系形成掣肘。

### （二）解决思路

可以看到，教师精准培训改革之所以能深入推进并初显成效，关键是因为政府大力主导、系统安排，而各方齐心协力、共谋发展。

因此，要突破构建编辑精准培训体系的现实困境，首先，政府层面须加强对编辑人才培养及继续教育的重视程度，科学统筹规划，出台系列宏观政策，进行系统制度安排，制定实施细则，完善评估机制，并设立专部

督办，加大技术投入和资金补助，完善优质师资储备，鼓励多元办学主体共建共享，并监管办学质量、规范培训市场等。

其次，在办学主体层面，要扭转惯性思维，打破旧有体系，创新办学模式，运用新技术手段，提供多元化、个性化培训，为编辑精准培训体系建设添砖加瓦。

## 四、结语

作为新时代编辑的一员，笔者在实际工作中深刻体认到构建编辑精准培训体系的迫切性及重要性。编辑继续教育改革是个长期的系统性工程，任重道远，需要各方同心协力，循序渐进，为高质量编辑人才队伍建设寻觅更完善、更有效的道路。

（作者单位：湖南教育出版社）

# 加强培养编辑掌握多形态出版产品策划能力的路径研究

姚　顺

伴随着我国进入新一轮科技革命和产业高质量发展的时期，出版业的生产力和生产关系也正在以信息科技为代表的新技术的影响下进行着重塑，其内容生产的客体要素，即数据、信息和模式在技术变革与市场需求的驱动下不断形成内容生产和知识传播服务的新业态。① 至此，纸质与数字融合并存的多形态出版产品随之出现。多形态出版产品生态以其蕴含的出版主体的坚守、出版内容的融合、读者多元场景的互动等要义，将其内部生态系统的变化和演进促进整个出版业的创新与发展。多形态出版产品的发展已成为时代必然。编辑工作是出版业的核心，编辑如何与时俱进掌

① 参见孙寿山：《完善培养考核评价机制　建强数字出版人才队伍》，《科技与出版》2023 年第 6 期。

握多形态出版产品的要义与实践成为出版业思考的关键问题。笔者就多形态出版产品的态势、编辑面临的困惑、编辑培养的方案等方面详细地描述了加强编辑掌握多形态出版产品策划能力培养的路径。

## 一、编辑掌握多形态出版产品策划能力的时与势

### （一）多形态出版产品的时态

从20世纪90年代起，随着信息技术的逐步融入，出版业在生产方式、传播形态、服务维度等方面发生了巨大的变化。从生产方式来看，我们可以感受到出版业的排版流程由雕版排版到电子排版，业务管理由人工记账管理到信息系统管理。从传播形态来看，出版业由纸质单层次传播到纸质、数字相融合的多层次传播。从服务维度来看，出版业由线下静态阅读的二维服务到线上动态互动的三维服务。可以说，这些变化是出版业与时俱进、不断革新的有力证明。多形态出版产品的出现正是在这样的背景下孕育而生。多形态出版产品主要分为3类，传统出版、融合出版、数字出版。其中，数字出版的方式更为多元，如电子期刊、电子书、手机报、有声读物、数据库、知识服务等。然而，面对革新和发展，出版业也随之出现“成长的烦恼”。当正文互联网“碎片化”“粗制滥造”的快餐式内容而广受欢迎时，这让以“精细化”“精品化”“价值化”为内容生产理念的出版业变得不从容与彷徨，进而导致多形态出版产品的发展现状不尽如人意。笔者认为，主要原因是，生产粗制滥造的内容与出版业所追求的要生产与传播有价值的经得起推敲的精神文化产品的出版理念相悖，加之，我国目前的多形态出版产品由于出版业的技术创新体系建设在理念、结构和效度上，存在身份认知不足、市场发展不均衡和协同效应不明显等方面的问题，而成为目前多形态产品发展的阻碍。但是，笔者还是认为，在国家行业主管部门的政策持续支持下，以区块链、人工智能、大数据等为代表的信息技术肯定会推动出版业的多形态出版产品的生产和传播得以不断规范和有序发展。

### （二）多形态出版产品的趋势

当前信息技术正在影响着出版业的生产力和生产效率，未来新技术的不断涌现不光是改变出版业的流程再造、渠道整合、形式融通等方面，同样，新技术的深入应用也将出版业的产品形态塑造得更为多元，即便存在些许不足，但是多形态出版产品的发展趋势还是明确的。未来的出版产品形态还是会继续保持纸质出版与数字出版的有机存在，形成集纸质书、电子书、有声书、数据库、知识服务、AR 出版、VR 出版、元宇宙出版等于一体的多形态出版矩阵。纸质出版不会消亡。未来的出版主体将从纯粹文字内容提供的生产商向全方位立体内容提供的供应商转型。随着数字中国政策和信息技术的发展，数字出版的动能和活力将会持续爆发。我们知道，出版业是党和国家思想宣传的重要组成部分，为人民服务是其工作宗旨，理所当然，我们出版业所努力追求的价值诉求，既要牢牢坚持马克思主义的“一元性”的意识形态诉求，还要坚持为人民服务的“多元性”的文化精神诉求。① 所以，从这个方面讲，多形态出版产品的发展方向也是出版业的长期的正确的方向。正如国家政策文件《关于推动传统出版和新兴出版融合发展的指导意见》中指出“推动传统出版和新兴出版融合发展，把传统出版的影响力向网络空间延伸，是出版业巩固壮大宣传思想文化阵地的迫切需要，是履行文化职责的迫切需要，是自身生存发展的迫切需要”。值得注意的是，无论未来出版产品的形态怎么变化，其出版的本质是不会变化的，变化的只是载体的表现形式，出版业作为内容生产的核心产业，归根结底，坚持对核心价值内容的生产与传播的出版理念还是不变的。

## 二、编辑掌握多形态出版产品策划能力的困与惑

编辑的工作本质就是为读者生产有价值的内容，不断满足读者的阅读

① 参见徐华亮：《出版的价值诉求“一元性”与“多元性”》，《出版科学》2023 年第 3 期。

需求。具体来说，编辑从作者的选择、出版内容的把关、传播渠道的拓展，都要精心考量。随着时代的变化，读者的多元化阅读方式促使多形态出版产品的研发成为编辑工作的下一个重要方向。然而，当面对工作方向的调整，新旧工作机制势必存在差异，导致很多的困与惑的出现，也属正常。限于篇幅，笔者从五个常见角度来讨论影响编辑掌握多形态出版产品策划能力的困与惑，以希抛砖引玉。

**（一）编辑本职工作的繁忙**

随着出版业转企改制政策的实施与完成，出版业的经营实体全面由事业单位转变为自负盈亏的企业单位，在市场化的经营环境下，出版社在充分考虑社会效益的基础上，还要追求经济效益，从而出现出版品种数的增加、出版周期的缩短、销售数量的扩大等这些唯效能的工作追求。由此，编辑需要在有限的出版时间里，在不降低编校差错率的高标准下，还要出版更多的出版品种和提高更多的销售数量才能完成出版社的工作目标，长此以往，编辑疲于以此的工作方式成为常态，案牍劳形，无暇顾及社会经济的变革和行业的发展，对多形态出版产品的研究和开发心余力绌。这是当前出版业编辑在掌握多形态出版产品的策划所带来的自身痛点。

**（二）出版主体管理思维的滞后**

前面已经描述了编辑在具体工作中，由于种种原因对多形态出版产品的推进不能深入和践行。同样，出版主体的管理者在面对新技术的飞速发展，也存在针对多形态出版产品的管理机制和思维的滞后。具体来说，由两个原因导致：一是出版主体所承载的传统出版任务已趋于重负。出版业不光是要完成大量的出版品种，还要实现社会效益和经济效益的双发展。所以出版主体的管理者在管理机制上需要花费更多的精力才能较好地完成相应目标，导致开发多形态出版产品策划的行为滞后。二是出版业的工作惯性思维使然。从出版的产业职责角度出发，出版主体的管理者势必首要关心现有出版内容如何做好而不出问题，认为只要把传统出版本身的工作做好了就算合格，认为多形态出版产品的生产方式不是主要的工作目标，更没有放眼更广阔的出版业以外的危机，从而也导致多形态出版产品策划的思维滞后。

## （三）出版业外部多元文化的干扰

出版业的编辑一直以来被看作是价值文化的“把关人”。在出版业中，对于选题方向、价值取向、书稿质量等都有严格的要求，图书出版“万分之一以下”的文字合格率更成为业内的极致追求。面对价值文化的守护，编辑是义无反顾，责无旁贷。然而，当微信、微博、博客、网络书、网络论坛、网络社区、公众号等自媒体中“去中心化”与“碎片化”的“互联网出版行为”，降低了主流出版的权威性与认同度①之后，出版业的经营压力剧增，文化的坚守与生活的现实发生碰撞，当编辑面对物质利益和生存压力，编辑是否坚守的初心产生了动摇。随之，优秀人才的流失与后续人才的培养成为多形态出版产品发展的又一大问题。笔者认为，出版业是体现国家和人民的意志，在人类文明传承上具有不可替代的作用，出版业的人才体系还是要持续巩固和兴旺。

## （四）“技术主义陷阱”的迷思

技术存在的本质是帮助每个细分行业快速的发展，产业的进步长此以往都是如此螺旋式上升。对出版业影响深刻的信息技术同样。当信息技术为出版业的效率不断提升时，由于技术便捷使用的惯性思维，导致出版业对信息技术的过度依赖，轻易将多形态出版产品的策划和生产工作交由技术来处理，而忽略了在出版业的生产要素中，其实编辑亲力亲为的劳动才是关键，从而丧失编辑人为的自主创作性，坠入“技术主义陷阱”。因此，过度依赖技术而形成价值导向、工作方向的偏颇成为多形态出版产品策划的一个困点。笔者认为，出版业本应该是技术的实践者和内容生产的创造者，技术的进步与高效并不是代替编辑进行出版本职工作的理由，编辑的有所为不能被替代。

## （五）经营消费业态的混沌

多形态出版产品的发展离不开出版主体经营与市场主体消费的共同繁

---

① 参见徐华亮：《出版的价值诉求“一元性”与“多元性”》，《出版科学》2023 年第 3 期。

荣。从经营角度来看，正如前文所描述的，编辑在传统出版的经营模式下，按部就班地工作着并具有相当的工作强度。与此同时，多形态出版产品的出现导致编辑在有限的工作时间内，更增加了相应工作，这样，出版主体的经营方式从人到事变得目不暇给，出现混沌。从消费业态来看，目前的多形态出版产品的销售数据并未达到纸质出版产品的同等水平，加之在读者的消费观念中，存在“数字的产品就是要免费”“数字产品正版盗版都一样”的惯性思维，从而导致出版主体经营方式和收益回报出现不确定性。这是编辑，尤其是选题编辑在面对如何开展多形态出版产品策划时一个很现实的问题。

## 三、编辑掌握多形态出版产品策划能力的培与养

面对读者的多元化阅读需求，编辑已然明白多形态出版产品的策划已成为下一步工作的重要方向。如何掌握多形态出版产品的策划要领，如何落实工作的开展，成为出版单位和编辑人员亟须思考的重要问题。限于篇幅，笔者从出版核心价值观、思维建设、版权保护等方面提出如何加快编辑策划能力培养，以供出版同仁参考。

### （一）夯实编辑对出版核心价值观的领悟

出版业不仅是推动社会进步的重要工具，也是意识形态传播的重要载体，出版业始终要坚持马克思主义出版观，要坚持为人民服务的重要使命。无论出版产品的形态怎么变化，出版业在合理追求利益的同时，去保护文明的核心价值边界，肩负起强化思想引领、坚定文化自信与塑造国家形象的重要使命始终不变。我们的培训只要经常性地开展针对这些入脑入心的思想教育，那么后续多形态出版产品策划能力的培养，才能成为有根之水。笔者认为，还应该从更为深层次的继续教育入手，那就是多从马克思主义基本原理同中国具体实际相结合、同中华优秀传统文化相结合，构建出版业的主题教育课程。再者，多形态出版产品的出现，只是内容的承

载表现形式发生了变化，其内容的价值性并没有发生变化，所以对编辑的培养就是要培养编辑成为具有守正创新，不失“内容底线”，并培养成为懂得和掌握各种多形态产品制作技术的复合型人才。更进一步，培养编辑将出版工作与党和国家的各项事业同向同行、同频共振，坚持有所为有所不为。

### （二）提升编辑掌握多形态出版产品的敏锐感与创新度

多形态出版产品会随着技术的升级而发生变化。建议首先，培养编辑的“追时髦”。培养编辑对电子书、听书、慕课、微课、知识服务、数字教材、数据库、数智化、智慧化、融媒体等层出不穷的新观点新技术具有强烈的敏锐感。其次，从常规的产品形态内容出发，培养编辑对新技术怎么融合到出版业，技术怎么掌握，如何从用户的角度出发介入产品策划、产品生产、营销推广、用户服务等环节，进而思考和策划符合读者需求的多形态出版产品，做到创新。笔者认为，这种敏锐感和创新度本是编辑所具有的一大职业优点，只是现在的新变化需要我们及时地跟上时代的步伐再快一点。当然，在理解了多形态出版产品的表现形式之后，还有一个重要的工作，那就是培养编辑的实践能力，有机地将主观和客观、理论和实践相统一。

### （三）重塑编辑对多形态出版产品的建设思维

这里所说的多形态出版产品的建设思维是指编辑在具有出版产品全流程管控思维的条件下，还要具备数据分析、内容整合、增值服务等融媒体的技术思维。更明确地说，出版单位应该着力培养编辑认识到出版单位不只是出版图书，还要认识到出版单位是内容生产的主体，出版单位生产的内容是需要多载体传播并具备互动体验的。这样一来，编辑从内心深处豁然感觉到多形态出版产品的建设是出版单位的宏观目标，这样编辑从微观层面就会理所当然为之努力。其次，培养编辑对政策文件的深入学习，如《关于推动出版深度融合发展的实施意见》《关于加快我国数字出版产业发展的若干意见》等政策文件。通过政策文件的学习促进编辑的建设思维更加深化，从而形成政策思维、产品思维、互联网思维、信息思维、融合思维为一体的多形态出版产品的建设思维。

### （四）构建编辑对相关行业层面的调研与培训机制

编辑的“走出去”，不光是去与作者、读者进行生产内容的沟通，在出版技术手段与多形态出版产品研发方面，编辑也应该“走出去”，多与相关形态制作的技术公司交流，了解技术的使用与前沿，尤其对常用的技术如文档格式、元数据、数字媒体信息处理、知识服务、数字版权保护、大数据、云计算、人工智能、区块链等技术要了然于心。再者，出版单位也可以聘请数字出版行业领域的理论权威、技术专家和操作能手到出版单位来讲课，让编辑更加深入地了解出版行业的动向和实践，多从出版内容、出版技术、出版法律相融合的角度让编辑多听听、多看看、多学学，这样才可以扩大编辑的视野，做到心中有数，干事不慌。笔者认为，这样的培训方式还达到了将出版业历来重视继续教育的光荣传统发扬光大的目的。

### （五）强化编辑对多形态出版产品的版权保护意识

出版工作的核心是内容，内容创作的核心是作者，作者关注的核心是版权。多形态出版产品的出现，一个非常明显的变化是参与出版活动的主体增多，诸如原作者、改编者、出版单位、技术支持企业、出版物发行渠道，甚至出版物衍生品的研发方、实施方等，均在出版新业态中占有一席之地。① 多形态出版产品参与的主体较传统单一出版的主体增多，意味着一个出版物会涉及多个主体的智力劳动，加之网络与电子的产品进行复制和传播的方式较为快速，最终出版产品的版权由于载体和传播渠道的多样化极易导致版权的保护变得更为复杂。因此，在多形态出版产品创作的环节中，培养编辑留心对多形态出版产品的版权保护变得至关重要。从版权的创造、获取、保护、应用与管理等方面进行专题培养。笔者认为，多形态出版产品固然是我们出版业不断丰富读者的精神文化需求所应该做的，

① 参见刘睿、欧剑：《出版深度融合发展背景下版权人才培养的路径与方法》，《中国编辑》2023 年第 7 期。

但也不能一味地为了追求形态的多样化而忽视版权给出版业带来的种种弊端。

## 四、结语

“儒有博学而不穷，笃行而不倦”。出版业承载着人类文明传承的重要使命。我们编辑要坚持为读者提供有价值的出版产品，但不能故步自封，我们还要坚持为人民服务的宗旨，不断满足读者对多形态出版产品的需求，以更开放的姿态守正创新，助力我们中华文明不断走向辉煌。

（作者单位：北京邮电大学出版社）

# 数字化融合时代图书编辑继续教育和人才培养的研究

陈中慧

随着新一轮科技革命和产业变革深入发展，数字化融合时代已经到来。数字化融合时代要求出版行业尽快建立起一体化内容协同生产传播新体系，同时还需要充分把握数字化时代不同受众群体的新型阅读需求，推出更多广为读者接受、适合网络传播的数字出版产品和服务。出版行业需要通过继续教育和人才培养，对编辑的工作方式进行改进和创新，以增强编辑应对、掌握和运用新技术和新媒体的能力，让出版文化融合多元文化和新文化，以提高整个行业的价值。

## 一、数字化融合时代图书编辑继续教育和人才培养面临的挑战

### （一）图书编辑原有知识结构和能力无法满足数字化融合时代的要求

传统图书编辑的日常工作只局限于图书的组稿、编辑等，日复一日与书稿打交道，合作对象不广泛，营销策略单一，使出版物的内容不能满足数字化融合时代人民群众的阅读需求，发生这一现象的根本原因是传统图书编辑没能跟随时代更新知识结构、提升业务能力、进行思维创新。

在数字化融合时代，图书编辑需要从传统的文字加工者向全媒体内容生产者转型，具备策划、编辑、审稿、排版、设计等多方面的能力和素质，学习并拥有熟练应用数字传播技术的能力，能够高效策划文字、图片、视频等作品内容，利用大数据、人工智能、元宇宙等数字技术加强对稿件的策划、审核能力等，同时还需要掌握数字化营销和推广技能，提高市场占有率，加强产品与读者之间的联系。

数字化融合时代对编辑的知识结构和能力提出了更高的要求，如何对图书编辑进行相匹配的继续教育和人才培养，这是出版业面临的新挑战。

### （二）数字化融合时代影响下的出版流程再造促使图书编辑继续教育与人才培养模式改革

数字化融合时代出版流程再造对编辑出版流程产生了显著的影响。新媒体平台变得丰富多样，人们可以随时随地通过社交平台等渠道获取信息，导致读者的阅读偏好从以往的传统阅读方式向数字化阅读转变。

传统的出版流程中，选题、组稿、审稿、编辑、排版、印刷等环节相对独立，相互之间的联系不够紧密。而在数字化融合时代，这些环节逐渐实现了一体化，大大提高了出版效率和质量。具体表现在以下几个方面。

（1）出版周期缩短：数字化技术的应用使得出版流程中的各个环节可以实现实时互动，提高了信息传递的速度和准确性，从而缩短出版周期。

（2）优化编辑工作流程：数字化融合时代，编辑可以在计算机上进行文字处理、审稿、修订等工作，实现编辑工作的无纸化，数字化技术可以实现对文档的自动化排版、校对和修订，减少了人工操作出现的错误，优化了编辑工作流程。

（3）拓展出版物传播渠道：数字化技术的应用使得出版物可以通过网络、移动设备等新媒体平台进行传播，拓展了出版物的传播渠道，提高了传播效率和覆盖范围。

面对数字化融合时代对出版流程再造的影响，图书编辑继续教育与人才培养模式也需要进行相应的改革。继续教育与人才培养应该紧密结合时代背景和行业发展需求，根据市场需求和技术进步不断更新教育内容，以培养出适应数字化融合时代的优秀编辑人才。如何进行改革，加强编辑实践能力的培养，使编辑适应出版流程再造，使教育内容与时俱进，也是一大难题。

### （三）数字化融合时代带来的信息安全和版权保护问题

数字化融合时代，由于信息传播的便捷和快速，也带来了信息安全和版权保护的问题。编辑需要加强数字版权保护意识，了解数字版权法律法规，防范盗版和侵权行为的发生。

这也促使继续教育和人才培养更加重视对编辑进行信息安全技术的相关培训，保障出版物的信息安全和知识产权。

## 二、数字化融合时代对图书编辑的新要求

在数字化融合时代，图书编辑可以学会运用数字技术将传统出版产品的文本、图像和视频信息融合在一起，从而生成更具吸引力和传播价值的内容。为了实现这一目标，图书编辑需要掌握基本的计算机使用和多媒体搜索技能，从而能够有效地进行信息的筛选和获取，还可以利用互联网数字化平台与目标受众进行在线互动，及时获取反馈和意见。

这种变革对图书编辑的知识结构和能力提出了新要求，也带来了较大的压力。图书编辑需要不断学习新技术，尽快适应新环境，努力提升综合素质和能力水平，以适应数字化融合时代的需求。

### （一）高效获取目标信息的能力

数字化融合时代也是信息爆炸的时代，如何在海量数据中筛选出自己所需的信息，并将其进行整理和利用，成了一大难题。这就要求图书编辑必须具备高度敏锐的信息洞察力。

图书编辑可以利用大数据平台和网络调研筛选和确认选题，利用大数据可以通过网络数据的读取与归纳等方式，总结出读者的个人需求，帮助图书编辑确定特定群体并进行群体描摹，筛选相关选题。网络调研定位准确、反馈速度快，调研人群都是图书的目标受众，可以精准地获取目标信息。

### （二）与作者进行深度合作的能力

图书编辑可以通过建立数据库，利用各类数字手段，找到最合适的作者。为了提供满足读者心理需求的优质图书，图书编辑需要充分理解和把握目标受众的需求，做好选题工作，积极与作者交流，利用数字化平台，将目标受众的真实需求准确传达给作者，从而激发作者创作出更高质量的内容。图书编辑要探索建立在线协作平台，与作者进行实时沟通，完成在线审稿等工作。

### （三）熟练运用数字技术的能力

图书编辑需对数字化融合时代的传播理念有充分理解，熟练使用电脑设备、编辑软件，提高工作效率和质量。同时，也借助新技术对图书进行数字化营销和推广，例如利用社交媒体进行精准营销、短视频宣传、直播带货等，提高图书的知名度和销量。

### （四）利用网络提供增值服务的能力

当前图书市场，特别是科技类图书，在数字化环境下采取的一种创新的策略是“纸质书籍销售内容，网络提供额外服务”。编辑在图书设计时，就要思考哪些内容需要收费，哪些内容可以免费提供。为作者提供网上增值服务内容的编写思路，例如教学课件的网上答疑，医学科普图书的线上问诊服务等，在为购买相关图书的读者提供更全面的服务的同时，也扩大了图书的收入来源。

## 三、数字化融合时代编辑继续教育和人才培养的建议

### （一）出版企业与高校携手深入合作

数字化融合时代，出版企业需要更新观念，创新人才培养模式。校企联合培养人才是一条重要的途径，可以有效促进校企双方的共同进步，培养出更多具有创新能力的高素质人才，为出版业的持续发展提供强有力的支撑。

出版企业可以根据自身业务需求和人才现状，与高校商定培训课程和继续教育内容。这些课程应该以融合发展为中心，注重传统出版与数字出版的结合，关注学术界的前瞻性观察与预测，以及企业面临的实际问题。出版企业可以针对不同级别、不同类别的岗位，选择相应的高校进行合作，有针对性地开展员工培训。这样可以更好地针对企业需求，增强培训效果。例如，2019 年长江出版传媒集团联合武汉大学对集团编辑营销骨干进行全封闭培训，通过编辑策划、数字营销、融合出版等课程升级员工知识储备。

校企联合可以为企业和高校提供一个共同研究、探索、实践的平台。在这个平台上，企业和高校可以共同开展科学研究、技术创新、市场推广等活动，探索数字化融合时代出版业的发展规律和趋势，为出版业的转型升级提供强有力的支持。

### （二）与第三方机构合作制定编辑继续教育、人才培养方案

出版企业与第三方机构合作的主要优势为人才培养效果的可视化和目标化。这种合作可以覆盖出版企业整个数字化转型过程。出版企业可以利用第三方机构的岗位建模工具，提取数据。明确编辑岗位核心能力标准，并分析编辑的能力差距，了解编辑人才现状。

基于上述分析，第三方机构与出版企业共同制定人才培养和继续教育

计划。出版企业还可以利用第三方机构人力资源评估工具，定期进行人才盘点，参照人才盘点结果，建立出版融合发展人才资源库。同时，关注员工工作满意度，及时做出反应，以避免人才流失。利用分析工具，出版企业可以发掘具有成长潜力的编辑，设立专项人才基金，结合编辑职业发展规划，实施体系化培养方案。

**（三）制定、实施人才激励计划和项目，并进行评价**

制定针对图书编辑的人才激励计划，激发编辑学习和创新的热情。例如，可以设立培训基金、继续教育奖学金、创新项目奖励等。

为图书编辑提供轮岗实践的机会，将他们安排到不同的岗位和项目中，以提升他们的综合素质和适应能力。鼓励图书编辑参与创新项目。在项目管理中，可以提供专业的培训和支持，帮助图书编辑掌握项目管理的技能和方法。同时，通过创新项目，图书编辑可以不断学习和掌握新技术、新理念、新模式等，提升自己的综合素质和能力。

建立评价机制，对图书编辑的学习成果、工作表现等进行定期评价和反馈。评价机制应该科学、公正、全面，能够准确反映图书编辑的实际能力和表现。同时，评价结果应该与薪酬、晋升、奖励等挂钩，以进一步激励图书编辑学习和工作的积极性。

## 四、结语

在数字化融合时代，编辑的继续教育和人才培养已成为出版业转型和发展的重要环节，出版继续教育和人才培养具有复杂性、动态性和长期性，是一项困难的长线任务，需要我们从多维度、全方位对这一问题进行深入的研究和探讨。通过多主体协同、通力合作，借助出版继续教育和人才培养，使出版企业在数字化融合时代占据一席之地。

（作者单位：湖北科学技术出版社医卫分社编辑）

# 基于编辑专业能力发展的继续教育内容创新研究

何 香

继续教育是第三次科技革命爆发后科技迅速发展，使得学校教育所获得的知识难以满足实际工作需要而推进到各行各业的。对于有着悠久发展历史的出版业来说，开展编辑继续教育是一种必然选择。

## 一、编辑专业能力发展视域下继续教育的角色、价值和职责

继续教育是一项培基铸魂、启智增慧的系统工程。编辑继续教育工作要走向专业化，首先要回答好编辑继续教育“是什么”、编辑继续教育内容“从哪里来”、编辑继续教育方向“往哪里去”，从而使编辑继续教育

始终保持正确政治方向，织造牢固的知识体系和能力框架，更好地服务于编辑工作。

### （一）“是什么”——编辑继续教育的角色与使命认同

“编辑”一词，既指职业身份，也指从业者的工作性质与类别。如果只是基于前者，“编辑继续教育是什么”问题的必要性和重要性则很难体现。但是，若要创造繁荣发展的出版业态，“编辑继续教育是什么”就是必须回答的问题。它是出版业高质量发展的前提，不然，编辑工作难免走向歧途。

1. 继续教育是编辑超越蒙昧、自觉自悟的内在力量

继续教育是打开编辑心灵牢笼，唤醒沉睡于心灵深处智慧、理性、意志的钥匙，促使编辑价值观憬悟、创造力觉醒，实现职业意义的自觉重构。正如古希腊哲学家苏格拉底所说：“一万次知识灌输，不如一次内在觉醒。”在现代性工业化发展中，数字出版和新媒体的兴盛让编辑成长的外部环境超出预期，学校教育所赋予的价值认知变得离散，仅仅依靠既有经验和定式思维，编辑在出版实践中难以掌握思想、判断、感情和想象方面的自由。编辑要重新培育理性精神，避免离散的价值被物欲和消费主义侵蚀。继续教育成为编辑唤醒自我、链接社会，使丢失的思想性回归的必然选择，编辑也得以超越蒙昧、自觉自悟，重新享受到专业素养不断发展的那种精神上的愉悦。

2. 继续教育是编辑由术至道、追求卓越的必由之路

编辑是一个对自身特质和能力具有独特要求的工作，继续教育是在文化多元化情境下对编辑工作性质本身进行反思后找到的适应路径。这条路径并不高屋建瓴，反而存在极大的选择自由——编辑可以自由选择接受继续教育的方式，是脱产学习，还是利用业余时间学习；编辑还可以自由选择接受继续教育的形式，是“手把手、面对面”的传统知识教授，还是充分交互的互联网课堂；编辑也可以根据自身需求选择继续教育的内容，是进行出版基础知识课程学习，还是进行出版实务知识课程学习。继续教育为编辑提供了匹配其业务水平、适应出版业高质量发展要求的系列课程，

让编辑实现由新手到卓越的发展，能够更好地应对外部社会环境带来的风险与阻碍。继续教育还是“监督画龙，指导点睛”的一种倒逼措施，编辑必须主动加强自我教育，提升自身综合素质而“成龙化凤”。

**（二）“从哪里来”——继续教育的价值与内容体系**

编辑继续教育决定着出版业的未来，是出版体制改革的助推器和出版高质量发展的动力源。新时代的编辑继续教育与国家发展的现实目标和未来方向紧密相连，引导编辑坚定理想信念，加强编辑修养，增强综合素质。这为编辑继续教育的开展提供了可操作的教育内容和原则规定，但是针对不同类型和职级的编辑，在一定周期内“讲什么”“讲多少”，则需要对编辑继续教育的价值进行定位，以找到多元发展与个性成长、实践能力与知识水平、内部开放与外部交流之间的平衡。

1. 以编辑的发展为根本遵循，保障编辑多元发展和个性成长齐头并进

培养高素质编辑人才是编辑继续教育的价值体现。编辑继续教育是培养“多面手”还是“一把刀”，或者说如何处理综合化培养和专精化发展之间的关系一直是出版业专家学者不断思考的问题。《出版专业技术人员继续教育规定》对此提出了“提高能力，注重质量”的原则。① 从编辑能力建设的角度来看，一是要以编辑的成长发展规律为遵循，注重编辑的主体价值展现，而不是将编辑看作“出版的工具”，对编辑进行公需科目和专业科目两方面的培养，保障编辑的多元化发展，使编辑成长为业务精、宽口径的复合型人才；二是要以编辑专业能力建设为根本，注重“专业技能＋人文素养”的综合培养和“理论—实践—理论”的纵深推进，帮助编辑不断更新知识、拓展技能，成为细分领域和出版方向的“专家”，实现个性成长和能力施展。

2. 以内容的设计为重要抓手，保证编辑实践能力和知识水平协调发展

编辑的发展要求继续教育既进行知识输送，又提供主动探究的机会；

---

① 参见《出版专业技术人员继续教育规定》，《中国新闻出版广电报》2020 年 9 月 29 日。

既培养编辑个体能力，又发展编辑团队意识；既保持培训对象的纯一性，又能将培训内容多样开放。这其实是编辑在继续教育环境深刻变化下对继续教育过程和继续教育结果的双重需求。所谓对继续教育过程的要求，是指在继续教育中，编辑学科、专业课程、学习环境有效整合，重大出版项目、经典出版案例等缀于其间，而编辑可以在这条“母河”里成长，或自我发展，完善知识体系和能力框架；或协同合作，以出版项目为中心，实现团队成长。所谓对继续教育结果的要求，是指继续教育要有成效性，即内容直接指导编辑工作，形式具有约束力以实现沉浸式学习效果，学时能满足编辑注册与续展登记，成绩能以结业证书、研究课题、论文著作、审读评审等多种形式体现，等等。无论是继续教育过程，还是继续教育结果，对应的关键词均是“内容”，这是满足编辑双重需求的抓手，既能帮助编辑提升知识水平，又增长实践能力，实现二者的协调发展。

**（三）“往哪里去”——编辑继续教育的职责与任务**

编辑继续教育的职责是多方面的，并随着社会发展不断更新、增殖。总的来说，编辑继续教育的职能是为出版业高质量发展服务，为社会主义文化建设服务。其体现在编辑、出版企业、行业主管和人社部门以及人民政府等各方的工作使命。

1. 编辑根据工作需要和职业发展积极参与继续教育学习，提高专业技术和道德素养

编辑继续教育的职责之一，就是把社会发展所取得的新成果传递给编辑，编辑掌握了一定的知识和技能之后，将之运用于出版实践中去，创造人们所需的物质和精神文化。编辑更新知识和提高专业技能，一方面是文化发展和出版规律的客观要求，为社会进步的浪潮所带动；另一方面是国家基于编辑继续教育对推动出版业高质量发展作用的积极作为。

2. 出版行业和企业实施相应的编辑继续教育活动，为编辑参加继续教育提供便利

出版行业和企业开展编辑继续教育，培养编辑人才，是一种认识资本投资，是造就行业和企业发展所需人才资本的重要职能。出版企业是编辑

继续教育的直接需要者，通过制定编辑继续教育总体方案和编辑人才发展计划，设立编辑继续教育专项资金，多层次、多形式、多规格开展继续教育活动，如组织编辑岗位培训使编辑掌握新理论、新技术，组织学术研讨会和讲座为编辑创造外部交流机会，支持优秀编辑进入高等院校进修深造以拓宽专业知识面，可以培养一批适应出版业发展要求的编辑人才，推动出版业高质量发展，为行业和企业创造更大的社会效益。

3. 政府主管部门负责编辑继续教育工作的监督管理和组织实施

政府主管部门监督管理编辑继续教育工作，是对出版业发展和人才培养进行宏观指导，以创造和改善行业发展环境，提高出版企业外部效益，为社会主义先进文化发展提供环境保障。政府主管部门组织实施编辑继续教育工作，是非营利性的，有助于提高编辑的专业技能和职业素养，以使“党的宣传干部”正确把握社会文化发展方向和出版企业的价值观念，为社会策划出版更多优秀出版物，从而促进国家文化事业发展。

## 二、编辑继续教育促进编辑专业能力发展的作用机制

编辑专业能力水平是制约出版业高质量发展的重要因素。如何增强编辑专业能力，满足出版融合发展和信息技术革命深入推进的新要求，是编辑继续教育内容建设的主要目标。因此，必须加大编辑继续教育实施力度，构建编辑继续教育促进编辑职业能力和职业道德发展的作用机制，架构多元发展和个性成长、实践能力和知识水平之间的平衡之桥，确保编辑通过参加和接受编辑继续教育来适应行业和社会发展所带来的挑战，让编辑得到全面、充分、均衡的发展。

### （一）编辑继续教育促进出版专业技术提升，解决编辑专业能力不过硬的问题

编辑工作是一门“技术活”，出版专业技术是编辑的基本能力。著名出版家聂震宁曾说：“出版人与一般文人不一样的地方在于我们必须能够

把它（出版物）做出来。”①出版专业技术是编辑所能拥有且可以直接用于编辑工作的价值，对出版专业技术的掌握层次是影响编辑能力发展和职业晋升的重要因素。具有扎实出版专业技术的编辑可以很好地适应岗位工作要求，应对出版业融合发展和新媒体技术进步的挑战；而无过硬出版专业技术的编辑，由于无法很好地掌握编辑新理论、新技术，进行岗位工作和提供编辑服务，很容易被优秀者从岗位甚至行业“挤出”。

1. 岗位培训帮助编辑夯实专业技术基础

编辑能够通过继续教育掌握更高层次的出版专业技术来增强专业能力，传统编辑岗位教育是编辑继续教育的重要表现形式。早在 1995 年，我国就印发了《关于在出版行业开展岗位培训实施持证上岗制度的规定》，要求出版行业岗位规范对主要岗位的工作人员进行培训，取得岗位培训合格证书，持该证书上岗。该政策文件也明确指出开展岗位培训的意义和目的之一是“提高出版队伍的整体素质”。由于各出版企业战略发展需要的不同和编辑的个性化、差异化需求，编辑岗位教育的内容日益多元化，也出现了定制培训、异地岗位实践等新模式。但不管怎样，传统编辑岗位教育对于编辑夯实出版理论基础、掌握出版专业实务技能是一项重要任务，也是培养“能打硬仗”编辑人才队伍的必然选择。

2. 网络学习帮助编辑精通专业技术应用

网络学习是随着信息技术普及而备受大众青睐的学习方式。对于编辑来说，网络学习的意义更加深刻，不仅仅是将网络作为增长编辑专业技能的方式，更是需要学会利用多平台搜集信息和发布信息，掌握多媒介终端协同工作技能，以更好地理解媒介融合背景下融合出版产品的编辑规则的差异化，与传统出版理论知识和实践经验相辅相成地进行宽角度思考，强化全面学习能力和跨媒介工作能力。

以中央宣传部干部教育培训平台——全国宣传干部学院网络培训平

① 邓明静：《出版专业技术人员继续教育政策演进及其特点、启示》，《当代继续教育》2021 年第 2 期。

台为例，其选课平台提供了由宣传思想文化系统领导干部、新闻出版领域专家、哲学社会科学领域专家等的视频课，为广大编辑提供了全方位的网络在线继续教育服务。编辑可以通过全国宣传干部学院网站、视讯会议系统、“学习强国”平台定制端口进行学习。编辑不仅可以学习出版实务、出版基础、党政、版权贸易等课程，还可以通过课程视频中的互动性内容（如学习工具或平台推荐、培训专家个人微博或抖音平台分享等）参与到接续性或进阶性学习中来，或者通过定制端口洞察“学习强国”等媒体的信息产品编辑方式。可以说，网络学习是编辑补强专业技术能力的关键，也是编辑实现编辑技术能力由基础、熟练到精通进阶的重要切入点。①

3. 项目培训引领编辑发挥专业技术创效

这里所述“项目培训”不是导师制的“传帮带”，也不是基于出版项目的讲座式“交流”，而是指一项以“实训”为特点，以出版项目为核心，以编辑为绝对主体的“成长路演”。与一些以“策划一个选题”为结业任务的策划编辑培训不同，以引领编辑利用专业能力创造“双效”的项目培训，可以从多角度展现和考察编辑的专业能力和素质，编辑则可以在“路演”中锻炼出版项目管理能力、信息搜集整理能力、选题策划能力、编校能力、出版财务管理能力等，项目培训中所涌现的优秀选题、优秀编辑也将为出版企业带来良好的社会效益和经济效益。

**（二）编辑继续教育促进职业道德素养提升，解决编辑精神价值不明的问题**

道德素养是编辑专业素养的重要方面，是提高编辑整体能力的必然要求。编辑继续教育在引导编辑形成积极正确的价值观念、养成责任在心的工作态度、践行科学有效的成长方式等方面发挥着重要作用，因此成为编辑专业能力发展的重要途径。

---

① 参见侯亩言：《出版专业技术人员继续教育的现实困境及发展路径》，《出版参考》2021年第8期。

1. 主题教育促使编辑形成积极正确的价值观念

积极正确的价值观念是出版业高质量发展的前提。当下，主题教育开展得如火如荼，得到各行各业工作者的重视。编辑继续教育中，主题教育内容广泛：政治思想教育能够帮助编辑坚定正确的政治导向，树立政治意识和大局意识，在编辑工作中自觉运用积极正确的价值观念指导实践，把好政治导向关；形势教育能够帮助编辑正确理解党的路线、方针、政策，深刻领会编辑出版工作在文化强国建设中的重要作用，从而树立远大志向并为之不懈奋斗；法律法规教育帮助编辑形成强大的自我约束力，自觉遵守出版管理的规章制度；自我道德教育促使编辑形成正确的职业态度和优良品质，并不断提高工作质量。

2. 通识教育引领编辑形成使命在肩的前进动力

通识教育内容是编辑继续教育的基本内容，包括出版管理规范、时事政治、出版管理以及相关学科知识。通识教育内容更多的是社会时事热点知识、出版业先进理论和行业外的先进知识，而非专业基础课程和出版技术课程。编辑在不断对照—参考—更新的循环中架构自己的知识体系，目光超越于眼前工作，而着眼于全球文化发展、信息技术革命时代潮流、出版业及人文历史等相关学科的兴衰，以“使命在肩，编辑有我”的初心勇攀出版高峰。

**（三）编辑继续教育促进社会活动能力提升，解决编辑服务质量不高的问题**

编辑继续教育是编辑获取学习效益和创造社会效益的重要方式，编辑的专业技能、工作经验不断提升，并由此带来职业发展的晋升和人际关系的拓展，进而实现自我价值。有的编辑由于继续教育所带来的精力消耗、经济开支而不愿意更多地参与各类形式的编辑继续教育，有的编辑局限于眼前的可数据衡量的经济效益和可线性衡量的社会价值而主观否定编辑继续教育对编辑专业能力发展的作用，这些观念其实是局限的、狭隘的。编辑继续教育能够通过出版团队行为教育、出版规范教育、出版意识教育提升编辑的社会活动能力，从实践论方向提升编辑专业能力，以促进编辑工作高质量开展。

1. 出版团队行为教育拓展编辑人际关系网络

全球学术出版学会（SSP）于2021年发布的第三次年度专业技能调查显示，对于期刊编辑，团队协作能力是成功必备技能，人际交往能力是理想的个人特质。[①] 其实，这一点对所有编辑都适用。在出版实践中，编辑与同事、与作者、与读者进行知识、思想、经验乃至情感等多层次、多维度的沟通交流。与这些社会主体的沟通交流是编辑社会性发展的基本途径：编辑从他们的行为规范中认知社会文化和价值标准，编辑工作方向更符合时代发展要求和社会发展方向；编辑从他们的眼中看问题、观世界，观点采择能力增强，选题策划等具体工作更具有针对性。编辑将认知、情感、意志投入编辑工作中，编辑团队的内部成员（同事、领导）和外部成员（作者、读者）等的心理感受、情感体验和思想观念等与编辑自身经验、情感和心理认知形成碰撞和刺激，对编辑的专业能力发展产生影响。出版团队行为教育通过教授相应的行为模式和行为技能，提高处理问题的能力；通过指导调节自我经验和外在要求的矛盾，提高编辑工作适应能力；通过构建与同事、与领导、与作者、与读者的情感联结，增强编辑的团队归属感和使命感，从而在感知、反省、体悟中实现专业能力提升、人际关系拓展和团队精神养成，实现编辑工作的和谐、协调和高效。

2. 出版意识教育推动编辑参与公共生活

编辑的存在与文化、与现实紧密相关。编辑通过选择、加工内容来反映时代面貌、社会现实，进而塑造生活、繁荣文化。编辑参与公共生活不仅在于编辑工作本身，更在于肩负的社会责任。编辑参与公共生活是对自然科学的前沿把握、对文学艺术的深刻理解的体现，亦是对公众精神需求的关怀、对社会文化繁荣的责任的体现。编辑继续教育培养和增强编辑的

① 参见许青金：《学术期刊编辑继续教育的方式、途径及对策研究》，中国科学技术协会、国家新闻出版广电总局、浙江省人民政府：《中国科技期刊新挑战——第九届中国科技期刊发展论坛论文集》，浙江大学出版社2013年版，第425—431页。

角色意识，促使编辑理解国家政策方针、了解时代背景和社会热点，由观众变成编导、由听众变成播客、由网民变成进行信息编码和解码的意见领袖，以信息的主动传递者的角色开发选题、拓展策划范围；编辑继续教育觉醒和滋养编辑的服务意识，促使编辑超越故纸堆，在以读者精神需求、广大群众文化权益为目标的公共生活领域中提供服务，如以细心细致的编辑工作服务作者、以新媒体技术多样化呈现内容宴飨读者、以高水平的精神产品营造良好文化氛围服务大众等。

## 三、编辑专业能力发展视域下继续教育内容创新要求与实现路径

### （一）编辑专业能力发展与继续教育内容创新的具体要求

通过对编辑“职业技能—职业道德—职业行动”耦合发展的继续教育作用机制的分析可知，根据编辑专业能力成长趋势以及出版业高质量发展对编辑专业能力的要求来定位和创新编辑继续教育内容体系，是影响编辑继续教育提升编辑专业能力发展及其在出版业建设中的适应能力的关键。编辑继续教育应遵循“服务大局，按需施教；提高能力，注重质量；改革创新，注重实效”的原则，不断提升编辑的专业能力和职业道德素养，全面提升编辑专业胜任能力。编辑继续教育内容设置应该坚持“分级分类”的原则，形式择采应该坚持“多种多样”的原则，由此提高编辑继续教育质量，促进内容创新。

### （二）编辑继续教育内容创新的实施路径

编辑继续教育内容创新是一项长效性的系统工程，具有重要时代价值和现实意义。基于上述对编辑继续教育的角色、价值和职责的论述，以及对编辑继续教育促进编辑专业能力发展的作用机制的认知，可以得出编辑继续教育内容创新的重要方向和路径。

1. 编辑继续教育资源协同化，革新继续教育内容体系，促进编辑专业

能力发展

协同教育并非新概念，在教育领域已有深入研究和广泛应用。在编辑继续教育领域，由于其基础性战略性地位和服务对象的特殊性，协同化有着更高要求。作为一项多元主体参与的系统工程，编辑继续教育要持续提升继续教育工作成效，培养高素质专业化出版专业人才队伍，需要汇聚各方的力量，“形成政府部门规划指导、社会力量积极参与、出版单位支持配合的出版专业技术人员继续教育新格局”。一是构建出版产业、技术、人才、信息的衔接融合模式，打造高端权威、全面立体的继续教育平台。二是促进政府部门、社会力量、出版企业等多元主体协同，实现行业资源、技术、智力和管理等资源的共享共用。三是推动专业与基础、传统与创新、理论与实践、特色与综合内容的深度融合，使继续教育融入编辑专业能力发展的全过程，架构成内容比例合理、结构顺序科学、学时安排适宜的内容体系，促使编辑专业能力全面提升。

2. 编辑继续教育内容特色化，优化继续教育需求方向，满足行业发展需求

编辑继续教育特色必须与各出版企业的出版方向相符合，如科技类、少儿类、文艺类、教育类等出版社的管理、规划等各有特色，这决定了编辑继续教育特色化发展的方向。因此，在制定编辑继续教育特色化战略，开展内容特色化创新时，要做好顶层设计。

一要把握差异性。首先，政府部门要从文化发展的全局，把握出版业与其他行业的差异，制定具有出版业特色的编辑继续教育规定；其次，出版企业要把握自身与其他出版社（特别是经营类别不同的出版社）的差异，基于自身发展的宏观背景、优劣势进行定位，探索实现编辑继续教育目标的内容创新路径；再次，编辑个人要把握与其他岗位的出版专业技术人员的差异，选择岗位发展所需的继续教育内容，进行针对性提升。

二要把握创新性。出版企业是编辑人才成长的基地，在信息时代更是将编辑的创新能力培养置于重要位置。在长期的编辑继续教育活动中，出版企业形成了相对稳定的内容体系和课程结构，这正是其与其他出版企业

相区别的独特内涵，也是编辑继续教育发展的优势所在和重要依据。出版企业一方面要使编辑继续教育内容优势成为培养编辑创新能力的基础，不断增强编辑专业能力；另一方面要引导编辑不断开拓，在出版企业编辑继续教育内容特色的体系下，形成具有个人特色和风格的知识体系、能力框架。

三要把握需求性。在设计编辑继续教育特色化内容时，要考虑社会发展对编辑专业能力的需求，这是编辑继续教育发展的前提。编辑专业能力的发展必然是面向社会需求、面向岗位要求的。编辑继续教育要去除与出版业匹配度低、关联性差的旧内容，要根据当前出版企业需求、出版业高质量发展要求以及未来出版业对编辑专业能力的挑战制定特色化课程，保证编辑专业能力发展的针对性。

3. 编辑继续教育形式多样化，创新继续教育实施模式，提升编辑培训效能

编辑继续教育形式灵活多样，《出版专业技术人员继续教育暂行规定》明确了 10 种继续教育形式。① 要坚持工学共进、虚实交互、内外共济的原则，充分利用这些继续教育形式，促进编辑深化新知识、新技术、新技能。

一要理论与实践相结合，工学共进，提高编辑继续教育的融合性。《出版专业技术人员继续教育规定》对继续教育形式和学时认定采取更灵活多样的方式，就是在充分考虑工学矛盾的基础上所作的决定，主要目标是增强编辑专业能力、革新继续教育模式、提高人才培养效益。编辑继续教育要解决工学矛盾，就要构建“学习—实践—再学习—再实践”的循环模式。首先，“学”与“工”要合一。编辑继续教育要将编辑的“学”与“工”一起纳入考核与监督体系，使继续教育内容与编辑工作“零距离对接”。其次，编辑职业身份与受教者角色要合一。编辑是出版企业的员工，

① 参见王婷：《基于胜任力模型的陕西新华出版传媒集团编辑人员继续教育问题研究》，硕士学位论文，陕西师范大学，2019 年。

必须按照规章完成工作任务；编辑又是继续教育中的受教育者，是“学生”，必须将继续教育课业放在突出位置。最后，学习平台与工作岗位要合一。编辑继续教育要结合编辑岗位特征，强化实践环节，让出版项目成为编辑接受继续教育的有效载体。

二要线上与线下相结合，虚实交互，提高编辑继续教育的实效性。我国编辑继续教育统筹推进线上线下相结合的培训模式，在每年累计不少于90学时的继续教育时间中，线上继续教育学时最多可达40学时。要建设线上线下相结合的编辑继续教育模式，首先，要打造多样化资源，除了传统面授教育的培训讲义、课程PPT等，还要开发多媒体资源，如针对编辑工作的细分能力设计微课、慕课，整合网络资源形成出版资源库，通过网络培训平台提供给编辑，满足编辑的碎片化学习需求；其次，要开展实时性互动，除了传统面授教育的开课签到、课后答疑等交流方式，还要充分利用线上教学的便利性，开展随时签到、弹幕提问、专区讨论、随堂检测等活动，既为枯燥的学习增添乐趣，又通过虚实互动激发编辑的学习兴趣，编辑的提问、讨论亦成为其他人的学习内容；再次，要利用混合式手段，结合传统面授在学习归属感方面的优势和线上教育在互动交流方面的长处开展教学，不能因为新媒体技术的便利性而忽视了传统面授的有效教学方法。

三要外化与内化相结合，表里相济，提高编辑继续教育的效能性。内化是指编辑将继续教育传递的思想、规范、技能等纳入自己的知识体系和能力框架的过程。要实现继续教育内容的内化，必须重视继续教育的每个环节、每门课程，提升内容质量，使其成为编辑塑造观念、提升能力、锤炼道德的有效工具。外化是编辑将已经形成的道德素养、专业能力转化为实践行动的过程，体现为团队合作行为、社会活动能力等。要实现继续教育成果的外化，一方面要构建以编辑工作为载体的外化工作体系，整合出版业资源，开辟岗位锻炼、企业交流、行业共享的协同实施路径；另一方面要架设编辑、编码、编程、编导一体化的人才成长体系，开辟提升专业能力的方向和参与公共生活的途径，以提高继续教育的效能性。内化与外化是互为表里的关系，二者之间的纽带是编辑继续教育内容。因此，编辑继续教育必须不断创新内容，强化实践，为编辑提供新认识论和新方法。

## 四、结语

编辑人才是实现出版现代化的战略资源，具有专业能力、专业精神的编辑人才队伍是应对新形势、新业态的重要力量。继续教育正是培养造就政治过硬、本领高强编辑人才队伍的必然要求。未来，编辑继续教育内容将不断创新，帮助编辑不断自觉自悟、锤炼技艺、升华道德，并在内化与外化之中推动出版业朝着中国式现代化迈进。

［作者单位：长江少年儿童出版社（集团）有限公司］

# 新媒体时代的编辑进化：在继续教育中变革与提升

鹿金炜

数字技术的涌现催生了前所未有的媒体格局和沟通方式，这对编辑提出了新的要求和挑战。编辑不再仅仅是文字的编辑加工者，而是需要成为在数字技术、新媒体工具和创新思维等多方面有所涉猎的学习者。这个时代呼唤着编辑积极学习和不断适应新发展，这也正是编辑继续教育的核心任务之一。以往文献分别从新媒体编辑能力拓展、新媒体时代对编辑的七大能力素质要求、数字出版物的制作及数字出版业的信息化商业运作模式等方面对编辑应对新形势、新挑战提出了相应的要求。本文将深入探讨编辑在新媒体时代的进化策略，探讨编辑继续教育的紧迫性，以及如何培养编辑学习数字和新媒体技术的能力。

## 一、新媒体时代的编辑工作

新媒体是一个宽泛的概念，是利用数字技术、网络技术，通过互联网、宽带局域网、无线通信网、卫星等渠道，以及计算机、手机、数字电视机等终端，向用户提供知识、信息和娱乐服务的传播形态。准确地讲，新媒体应该称为数字化新媒体。新媒体的崛起已经彻底改变了媒体行业的格局，互联网、社交媒体、移动应用程序等数字化平台使信息传播变得更加迅速、广泛和互动。新媒体的兴起不仅改变了信息传播的速度，还深刻地改变了读者的阅读习惯。人们更倾向于在线获取信息，随时随地浏览新闻和内容。新媒体是互联网平台表达海量信息内容的主要载体，更是编辑出版的新渠道和新空间，这意味着编辑不仅需要适应信息传播环境的快速演变，还需要深入了解新媒体平台的特性和工具，紧跟数字化时代的步伐。

不断学习和掌握新的数字技能和新媒体工具，以更好地满足读者的需求，更好地适应工作环境的快速变化。编辑角色的转变在数字技术飞速发展的冲击下，使编辑面临前所未有的挑战和机遇。数字技术和新媒体工具的崛起彻底改变了信息传播和媒体消费的方式。这一变革不仅改变了传统媒体生态系统的结构，还对编辑工作的本质提出了新的要求。

过去，编辑主要负责文字的编辑和加工，但如今，编辑不再局限于传统的文字编辑，而是需要处理多元的内容，包括图片、视频、音频和交互式元素。这种角色的演变是由新媒体的多样性和即时性所驱动的。传统媒体如报纸和电视在信息传递上具有一定的局限性，但新媒体平台提供了更广泛的表现方式。编辑在处理多样化信息的同时还要确保内容准确性和关联性，不再仅仅是信息的整理者，更像是内容的策划者和制作者，需要考虑如何以最准确、最吸引人的方式呈现，如何利用不同媒体形式来传播信息。另一个重要的角色转变是与读者互动的需求。在新媒体时代，社交媒体成为信息传播和互动的关键平台。编辑不仅需要发布内容，还需要积极参与社交媒体，与读者互动、回应评论，甚至借助社交媒体来发掘需求线索。这种双向互动强化了编辑与读者之间的联系，使编辑更能满足读者的需求。

新媒体时代，内容不再局限于单一平台。编辑需要使内容适应不同的新媒体平台，每个平台都有其独特的要求和受众，了解并满足这些要求，才能保证内容在不同平台上的传播效果。并且，编辑需要与不同领域的专业人士合作，包括摄影师、视频制作人、数据分析师等。跨媒体合作可以丰富内容，提供更多元化的信息呈现方式。此外，编辑还需要使内容在不同媒体之间进行整合传播，以最大限度地扩展受众。

综上所述，新媒体时代编辑工作的背景呈现出多元化和快速变化的特点，而持续的继续教育对于编辑适应这一快速变化的环境、提供高质量的内容、维护品牌声誉，以及保持与读者的联系至关重要。尊重出版规律，适应环境变化，掌握技术应用，理解业态发展，从实践中体悟探索出版业的路径是新媒体时代编辑进化的指导性方法。

## 二、继续教育的重要性

### （一）知识更新和数字技能培养的重要性

鉴于新媒体时代编辑工作的多元性和复杂性，持续的知识更新和继续教育变得尤为重要。编辑需要不断学习和掌握新的数字技能、媒体工具和编辑技术。这不仅有助于提高编辑的职业素养，还有助于适应快速变化的媒体环境。

数字技能在编辑的工作中变得越来越重要。编辑需要运用各种数字工具和软件来创建、编辑和发布多媒体内容，以提升工作效率和质量。例如，在新闻编辑领域，编辑需要掌握数据可视化工具的使用，如 Adobe Premiere、Final Cut Pro 等，可以帮助他们创建生动形象的新闻故事，提高新闻报道的可读性和吸引力。对于出版专业的编辑而言，需要掌握云章出版管理平台——复合ERP出版管理系统等出版管理系统和其他数字出版工具。这些工具能够帮助编辑更高效地管理出版流程，同时可以跟踪读者的阅读习惯，及时了解读者反馈，为编辑提供更多的数据支持。

### （二）多平台内容传播和社交媒体管理

在新媒体时代，多平台内容传播和社交媒体管理已成为编辑工作的重要组成部分。编辑需要结合不同媒体平台的特性和受众需求，制定和执行内容传播策略，以最大化扩大受众群体和传播效果。在多平台内容传播方面，编辑需要根据不同平台的特点和受众需求，制定不同的内容策略和传播计划。在新闻门户网站和客户端上，编辑需要注重内容的及时性和权威性，发布最新、最准确的信息；在微博和微信等社交媒体平台上，编辑需要注重内容的互动性和社会性，积极与受众互动，回应受众的反馈；在抖音等短视频平台上，编辑需要更注重内容的创意性和趣味性，发布有趣、有吸引力的短视频；在知乎等知识分享平台上，编辑需要注重内容的深度和专业性，发布高质量的知识分享内容；在bilibili等二次元文化平台上，编辑需要注重内容的独特性和个性化，发布符合二次元文化特点的内容。

因此，继续教育中多平台内容传播和社交媒体管理对于编辑工作来说也变得更为重要。编辑需要不断学习并适应新媒体时代的发展，不仅需要深入了解不同新媒体平台的特点和受众需求，还需要提升对数据的分析和运用能力以及社交媒体管理能力等多方面的知识和技能。通过继续教育，编辑可以更新自己的知识和技能，提高自己的综合素质，从而更好地为受众提供优质的内容产出和服务。

### （三）数据分析能力

数据分析能力在编辑工作中变得越来越重要。读者数据可以反映读者的行为和趋势以指导内容策略和决策。通过继续教育，编辑可以学习如何搜集、分析和解释数据，以获取有关读者偏好、流量来源和互动水平的洞察。这些数据可以帮助编辑优化内容、改进受众参与度，并量化编辑工作的效果。数据分析还可以帮助编辑识别新机会、新趋势。例如，通过分析搜索引擎关键词和社交媒体趋势，编辑可以了解读者对特定主题的兴趣，从而拟定相关选题。继续教育可以提供与数据分析工具和方法相关的培训，帮助编辑更好地利用数据来提高编辑质量和内容的吸引力。

综上所述，新媒体时代对编辑的继续教育提出了新的要求，编辑需要不断学习和进步，不断适应时代的发展，为受众提供更好的服务和体验。

## 三、培养编辑数字和新媒体技能的方法

### （一）数字技术对编辑出版的影响

1. 数字化出版工具的应用

数字化出版工具的应用对编辑出版产生了深远的影响。编辑工具的数字化使得编辑可以在计算机上使用各种数字化编辑软件，对文本、图片、视频等各种类型的内容进行编辑和修改；同时支持多人实时协作和沟通，编辑可以与其他团队成员或作者在线上实时交流，共同完成文档的编辑和校对；自动化排版和格式化减轻了编辑和排版人员的工作负担，例如，InDesign 等排版软件可以根据设定的模板自动排版文档，而 Word 等文字处理软件则可以轻松实现文字格式化、图表插入等操作；数据分析和监测也是数字化出版的一大优势，数字化出版工具可以搜集和分析文档的各种数据，例如阅读量、下载量、读者反馈等，帮助编辑更好地了解市场需求和读者喜好。因此，数字化出版工具的应用已经深刻改变了编辑流程，使得编辑工作更加高效、便捷和智能化。

2. 数据分析与编辑决策

编辑要知晓消费者的阅读需求，阅读兴趣点和兴奋点，具备能够预测、分析阅读趋势和市场趋势的能力。数据分析为编辑提供了更精确的读者需求洞察和决策依据。通过深入剖析读者行为、阅读习惯及内容消费等数据，可以制定更为科学合理的决策。通过分析读者的搜索历史、浏览记录及购买行为，编辑可以充分了解读者的兴趣爱好和阅读习惯，从而为不同读者群体量身定制更具吸引力的出版物内容和推广策略。通过分析读者

的地域、年龄、性别、收入等多元化数据，编辑能够更精准地定位目标读者群体，为出版物制定更具针对性的市场推广策略。通过密切关注出版物的阅读量、下载量及评论等数据，编辑能够全面了解出版物的市场表现和读者反馈，从而有针对性地优化出版物的内容和质量，最终提升出版物的整体表现。

一些出版社和媒体机构已经利用数据分析工具来提升出版物质量和市场表现。例如，企鹅兰登书屋（Penguin Random House）利用数据分析技术来了解读者的阅读习惯和购买行为。根据这些数据，他们为不同读者群体定制出版物内容，并制定更精准的市场推广策略，大大提升了销售业绩。另外，《纽约时报》也通过数据分析来评估新闻报道的影响力和读者反馈。根据分析结果，调整新闻报道的策略，以吸引更多读者并提高报纸的订阅量。此外，《华尔街日报》也利用数据分析来了解读者的阅读习惯和兴趣爱好，从而为不同读者群体提供定制化的新闻内容和推广策略。通过这些案例，我们可以看到数据分析在编辑工作中的重要性。利用数据分析工具可以帮助出版社、媒体机构更好地了解读者需求和市场趋势，从而优化出版物的内容和质量，并提高市场推广的效率。这将有助于推动出版业和媒体行业的持续发展。

### （二）编辑技能的数字化培训

为了更好地应对新媒体时代的挑战，编辑需要不断在学习、实践和提升中滚动优化自己的数字化技能。

1. 数字化培训的内容

数字化培训的内容包括但不限于以下几个方面。

数字技术的基础知识：这是编辑需要掌握的基础知识，包括计算机硬件和软件的基本概念、互联网的基础知识、社交媒体平台的使用等。这些基础知识是编辑进行数字化工作的基础。

数据分析和处理技能：数据分析是新媒体时代编辑工作的重要组成部分。编辑需要掌握一些基本的数据分析技能，如 Excel 的使用、统计学原理、数据库管理等。同时，还需要了解如何处理和清洗数据，以确保数据的准确性和可信度。

数字编辑工具的使用：数字编辑工具是编辑行数字化工作的必备工具。编辑需要掌握一些数字编辑软件的使用，如 Adobe Acrobat、InDesign、Word 等。这些软件可以帮助编辑进行文档编辑、排版、格式化等工作。

网络营销和推广技能：编辑需要具备一定的网络营销和推广技能，从而将出版物或媒体内容推向更广泛的读者群体。这些技能包括搜索引擎优化（SEO）、社交媒体营销、内容营销等。

2. 数字化培训的方式

数字化培训的方式包括但不限于以下几个方面。

在线培训课程：在线培训课程通常包括数字技术的基础知识、数字编辑工具的使用、数据分析和处理技能等方面的内容，这种培训方式不限制时间地点，适应性强，课程多样化，让编辑自由选择，并且相对于线下培训，在线培训课程通常成本更低。

实践项目：实践项目可以帮助编辑熟练掌握数字技能，同时将所学知识应用到实际工作中，增强解决问题的能力，促进交流和合作，提高团队协作能力。

内部培训：内部培训通常由机构的内部专家或外部专业人士进行，来帮助编辑深入了解数字技术的最新进展和应用，一般由机构内部专家组织，可根据其自身需求和实际情况进行定制，更具有实用价值。

自主学习：编辑可以通过自主学习来提升自己的数字化技能，可以通过在线课程平台购买课程、阅读相关书籍和文章、参加专业会议等方式实现，根据自己的需求和兴趣选择学习内容和方式，增强自主学习的能力和动力，不受时间和地点的限制，更加灵活方便。

## 四、结语

总的来说，编辑的继续教育在面临新媒体时代的挑战和机遇时，应更注重资源的合理配置、技术的更新换代，利用在线学习、个性化学习路径、跨学科培训，以及合作和社群学习等多种方式和手段，适应新媒体时代的发展需求，提高自己的综合素质，增强自己的竞争力，实现个人职业的发展目标。未来的编辑继续教育将更加灵活、多样化和个性化，才能更好地满足编辑工作的实际需求，推动整个行业的可持续发展。

（作者单位：中国铁道出版社有限公司）

# 表征与超越：编辑继续教育创新发展的边界探析

张波军

随着出版专业技术人员继续教育改革的不断规范和深入，编辑继续教育发展边界越来越清晰，固有的继续教育体制机制、课程内容、开展形式等给编辑继续教育工作带来了挑战，愈加成为影响编辑专业能力提升和道德修养强化的重要因素。全面深入研究编辑继续教育存在的边界，分析其表征并找出对策，是出版工作者亟须解决的重要课题。

## 一、编辑继续教育边界的表征

随着互联网技术和智能技术的迅猛发展，编辑继续教育深刻转型，机制、内容、信息、人才、技术等边界不断强化，圈层不断出现、裂变、区隔、脱序，编辑继续教育游离主流价值、现行规则，产生认同差序、信息茧房、价值稀释等诸多问题。编辑继续教育要实现创新发展，就必须超越边界，实现跨边界发展。

**（一）机制束缚**

编辑继续教育目前由国家新闻出版署和人力资源社会保障部综合管理，政府部门、社会力量、出版单位多方参与，但均非专业的办学力量。其对于编辑继续教育的管理呈现出“自由式”“随意式”，而不像高等院校的学历继续教育那样有着统一的教学计划和安排。这种运行机制影响了编辑继续教育事业的科学发展，导致编辑继续教育内容资源管理不科学、信息共享不畅通、价值增值不高效。比如，编辑继续教育对每年的课程学时有着明确要求，但编辑培训工作的安排却前半年松、后半年紧，往往是第二期培训紧接第一期培训，“面授网培一齐走”，编辑只能“白天黑夜两不休”。编辑继续教育一年中仅仅现身了短短几天和寥寥几面，存在感是薄弱的，而编辑被边缘化。又如，《出版专业技术人员继续教育规定》明确了 10 种编辑参加继续教育的形式，为编辑提供了便利，但由于职位、职称、能力等“隐性沟埂”的阻流作用，居于“职业金字塔”中下部的普通编辑能够选择的只有每年固定的“面授、网培”，其他形式似乎只适用于“优秀”编辑，编辑继续教育的“灌溉管网”难以发挥普惠价值。

**（二）认知限制**

编辑继续教育在一些出版单位成了形式主义，出版单位在思想上没有认识到编辑继续教育对单位人才建设和经济发展的促进作用，仅仅以最低标准完成上级要求，即使制定了编辑继续教育工作，开展了相关工作，也是“大水漫灌”，不能保证质量。另外，部分编辑参加或接受继续教育也只是为了满足学时、拿到证书，或者选择“实用主义”而对理论性、基础性课程冷漠对待，“浮光掠影”式学习。这种本位主义认知导致的结果是“教风随意，学风散漫”。比如，在教风方面，面授、培训时管理课堂秩序的不再是教师，而成了培训组织者或者临时工作人员，讲课变成了对着电脑念文字；在学风方面，网络培训通过“拉进度”刷学时，面授找同事“代打卡”，有的编辑甚至带着稿子到培训课堂上审稿。随意的教风和散漫的学风，让编辑继续教育价值转化程度低。

**（三）内容挑食**

编辑继续教育是一项系统性的培训工作，课程内容设计应该是层层递进、环环相扣的。但是，目前的编辑继续教育内容存在“选择注意”“蜻蜓点水”“新酒旧瓶”的问题。“选择注意”是指编辑继续教育受自我圈层影响，培训内容似乎一直围绕着出版基础和实务知识等打转儿，主题教育课程、综合性课程（如文化或科技史、编辑职业规划等）偏少，编辑容易“腻味”，难以产生学习兴趣。“蜻蜓点水”是指有的编辑继续教育课程内容所定主题紧跟热点，结果却是“驴粪蛋上霜”，仅仅是“在概念上做文章，在纸盒上搞包装”，培训 PPT 上术语无数其实故作高深，讲课长篇大论其实废话连篇。比如某编辑培训主题为“科技术语使用规范”，但讲的都是术语研究机构的发展史，一个个“委员会”“组织”的名字足够“高大上”，但是一节课听下来，编辑收获却是寥寥。“新酒旧瓶”是指许多关于出版新业态的课程只是“旧衣服染做了新衣裳”，有的课程认知论新颖但方法论是从经典出版案例“挪移”“套用”而来，这些内容由于被编码了，编辑要么看不出而觉得“高大上”，要么识破话语屏障而对出版新业态形成偏见和消极态度。

**（四）人才困境**

人才是编辑继续教育的重要推动力。专业的教师能够提高教学质量，优秀的学生能够提高教学效果。编辑继续教育的人才困境在于高素质、高水平的教师不足，缺少“坐班式”的固定师资力量，为单期培训而邀请的教师往往难以定向地帮助编辑点亮“技能树”；基础好、知上进的编辑太少，“科班”出身的编辑不再吃香，跨学科编辑更受欢迎，编辑的理论基础不足，但受限于工学矛盾而唯技术、唯实用论。编辑继续教育工作中“伯乐”与“千里马”群体太小，导致编辑继续教育工作难以突破圈层而扩大影响。此外，编辑继续教育人才队伍建设还存在“等靠要”思维，即等上级组织、靠存量人才、要外部支持，而较少主动与市场接轨，让内外部人才自由流动、充分竞争，较少挖掘一线的专业编辑人才资源，而只盯着行业顶尖的专业，导致人才资源价值没有充分释放。

**（五）技术隔阂**

编辑继续教育与新媒体技术的融合发展是主流发展趋势，但二者的对接、融合并不好。比如，信息技术课程在培训内容中占比低，全国宣传干部网络培训课程中心“新媒体与数字出版”分类课程中，纯粹介绍信息技术在出版业中的应用的课程仅占 0.7%（5/689）；新媒体技术融合程度低，在实际应用中漏洞百出，视频课程可以“拉进度”，会议软件授课可以“挂机”，打卡签到会遇到“卡顿”等。新媒体技术服务编辑继续教育活动的低水平和相关课程建设的创新性不足均影响了培训质量。

此外，还存在内容的信息化开发浅尝辄止的问题。在自媒体平台、圈层积极运用推荐算法等技术方法吸引了大量编辑注意，用碎片化内容占据了编辑的学习时间之时，主流意识形态传播阵地的内容传播还是“传统式”的，对于多媒体、融媒体开发仅仅浅尝辄止，导致价值释放不彻底。如聂震宁《致青年编辑的十二封信》在编辑中话题热度、评价均极高，但很多编辑仍然没有看过书或者视频（全国宣传干部网络培训课程中心的 12 个视频学习人数 1.8 万至 2.2 万人不等，与许多出版实务内容的学习人数相当，口碑排名中等偏下），短视频、音频等媒介没有被深度利用。

## 二、编辑继续教育边界的超越路径

**（一）创新管理机制，优化编辑继续教育模式**

编辑继续教育在编辑培训、舆论宣传等中起着重要作用。《出版专业技术人员继续教育规定》也提出要“保障出版专业技术人员继续教育权益，不断提高出版专业技术人员素质能力”。编辑继续教育面向的是出版一线的广大编辑，他们的职业素养、道德修养、工作性质等存在个体性差异，因此培训需求也各有不同。编辑继续教育要创新管理机制，摒弃以往的“大水漫灌”式培训方式，优化编辑继续教育方式。

一要精准化。在组织编辑继续教育过程中，要明确参与培训编辑群体的特征，结合涉及的出版单位实际情况（如单位出版方向、所派参培编辑的岗位方向等），调整优化培训内容和培训形式，让“雨露”精准滴到需水的根部。这样不仅能提高培训的针对性和时效性，还有利于编辑学深悟透，内化于心、外化于行。

二要持续化。编辑继续教育要做好统筹规划、分类指导，既不能急于求成，“风过了无痕”，也不能不成体系，内容连贯性断断续续、层次性深浅不一。编辑继续教育要做到“细水长流”，内容设计要环环相扣，时间安排要有条不紊，既要有定期的面授、网培等“大课”，也要有编辑经验分享、主题讲座等“小论”，充分组织编辑进行长期学习，提高培训成效。

**（二）更新思维观念，变革编辑继续教育思路**

解放思想、更新观念是社会发展进步的永恒主题。出版业高质量发展要求、出版企业人才队伍建设需求等都要编辑继续教育突破陈旧思维和落后观念的束缚，积极探索发展的新思路，为中国式出版现代化建设提供精神力量。

一要破除封闭性思维，主动竞争。出版业是一个与市场接轨、与国际接轨的关键性行业，要做好编辑继续教育工作，就不能局限于行业内、国内，而要以开放性思维、竞争性思维，去与编辑继续教育工作做得最好的同行企业进行比较，与国际一流的出版机构进行较量。只要敢想、敢干，所有培训模式的优点都能成为建立兼容、开放、共享、规范的继续教育培训体系的资粮。

二要破除惰性思维，实干担当。编辑继续教育力度有多强，编辑成长就有多大。开展编辑继续教育工作不能畏难、怠进，要克服惰性思维，在培训上要向编辑加压，倒逼编辑抓紧时间学习、提高学习效率；在教风学风管理上不能应付了事，要严格过程管理、纪律管理，以教风正学风，以学风促教风；在考核监督上不要怕麻烦，要做到培训前点名、培训中提问、培训后建档，全程跟班监督，深入考察、评价编辑继续教育工作开展情况，以担当为编辑继续教育加油，以实干为编辑继续教育护航。

**（三）做好内容架构，提高编辑继续教育质量**

编辑继续教育内容，是指需要传授给参培编辑的思想、知识、技能等，是编辑继续教育工作的基本要素。对编辑这一特殊群体培训什么内容，是编辑继续教育工作的核心问题，直接关系编辑继续教育培训的方向和目标实现。

第一，坚守原则。《出版专业技术人员继续教育规定》提出编辑继续教育工作应当遵循“服务大局，按需施教”“提高能力，注重质量”“改革创新，注重实效”三大原则，具体分析，就是要做到以下五点：一是要政治为先，编辑继续教育必须把政治教育放在首位，体现出版作为党的宣传阵地的作用；二是要满足需求，编辑继续教育内容要满足党和国家对编辑的需要，满足行业和企业发展的需要，满足编辑自身成长的需要；三是要目标精准，针对不同岗位的编辑，继续教育内容应该各有侧重，针对不同问题所开的培训班，培训重点也应该不同；四是要坚持创新，编辑继续教育内容要与时俱进，不断更新；五是要学以致用，编辑继续教育内容要理论联系实际，帮助编辑提高素质、增强本领，并运用专业知识解决实际问题。

第二，统筹兼顾。编辑继续教育内容丰富，每项内容都是构成编辑继续教育知识体系的重要部分。要做好编辑继续教育，既要统筹兼顾，又要分清主次，坚持“两点论”和“重点论”有机结合。一要持久、深入、系统地组织开展政治理论、法律法规培训，促使编辑保持坚定的政治立场、高尚的道德情操；二要把党和国家重大方针政策、战略部署作为重点培训内容，统一编辑思想和行动；三要加强与编辑工作相关的新理论、新规则、新技能的培训，如信息资源集成开发、版权运营管理，帮助编辑更新知识、提高能力。

### （四）整合人才资源，用活编辑继续教育优势

人才是编辑继续教育的智力支撑。整合人才资源，挖掘存量人才资源潜力，开发外部人才资源增量，是编辑继续教育工作高质量开展的强力保障。

一要挖潜赋能。编辑继续教育一方面要利用好原有的出版专家、出版领导干部等组成的师资库，还要培养出版企业级、出版岗位级的“专家”，他们所做的主题培训能聚焦一线困惑、解答一线问题，有助于提高编辑群体的基本能力，为编辑继续教育工作的开展夯实群众基础；另一方面要挖掘高等院校专业课堂、红色革命教育基地、法院知识产权公开法庭等阵地的专业人才资源，他们一般具有专业知识背景，且阵地环境会让编辑继续教育更具感染力。

二要借智成事。一个企业、一个行业所能拥有的顶级人才是有限的，但能为其所用的人才可以是无限的。编辑继续教育工作的公益性使其本身并不需要占有人才，只需要组织、利用好行业内或行业外人才资源，促进出版业人才队伍建设即可。因此，编辑继续教育可以借智成事，采用邀请专家兼任培训讲师、担任课程设计顾问、提供技术支持等方式，提高编辑继续教育开展水平和成效。

### （五）推动媒介融合，释放编辑继续教育价值

数字化时代，传播格局、技术、生态等都发生巨大变化，新媒体在信息集群、快速传播和高频互动方面引领变革，编辑继续教育必须围绕新兴技术加速变革，把提高编辑媒介融合素养作为继续教育的重要内容，把信息化技术的运用作为改进教学方法、提升培训效果、优化管理模式的重要选择。

一要以媒介融合促进价值释放。互联网时代的内容生产是碎片化、快餐式的，其内容的深度和厚度远不如传统编辑继续教育所积累的内容资源，编辑继续教育既要加快发展数字技术，融合人工智能、虚拟现实等信息技术成果，使新媒体成为编辑继续教育的驱动力；也要充分挖掘存量

资源价值，利用新媒体技术开发其核心价值，强化编辑继续教育的核心竞争力。

二要以媒介融合实现价值放大。在横向上要聚合传统媒体与新媒体的形态、渠道与力量，加速资源的集聚、整合和流动，强化集群效应，催化融合质变；在纵向上要贯通培训内容生产、课程安排、技术应用和平台建设等流程，放大协同效能。

## 三、结语

在数字化转型背景下，编辑继续教育在机制、认知、内容、人才、技术中任一方向的变革均会对出版业带来重要影响，所以编辑继续教育要明晰所存在的边界及其表征，创新性地思考、作为，有效提升编辑继续教育的质量和成效，促使编辑的职业素养和道德修养，为出版强国建设提供人才支持。

（作者单位：湖北科学技术出版社）

# 编辑审美力与出版生产力

## ——浅谈编辑继续教育的审美素养与创意能力提升

王林军

作为出版业内容生产的“发动机”，编辑人员是否具备较高的素质，是新时代出版业能否高质量发展的“第一资源”。习近平总书记要求宣传思想干部修炼四力：脚力、眼力、脑力、笔力。作为出版工作者，尤其是书刊编辑，四力可以具体为：选题策划能力、阅读鉴赏能力、寻找作者能力、良好沟通能力、判断书稿能力、精品成书能力、宣传推广能力、高效执行能力、统筹协调能力、韧性与耐力等不同环节解决问题和实现目标的能力。

著名艺术家吴冠中《审美力》一书直言当代社会“美育要比文盲多”。2020 年，中共中央办公厅、国务院办公厅印发《关于全面加强和改进新时代学校美育工作的意见》，体现了党和国家对美育工作的重视。高品质图书的出版，是出版业高质量发展的具体体现，以此浸润读者、提升全社会审美水平。新时代出版人承担的社会责任除了消除文盲，还有减少美盲。

然而出版从业人员尤其是负责内容生产的编辑，多数非艺术专业，很有必要通过继续教育增强审美意识与能力的综合培养。大众审美能力的提升可在平时多参观美术馆、博物馆接受艺术熏陶，对于实务性较强的出版工作而言，临渊羡鱼不如归而织网，编辑可在日常出版工作中增强对于图书的美感意识，以学促干，投入到一本本美书的编辑与设计中。

作为一名在江苏凤凰美术出版社从业二十年的编辑，现结合从业经验，从艺术感受力、设计转化力、视觉传播力三个方面提出思考，分享编辑审美力之管见。

## 一、艺术感受力

好书的内在标准当然是内容要好、主题向上、思想精深、文字优美、可读性强或有较强的工具价值等等；而图书的呈现形态也是新时代好书的重要标准。以苏美社为例，对于可塑性强的选题，我社编辑、设计师会与作者充分交流，提出图文创作建议、补充要求，承担起整本书从内容至形式的创意策划。对于一些需要精心打磨之作，我们通过制作样书，感受造型尺幅、色彩观感、工艺效果、翻阅手感等细节，以提升图书的整体品质感。实践证明，这其中尤其考验编辑的艺术感受力，考验编辑有没有从美的角度进行评判的基本意识。

编辑具备的艺术感受力不仅可以判断图书是否具备美感，而且可以成为从形式角度重塑经典、推动出版高质量发展的一种工作方法。我国古代文明的发展，积淀了浩如烟海的典籍文献，是我国优秀传统文化的底蕴所在，流传至今并影响当代的经典作品，如四书五经、楚辞汉赋唐诗宋词元曲明清小说，王国维先生所谓之“一代文学”。出版工作最重要的使命之一是“为往圣继绝学”。20 世纪媒介理论家、思想家麦克卢汉从艺术的角度解释媒体本身，提出“媒介就是讯息”的重要观点。图书的外在形式在某种程度上也是一种向读者传递的信息。

多数出版单位较多强调编辑的内容创新，而苏美社在这方面有着注重形式创新的编辑传统，较好地发挥了编辑的艺术感受力，并将其运用到选题策划，历经十多年积累，收获了全国最多的中国“最美的书”，目前累计 30 种（其中 2 种“世界最美”）。较有代表性的如《说戏》《莱比锡的选择》《乐舞敦煌》《再见吧，速写》等，不仅收获装帧设计类的奖项，还获得“中国好书”（如《说戏》）等荣誉，或有不俗的市场表现（如《乐舞敦煌》《再见吧，速写》），取得了较好的双效。

## 二、设计转化力

业内有言：编辑是一本书的第一读者、第二作者，强调的是编辑对来稿的编辑加工、提升完善。相比而言，策划编辑的创造力更为重要，具体体现在书名的提炼能力和体例的设计能力，以及与设计师充分交流后的成书转化能力。设计转化力一方面指具体的书籍设计能力，如通过对图书内容的深度理解提炼出最有标识性的视觉元素、形成最合适的装帧方案、呈现内外呼应的成品图书；另一方面，从选题策划的大设计角度，我社还在两个方面进行了积极探索，一是围绕艺术名家打造系列产品线，二是以“艺术 +”思维策划精品图书。

我社 2022 年推出的孙晓云《日读论语》是形式创新的代表佳作，中国书法家协会主席孙晓云为当代著名书法家，我社跟她的合作时间超过 20 年，其中影响最大的是 2010 年推出的《书法有法》，十多年以来畅销海内外，平装版、精装版、彩色纪念版印数突破 20 万册，保持了同类书的较高销量纪录。书画家作品创作的一大特点是唯一性，如何将一件件艺术作品转化为可批量复的图书产品？围绕这位书法领域的最重磅作者之一，我们尝试创造性转化、创新性发展，为其设计产品线。

在 2019 年新中国成立七十周年之际，我社邀请南京大学文学院教授、中国辞赋学会会长许结老师选编内容，由孙晓云女士书写作品，结集出版《中国赋》。为盛世作赋，义尚光大，内容向上、形式创新，被列为当年江苏省重点主题出版选题，出版后很多书法爱好者求购，成为一本双效的主题图书。之后，结合国家大政方针和当年时事热点，我社陆续策划推出了《诗意江南》《运河颂》《中华匠心》，2023 年推出由著名文史学者莫砺锋教授主编的《大美长江》，这些图书由孙晓云女士以其俊秀飘逸的行书书写，将书法家的作品转化为图书产品，逐步打造成一条产品线，深受读者喜爱，较好地实现了对艺术名家内容资源的选题设计转化。

除了服务好艺术家，我们还归纳出“艺术 +”编辑工作方法论，在近年的实践工作中，收获了不少有艺术特色的双效好书。

所谓“艺术 +”，就是将优质内容以艺术特色的方式来呈现，在内容资源方面实现差异化、特色化。优质内容可以是主题出版，可以是大众出版，可以是专业出版，可以是教育出版。以主题出版为例，2018 年中宣部重点选题《大国重器》，全书以手绘插画的呈现方式，图说十八大以来我国重大科技成果，此书收获十多项省部级以上奖项，销量逾十万册。

同样“艺术 +”特色的图书，还有《为人民画像》，围绕以人民为中心的理念，精选一百幅经典美术作品来讲述中国共产党领导下人民的革命奋斗和建设祖国的故事，《脱贫故事绘》以连环画方式来讲述脱贫攻坚战中可歌可泣的典型事例。

2022 年苏美社有 4 种图书位列中国好书月度榜单——《木鉴》《脱贫故事绘》《敦煌岁时节令》《大运河画传》，分别是专业类、主题类、通识类，共同的特点，就是“艺术 +”，形式上都有艺术范儿。

策划编辑的创造力可以说是一本图书的第一推动力，编辑的审美力可以说是成就一本本好书的软实力。

## 三、视觉传播力

编辑的审美能力是出版业高质量发展的重要生产力，在专业化、垂直化、市场化的过程中，视觉传播力成为新媒体短视频时代的重要能力。业内通常把编辑分为文编、美编。有别于传统美术编辑的功能定位，我们倡导更为广义的美编人才观，即有较高审美素养的创意策划者、内容发现者、生产组织者、精品实现者、传播推动者，将审美素养贯穿于策划编辑、组稿编辑、案头编辑、营销编辑等“编营发”全流程。

随着移动互联网对当代社会的影响，出版传媒进入了新媒体时代，融合出版成为新时代编辑所处的新生态。在这种情况下，编辑工作面临全新的挑战，图书的传播方式、购买通道变了，编辑能力必须与时俱进，短视频、电商时代的到来，出版的内容生产正在逐步转化为知识服务，图书销售的书店批零差价模式正在转化为一键代发或自营直发的新媒体电商。

在这种情况下，出版单位在线上、线下的视觉形象已成为品牌标识，图书营销在实体书店、传统电商以及短视频平台的视觉传达力成为吸引读者的重要能力。在短视频平台已成为强势媒体的当前，新时代编辑有必要适应媒介的两个转向，一个是文字向图像的转向，一个是图像向视频的转向。具体表现在一本图书的宣传物料已不再是传统文字式的内容简介，而需升级到海报长图以及视频等适合在新媒体平台上呈现并传播的更为丰富的形式。业内一些优秀民营企业在这方面做出了较为积极的尝试。

综上所述，新时代编辑有必要将个人的审美能力提升与编辑的创新思维结合起来，从艺术与视觉的角度，通过形式创新来尝试内容生产。新时代编辑的继续教育在强化传统编辑综合能力培养的同时，应逐步提升艺术感受力、设计转化力和视觉传播力，以不断提升内容生产的创造力、创新力、创效力，形成有特色的编辑工作方法，推出更多又美又好的精品出版物。

（作者单位：江苏凤凰美术出版社）

# 如何借助数字网络举办多层次分类别的编辑继续教育培训

黄　敏　庞　博

构建全新的编辑继续教育培训模式，是满足时代发展的必然需求，是推动编辑人员综合素质提升的必然选择。目前来说，经过多年的探索与实践，我国编辑继续教育培训体系相对成熟，为我国出版业人才专业发展提供了支撑。而随着数字化时代的到来，互联网技术的普及与应用，国家对编辑人员的继续教育培训提出了更高的标准与要求，如何借助数字网络技术的优势，开展多层次分类别的继续教育培训成为现阶段编辑继续教育培训发展的主流，也是有效提高编辑人员业务能力与专业水平的重要途径。

## 一、编辑继续教育培训现状

我国的编辑继续教育培训体系虽然相对较为成熟，但是在实际的培训过程中还是存在着一定的不足。《出版专业技术人员继续教育规定》中明确要求，在培训方面，要做到以人为本，按需施教。也就是说，编辑继续教育培训要将需求作为核心方向，在遵循编辑人才成长发展规律的基础上，采用科学的教学培训方式。但是，我国现阶段的编辑继续教育培训针对性不足，未能对不同层次及类别的人才需求进行精准区分，导致培训内容宽泛笼统，无法真正地做到因材施教。

具体来说，在一期培训班中，既包括出版社、期刊社、报社、学术期刊、社科期刊等不同类别的编辑，也有资深编辑与新入职的年轻编辑，大家学习的都是同样的内容，实际上无法真正地满足学员的实际需求，继续教育培训的效果并不理想。

《出版专业技术人员继续教育规定》中也着重指出，在能力提高方面要突出重点，要将培养编辑人员的创新能力作为培养目标。然而，目前的编辑继续教育培训更多的还是对编辑人员业务能力与素质方面的培训，对高层次创新型人才的培养不足。培训内容的选择上，更多的还是以初中级编辑为主体，知识大部分都是以基础性为主，创新型及复合型的课程设置相对欠缺，即便有紧跟热点的课程，如人工智能、数字化出版、融合出版，也多数浮于表面，无法引导学员进行深度学习。

同时，《出版专业技术人员继续教育暂行规定》中还要求编辑继续教育培训在创新机制方面要加强指导，不断地完善自身的培训内容体系的建设，对培训方式及内容要进行创新，以此来提高编辑继续教育培训的成效，发挥编辑继续教育培训的作用。但是实际上，编辑继续教育培训在创新方面进展相对缓慢，创新动力明显不足，导致培训内容缺乏针对性、先进性、实效性，对我国编辑继续教育培训的发展产生了极其重要的影响。

## 二、数字网络举办多层次分类别编辑继续教育培训的意义

### （一）提高编辑继续教育培训质量

促进编辑继续教育培训现代化高质量发展，就必须建立完善的培训质量监管体系与制度，采用科学合理的编辑继续教育培训考核评价方式，以此来提高编辑继续教育的适应性，满足社会发展及岗位实际需求，并以此为基础，推动编辑继续教育培训体系的不断完善。利用数字网络举办多层次分类别的编辑继续教育培训，能够将编辑继续教育培训全过程纳入动态监管体系中，在提高继续教育针对性的同时，推动质量监管数字化与智能化的发展，通过大数据技术更好地对参与培训人员进行数据信息的收集、分析与存储，在减少人为干预的同时，保证继续教育的规范化，实现监管的自动化，建立编辑继续教育培训的体系化，实现质量评价的科学化，最终实现提高编辑继续教育培训的质量，为编辑人员综合素质与能力的提升提供保障。

### （二）保证编辑继续教育培训效率

近年来，随着出版业的不断发展，对编辑人员的能力要求越来越高，编辑继续教育培训面临的压力越来越大，如何更好地发挥出编辑继续教育培训的作用，提高继续教育培训效率，成为编辑继续教育培训必须面对与解决的问题。2022 年教育部颁布的《普通高等学校学历继续教育办学基本要求（试行）》中明确提出，开展继续教育培训的高校必须要满足师资与管理人员的需求保障，完善继续教育培训的资源与设施。同时，高校还应当以数字网络为基础构建继续教育在线自主学习平台，对继续教育培训的实践基地与设备也有着具体的要求。因此，将数字网络应用于编辑继续教育培训，开展多层次分类别的教育培训活动，可以有效地满足学员的实际学习需求，降低学员的学习成本，通过在线教育培训能够有效地掌握学员的学习过程与效果，并根据反馈不断地优化完善编辑继续教育培训模式

与内容，推动编辑继续教育培训真实高效地开展。同时，高校也可以通过数字网络加强学校之间的合作，构建共享的学习资源平台，丰富编辑继续教育培训资源，组建优秀的编辑继续教育培训师资队伍，创新教育培训方式与方法。

### （三）实现编辑继续教育培训目标精准定位

编辑继续教育培训若想实现现代化发展，就必须构建高质量的教育培训体系，根据继续教育的实际需求建立完善的继续教育培训格局，保证编辑继续教育培训的长效机制，实现办学结构合理、质量体系完善、教育流程规范、监管措施有效、保障机制健全的目标。依托于数字网络开展多层次分类别的编辑继续教育培训，能够有效地推动继续教育的智慧化发展水平，丰富编辑继续教育培训的资源，根据教育培训的主体，提供不同的教育培训内容，满足不同主体的不同需求，从而提高教育培训的针对性，提升继续教育培训质量，实现编辑继续教育培训目标的精准定位。

## 三、数字网络举办多层次分类别编辑继续教育培训的路径

### （一）构建编辑继续教育培训数字化网络平台

随着数字化时代的到来，大数据、人工智能、5G 以及云计算等技术的应用，推动着出版业不断转型升级，为了更好地适应时代发展的需要，加强与新媒体时代的融合，加强编辑继续教育培训的数字化发展模式有着重要意义。因此，在编辑继续教育培训中建立数字化网络平台，以平台为依托开展多层次分类别的教育模式，积极推动高校与相关机构的合作，定期为编辑人员举办继续教育培训活动，为学员提供针对性、个性化与精准化的教学内容，在丰富学员专业知识的同时，提高学员的实践能力，养成良好的创新意识，提高编辑继续教育培养的质量。通过数字网络，利用大数据分析技术，可以根据学员的学习行为生成动态数字画像，并对其进行

精准分析，从而针对学员的不足提供针对性的指导与帮助，有效地保证教学资源的精准性。另外，通过数字网络，还能够将教学内容与市场及岗位需求、个人需求等相结合，培养学员的复合性应用能力，在推动互联网与出版业深入融合的基础上，推动产业经济的发展。

**（二）利用现有的数字网络平台分类别实现编辑继续教育培训**

依托现有的数字网络平台，可以实现编辑继续教育培训内容上的分类，如政治导向、意识形态、专业知识、工具的使用等。

1. 搭建网络课程体系

开设或指定部分网络平台分类别学习出版相关知识，这些课程可以包括基础编辑知识、语言技能、出版流程和编辑工具的使用等方面，列举如下：

学习强国：部分内容可以指定作为出版专业技术人员政治理论、法律法规方面的学习内容。

慕课：APP 中知名院校专业教师有关出版专业的课程，可作为出版专业技术人员一部分课程内容，用以开阔眼界，提升专业知识。

微信公众号：部分微信公众号作为学习编辑业务知识的平台，如“编辑校对”“出版人杂志”“咬文嚼字”“做書”“出版发行研究”“中国编辑”等。

2. 组织网络讨论

通过网络平台组织编辑人员之间的讨论和交流，分享编辑经验和技巧，讨论编辑实践中面临的挑战和解决方案。

GoToWebinar：该平台能制作模板，并且这些模板是可复制的，还能模拟直播，并附带录音功能。

On24：这是一个交互式的网络平台，能够实现现场、录制或混合的网络研讨会的形式，该网络研讨会平台具有一定的个性化，能够通过测验、投票、调查、群聊等形式创建网络研讨会的界面。

3. 在线研讨会

邀请专业编辑人员和学者开设在线研讨会，介绍最新的编辑技术和趋势，为编辑人员提供实践指导。组织者可以借助各种云会议室实现在线研讨。

4. 线上实践

通过网络平台提供编辑实践的机会，让编辑人员在实践中提高技能水平。比如，RAYS现代编辑网络平台，集结了各大出版社的编辑人员，以内容提供为主要模式，即编辑人员在该网络平台上做具有交互功能的图书，并能获取一定的收益。

5. 网络个性化定制培训

根据编辑人员的不同需求和水平，提供个性化的编辑培训方案，让编辑人员有针对性地提高相关技能水平。比如，“好智学”是一家为企业提供在线的培训系统的网络平台，可由平台搭建专业的知识库，为入驻的企业建立起闭环的培训体系。

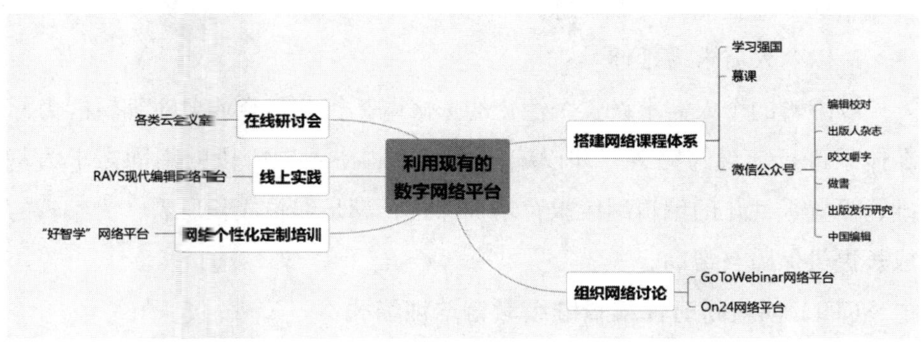


依托现有数字网络平台实现编辑继续教育培训的分类

出版主管部门可在各自的编辑继续教育平台中，布置以上数字网络平台的课程任务，并布置相关作业，引导学员进行深度学习，定期收集整理学员作业，形成编辑继续教育成果。

数字网络为分类别的编辑继续教育提供了更加灵活和多样化的方式，能帮助编辑人员不断提高技能水平，适应出版行业的变化和发展。

**（三）精准设计课程，为多层次分类别教育培训奠定基础**

1. 以国家与地方发展需求为核心

编辑继续教育培训课程的设置，要符合国家与地方的发展需求。贯彻党的二十大精神，培养编辑在文化、道路、制度、理论等层面的自信心，可以以传统文化为核心开展相关的培训课程，从而提高编辑的人文、艺术与科学素养。另外，根据地方发展需求，开展诸如人文、历史、民族政策等层面的课程，以此来推动编辑对所在地区出版资源的开发程度，加强区域之间的合作与交流，为产业结构的优化升级提供助力，推动出版业的现代化发展。

2. 以企业需求为基础

以企业需求为基础，保证继续教育培训课程的实用性。经济的发展推动了产业结构的优化升级，编辑岗位的工作职责需要与出版社以及市场的变动不断地进行定位与完善。因此，在开展编辑继续教育培训过程中，要制定具有针对性的符合需求的编辑课程，以此来提高编辑的综合素质，强化编辑的专业技能与实践训练。

3. 以个人需求为延伸

以编辑的个人需求设置个性化的选修课。行业与企业要对编辑能力标准体系进行建设与完善，并以编辑成长过程中不同阶段的不同需求为基础，设置个性化的编辑继续教育培训课程，满足编辑成长所需，为编辑的成长提供保障与帮助。

**（四）创新新时代编辑继续教育培训模式**

第一，加强对编辑继续教育创新模式的研究力度，保证其灵活性、专业性特点的同时，为编辑继续教育培训水平的提高奠定基础。第二，利用多元化的教学方式与方法，充分发挥信息化技术的优势，提高编辑的学习主动性与积极性。制定丰富的微课、视频等内容，以文字、图片、视频与音频等方式，让编辑能够在碎片化时间内，选择自身所需的课程内容，学习编辑专业知识与技能，提高自身的业务能力与素质。

**（五）打造优秀的师资队伍**

编辑继续教育培训需要优秀的师资队伍作为支撑，因此，打造优秀的师资队伍势在必行。一方面，对于现有的优秀教师，要给予其更多的备课时间，为其更新自身的知识结构体系提供时间，以此来保证编辑继续教育的成效。另一方面，大力发展年轻的编辑继续教育培训专家。年轻专家更为注重编辑领域的发展动态，对行业前沿知识相对熟悉，互联网及信息化技术的应用水平相对较高，在丰富编辑继续教育师资队伍的同时，提高师资队伍的整体教学水平，充分发挥青年教师的优势。

**（六）重视编辑继续教育培训管理体系的建设**

第一，提高对编辑继续教育培训的重视程度，为编辑提供更多的继续教育机会，并建立完善的激励机制，提供编辑参与继续教育培训的积极性与主动性。第二，行业及政府部门要加强对编辑继续教育培训的支持力度，为编辑继续教育培训提供良好的发展环境与制度、资源等方面的保障。第三，编辑自身要树立终身学习的意识，积极地参加继续教育培训，从而提高自身的综合素质与能力，更好地服务企业、服务社会。

## 四、结语

依托数字网络开展多层次分类别的编辑继续教育培训，其目的是提高编辑的综合素质，更好地推动出版业的发展。编辑素质与能力的提升不可能一蹴而就，需要行业、企业、高校、社会以及编辑自身的共同努力，通过数字化继续教育培训平台的建立，编辑可以选择符合自身需求的课程进行学习，不断地提高自身的业务水平，促进我国文化事业的发展。

（作者单位：长春东北师范大学出版社有限责任公司）

# 新时代编辑继续教育中存在的问题及解决路径

赵小波

习近平总书记在二十大报告中提出要“推进文化自信自强，铸就社会主义文化新辉煌”，要完成这一战略任务，离不开出版业的繁荣发展。出版社出版的中华优秀传统文化经典作品和反映当代社会主义建设伟大成就的作品，对提高人民文化素质、增强人民的文化自信发挥着重要的作用。而出版业繁荣发展的前提是拥有一支高素质的编辑队伍。

编辑是出版社的核心力量，编辑只有不断学习，不断进步，不断提高自己的能力和素质，才能承担起传播中华优秀传统文化、推进文化自信自强的重任。而参加继续教育是编辑提高能力、促进发展的重要手段。但是，已有的编辑继续教育暴露出了一些问题，这些问题已经阻碍了编辑的队伍建设和出版业的发展。因此我们亟须开拓思维，创新方法，提出新的举措来解决问题。笔者结合十多年的编辑经历，提出自己的一些思考和建议。

## 一、编辑继续教育的现状

在当前，参加继续教育培训是编辑必须执行的权利和义务。《出版专业技术人员继续教育暂行规定》规定，出版人员在取得责任编辑证书以后，每年必须参加至少90小时的继续教育培训，否则无法完成责任编辑证书的续展工作，无法继续从事编辑工作。因此目前的继续教育主要由主管出版的相关部门组织面授培训，原来的面授培训也有一部分改为网上培训。当前编辑继续教育的内容比较全面，包括政治理论、法律法规、业务知识、技能训练和职业道德等多个方面，具体内容由授课老师决定。授课老师来自社会各界，有出版社的资深编辑，有大学老师，有主管出版的领导，人员类型比较丰富。当前编辑继续教育的考核大多是采取签到、提问、提交作业等形式进行，考核比较容易，一般都能拿到结业证。

## 二、编辑继续教育存在的问题

编辑继续教育在提高编辑能力、促进出版业发展方面有着重要的作用，但当前的编辑继续教育也出现了一些问题，这些问题制约了编辑的成长。笔者认为，问题主要表现在以下几个方面。

第一，形式主义盛行。由于现在的政策规定，每位编辑每年都必须完成90小时的培训，所以每位编辑都会去参加培训。但是，大多编辑去参加培训，并不是为了真正提升能力，而只是为了完成培训，从而完成续展工作。且现在的继续教育考核也是走个形式而已，只要签到，或者完成规定的作业就可以结业。作业都很简单，只要随便写写提交上去，便可以结业，根本没有人去真正地检查作业。这样的考核方式使得来参加培训的编辑更加不重视培训，只为了走过场。

第二，培训内容重复杂乱。现在的继续教育培训大多是由主管出版的行政部门负责，这些行政人员大多没有做过具体的出版工作和编辑工作，对编辑工作不够了解。这就导致他们在制定培训内容时会出现“纸上谈兵”的情况，他们只是按照国家规定的大纲去请老师，而每个老师只是讲授自己擅长的内容，这就导致各个老师讲的内容之间没有联系，没有体系。参加培训的编辑课听得不少，但脑中很混乱。另外，有些培训内容是重复的。负责培训的行政人员为了偷懒，每一年都请相同的老师，而老师每一年都讲授相同的内容，这就使得来听课的编辑完全学习不到新知识，从而对编辑继续教育失去兴趣。

第三，培训内容没有针对性。当前大多继续教育培训面向的是所有编辑，没有细化的分类。所有参加培训的编辑学习的内容是一样的，比如笔者在参加的多次培训中，每次都能遇到不同领域的出版社、不同类型的编辑，这些编辑有自然科学的编辑，也有社会科学的编辑，有刚参加工作的编辑，也有工作多年的编辑，大家参加的是一样的培训，听到的是一样的课。这样的“大锅饭”必然不能满足编辑的个性化需要，不能有效地提高编辑的能力。

## 三、多措并举，突破困境

现在我们已经进入中国特色社会主义新时代，经济和文化都已经实现了飞跃式的发展，互联网和人工智能已经进入百姓的日常生活。在这样的时代背景下，编辑继续教育也应该与时俱进，直面过去培训的一些问题和不足，思考问题发生的原因，提出解决问题的方法。笔者提出以下建议，供大家参考。

### （一）编辑个人要提高积极主动性

编辑继续教育的主体是编辑，目的是为了提高编辑的个人能力、培养优秀的编辑人才。因此，要实现编辑继续教育效果的最大化，就必须真正激发编辑的积极主动性，使编辑从内心深处真正地意识到继续教育的重要性。每位编辑都要明白，编辑工作如逆水行舟，不进则退。要想紧跟时代发展，要想成为一名优秀的编辑，就必须终生学习，不断学习新的理念、新的知识。

1. 编辑要拓宽继续教育的内容

编辑要想提高自己的能力，成为一名优秀的编辑，如果仅仅依靠每年90小时的继续教育培训，是远远不够的。因此，编辑在90小时继续教育培训以外，必须要主动学习不同学科的知识。我国现代史上著名的作家、教育家、编辑出版家叶圣陶先生是人教社的第一任社长兼总编辑，他曾经说过，编辑必须是“精通各种科学的学者”。他还谈道，大学教授教的往往只是一个班、一个学校，而编辑面对的是全社会的读者；大学教授可以专攻某一个学科，做“窄而深”的研究，而编辑涉及的面很广，必须是“杂家”。一个有见解、有眼力、有主见、有决断的编辑才能够与作为“专门家”的作者交流对话，才能对“专门家”的著作“咬文嚼字”，添毫点睛。因此，编辑必须要在自己所学专业之外学习更多学科、更多领域的内容，做到“一专多能”。以笔者举例，笔者所学的专业是中国古代史，成为编辑以后自己又主动学习了中国文学的相关知识，特别是重点学习了诗词格律等知识。这使得笔者的工作能力更强，工作效率更高。笔者曾经在看一篇稿子的时候，发现作者引用了元代诗人马祖常的一首诗：“岁序催人老，韶华逐酒浓。开尊应数数，闭户岂重重。花朵山猿折，斋厨竹笋供。京尘衣不染，犹得媚春客。”当时读完这首诗，笔者就确定最后一句作者一定引用错了，因为这首诗最后一个字“客”和前边三句的最后一字不是一个韵。经过查阅资料，笔者发现最后一个字其实是“容”，最后一句是“犹得媚春容”。除诗词知识外，笔者还学习了一些书法、绘画等知识，因为艺术类图书也是笔者所在的中国书店出版社的主要出版品种。多种学科知识的学习，使得笔者能够承担更多类型的稿件。

2. 编辑要拓宽继续教育的渠道

编辑一方面要拓宽继续教育的内容，另一方面也要拓宽学习的渠道。

在如今的互联网时代，网络学习是我们补充新知识非常重要的渠道。网络学习时间灵活，操作方便，随时随地都可以学习。现在很多网站都推出了学习课程，其中不乏精品课程。只要想学习，每个人都能很轻松地找到学习课程和资源。如笔者就在学习强国和其他的一些学习网站上学习了许多新的知识。孔子曰："三人行，必有我师焉。"除了网络学习以外，编辑也要多向身边的同事学习。如向其他编辑学习他们的专业知识和成功经验，向发行人员学习如何更好地面向市场，向排版印制人员学习排版和印刷知识。只有把编、印、发知识融会贯通，才能真正成为一名优秀的编辑。

3. 编辑要做好职业规划

在如今的互联网时代，网上的知识爆炸式增加，知识的获取也非常容易，这使得许多编辑在学习的过程中不免"乱花渐欲迷人眼"，迷失在知识的海洋中，东学一棒槌，西学一榔头，最后什么都没有学好。因此，为了真正地能有所学，编辑必须要选择对自己成长有帮助的知识。这就需要每位编辑有清晰的职业规划，要明白自己的长处和短处，要考虑清楚自己未来想做一名什么样的编辑。例如是想做策划编辑还是看稿编辑，是偏重学术图书还是大众图书，等等。只有清楚地知道自己的目标，编辑在选择继续教育课程时才会有的放矢，学习起来也才会更有动力，更有效率。《礼记》曰："预则立，不预则废。"只有目标明确，才会达到事半功倍的效果，才能早日成为一名优秀的编辑。

**（二）出版社要全流程把控继续教育**

虽然编辑是参加继续教育的主体，但是出版社在其中起着非常重要的作用，只有出版社从全流程进行管理、监督，才能使编辑的继续教育真正落到实处，起到实效。

1. 加强教育和管理

许多编辑之所以不重视继续教育，是因为出版社不够重视。出版社要刚柔并施，保证继续教育的效果。一方面，对编辑进行思想教育。这主要针对刚刚入行的新编辑，要告诉他们编辑要快速成长就必须多多参加继续教育，多听课，多学习，只有这样才能早日独当一面，成为一名合格的编辑。另一方面，要用制度来进行监督和约束。这主要针对一些老编辑，部分编辑工作时间比较长，取得了一些成就，出了一些好书，所以就会滋生骄傲的情绪，躺在以前的功劳簿上，认为自己已经很优秀、很成功，已经不再需要学习新知识了。针对这种情况，出版社就要制定具体的规章制度，对编辑参加的继续教育内容进行考核和评价，使考核评价与评先进、评职称等相关联，从而倒逼编辑重视继续教育。

2. 重视个性化发展

每位编辑的专业不一样、性格不一样，在编辑的过程中遇到的问题也不一样，因此要想让每位编辑都能在继续教育中收获知识，那就不能偷懒，不能让所有的编辑都参加同样的继续教育。出版社应该根据每位编辑的具体情况，来提供不同的继续教育课程。例如笔者所在的中国书店出版社，每年都会有多种继续教育课程提供给不同需求的编辑。有针对新编辑的编辑知识、编辑技能培训，有针对老编辑的古籍整理的培训，还有针对书法、绘画、古琴等学科知识的培训等。这使得每位编辑都能各取所需，真正地在继续教育中有所收获。

**（三）主管出版的行政部门要全面提高继续教育质量**

作为主管出版的省市级行政部门，要进行调查研究，仔细分析目前继续教育出现问题的原因，并对症下药，多举措解决问题，提高继续教育质量。

1. 科学制定继续教育培训内容

主管出版的行政部门要改变懒政思维，改变内容重复和体系混乱的现象。一方面，要对继续教育进行分级，要分成针对新编辑的入门培训和针对老编辑的提高培训。要请专家设置合理的继续教育内容，每年培训内容都设置明确的主题和重点。另一方面，要多开设一些培训课程，使培训更有针对性，比如每年针对自然科学出版社、社会科学出版社、艺术类出版社等开设不同的继续教育课程，使编辑和出版社都能选择符合自己需求的课程。

2. 改变考核制度

现有的考核比较简单，经常流于形式。因此要改变以往的签到、点名这种简单的考核方式，要设置更有趣、与培训内容高度关联的考核制度，促使参加继续教育的编辑认真听课。比如，可以把传统的纸质作业改成视频作业，或者改成小组讨论会等形式，这样既能激发编辑的兴趣，又能检验继续教育的效果。

综上所述，继续教育对编辑的成长发挥着无可替代的重要作用。编辑、出版社、主管出版的行政部门都要从自身出发，尽力解决现在遇到的问题。特别是作为继续教育的主体——编辑，要从思想上提高认识，切实行动起来，主动学习，不断进步。出版社和相关部门都是外部因素，编辑才是内部动力，是决定因素，外部条件再好，编辑不努力，一切都是枉然。

作为新时代的编辑，要牢记习近平总书记的指示，不断提高自己的“四力”，不断提高自己的文化修养和专业能力，不断出版人民群众满意的好书，为弘扬和传承中华优秀传统文化贡献自己的力量，为建设社会主义文化强国奋斗不息！

（作者单位：中国书店出版社）

# 编辑继续教育应增加培养编辑运用 ChatGPT 的能力

刘　畅

编辑继续教育一直是编辑出版行业领域中备受关注的话题。随着科技的快速发展和内容生产方式的变革，编辑人员在工作中运用 ChatGPT 的能力越来越重要。本文旨在探讨编辑继续教育领域中，培养编辑人员应用 ChatGPT 的能力的重要性。本研究认为，编辑人员应具备运用 ChatGPT 的能力，以适应快速变化的科技环境和信息传播方式的转变。

随着人工智能技术的快速发展，包括 ChatGPT 在内的自然语言处理工具的出现为编辑人员提供了新的工作方式和能力。因此，培养编辑人员在工作中运用 ChatGPT 的能力已经成为编辑继续教育中一个不可忽视的需求。

本文对编辑人员在工作中使用 ChatGPT 的实际情况进行了分析。分析认为，编辑人员运用 ChatGPT 的能力对提高编辑工作效率、降低人力成本和改进编辑成果具有显著作用。这不仅能满足编辑出版行业在技术发展方面的需求，同时也提升了编辑人员的工作质量和职业素养。

本文目标是对编辑继续教育中编辑人员运用 ChatGPT 能力的培养进行深入的探讨和研究。通过培养编辑人员熟练掌握使用 ChatGPT，推动编辑继续教育的更加结合实际，提高编辑行业的整体水平。此外，本文还对编辑人员使用 ChatGPT 的相关问题进行了分析和解决，为编辑继续教育实践提供了指导和支持。

## 一、编辑继续教育中关于运用 ChatGPT 能力培养的现状

### （一）编辑人员运用 ChatGPT 能力的重要性

编辑人员运用 ChatGPT 能力的重要性体现在多个方面。首先，编辑人员应具备运用 ChatGPT 的能力，以适应快速变化的科技环境和内容生产方式的转变。随着信息技术的快速发展和应用，编辑工作也面临着前所未有的变革和挑战。作为出版行业的重要一环，编辑人员需要及时掌握并运用新技术，提高工作效率，保证编辑成果的质量。ChatGPT 作为人工智能技术的一种，具有自动化生成文本的特点，可以大大提高编辑工作的效率和质量。

其次，编辑人员运用 ChatGPT 的能力对于编辑出版工作的效率提升、人力成本的降低以及编辑成果的改进具有显著作用。一方面，通过 ChatGPT 技术的应用，编辑人员可以实现快速生成并优化符合读者需求的内容素材，节省大量的时间和人力成本。另一方面，ChatGPT 可以辅助编辑人员进行文本编辑，并提供更加准确、规范的逻辑建议和修订意见，有助于提高编辑成果的质量和准确性。

此外，编辑职业素养提升也包括提升编辑运用 ChatGPT 的能力。编辑人员对 ChatGPT 的掌握和应用能力不仅仅是工作的需要，同时也是编辑继续教育的发展方向。通过培养编辑人员的 ChatGPT 应用能力，可以

提升编辑人员的职业素养和专业能力，增加他们在内容生产领域的竞争力，使他们更好地适应新时代的编辑需求。

首先，增设 ChatGPT 相关课程是必要的。针对编辑出版行业的需求和发展，培养编辑人员学习和掌握 ChatGPT 技术应用的能力至关重要。通过开设 ChatGPT 相关的培训课程，编辑人员可以系统地学习 ChatGPT 的原理、应用场景和操作技巧，提高他们对 ChatGPT 技术的理解和运用能力。

其次，将 ChatGPT 技术纳入编辑继续教育的教学内容也是一项重要策略和建议。编辑继续教育的教学内容应紧跟时代潮流和技术发展的步伐，将 ChatGPT 技术纳入其中，让编辑人员可以在学习的过程中接触和运用该技术。这可以通过设计实际案例和模拟场景，让学员在编辑实践中运用 ChatGPT，提高他们的实际操作能力。

同时，教学内容还可以包括 ChatGPT 的伦理问题、使用限制以及职业道德等方面的内容，培养编辑人员的全面素养和专业道德观念。

**（二）现有编辑继续教育体系在培养运用 ChatGPT 能力方面的不足**

编辑继续教育在培养编辑人员运用 ChatGPT 能力的过程中面临着一些问题。首先，目前编辑继续教育体系主要集中在传统的编辑技能培养上，对于新兴技术的教育和应用较为缺乏。这导致大多数编辑人员没有接受到关于 ChatGPT 技术的系统培训，对其应用范围和优势缺乏了解。其次，编辑继续教育体系在课程设置方面缺乏与 ChatGPT 技术相关的课程。现有的课程设置主要着重于编辑基本技能的培养，这导致编辑人员在实际工作中难以运用 ChatGPT 技术解决问题，限制了编辑出版工作的进步和创新。再次，编辑继续教育中缺乏与 ChatGPT 技术相关的教材和参考资料。编辑人员在学习和实践过程中缺乏相关资源的支持，难以获得 ChatGPT 技术的深入理解和应用指导。最后，编辑继续教育在教学方法和评估体系上与 ChatGPT 技术不相适应。目前，编辑继续教育普遍采用课堂教学方法，缺乏与 ChatGPT 技术相适应的教学模式和评估方式。这导致编辑人员在培养运用 ChatGPT 能力方面面临着困扰，不利于编辑出版行业在科技发展浪潮中的转型和升级。

为解决以上问题，本文认为，在编辑继续教育中应加强对编辑人员运用 ChatGPT 能力的培养。首先，需要设计与 ChatGPT 技术相关的课程，向编辑人员传授 ChatGPT 技术的基本原理、应用方法以及注意事项。帮助编辑人员了解 ChatGPT 技术的特点和优势，提高其在编辑工作中的应用能力。其次，建议将 ChatGPT 技术纳入编辑继续教育的教学内容中，构建与实际编辑工作相结合的教学案例和实践环节。通过实际操作和案例分析，编辑人员可以更好地掌握 ChatGPT 技术的应用技巧，培养运用 ChatGPT 能力的实践能力。此外，应加强对 ChatGPT 技术相关的教材和参考资料的编写和推广，为编辑人员提供全面系统地学习资源和支持。最后，编辑继续教育应探索与 ChatGPT 技术相适应的教学方法和评估体系。可以采用多种形式的教学方式，如案例教学、实践教学和在线操作等，提高教学效果和编辑人员的学习积极性。

## 二、ChatGPT 在编辑工作中的应用

### （一）ChatGPT 技术在编辑工作中的应用简述

ChatGPT 是一种基于人工智能的对话生成模型，利用深度学习技术对大量文本数据进行训练，能够生成逼真的自然语言对话。该技术基于开放 AI 公司的 GPT 模型（Generative Pre-trained Transformer），通过自监督学习从大规模文本语料中学习并构建语言模型，能够生成符合上下文逻辑和语法规范的连贯对话。

ChatGPT 具有以下几个特点。首先，它具备很强的生成能力，能够根据输入的问题或话题生成连贯、有逻辑地回答。其次，ChatGPT 在对话中具有较强的灵活性和适应性，能够根据上下文信息进行合理的回应。再次，ChatGPT 模型在训练过程中利用了大量的数据，具备一定的知识储备和背景信息，能够对广泛的话题进行回答。此外，ChatGPT 还可以通过持

续的模型更新和迭代来提高自身的性能，不断优化和改进其生成质量。

编辑人员在工作中应用ChatGPT的能力具有重要意义。首先，ChatGPT技术可以帮助编辑人员提高工作效率。编辑在处理大量稿件和进行创意性策划工作时，常常需要消耗大量时间和精力。而借助ChatGPT，编辑人员可以批量自动生成创意备选，减轻工作负担，提高操作效率。其次，ChatGPT技术可以降低编辑工作的人力成本。通过自动化回答常见问题和进行以机器为主的交流，可以帮助编辑快速理清文字逻辑缺陷与原始创意线索，降低编辑的无效输出。最后，编辑人员运用ChatGPT技术可以改进编辑成果。ChatGPT生成的回答通常符合语言逻辑和语法规范，能够提供更加精准的回答，提高编辑内容的质量和读者体验。

### （二）ChatGPT在编辑出版中的具体应用场景

编辑继续教育的目标是通过培养编辑人员的专业知识和技能，提升其在编辑出版行业中的竞争力和职业素养。ChatGPT作为一种基于人工智能技术的对话生成模型，具有极高的自然语言处理能力和广阔的应用前景，因此将其应用于编辑出版行业，可以帮助编辑人员提高工作效率、降低人力成本、改进编辑成果。

在编辑出版中，ChatGPT主要有以下具体应用场景。

首先，ChatGPT可以应用于编辑工作的内容生成和润色阶段。编辑人员通常需要撰写和改进各种文本，如新闻稿、文章、附文等，而ChatGPT可以为他们提供文本生成的支持。例如，当编辑人员需要根据采访内容或研究结果编写一篇文章时，他们可以使用ChatGPT生成初稿，然后再进行进一步的编辑和润色。这样，编辑人员可以更加高效地完成工作，并且因为ChatGPT自身具有强大的语言处理能力，生成的文本质量也更高。

其次，ChatGPT可以应用于编辑工作的信息检索和整理阶段。编辑人员在进行编辑工作时，通常需要查找和整理大量的信息，如文献资料、市场报告等。在过去，编辑人员可能需要花费大量的时间和精力来查找和整理这些信息，然而，随着ChatGPT的应用，编辑人员可以通过与ChatGPT对话的方式，快速获得所需信息的摘要和关键内容，从而提高工作效率。

再次，ChatGPT 还可以应用于编辑人员与作者或读者之间的沟通和交流。在编辑出版行业中，编辑人员需要与作者或读者进行频繁的交流，以了解他们的需求和期望，并及时解答他们的问题。通过与 ChatGPT 的对话，编辑人员可以更好地与作者或读者进行沟通，并及时解决问题。例如，当作者对某个编辑建议有疑虑时，编辑人员可以使用 ChatGPT 为作者提供更详细的解释和说明，从而加强双方之间的理解和信任。

最后，ChatGPT 还可以应用于编辑工作的自动化和智能化阶段。编辑人员在处理大量文本时，常常需要进行烦琐的操作，如校对、排版等。通过应用 ChatGPT 的自动化技术，这些操作可以更加高效地完成，从而节省编辑人员的时间和精力。另外，ChatGPT 可以分析和处理文本中的语言特征和风格，从而提供编辑人员的参考和建议，进一步改善编辑成果。

## 三、编辑继续教育应如何培养运用 ChatGPT 能力

### （一）增设 ChatGPT 相关课程的必要性

ChatGPT 技术的引入对编辑继续教育具有重要意义，因此增设 ChatGPT 相关课程的必要性不容忽视。

首先，ChatGPT 作为一种基于人工智能的对话生成技术，为编辑人员提供了全新的编辑方式和工具。通过使用 ChatGPT，编辑人员可以更加高效地完成编辑任务，提高编辑工作效率。此外，ChatGPT 还可以降低人力成本，提供更多的时间用于编辑内容创作和编辑推敲，从而改进编辑成果。

其次，ChatGPT 可以应用于编辑内容的自动生成、内容的修改和润色以及编辑过程中的写作辅助等方面。通过学习 ChatGPT 相关课程，编辑人员可以深入了解和掌握 ChatGPT 技术的原理和应用方法，从而更好地运用该技术解决编辑工作中的实际问题。例如，编辑人员可以通过

ChatGPT 自动生成文稿的方式，快速生成编辑稿件的初稿，并进行后续的修改和润色工作，从而缩短编辑周期，提高编辑质量。此外，ChatGPT 还可以作为一种写作辅助工具，帮助编辑人员快速找到合适的词汇和表达方式，提升编辑成果的专业水平。

为了培养编辑人员在工作中运用 ChatGPT 的能力，建议在编辑继续教育中增设相关课程，以便编辑人员能够全面了解 ChatGPT 的技术特点和应用场景。这些课程可以包括 ChatGPT 的原理介绍、编辑出版行业中的 ChatGPT 应用案例分析，以及编辑人员在工作中如何使用 ChatGPT 技术的实践指导等内容。此外，编辑继续教育机构还可以结合实际案例，组织实践操作，让编辑人员亲自体验 ChatGPT 技术的应用过程，并通过反馈和讨论来深化对该技术的理解。

在增设 ChatGPT 相关课程的过程中，编辑继续教育可以采取灵活的教学方法，例如在线学习和实践教学相结合。通过在线学习平台提供的资源和学习材料，编辑人员可以随时随地参与课程学习，了解 ChatGPT 相关知识。同时，编辑继续教育工作还可以组织实践教学活动，让编辑人员在实际操作中熟悉和掌握 ChatGPT 技术的应用方法。通过这样的教学方式，编辑人员可以在学习中获得理论知识和实际操作的双重提升，进而更好地应用 ChatGPT 技术解决编辑出版工作中的实际问题。

**（二）建议和策略：将 ChatGPT 技术纳入编辑继续教育的教学内容**

在编辑继续教育中，将 ChatGPT 技术纳入教学内容是提高编辑人员在工作中应用 ChatGPT 能力的有效策略。本节将从培养编辑人员的技术能力和知识储备两个方面来阐述这一策略。

首先，编辑继续教育应该致力于培养编辑人员的技术能力。为了培养编辑人员使用 ChatGPT 的能力，编辑继续教育可以增设相关的课程。这些课程可以包括 ChatGPT 技术原理和应用案例分析，让编辑人员了解 ChatGPT 的基本原理和使用方法。同时，课程还可以提供实际操作的机会，让编辑人员通过实践训练掌握 ChatGPT 的使用技巧。通过这些课程的学习，编辑人员可以系统地提升自己的技术能力，为将来在编辑工作中灵活运用 ChatGPT 提供基础。

其次，编辑继续教育还应该注重编辑人员的知识储备。编辑人员需要了解文学、艺术、科学等不同领域的专业知识，才能更好地理解和编辑相关领域的文本资料。ChatGPT 技术在编辑出版领域的应用需要建立在对不同领域知识的理解和掌握之上。因此，编辑继续教育可以通过增设相关的知识课程来帮助编辑人员丰富自己的知识储备。

这些知识课程可以涵盖文学、艺术、科学等不同领域的基础知识，并结合实例进行讲解，让编辑人员了解不同领域的特点和需求。通过这些课程的学习，编辑人员可以提高自己对不同领域的理解和分析能力，更好地使用 ChatGPT 技术进行文本编辑和整理工作。

为了有效地将 ChatGPT 技术纳入编辑继续教育的教学内容，还需要考虑到一些策略。首先，可以与 ChatGPT 技术相关的专家和机构进行合作，邀请他们在编辑继续教育中举办讲座和培训，分享最新的技术动态和案例应用经验。其次，可以通过实验室和实际项目合作的方式，让编辑人员亲自参与 ChatGPT 技术的开发和应用，提升他们的实际操作能力。

## 四、结语

本文认为培养编辑人员在工作中运用 ChatGPT 的能力对编辑继续教育的发展具有重要意义。然而，其中的一些不足之处也需要进一步关注。首先，本文仅从编辑人员角度探讨了 ChatGPT 在编辑出版中的应用，缺乏读者和市场等多个利益相关者的视角。未来的研究可以采用更加综合的方法，考虑到各方面的影响和需求。其次，本研究在调查时，受限于新技术应用范围相对较小，并且主要侧重于定性研究。未来的研究可以采用更大样本规模的调查，并结合定量分析方法，以进一步验证本研究的结论。

综上所述，本研究通过探讨编辑继续教育中编辑人员运用 ChatGPT 的能力，强调了培养编辑人员在工作中应用 ChatGPT 的重要性。未来的研究可以从更多角度考虑，并拓展相关领域的研究，以推动编辑继续教育的进一步发展。编辑继续教育工作可以根据本研究提出的实践建议，有针对性地进行改革和创新，为编辑人员的专业发展提供更好地支持和指导，提高编辑继续教育的质量和效果。

（作者单位：中国科学技术出版社）

# 新时代编辑继续教育中存在的问题及路径初探

张路路

在党和国家“全面提高人才自主培养质量”“建设规模宏大、结构合理、素质优良的人才队伍”等一系列人才培养战略的指导下，编辑的继续教育成为对知识经济背景下出版业专业人才队伍建设的战略性工作。然而，在信息化、智能化条件下，编辑继续教育所面临的环境正在发生深刻的变化。科学技术的新发展，特别是 ChatGPT 等人工智能的广泛应用，已经对编辑工作的性质进行了重构，翻新了编辑要求的传统模式，对编辑的继续教育也提出了更高要求。

## 一、新时代编辑继续教育

根据《出版专业技术人员继续教育规定》（以下简称《规定》），编辑的继续教育“必须坚持以习近平新时代中国特色社会主义思想为指导，紧紧围绕新时代宣传思想工作举旗帜、聚民心、育新人、兴文化、展形象的使命任务”，在原则上更加突出政治引领，强调提升出版队伍的政治能力；“不断增强脚力、眼力、脑力、笔力”，对编辑的能力要求与提升方向予以全面概括；“打造政治过硬、本领高强、求实创新、能打胜仗的出版专业技术人员队伍”，对编辑继续教育的目标更加明确。

编辑的继续教育也成为编辑获得不断提升和自我成长的重要方式。首先，它有助于提升编辑人员的专业素养和技术技能。特别是在新媒体、新技术强势崛起的今天，持续学习有助于编辑人员适应新媒体发展的需要，提升编辑工作效能。其次，编辑的继续教育还有助于建立良好的职业价值观和伦理观。编辑工作不仅是技术性的工作，还是一种社会责任。通过继续教育，编辑可以更好地理解并履行社会责任，提升职业品质。最后，它还能为编辑提供与同行交流的平台，分享经验，碰撞思想，以获得更多的成长和进步。

## 二、编辑继续教育的现状与问题

总体来看，在新时代学习型社会的背景下，目前编辑继续教育呈现出如下特点。

重视程度提升。随着出版业竞争的加剧和技术的不断进步，出版社编辑越来越意识到不断学习和更新知识的重要性。编辑对继续教育的重视程度有所提升，“终身学习”的理念深入人心，认识到必须通过学习新技能和趋势来提升竞争力。

明确的学习内容。按照《规定》，出版专业技术人员继续教育内容包括公需科目和专业科目：公需科目包括出版专业技术人员应当普遍掌握的政治理论、法律法规、职业道德等基本知识；专业科目包括出版专业技术人员必须具备并应当掌握的出版政策法规、编辑业务知识，编校技能和质量要求，装帧和版式设计、信息资源集成开发、版权运营管理等专业知识，以及与行业发展相关的新知识、新技术、新技能。“全国宣传干部网络培训”网站的在线课程，与出版社自发组织的线上线下培训，也基本上囊括了《规定》的这一明确要求，编辑可自主选择与本职相关性强的课程进行自我提升。

多元化的学习渠道。出版社编辑可通过多种学习渠道来进行继续教育，如在线课程、研讨会、工作坊、实践项目等。这些渠道为编辑提供了灵活性和便利性，使他们能够根据个人需求和兴趣选择适合自己的学习方式。《规定》明确列出了包括参加面授和线上教育活动、参加学历（学位）教育、承担研究课题、发表专业论文论著、担任学术报告人、参加或参与相关资格考试、参加出版物评审、参加编校大赛及其他等 10 种具体形式。

技术驱动的学习。随着科技的发展，数字化出版和数据分析等新技术在出版业中的应用越来越广泛。出版社编辑为适应行业变革，需要通过继续教育来了解和掌握这些新技术。如以 ChatGPT 为代表的人工智能的兴起并广泛应用在出版领域，为编辑的工作提供助力，如何更好地使用，出版社开展了相关培训，编辑在技术驱动下可对本职工作进行深耕细掘。

持续学习的挑战。尽管出版社编辑们对继续教育的重视程度提高，但他们仍然面临着一些挑战，具体来看有以下三点。

一是继续教育资源有待丰富。如《规定》明确编辑继续教育每年累计不少于 90 学时，其中参加省级及以上新闻出版主管部门、人力资源社会保障部门及其公布的继续教育机构组织的培训，线上不超过 40 个学时，这也成为大多数编辑的主要学时构成。从现状来看，全国宣传干部网络培训的在线课程因形式单一、内容更新不及时，可能并不能很好地满足编辑的学习需求；从课程的考核来看，仅对视频播放的要求和对视频后简单题目的考查，显然并不能检测编辑的学习效果。建议继续教育借鉴学校的在线教育模式，保证资源与时俱进，增强资源形式的多样性，提高课程的趣味性，探索课程平台的移动性，使编辑更好地利用碎片化时间有效完成学时要求。

二是教学队伍有待规范。目前来看，无论是省级及以上有关单位组织的培训，还是各出版单位的自主培训，其讲师队伍的专业化程度也有待提高，构建分工明确、优势互补、布局合理、开放有序的继续教育培训体系任重道远。以全国宣传干部学院网站的课程为例，培训者大多是出版领域内的专家学者，学术水平较高，但部分课程内容或许可进行优化设计，以更好地吸引学习者。出版单位的自主培训，讲师多为单位内部或外部的相关人员，讲师培训技能有待加强，或许可打造专业的培训团队，整合现有资源，提升培训的效能。

三是考核与评价制度有待完善。当前，编辑继续教育的实施方式主要是以学时的完成情况作为主要衡量指标，这种方式具有一定的可操作性。然而，继续教育的实际效果难以进行量化评估。学时作为一种物质性的培训标准，其核心关注点在于培训的过程，而非培训的结果，这无法确保所有接受继续教育的编辑都能从中实现质的飞跃。这一问题对于实质性提高编辑能力，优化编辑团队结构，乃至推动出版行业的整体进步，都形成了严重阻碍。因此，我们必须对现有模式进行改革，将关注焦点从单纯的学时转移到实际学习成效上，确保编辑继续教育能够带来实质性的提升和发展。这可能需要我们采用更为科学的教育成效评价体系，从知识掌握程度、能力提升情况、工作成就等多角度对编辑继续教育的收效进行量化、精确评估。

## 三、编辑继续教育的路径初探

目前新时代编辑继续教育中存在的问题，也提示了编辑继续教育的改革方向和着力点。我们不应仅停留在认识和识别的层面上，而是应积极探寻应对和解决的策略。为此，针对这些问题尝试进行深度分析和思考，探讨了一些可能的解决路径。

## （一）顶尖编辑的培养路径

这里的“顶尖编辑”，概念来自《出版的正反面》一书，指的是能够实现选题从无到有、化无为有，可以源源不断地创造新的出版产值的编辑。该书将出版社的图书编辑由低而高划分为六个等次：第六等编辑，“他们看不懂稿件”；第五等编辑，“能看得懂稿件，但是对于稿件好坏优劣不能做判断”；第四等编辑，“称职”，“知道稿件的好坏”；第三等编辑，“比较优秀”，“不但知道稿件好坏，而且能将稿件编得更好”；第二等编辑，“更优秀”，能够策划高质量的选题，是出版单位的栋梁；第一等编辑，“真正顶尖的编辑”，能够实现选题从无到有、化无为有，可以源源不断地创造新的出版产值。

从编辑工作对出版行业的效用来看，编辑踏入出版社门槛，应该至少达到第四等编辑，并在出版实践中逐步被培养成第三、第二、第一等编辑，最终成为行业内不可被他人替代、不可被人工智能替代的顶尖编辑。如何细化、量化编辑的等级？如何设置与等级匹配的课程？如何制定有效的考核机制？这都是在继续教育中需要考虑的问题。比如“能看懂稿件”，其实说的是编辑的快速阅读能力，需要设置快速阅读书稿的培训与考核；“知道稿件好坏”，说的是编辑的审读、鉴赏能力，需要设置鉴别书稿的培训与考核；“能将稿件编好”，说的是编辑的编校、写作能力，需要设置编写能力的培训与考核；“能策划高质量选题”，说的是编辑的策划、设计能力，需要设置策划相关的培训与考核；“从无到有创造新的出版产值”，说的是编辑的创新力，而创新力又是编辑的脚力、眼力、脑力、笔力等在内的编辑力，需要设置编辑综合能力的培训与考核。另外，编辑培养也要注重个体差异性，根据工作内容与性质进行个性化调整。只有将一个个编辑打造成具有高水平编辑力的个体，才能形成出版社的“品牌化编辑力”。

### （二）学者型编辑的培养路径

“学者型编辑”的提法已经广泛被编辑界接受并被视为提高出版质量的方法。相关学者主要基于学术期刊的编辑探讨了“学者型编辑”模型的实现路径，这一模型倡导的是实现编研一体。但是，由于制度设计的不合理导向，实现这种模型仍然面临阻挠。学者指出实现“学者型编辑”的解决路径有：鼓励教学科研人员与学术期刊编辑双向流动，破除职称壁垒；优化学术期刊编辑职称“指挥棒”，将编辑主持的有关责编学科方面的课题予以认同等；推动学术期刊编辑回归学术共同体，建议构建编辑与学者之间的对话平台，推动学术期刊参与学术活动；构建学术期刊编辑参与学术研究的激励机制，如通过基金项目设置激励、学历深造激励、考核评价激励等方式，支持并鼓励编辑参与学术研究。

这些可能性路径对于一般图书编辑或可借鉴。比如可借鉴国外出版专业博士研究生教育的经验，我国出版专业研究生教育，尤其是博士研究生教育，可以将“出版学”作为一级学科，打破职业编辑与在校研究生、在职教师之间的壁垒，理论研究与行业实践相结合，打造有影响力的出版研究智库。从编辑培养角度而言，编辑将丰富的实践经验与学术理论相结合，编研一体，更加重视培养路径的规范性与可控性。

### （三）超级学习型编辑的培养路径

随着人工智能等前沿技术的发展与广泛应用，编辑学习已经迈入了超级学习阶段。超级学习并不仅是对编辑技能和知识的深度学习，更是要求编辑具备前瞻性的视角，对新兴信息处理技术如人工智能、大数据等有深入的理解和灵活的运用能力。在编辑工作中，这种超级学习表现为，面对新技术、新出版模式、新的文化趋势乃至新的语言风格，能够迅速理解、掌握并熟练运用这些新知识和技能以进行高效、高质量的编辑工作。超级学习型的编辑不仅对新技术保持敏感和开放，同时具备创新思维和灵活应变的能力，可以有效应对各种职业挑战。因此，“超级学习”可被视为一种自我驱动与持续成长的能力，它能显著提升个体的适应性，并为未来的职业发展铺平道路，开启无限可能。

在培养超级学习型编辑的过程中，我们应高度重视技术学习、社交媒体应用、自我驱动、知识整合、时间管理能力以及全球化视野等关键方面，并根据实际需要进行灵活调整，以大幅提升编辑的专业能力，塑造一支具备高素质、全面能力的编辑团队和出版人才。与此同时，超级学习理念的普及和实施也将为出版行业带来耐人寻味的变革，为未来的发展注入强大动力。

总结来看，新时代编辑继续教育面临内部和外部的挑战：内部挑战源自现有体系的不完善，包括资源的短缺、教育学时与学效的匹配问题以及评价机制的缺失；外部挑战则主要源自信息科技的快速发展，特别是人工智能等新技术对于出版业的深度影响及出现的新需求。面对这些挑战，我们需要将关注点从过程转移到结果，从单纯学时的完成转到深度的技术掌握及应用能力的提升。这也将是未来编辑继续教育改革的主要路径。

有关为编辑继续教育制定能够测量和评估学习成果的准确系统，将是未来研究的另一个重要方向。此外，我们还必须关注并积极应对技术的快速变化，并思考如何让这些变化为我们服务。新的科技的应用，对于提升当前编辑的技术水平和应对未来出版业的各种挑战，将会起到至关重要的作用。

当然，本文所提出的问题及路径只是初步探讨，还需要进一步深入研究，对于各种可能性进行精心策划和实施。新时代编辑继续教育的创新与发展是必须的，也是推动我国出版业适应新时代、满足社会发展需求、实现我国出版业从大变强的关键所在。希望这篇文章能对新时代编辑继续教育的问题和路径提供一些思考和启示。

（作者单位：外语教学与研究出版社）

# 继续教育应培养编辑应用数字和新媒体技术的能力

曹 伟

教育兴则国家兴，教育强则国家强。继续教育是终身教育体系的重要组成部分，是提高国民综合素质和创新能力的重要途径。党的十八大以来，习近平总书记对继续教育作出了一系列重要论述，党的十八大和十九大相关文件和报告也从顶层设计和基层实践等方面对继续教育进行了连续的宏观部署。习近平总书记在党的二十大报告中指出，要“推进教育数字化，建设全民终身学习的学习型社会、学习型大国”；党的二十大报告也提出“统筹职业教育、高等教育、继续教育协同创新”。近年来，国家陆续出台了《国务院关于推行终身职业技能培训制度的意见》《教育部关于推进新时代普通高等学校学历继续教育改革的实施意见》等政策文件，部分省市针对继续教育出台了一系列政策规章。可以看出，党和国家持续部署实施科教兴国战略，高度重视发展继续教育，倡导依靠教育多方位服务社会主义现代化建设。

伴随科学技术的进步和互联网的普及，编辑技术不断更新换代，我国出版事业蓬勃发展。出版业的高质量发展需要以编辑人才为支撑，在新的时代背景下，编辑人才的数字应用能力、新媒体技术应用能力显得尤为重要。如何通过继续教育的开展，提升编辑综合素养，培养适应新时代的编辑人才，是出版业发展面临的一个重要课题。

## 一、编辑继续教育政策演变及新时代编辑继续教育的必要性

国家新闻出版总署于 2002 年开始在全国推行出版专业技术人员职业资格制度，规定了从事出版工作的编辑人员需经过资格考试，并对编辑人员的职业资格实行登记注册管理。2008 年 2 月，《出版专业技术人员职业资格管理规定》明确了编辑人员应按要求参加继续教育；2010 年底，《出版专业技术人员继续教育暂行规定》进一步对编辑人员接受继续教育的时间、继续教育形式、继续教育组织管理等作出了详细规定。2020 年 5 月，《出版专业技术人员继续教育规定（征求意见稿）》颁布，强调了编辑继续教育的重要性及编辑的政治能力建设，提升了编辑的学时要求，增加了公需科目和专业科目的认定，增加了继续教育的获取形式，增加了学时登记管理的表述，赋予了编辑继续教育重要的功能。经过多年的发展，我国编辑继续教育政策不断取得突破并趋于完善。

编辑继续教育政策的演变离不开出版行业自身发展的诉求，更离不开国家对出版行业的重视及引导。编辑继续教育政策的演变说明，编辑研学的重要性不断凸显，编辑继续教育不断受到重视。那么，在新的时代背景下，出版业编辑继续教育的必要性体现在哪些方面呢？

第一，顺应国家出版业发展远景目标。建设出版强国，要求推动编辑继续教育的高质量发展，为国家出版业发展提供强有力的人才支持。当

前，数字出版得到深入发展，出版业正向质量效益转型，推动我国出版业由出版大国向出版强国迈进，就必须培养一批高素质的复合型编辑人才队伍，为出版“走出去”战略目标的实现提供人才保障。

第二，满足新时代出版业发展的客观要求。新一轮科技革命浪潮下，出版业中涌现了许多新技术新业态，5G 技术、VR 技术、AR 技术等的出现，以及电子书、有声书、网络文学等出版物形态的兴起，加上出版产品营销方式的创新（如微信、短视频等），对编辑的专业知识和实践技能都提出了更高要求。编辑只有通过继续教育不断学习充电，才能应对新时代出版业发展面临的各种挑战。

第三，编辑职业发展的主观需求。出版业外部环境的变化以及国家出版的新目标，要求编辑人员自觉拓展专业知识、提高业务技能和经营管理能力，满足新时代对编辑素质的评价标准。编辑人员只有通过继续教育，才能根据岗位要求有针对性地查缺补漏，紧随时代和行业的步伐，培养扎实的“专业 +”素养以及信息素养。

## 二、继续教育培养编辑运用数字和新媒体技术能力的现状和问题

### （一）继续教育培养编辑运用数字和新媒体技术能力的迫切性

在网络新媒体时代，出版业编辑模式、发行渠道、传播方式、受众范围、管理体制和机制发生了根本的变化，编辑应及时更新理念、创新编辑手段、提高综合素质，这就迫切要求编辑参加继续教育，培养编辑运用数字和新媒体技术的能力。

首先，编辑的思维能力亟待升级。在“互联网 + 出版”的影响下，编辑的一些传统理念有待摒弃，要求他们以互联网眼光来重新审视整个出版行业。

其次，数字和新媒体技术的升级，要求编辑人员具备图文编辑能力、

大数据分析能力、资源整合能力等，不断学习新媒体相关领域的技术，才能更好地做好编辑出版工作。

最后，媒体融合要求必须对编辑进行继续教育。编辑要具备基本的媒体素养，例如对新媒体技术平台 App 应用软件、微博账号、微信公众号等的日常运营维护；要能整合优势传播资源，打通新媒体与传统媒体之间内容与渠道的联系；要具备高水准的用户服务能力，能运用大数据、云计算等技术手段增强对用户的服务；要具备跨媒体的传播互动能力，充分利用微博、QQ 空间、微信、官方网站等平台大力推进宣传。

### （二）继续教育培养编辑运用数字和新媒体技术能力存在的问题

随着编辑继续教育政策的不断完善，编辑继续教育实践得到了积极转变和发展，许多出版单位开始重视编辑的继续教育问题，继续教育工作取得了一些成效。例如，出版业培训机构以《出版专业技术人员继续教育规定》为依据，优化设置了编辑培训的课程内容，培训内容不断丰富；培训形式日渐多元化，除了面授之外，在线直播、网络课程等逐渐增多，培训时间安排更加灵活；培训考核得到加强，培训对象范围逐渐扩大。但总体而言，编辑继续教育依然没有形成完善的体系，还存在一些问题有待解决。在培养编辑运用数字和新媒体技术能力方面，继续教育存在的问题体现在：

#### 1. 培训内容缺乏针对性，同质化明显

出版单位所开展的编辑继续教育，培训内容大多涵盖政策法规、行业动态、数字传媒、文件精神、领导讲话等方面，存在较大的同质性。有关编辑运用数字和新媒体技术的能力培训，基本没有设计专题的培训内容，可以供编辑选择的学习内容较少；培训内容“大而全”，大数据、新媒体等相关知识是基础性、普适性的，与编辑业务紧密关联的内容有限；有关数字化、新媒体相关的培训内容资源布局不合理，理论性的内容偏多，与实践紧密结合的内容不足，培训内容没有形成体系，针对性不强。导致编辑继续教育培训内容针对性不强、同质化明显的原因，一方面是由于部分出版单位对编辑继续教育存在应付心理，“凑学分”完成任务成了首要目

标，忽视了编辑业务技能的真正提升；另一方面，培训机构没有开展系统的培训需求调查，培训内容设计没有全面考虑不同出版单位、编辑人员的实际需求，导致培训内容分布失衡，编辑运用数字和新媒体技术能力得不到有效培养。

2. 培训课程模式不够科学，重形式轻实效

编辑继续教育的课程设置，主要采用线上和线下结合的方式。从线上课程的实施情况看，学习过程缺乏互动，编辑之间、编辑与讲师之间的沟通交流严重不足，制约了线上课程的培训效果；从线下课程的实施情况看，受到培训时间和空间等因素的限制，编辑人员参与性有限，不能保障每次培训都能覆盖到大部分编辑人员。从培训课程的开展来看，讲师讲授多、学员互动少，学员参与度不高。从培训考核看，撰写心得报告是较为普遍的考核方式，这种考核方式在检验培训效果方面的作用有限，只能起到一定的约束作用。

有关新编辑应用数字和新媒体技术能力的课程重理论、轻实践，培训课程主要包括计算机基础知识、数字媒体制作、数字营销、新媒体传播、VR 与 AR 技术等，但这些课程内容以理论知识为主，与出版行业、编辑业务的联系不够紧密。编辑在参加培训的过程中，由于课程数量多、课程适用性不足，导致他们学习的积极性不高。培训组织者更多关注的是继续教育的计划性和任务性，对培训课程设置的科学性不够重视，与编辑工作关联的数字与新媒体专题培训较少，编辑在数字化出版、新媒体运营等方面的能力提升有限。

3. 培训规模及数量有限，培训对象有待细化

出版行业从业人员数量众多，对继续教育的需求也呈现多元化的特征。行业主管部门、培训机构所能提供的培训规模和数量是有限的，尤其是针对编辑的培训以通用性质的内容为主，例如编辑业务规范、编辑学理论知识等，缺乏数字和新媒体等新知识和新技能方面的培训。培训机构每年组织的培训次数是按照培训计划进行的，每次培训的编辑人数、场地大小等也是有限的，无法满足所有出版单位和编辑人员的培训需求。

从培训对象来看，存在分类不够细化的问题。培训对象层次方面，继续教育的培训项目一般不限制每次参加培训编辑人员的具体职务、岗位级别等，刚入职的编辑、资深编辑参加同类培训是常有之事。培训对象群体方面，针对不同类别编辑开展的专题培训少，例如图书出版编辑、学术期刊编辑参加相同的培训。由于不同岗位编辑、不同类别编辑的业务范围不同，在应用数字和新媒体技术方面的能力要求、具体操作也不同，因此无差别培训尽管能拓展编辑的知识面，但对于工作中的一些特需技能、技术却不能得到针对性地提升。

## 三、继续教育培养编辑运用数字和新媒体技术能力的对策

### （一）丰富培训内容，凸显数字和新媒体技术知识

科学丰富的培训内容，是提高编辑继续教育质量的关键。在新的时代背景下，数字出版知识、新媒体技术是编辑继续教育的核心，所以在培训内容的选择上，应立足编辑业务知识、政策法规知识，充分考虑不同出版单位和编辑的学习需求，强化数字和新媒体技术相关内容的培训。

第一，整合优质培训资源。出版行业应打造培训机构的联动机制，在主管部门的领导和组织下，充分发挥多个培训机构的优势，整合编辑继续教育的优质资源，实现培训资源的共享和互补，解决好编辑培训内容同质化的问题。

第二，主管部门统筹审定好编辑继续教育培训大纲。新闻出版行政部门要结合行业发展实际，从不同出版单位、编辑人员的实际培训需求出发，审定编辑继续教育培训大纲，编写科学的培训教材。培训大纲要分门别类，符合新时代对编辑人员综合素养的要求，涵盖编辑业务知识、政策法规知识，以及编辑学科专业知识、数字出版知识和新媒体技术运用知识，满足不同编辑人员的培训需求。培训教材要把数字出版、大数据综合

分析、资讯采集与加工、信息交流等作为重点培训内容，让编辑通过学习有不同的收获和感受。

第三，强化数字和新媒体技术相关内容的培训。5G 技术、大数据技术以及 AI 技术的飞速发展，要求编辑改变传统的信息接收、信息获取和信息数据分析方式，编辑人员只有熟练掌握了数字和新媒体技术，才能持续提高自身的编辑水平和能力，适应新时代出版业的发展要求。在培训过程中，要重视加强编辑人员以下内容的学习培训：新媒体平台知识，如新媒体平台的类别（微信、微博、抖音、快手、知乎等）、功能、运营技巧等；信息素材的收集、辨别与分析技巧，以及图片、文字、音频和视频等的编辑技巧；对数字产品的认知与领悟技巧，对数字内容的编辑技巧；数字媒体技术专业知识、数字媒体产业发展方向，数字产品知识产权保护等知识；各种搜索引擎使用技巧，数据分析和图文编辑软件的使用等。

### （二）优化培训课程设计，选用多元化的培训形式

第一，合理设计基础性课程和能力提升课程比例。编辑继续教育的培训课程，不能过于关注基础性课程，如政策法规、政治思想、职业道德、出版基础与实务等，而应增加能力提升课程的比重，为编辑综合能力的提升提供良好的学习培训机会。为了切实提高编辑应用数字和新媒体技术的能力，在培训课程中应加大新媒体与数字出版、版权保护、大数据与出版编辑、人工智能、图文编辑、视频制作、实用编辑工具和技术、案例分析、“四力”教育实践等课程的开设力度，提高编辑培训课程的科学性与合理性。

第二，选用多元化的培训形式。培训机构要综合运用讲授式、研讨式、案例式等教学方法，深入推进线上和线下结合的培训模式，提高编辑参与继续教育的积极性；开展学术沙龙、业务交流、经验分享等活动，营造良好的课堂氛围，重视讲师与学员之间的互动沟通，加强培训过程的互动性；利用数字化技术，通过互联网、慕课、微信公众号等途径推广远程教育培训，让编辑人员通过各种终端设备参与培训活动，顺应编辑碎片化学习的趋势。

### （三）分级分类培养，细分培训受众

编辑继续教育的开展，要根据出版业编辑人员不同岗位、类别和层次，设定差异化的课程体系和培训内容，让不同岗位的编辑人员都能通过继续教育获得能力的提升。针对数字和新媒体技术应用，可以区分新手编辑和资深编辑，对资深编辑提供难度和深度较高的培训课程和内容，要求他们能系统掌握和应用数字和新媒体技术，对新手编辑则可以循序渐进地增加学习内容；区分技术编辑和内容编辑，对技术编辑设计大数据技术和新媒体技术方面的系统课程，而对内容编辑则可以适当降低要求。

培训对象的选择上，一方面，培训机构要针对不同的从业人员，开展差异化的继续教育。例如，基于数字和新媒体技术应用知识，区分图书编辑和期刊编辑、图书公司人员和数字出版企业人员等，细分培训受众，提供针对性和规范性的继续教育。另一方面，把民营企业从事出版工作的人员纳入到继续教育体系中，提供数字和新媒体技术相关知识培训和实践指导。

## 四、结语

在数字化时代，新知识、新技术、新发明日新月异，只有持续提升编辑应用数字和新媒体技术的能力，才能推动高素质专业化编辑队伍建设以及我国出版事业的高质量发展。为此，行业主管部门和培训机构要丰富培训内容、凸显数字和新媒体技术知识，优化培训课程设计、选用多元化的培训形式，分级分类培养、细分培训受众，努力提升编辑继续教育的效果。

（作者单位：中国时代经济出版社有限公司）

# 个性化学习路径在人工智能时代下的编辑继续教育应用研究

单　玲

随着人工智能技术的不断发展和普及，越来越多的行业开始应用人工智能技术来提高生产效率和服务质量。编辑继续教育作为出版业中的重要环节之一，其教学质量直接影响到编辑人员的工作水平和职业发展。根据我国2018年出台的《教育信息化2.0行动计划》强调“要构建数字化、智能化、个性化的教育体系”，技术支持下的个性化学习成为国家教育信息化建设重点关注的议题;2020年9月24日，国家新闻出版署印发了《出版专业技术人员继续教育规定》，于2021年1月1日起正式执行；2021年12月印发的《出版业“十四五”时期发展规划》提出了“健全完善继续教育培训和职称评定的长效机制”。这一系列政策文件，要求出版业依照注重质量和实效的政策导向，在系统研究的基础上提出政策实施的行动方案，推动编辑继续教育真正确立“基础性战略性”地位。可见，如果个性化学习作为“专家讲授＋集中培训”主流模式的优化升级，在人工智能技术的加持下，将突破忽略学习者差异性的传统学习模式的壁垒。

## 一、编辑继续教育的现状

### （一）编辑职业的演变

出版专业技术人员继续教育规定是针对在出版单位从事出版专业技术工作的人员的职业发展与继续教育的重要法规。这个规定不仅规范了出版专业技术人员的继续教育权益，保障了他们的素质能力的提升，也间接地揭示了编辑职业的演变。

编辑职业的演变可以追溯到古代的书籍抄写员和校对员，他们负责校对和修改文本，确保文本的准确性和可读性。随着印刷技术的发明和普及，编辑职业逐渐发展成为一种独立的职业，负责选题、策划、审稿、加工和出版等一系列工作。

在现代社会，随着数字技术和网络技术的不断发展，传统出版业逐渐向数字化转型，编辑职业也在不断演变。在数字出版时代，编辑职业的工作方式和职责发生了一定的变化。例如，编辑不再仅仅是文字加工者，而是需要具备一定的新媒体运营和技术应用能力，能够将传统出版物转化为数字出版物。

同时，随着社交媒体的兴起和普及，编辑职业也需要适应新的传播方式和读者需求。编辑需要更加注重与读者的互动和沟通，了解读者的需求和反馈，并将这些信息纳入出版物的策划和制作中。

此外，随着人工智能时代的到来，编辑职业也需要不断学习和掌握新技术和方法，以便更好地利用这些技术提高出版物的质量和效率。例如，可以利用人工智能技术进行智能排版、智能纠错等。总之，编辑职业的演变是一个不断发展和变化的过程。在这个过程中，出版专业技术人员需要不断进行学习和继续教育，以便适应新的职业要求和市场需要，保持职业竞争力和专业素养。

### （二）当前继续教育的挑战

编辑继续教育在出版行业中十分重要，因为这个行业正经历着数字化、自动化和个性化阅读等趋势的快速变革。编辑继续教育的传统培训课程、在线课程和学位教育、自学和自助学习以及专业认证和协会会员等方法，为编辑提供了多样的选择，以提高他们的编辑技能和适应行业的需求。

然而，编辑继续教育也面临着一些挑战：一是学习压力管理。由于编辑工作千头万绪，要在有限的时间内抽出大量时间进行继续教育可能会带来一定的学习压力。这就需要制订一个切实可行的学习计划，将学习融入到日常生活的空闲时间中，比如，可以在通勤时间阅读学习材料，或利用节假日进行集中学习。二是保持学习的动力。编辑在继续教育过程中可能会因为学习内容枯燥或缺乏激励而失去动力。因此，明确学习的目的，找到自己感兴趣的学习内容，或者加入学习小组，与其他学习者分享自己的学习经验等，都可以帮助保持学习兴趣。三是管理学习资源。数字技术的发展也带来了大量的学习资源，包括各种在线课程、电子图书、研究报告等。如何有效地管理这些资源，使之为编辑的继续教育提供最大的帮助，也是一个重要的挑战。四是保证学习的效果。编辑继续教育的最终目的是提高专业素质和工作能力。因此，学习的效果是衡量继续教育成功与否的关键。保证学习效果不仅需要选择高质量的学习资源，还需要制定明确的学习目标，以及进行有效的学习过程监控和反馈。

总的来说，当前编辑继续教育面临的主要挑战在于如何有效地平衡工作和学习，如何适应并利用好新的学习方式和技术，以及如何保证学习的效果。解决这些挑战需要不断调整和创新，以确保编辑在出版行业中保持竞争力和适应性。

## 二、个性化学习路径在编辑继续教育中的创新应用

传统的编辑继续教育方式往往存在着课程内容单一、教学方式缺乏个性化等问题，难以满足不同编辑人员的个性化学习需求。所以，如何利用人工智能技术实现个性化学习路径在编辑继续教育中的应用，成为一个备受关注的研究方向。

### （一）个性化学习路径的定义

个性化学习路径是一种教育方法，核心概念是将每位编辑视为独一无二的学习者，通过详细分析编辑的学术背景、学科偏好和学习进度，系统能够创建个性化学习档案，为每位编辑量身定制学习计划。这种高度个性化的方法确保了编辑们能够专注于他们最需要的知识和技能。

这一方法的核心特征包括学习者分析、定制课程推荐、学习进度跟踪、实时反馈和指导以及数据驱动决策。个性化学习路径开始于学习者的分析，通过收集和评估学习者的基础信息，建立个性化学习档案，便于制订后续的学习计划。接着，依靠先进的算法为每位学习者推荐定制的课程、学习材料和资源。这些推荐考虑到学习者的弱项和优势，以及他们的学科偏好，从而使学习过程更具针对性和有效性。然后，实现学习进度跟踪，以监测学习者的学习进展，这有助于确保学习者按照自己的速度前进。如果学习者在某个领域遇到困难，系统可以提供额外的资源支持。学习者可以获得及时反馈，以帮助他们解决学术问题、理解复杂概念并改进学习方法。这种反馈通常通过在线老师或智能辅助工作来提供，支持学习者的个性化需求。另外，个性化学习路径非常灵活，允许学习者根据自己的时间表、兴趣和需求来选择课程和学习资料。最后，数据驱动决策是个性化学习路径的关键，系统不断收集和分析学习者的数据，以改进教育方法。总之，个性化学习路径以其灵活性和个性化特征，为学习者提供了更高效、更有针对性的教育体验。

### （二）个性化学习路径的方法论

人工智能技术的基本原理包括机器学习、深度学习、自然语言处理等。其中，机器学习是让计算机通过大量数据学习规律和模式，从而自动进行分类、预测等任务；深度学习则是机器学习的一种特殊形式，它通过多层神经网络模拟人脑神经元之间的连接关系，从而实现更加复杂的学习和推理任务；自然语言处理则是研究计算机如何理解和处理人类语言的一门学科。人工智能技术的基本原理及其在编辑继续教育中的应用可以帮助教师更好地了解学习者的需求和特点，提供更加个性化的教育服务，同时也可以提高教学效率和质量。

国内外都有不少研究机构和公司开始将其应用于个性化教育领域。国内的研究主要集中在基于大数据的个性化学习路径设计、机器学习算法的应用、智能化教学平台的开发与应用以及个性化评价体系的构建等方面。而国外的研究注重深度学习技术在个性化学习路径设计中的应用、自然语言处理技术在个性化学习中的应用、虚拟教师的发展与应用以及个性化学习的跨文化研究等方面。结合个性化学习路径的特征，从国内研究看，人工智能技术可以应用在以下六个方面。

第一，数据收集和分析。个性化学习路径需要基于大量学习者数据进行设计和实施。因此首先需要对学习者的数据进行收集和分析。这包括学习者的学习行为、兴趣爱好、学习习惯等方面的数据，以及学习者的学科知识水平、学习能力等评估数据。通过对这些数据的分析和挖掘，可以更好地了解学习者的学习特点和需求，为个性化学习路径的设计提供依据。机器学习算法是实现个性化学习路径设计的重要手段之一。常用的机器学习算法包括决策树、支持向量机、神经网络等算法。例如，决策树算法可以根据学习者的学习历史和学科知识水平等信息，自动构建一棵分类树，从而实现对学习者的分类和分组。支持向量机算法则可以根据学习者的学习历史和学科知识水平等信息，自动构建一个超平面模型，从而实现对学习者的分类和分组。

第二，学习推荐系统。个性化学习路径的核心是提供精准的学习推荐，因此需要建立一套高效的学习推荐系统。该推荐系统可以根据学习者的学习历史、兴趣偏好、能力水平等信息，自动推荐适合学习者的学习资源和内容。此外，还可以通过机器学习算法等技术手段不断优化推荐结果，提高推荐的准确度和个性化程度。智能推荐系统是实现个性化学习路径设计的关键技术之一。例如，可以利用协同过滤算法对学习者的学习历史和兴趣爱好等信息进行分析，从而为用户推荐与其相似的人喜欢的内容。此外，还可以利用深度学习技术对学习者的学习行为进行建模和预测，从而实现对学习者的兴趣和能力的精准评估和推荐。

第三，智能化教学平台。个性化学习路径需要在智能化教学平台上实现。该平台可以为学习者提供在线学习、自主学习和互动交流等功能，帮助学习者更好地掌握知识和技能。同时，该平台还可以通过数据分析和评估等方式对学习者的学习情况进行监控和反馈，为教师提供更加精准的教学支持。这里，数据驱动的个性化学习路径设计方法可以将学习者的学习数据作为基础，利用机器学习算法对学习者的学习行为进行分析和预测，从而实现对学习者学习过程的自动化分析和优化。例如，可以通过聚类分析、分类模型等机器学习算法对学习者进行分组，为每个学习者提供适合其特点的学习路径和资源。此外，还可以利用自然语言处理技术对学习者的学习笔记、作业等文本数据进行分析，从而更好地了解学习者的学习需求和特点。

第四，多元化的学习方式。个性化学习路径的实施需要采用多种学习方式，以满足不同学习者的学习需求。例如，可以通过视频课程、在线讨论、实践项目等多种方式进行教学，让学习者在不同的学习环境中获得更多的学习体验和收获。

第五，教师角色的转变。在基于人工智能的个性化学习路径中，教师的角色也会发生转变。他们不再是单纯的知识传授者，而是需要成为学习者的指导者和辅导者。教师需要根据学习者的学习情况和需求，提供相应的指导和支持，帮助学习者更好地完成学习任务。同时，还需要建立相应的管理机制，对教师的教学行为进行监督和管理，确保教学质量和效果。

第六，多维度评价指标。基于人工智能的个性化学习路径需要建立一套多维度的评价指标体系，从不同角度全面评价学习者的学习效果和学习体验。这些评价指标应该具有科学性和可操作性，能够反映学习者的学习情况和需求。同时，还需要建立相应的管理机制，对评价指标进行监控和管理，确保评价结果的准确性和可靠性。多维度评价指标是实现个性化学习路径设计的关键环节之一。多维度评价指标可以从不同角度全面评价学习者的学习效果和学习体验。例如，可以从学习进度、学习成绩、学习兴趣等方面进行评价，同时也可以考虑到学习者的反馈意见和满意度等非量化因素。此外，还可以利用可视化技术将多维度评价结果呈现出来，帮助教师更好地了解学习者的学习情况和需求。

综上所述，通过数据驱动、机器学习算法、智能推荐系统和多维度评价指标等方面的综合运用，可以实现对学习者的个性化教育服务，提高教学效率和质量。再则，基于人工智能的个性化学习路径在编辑继续教育中的应用需要从优化和管理两个方面入手。因为只有通过不断地优化设计和有效的管理机制，才能够实现个性化学习路径的最大价值。未来研究方向可以进一步拓展到跨学科领域、教育政策制定和社会应用等方面。

## 三、个性化学习的前景与挑战

随着人工智能和技术进步的不断推动，编辑继续教育中的个性化学习有望在未来持续发展。人工智能算法深入，个性化学习路径将变得更加智能化和精确，能够更好地理解学员的学术需求，并提供更准确、更个性化的课程和资源推荐。未来的个性化学习将注重学员的学习进展和反馈，系统将能够动态地调整学习路径，根据学员的表现和需求提供适宜的学习内容，以提高学习效果。个性化学习将包括多种学习模式，如文字、图像、音频和视频，以更好地满足不同学员的学习风格和偏好。利用虚拟现实和增强现实技术，个性化学习路径将提供丰富和沉浸式的学习体验，使编辑能够参与模拟编辑工作流程，掌握实际技能。未来的个性化学习还将更加注重社交互动和协作，学员可以与同行合作、分享经验和资源，促进共同学习。学习成果的认证将变得更加个性化和灵活，学员可以根据所学内容获得特定技能的认证，而不仅仅是传统的学位或证书。教育机构、技术公司和出版商将更多地合作，共同开发和推广个性化学习工具和资源，以提供更全面的学习体验。个性化学习路径也将更多地关注跨文化和全球化的教育需求，为编辑提供更广泛的国际化学习机会。当然，随着对数据隐私的关注增加，个性化学习路径将更加重视伦理和隐私保护，采取更严格的隐私保护措施，并提供更多的自主数据控制选项。

总之，编辑继续教育中的个性化学习将继续演进，借助人工智能和新兴技术，为编辑提供更灵活、高效和个性化的学习经验。这将有助于编辑适应不断发展的出版行业和信息时代的需求，提高他们的专业水平并实现职业发展。

## 四、结语

个性化学习路径在人工智能时代下的编辑继续教育中发挥了关键作用。通过数据分析和机器学习，编辑可以获得个性化的教育，提高他们的专业技能，适应出版行业的变化。这也为编辑继续教育提供了新的前景，有助于推动出版行业的高质量发展。

（作者单位：中国电力出版社有限公司）

# 试论新时代继续教育在编辑人才队伍建设中的作用及其发展建议

王　珍

全面提高人才自主培养质量，是支撑中国式现代化建设的重要保障。中国是一个大国，对人才数量、质量、结构的需求是全方位的，满足这样庞大的人才需求必须主要依靠自己培养，提高人才供给自主可控能力。

出版业承担着传播文化和传承文明的重任，担负着“举旗帜、聚民心、育新人、兴文化、展形象”的使命任务。编辑作为出版工作使命的践行者，是出版业的核心力量、第一资源，是出版业高质量发展的关键所在。为指导出版单位做好新时代编辑人才队伍的建设与培养工作，2020年，国家新闻出版署、人力资源和社会保障部印发了《出版专业技术人员继续教育规定》（以下简称《继续教育规定》）。

## 一、《继续教育规定》的新变化

相较原新闻出版总署印发的《出版专业技术人员继续教育暂行规定》(新出政发〔2010〕10 号)，2020 年印发的《继续教育规定》有了一些新变化，主要表现在以下四个方面：

**（一）学时更长**

《继续教育规定》第十三条规定“出版专业技术人员参加继续教育的时间每年累计不少于 90 学时”，较原来每年 72 学时增加了 18 学时。

**（二）内容更细**

《继续教育规定》明确了继续教育培训科目、培训内容，更加突出政治能力和新媒体技能的提升。

**（三）形式更活**

《继续教育规定》增加了出版单位自主面授、远程教育线上培训等形式。

**（四）范围更广**

《继续教育规定》明确了各种培训形式的学时计算和管理，操作性更强。这表明了国家对编辑继续教育进一步加强了监督管理，从顶层设计上已逐步完善编辑继续教育培训体系，使编辑继续教育逐步走上制度化、规范化、专业化道路。

《继续教育规定》中的这些新变化新内容，为出版单位继续教育工作指明了方向，明确了的标准，有力促进了继续教育工作的开展。继续教育是建设高素质专业化编辑人才队伍的基础性、战略性工作，是新时代编辑人才培养的有力抓手，作用显著。

## 二、新时代继续教育在编辑人才队伍建设中的作用

笔者多年来负责本单位的编辑继续教育组织工作，每年会组织数批骨干编辑参加全国宣传干部学院、中国国家版本馆、中国编辑学会、北京印刷学院、中国新闻出版传媒集团、中文天地出版传媒集团股份有限公司、古联（北京）数字传媒科技有限公司等单位组织的培训，策划、组织全社的编辑继续教育工作。通过对各类继续教育课程设计的研究分析、对编辑所写的培训心得感悟的研读，以及对受训前后编辑工作表现的观察发现，继续教育在培养新时代编辑人才队伍中发挥了重要的作用，主要表现在以下四个方面。

**（一）筑牢政治意识，提升政策理论水平，增长政治本领**

意识形态工作是为国家立新、为民族立魂的工作。出版社是意识形态的主阵地，要坚持马克思主义在意识形态领域指导地位的根本制度，落实《继续教育规定》中提出的“深入开展马克思主义出版观教育，把政治能力建设贯穿继续教育全过程”的要求，全面落实意识形态工作制，严守意识形态前沿阵地。继续教育是集中培训编辑的重要学习活动，也是抓实意识形态工作、筑牢思想意识防线的重要途经，所以政治理论是继续教育的必备学习内容。

通过对多家培训机构开展的继续教育培训课程分析，2023 年的政治理论课主要围绕学习贯彻习近平新时代中国特色社会主义思想、党的二十大精神、习近平总书记关于出版工作的重要论述，以及世界观和方法论等内容开展，旨在增强新时代编辑的使命担当，坚定文化自信与出版自强；增强新时代编辑守正创新做好新时代出版工作的信心，立足岗位建新功；增强新时代编辑坚持正确的出版导向意识，牢牢把握正确的意识形态；等等。这些课程既有丰富的政策理论知识，又与出版工作实际相结合，进一步筑牢了编辑的政治意识，提升编辑的政策理论水平，提高的编辑的政治判断力、领悟力、执行力，政治本领逐步增长。

（二）增强质量意识，提升出版专业技能，提高业务水平

编辑是文化产品内容的选择者、策划者、加工者和推荐者，不仅要对出版质量存有敬畏之心、坚持底线思维，还要不断更新专业知识、拓展专业技能，才能编好书、出精品。所以，专业技能课始终是继续教育培训课程的主要构成部分。

2023 年，各类继续教育培训机构围绕增强编辑的把关意识、规范意识、质量意识、责任意识，开设了出版法律法规、出版管理制度、行业标准及规范解读、编辑审稿能力、编校质量案例解析、装帧设计、古籍整理等课程。通过专业化、系统化、标准化的编校技术培训，有助于编辑坚持正确导向、提炼内功、提升业务综合实践能力。

（三）提升融合出版技术水平，提高创新能力，助推技术赋能

新时代出版业环境发生了颠覆性革命，新知识、新技术、新领域的不断涌现。这不仅改变了传统的出版工作流程与模式，也对编辑的职业能力提出了新的更高的要求，带来了新的机遇与挑战。

2023 年，中国编辑学会举办了一期融合出版内容较多的培训，课程主要以推动新兴出版技术应用为主，开设了“数字出版时代，传统媒体与新媒体的整合”“技术赋能融合出版发展”“出版人如何抓住 AI 新机遇”等课程。北京印刷学院举办的某期培训班开设了关于 ChatGPT 智能内容生成与新闻出版业面临的智能变革的课程。这些课程丰富了编辑对新兴出版技术的认识，增长了编辑的融合出版技术水平，激发、提高了编辑的创新发展意识与能力，进一步助推新技术赋能出版业发展。

（四）树立精品意识，提高综合素质，培养领军人物

出版人要心怀“国之大者”，着眼于出版质量与价值追求，充分发挥精神文化产品的引领作用，坚持以人民为中心，践行“为人民出好书”的社会使命。因此，编辑不仅要具备深厚的政治理论水平、扎实的专业技能，还需要培养坚定的出版情怀和良好的综合素养。继续教育培训工作也围绕此目的开展。

2023 年，中国编辑学会组织的某期继续教育培训班开设了“名编辑

的社会标识及其成长的主客观条件”“主题出版类选题的策划”“选题策划与出版精品”“如何打造一本畅销书”等课程。北京印刷学院的某期继续教育培训班开设了“出版物创意思维设计”“出版品牌的形象设计”等课程。这些培训课程的开设，对于帮助编辑树立精品意识、提高选题策划力、打造精品出版、培养新时代复合型的出版领军人才的卓越的专业水平和深厚的学术素养大有裨益。

## 三、新时代编辑继续教育工作现状与创新发展建议

编辑是一个以智力资本为主的职业。在知识快速更迭的时代，编辑“职业焦虑”“本领恐慌”等问题日益凸显，对知识与能力的渴求越来越强烈。《继续教育规定》增加了编辑继续教育的学时、提出了融合出版新技术的学习要求。而出版单位在组织继续教育培训活动时，面临着内容供给与主体需求不平衡矛盾，学习要求、愿望与工作相冲突的矛盾，以及工时矛盾等。党的二十大报告中指出：“完善人才战略布局”“建设规模宏大、结构合理、素质优良的人才队伍”。在此背景下，建议出版单位在遵循继续教育三大原则的基础上，从以下几个方面推进编辑继续教育的创新发展。

### （一）统筹推进线下与线上、普及与特殊相结合的继续教育模式

继续教育既要按有关规定完成继续教育学时，满足注册和续展的需要，又要达到一定的培训效果，发挥培育编辑的重要作用，同时要减少工学矛盾，降低培训成本，使继续教育与编辑岗位实践紧密结合，提高继续教育培训的针对性。

1. 鼓励和支持出版单位开设计算学时的自主培训

继续教育要扎实，要回到编辑工作现场，从现实的实际问题中去推进，在解决学时这一硬性要求、降低培训成本的同时，切实起到丰富、更新编辑知识储备，开阔视野，提高出版能力，营造良好学习氛围的作用，

让继续教育成为编辑成长的一条有效途径。

笔者给这类培训定位为普及培训，具有全面性、普遍性特点。自《继续教育规定》出台后，笔者所在单位每年都自主组织了继续教育面授。以编校实务、选题策划、制度管理等专业课程为主，2023 年新增了新媒体营销课程，旨在提升出版从业人员的综合素质和运用理论指导工作实践的能力。这些课程指导性、实用性强，编辑可以现学活用。参训人员出勤率高，课堂互动性强，培训效果十分理想。

2. 加强出版领军人才的精英培训

著名出版家聂震宁先生在《出版力：精品出版 50 讲》中说道："出版行业是一个轻资产行业，而凡是轻资产的行业，对人才的依赖性就特别大。""要建立优秀人才的成长机制。"人才成长，离不开内在的自主学习和外在的高品质培训机会。一方面，要把编辑作为未来出版人才来培养，加强编辑出版情怀和综合素质的培训；另一方面，新时代复合型的出版领军人才应具有卓越的专业水平和深厚的学术素养。因此，精英培训要以满足学员个性化、差异化学习需求为宗旨，研发具有针对性、前瞻性、创新性，以及理论与实践紧密结合的精品课程，并打造一支由出版行业顶尖专家组成的高水准师资队伍。

笔者给这类培训定位为高级培训，目的是培养出版领军人才，培训对象以出版单位的精英、骨干编辑为主。这类培训不是简单按要求拼凑学时，应以培养高素质精英人才为宗旨，让有不同需求的出版单位根据课程内容选派具有培养潜质的人员参加。可由行业协会、出版集团组织，能纳入继续学时更好，如不能也无妨。

3. 补充完善网络培训课程

网络培训的课程设置应以有效解决编辑培训内容供给与编辑主体内在需求之间的矛盾，以期更好地满足融合出版新时代的编辑需求。

笔者给这类培训定位为补充培训，是完成继续教育学时的有益补充（《继续教育规定》规定参加网络培训，每年最多不超过 40 学时）。其最主要的特点是灵活性、自主性强。学员可以自主选择课程、培训时间和学时。网络培训可以适合满足图书编辑、期刊编辑、游戏编辑、互联网出版编辑等不同岗位的编辑个性化需求，如老编辑可以选择学术性课程，新编辑可以选择基础性课程。缺点是会出现“挂课”现象。

**（二）构建高素质师资队伍**

据不完全统计，全国现有注册编辑 3 万余人，按照每人每年需完成继续教育 90 学时这一硬性要求，未来各省、各出版单位开展自主培训活动将成为主要途径，实现在符合规范的前提下以最少的成本解决全体编辑的学时问题，促进继续教育培训日益常态化、规范化、规模化。为做好自主培训提高培训质量，首先需要建设一支高素质、高水平、专业化的师资队伍。

1. 建立行业培训专家库

如何实现继续教育培训的系统性、持续性，是培训机构面临的新难题。授课专家从哪来，找什么样的专家来讲什么样的课，内容如何更新，授课费的标准及支付方式等，都是摆在出版单位面前的问题。

从课程设置分析，目前编校实务以出版署质检专家为主要师资，编辑的策划、营销等能力的综合培养的师资有限。笔者建议，有关部门要组织、建立培训专家库，供培训机构选择、充分利用优质编辑专家资源；同时，还要制定培训费及授课费标准，指导和规范培训市场。

2. 允许培育内训专业人员

各省、各出版单位主办的培训，一般以省外或社外专家为主，以省内或社内专业人员为辅。国家、省级出版行政管理部门应鼓励出版单位的专业人员授课，通过资深编辑、优秀出版人才的经验分享，以及业务管理人员专业知识的讲解，从而达到参训人员受教育、授课人员多元锻炼的双向培养效果。

笔者所在单位的出版韬奋杯获得者，通过社内搭建的平台，从省内编辑考前辅导培训开始，到现在全国各地讲课，成长为全国出版职业资格考试培训和质检培训专家。此外，培育内训专业人员需注意人才队伍梯队的建设，不断扩大内训师资队伍。

## 四、结语

编辑工作是出版工作的中心环节，直接关系出版物的质量。加强对编辑人才队伍的继续教育，是新时代出版业改革发展的内在要求，也是持续增强编辑人才队伍的脚力、眼力、脑力、笔力的重要途径；目的是为打造政治过硬、本领过强、求实创新、能打胜仗的出版专业技术人才队伍。

因此，出版单位要高度重视，遵循“服务大局，按需施教”“提高能力，注重质量”“改革创新，注重实效”的继续教育原则，切实抓好编辑队伍建设工作，用好继续教育工具，做好编辑人才培养工作，为精品出版持续繁荣发展提供人才保证和智力支持，增强文化自信，助推出版强国建设。

（作者单位：江西高校出版社有限责任公司）

# 出版党内法规文献，服务立德树人实践

王青林

习近平总书记指出：“要大力弘扬时代新风，加强思想道德建设，深入实施公民道德建设工程，加强和改进思想政治工作，推进新时代文明实践中心建设，不断提升人民思想觉悟、道德水准、文明素养和全社会文明程度。”立德树人不仅是教育工作应承担的任务，也是新闻出版工作同样面对的重大政治任务。作为中国特色社会主义法治体系的组成部分，党内法规在其实施过程中能够对每一个党员以至于公民产生影响。党内法规是人民群众了解党的政治路线、组织原则和文化要义的重要桥梁，对于促进人民群众聚集在党的旗帜下共同奋斗具有积极作用。适应这一需要，出版宣传党内法规文献，具有重要现实意义。

## 一、出版党内法规文献的意义

“党内法规是党的中央组织，中央纪律检查委员会以及党中央工作机关和省、自治区、直辖市党委制定的体现党的统一意志、规范党的领导和党的建设活动、依靠党的纪律保障实施的专门规章制度。”以党章为统领的各层级党内法规，完整地诠释了党的革命理想、党组织和党员的行为尺度、党的路线方针政策及社会主义阶段的核心价值追求。在树立理想信念、规范行为尺度以及普及社会主义核心价值观方面都有指导意义。

首先，出版党内法规文献，宣传党的纲领有助于在全党全国统一思想，凝聚力量，将全党全国人民的思想统一到实现中华民族伟大复兴的中国梦中。党内法规价值在于党内法规能够促进和实现的中国人民共同的价值。习近平总书记指出：“实现中华民族的伟大复兴，就是中华民族近代以来最伟大的梦想。这个梦想，凝聚了几代中国人民的夙愿，体现了中华民族和中国人民的整体利益，是每一个中华儿女的共同期盼。”“为人民谋幸福，是中国共产党人的初心。我们要时刻不忘这个初心，永远把人民对美好生活的向往作为奋斗目标。”“共产党就是为人民谋幸福的，人民群众什么方面感觉不幸福、不快乐、不满意，我们就在哪方面下功夫，千方百计为群众排忧解难。”“人类生活在同一个地球村里，越来越成为你中有我、我中有你的命运共同体。”“中国梦需要和平，只有和平才能实现梦想。”从习近平总书记的这些重要论述中我们可以总结出党内法规所体现的基本价值追求。总的理想就是中华民族伟大复兴的中国梦。中国梦意味着中国人民和中华民族的价值认同和价值追求，意味着每一个人都能在为中国梦的奋斗中实现自己的梦想。因此，实现伟大梦想，是党内法规的终极价值追求。党内法规的基本价值则是以人民为中心的发展立场，换句话说就是人民利益至上。党内法规的立改废释，必须以广大人民的根本利益为最高标准。国家法律对人的价值包括自由、秩序、人权和正义在人民利益项下同样是党内法规的价值。在对外关系上，党内法规体现的价值是和平价值。通过各不同国家之间和平共处，从而构建人类命运共同体的追求是现阶段我国党内法规的对外价值。以上三大价值相辅相成，为我国党内法规的制定及实施提供基本指南。党内法规文献的出版要着重体现上述价值。

其次，出版党内法规文献，有助于明晰党员和党组织之行为规范尺度，使党员和党组织成为遵守党内法规的表率。尊崇党章是遵守党内法规的最基础要求。习近平总书记指出："建立健全党内制度体系，要以党章为根本依据；判断各级党组织和党员、干部的表现，要以党章为基本标准；解决党内矛盾，要以党章为根本规则。"完善的党内法规体系应该是以党章为根本，以准则、条例等中央党内法规为主干，由各领域各层级党内法规制度组成的有机统一整体。准则对全党政治生活、组织生活和全体党员行为作出基本规定。条例对党的某一领域重要关系或者某一方面重要工作作出全面规定。规则、规定、办法、细则对党的某一方面重要工作或者事项作出具体规定。准则、条例等是对党章规定的党员和党组织的权利以及义务的进一步具体化。遵守其他党内法规也是遵守党章要求的具体化。各级党组织以及全体党员必须严格遵守这些党内法规设定的权利界限以及义务标准。在社会生活和活动中时时刻刻遵纪守规，用自觉遵守的方式推进党内法规产生良好的运行效果。出版宣传党章及各个层级的党内法规文献，是党员和各级党组织在行为中遵守党内法规的前提，也是出版单位之至上光荣任务。

再次，出版党内法规文献，明晰党的文化建设要求，是构建社会主义核心价值体系，培育和践行社会主义核心价值观的必然要求。《中国共产党章程》规定："加强社会主义核心价值体系建设"，"培育和践行社会主义核心价值观"，"努力使我国人民成为有理想、有道德、有文化、守纪律的人民"。为我党有关社会主义核心价值观的党内法规建设提供了指南。党内法规在党内具有刚性约束力，在社会公共生活中也有重要影响力。党内法规不仅对培育践行社会主义核心价值观有重要的导向作用，甚至党内法规本身就必须以社会主义核心价值观为基本方位。社会主义核心价值观的规范化过程，就是将社会主义核心价值观从党章的原则性要求细化到具体党内法规制定的工程中。党章的原则性、道德性和价值性共识，只有规范化、制度化和公开化，才能保障全党知晓以至于全民了解，才能真正得到有效遵守。而人民之所以会遵守党内法规，最根本的原因则是基于其内心对党内法规的信仰。出版党内法规文献，宣传社会主义核心价值观，能够使党员群众更好了解和遵循党内法规的价值，从而不仅在外在表现上服从党内法规，更在内心中遵循以至信仰党内法规的价值。进而坚定执行党的政治路线，坚决做到“两个维护”，自觉在思想和行动上同以习近平同志为核心的党中央保持一致。

最后，出版党内法规文献，明晰党员行为尺度，对于党员领导干部来说，还是其政德建设的基础。“立政德，就是明大德、守公德、严私德”。“大德”体现党内法规的终极价值追求，要求党员铸牢理想信念，锤炼坚强党性。“公德”是党内法规的各项基本规范体现的价值。即党的准则、条例等主干法规体现之不同种类的价值，要求强化宗旨意识，全心全意为人民服务，恪守立党为公、执政为民理念，自觉践行人民对美好生活的向往就是我们的奋斗目标的承诺，做到心底无私天地宽。此是对党员干部的履职要求。“严私德，就是要严格约束自己的操守和行为。”严私德，以“规定”为法规名称。如“八项规定”“五个规定”等，要求干部正确处理好上下级之间、政商之间的关系，更好地树立和维护党的声誉。正如法律是最低限度的道德一样，党内法规同样是最低限度的政德。党内法规是党员和领导干部要时时遵守的，不遵守党内法规，政德就无从谈起。因此出版党内法规文献，满足党员领导干部学习党内法规的迫切要求，也为满足党员干部修身正德之需要提供了必要条件。

## 二、出版党内法规文献的内容

“党内法规体系，是以党章为根本，以民主集中制为核心，以准则、条例等中央党内法规为主干，以部委党内法规、地方党内法规为重要组成部分，由各领域各层级党内法规组成的有机统一整体。按照‘规范主体、规范行为、规范监督’相统筹相协调的原则，党内法规体系以‘1+4’为基本框架，即在党章之下分为党的组织法规、党的领导法规、党的自身建设法规、党的监督保障法规四大板块。”因此，党内法规文献出版主要有五大方面内容。

第一，党章及学习资料出版。党章是党的总章程，是党的根本大法，是全党必须遵循的总规矩。党章规定了党的理想信念宗旨、组织保障、行为规范和纪律约束，汇集了党的建设的成功经验和实践成果，是全党必须遵循的根本行为规范。回顾历史，党取得的一切成绩，都离不开党章的指引。同时，党章又是党向全国人民宣示党将如何治国理政的基本手段，人民群众通过学习和了解党章，进而了解党如何领导国家进行现代化建设，从而积极参与国家建设和改革的事业中去。正因为党章承载着如此重要的使命和任务，出版党章及学习资料（包括党章、权威人士对党章的解读以及党章的历史研究）使命光荣，意义重大。

第二，总结党的组织建设的经验，加强党内组织法规研究文献出版。“党的组织法规，是调整党的各级各类组织产生、组成、职权职责等的党内法规，为党管党治党、执政治国提供组织制度保障。”党的组织法规包括党的组织体系法规、党的选举制度法规、党的组织工作方面的法规，党的象征方面的法规。《中央党内法规制定工作规划纲要（2023—2027年）》确定了党的组织法规的立法重点，包括完善党的选举制度，完善党的组织体系建设制度，完善增强党组织整治功能和组织功能的制度，完善党的干部工作制度，完善党员队伍建设制度，完善党的人才制度。出版单位可以密切关注此类党的组织法规的立改废释纂，将其作为主题出版的重要内容。

第三，研究党自身建设的基本规律，改进党自身建设法规制度文献出版。党的自身建设就是通过一系列的方法方式，确保党的领导地位，在人民心中的威信、良好形象，完善内部组织和人员，强化对党员的管理、约束、标准和教育，使其名副其实地肩负起民族复兴的重任和希望。“党的自身建设法规，是调整党的政治建设、思想建设、组织建设、作风建设、纪律建设等的党内法规，为提高党的建设质量、永葆党的先进性和纯洁性提供制度保障。”党的十六届四中全会指出：“党的执政地位既不是与生俱来的，也不是一劳永逸的”，党的领导地位不仅是在我国法律中有宣示，更在于人民的衷心爱戴和拥护。党的十九大报告把党的政治建设纳入党的建设总体布局，实现了党自身建设研究的重大突破。《中央党内法规制定工作规划纲要（2023—2027 年）》确定了党的自身建设法规的立法重点包括完善党的宣传教育制度，健全党内民主制度，健全纠治形式主义、官僚主义制度，健全反对特权制度，健全党的纪律建设制度，健全党的工作防错纠偏机制，健全一体推进不敢腐、不能腐、不想腐制度。党的自身建设法规是党的自我革命的重要基础和制度保障。出版党的自身建设法规文献，可以向党员和广大人民群众展示党坚定不移反对腐败、维持自身纯洁性和先进性的决心，从而获得人民的拥护。

第四，探索新时代党的领导的基本方式，推进党的领导法规制度文献出版。2018 年《中华人民共和国宪法》（修正案）增加了“中国共产党领导是中国特色社会主义最本质的特征”的表述，以国家根本法的形式把党对一切工作的领导的原则固定下来。表明中国共产党的领导不仅是政治体制层面的实质要求，也是在法治建设层面的规范确认。党内法规体系作为中国特色社会主义法治体系的重要组成部分，既要以党章为总依据，也要以宪法为根本法。在实现党对国家社会生活领导的层面，宪法原则的具体化更为重要。因此迫切需要制定一些体现党的领导功能的党内法规。《中央党内法规制定工作规划纲要（2023—2027 年）》确定了坚持以完善党的领导法规制度有力保证党总揽全局、协调各方的制度。包括完善党在各级组织中发挥领导作用的制度，完善党领导各项事业的制度，完善把党的领导贯彻到党和国家机构履行职责的全过程的制度，健全提高党的执政能力和领导水平的制度。党的领导法规的功能在于巩固党的领导地位，强化党的领导职责和规范党的领导活动。出版党的领导法规的文献，公开党领导的规范和程序，能够帮助人民了解党的领导方式，从而遵从党的领导。

第五，完善党的监督保障制度的基本内容，深化党的监督保障法规制度文献出版。党的二十大报告指出："健全党统一领导、全面覆盖、权威高效的监督体系，完善权力监督制约机制，以党内监督为主导，促进各类监督贯通协调，让权力在阳光下运行。"为在新时代完善党和国家监督体系指明了方向。"党的监督保障法规，是调整党的监督、激励、惩戒、保障等的党内法规，为保证党组织和党员干部履行好党和人民赋予的职责提供制度保障。"按照"规范主体、规范行为、规范监督"相统筹相协调原则，切实加强对党组织和党员干部的监督、奖惩、保障，建立健全相关法规制度，形成有权必有责、有责要担当、用权受监督、失责必追究的激励约束机制，确保行使好党和人民赋予的权力。按照《中央党内法规制定工作规划纲要（2023—2027年）》，要完善监督制度，健全追责问责制度，健全党的纪检制度，健全激励干部担当作为的制度，健全党政机关运行保障制度。时时关注党内监督保障法规的立改废释，及时把党中央关于管党治党的监督保障法规传达给全体党员和全国人民，是包括出版单位在内的宣传单位的重要任务。

## 三、党内法规文献出版的重点对象

党内法规的实现过程是一个动态的过程。包括有规可依、有规必依、执规必严和违规必究。党内法规文献出版是衔接有规可依和有规必依的重要环节。党内法规文献出版，是一项利国利民的事业，应该持续为之、久久为功。把党内法规要求及时传达到各级党组织、全体党员乃至全国人民，对于党内法规的最终实施，具有推进作用。在当前，党内法规文件及理论研究著作出版要重点关注以下人群。

一是关键少数。中共中央《关于加强党内法规制度建设的意见》要求，"提高党内法规制度执行力，要坚持以上率下，从各级领导机关和党员领导干部做起，以身作则、严格要求，带头尊规学规守规用规"。关键少数在我国政治生活和社会生活中占有突出地位。关键少数学习党内法规并不意味着只有少数人学习党内法规，而是意味着关键少数的代表集团学习党内法规；关键少数遵守党内法规可以带动全党遵守党内法规，继而增加党内法规对全社会的影响力。可以说，关键少数的一言一行，都会直接影响着与决定着民众如何看待党内法规的功能、地位和作用。高度重视学习、善于进行学习，也是领导干部健康成长不断进步的重要途径。党内法规文献出版，应适时关注领导干部学习党内法规的需求，以需求为导向，服务于关键少数。

二是新闻舆论工作者。《中国共产党章程》规定："党的各级组织的报刊和其他宣传工具，必须宣传党的路线、方针、政策和决议。"党内法规是党在长期进行的伟大斗争中形成的政策经验的总结和升华，是法定化的党的政策。党内法规的直接价值则是党的主张的体现。党内法规价值的最终实现要求全体党员和各级党组织按照党规要求进行活动。新闻舆论工作者认真学习党内法规，在宣传工作中守纪律、作表率，能够更好把党内法规的要求传达到社会中去，促进党内法规的最终实现。党内法规文献出版，应随时关注新闻舆论工作者学习党内法规的需求，为新闻舆论工作者宣传党内法规做好服务。

三是教师。党内法规教学和研究人才培养是深化依法治国实践的重要组成部分，教师是培养党内法规教学和研究人才的第一责任人。推进党内法规在全社会范围内实现，必须抓住教育这个党内法规人才培养的关键环节，必须抓住教师这个党规理念的主要传播者。通过开展系统、深入、持续的党内法规建设实践和党内法治理论研究教育宣传，坚定教师的理想信念，让他们成为党内法治理论的坚定信仰者、积极传播者、模范实践者，保证党内法规人才培养阵地的正确政治方向。党内法规文献出版，应随时关注教育工作者学习党内法规的需求，为教育工作者传授党内法规理论知识和实践知识做好服务。

四是青少年。习近平总书记指出："青年兴则国家兴，青年强则国家强。青年一代有理想、有本领、有担当，国家就有前途，民族就有希望。"

以党章为统领的党内法规，不但是党员和各级党组织进行活动以及行动的规范尺度，而且反映着中国共产党全心全意为人民服务的宗旨，在现阶段，更是反映着中国共产党为实现中华民族伟大复兴而担负之光荣使命。广大青少年是社会主义现代化的建设者和接班人，加强青少年党内法规教育，使广大青少年学生从小树立远大理想，积极追求进步，自觉加入党组织并严格遵守党内法规要求，是党内法规文献出版的历史使命。党内法规文献出版应时时关注青少年学习党内法规的需求，为青少年积极追求进步创造条件。

## 四、推动党内法规文献出版的高质量发展

出版党内法规文献，服务立德树人实践需要党内法规文献出版的高质量发展。党内法规文献出版的高质量发展要求有关出版机构精心布局，认真实施，以高度的责任感、使命感和高超的编辑出版本领完成党内法规文献的出版工作。

一是在思想上要高度重视。2021 年 12 月，第二届全国党内法规工作会议确定了“习近平总书记关于依规治党的重要论述”的概念。指出，习近平总书记关于依规治党的重要论述由“十个必须”构成。包括“坚持把依规治党摆在事关党长期执政和国家长治久安的战略位置，坚持完善‘两个维护’制度保障，坚持把党章作为管党治党总依据，坚持贯彻民主集中制，坚持围绕党和国家工作大局推进党内法规制度建设，坚持高质量构建党内法规体系，坚持执规必严、违规必究，坚持思想建党和制度治党同向发力，坚持依法治国和依规治党有机统一，坚持抓好‘关键少数’尊规学规守规用规”。习近平总书记关于依规治党的重要论述是习近平新时代中国特色社会主义思想的重要组成部分，因此也必然是学习贯彻习近平新时代中国特色社会主义思想主题教育的主要内容。出版党内法规文献，把“习近平关于依规治党的重要论述”指导的实践成果展示给全党，能促

进全党尊规学规守规用规。同时，党内法规文献的公开出版，也能使社会公众了解党的主张以及党员和各级党组织的权利和义务。广大群众既能监督党员和党组织尊学守用党内法规，自身也能学习党内法规，并由此更好地遵守社会公德和国家法律。

二要精心组织实施。首先，出版党内法规文献，既要通俗易懂，又要体现专业性；既要体现出版的专业性，也要体现党内法规的专业性。因此需要培养一批专门研究党内法规出版的通识性专业性人才。其次，党内法规出版既有时效性，又有资料性。数量的繁多和党规制定的频繁致使编辑个人难以完成党规的出版任务，因此党内法规文献出版需要集体合作。有条件的出版单位可以成立单独的党内法规编辑室，没条件的出版单位可以组织党内法规文献出版小组或者项目组，以集体为单位才能满足多样化的党内法规文献出版要求。最后，由于党内法规学科是整合了多学科资源产生的交叉学科，党内法规学科在产生初期也有其他学科的影响。党史党建、政治学、法学等对党内法规学科的影响较为重要。因此，在编辑党内法规文献时，也要加强与上述学科的学者以及编辑深度合作。汲取其他各个学科的精华，保证党内法规文献出版的精确性、科学性和人民性。

三要深入挖掘选题。中国建设的文化，是中华优秀传统文化在中国的继续和发展；中国共产党的发展史，就是马克思主义与中国革命的具体实践相结合的发展史。中国共产党党内法规也必然是马克思主义与中国具体实践相结合、马克思主义与中国传统文化相结合的产物。因此，要以“两个结合”为指导，深入挖掘有关党内法规的选题，组织出版一批经典党内法规文献，用以服务人民，启迪公众。首先是出版解读相关党内法规立规背景的文献。党内法规的产生，既是实践的要求，更是党内法规理论逐渐发展的结果。解读党内法规立规背景，可以了解党内法规的价值与传承。其次是出版党内法规规范文本文献。党内法规规范文本，是全体党员学习党内法规的基本工具，也是全国人民认识党内法规的基本渠道。认真细致出版党内法规文本，能够促进文本的标准化，为全体党员提供规范的行为指南。再次是出版党内法规权威解读文献。党内法规权威解读是通过对党内法规条文、概念、术语的说明，揭示其中所表达的立规者的意志和党内法规的精神，进一步明确党规的权利和义务或补充现行党内法规不足的一种党内法规有权解释活动。通过党内法规权威解读，便于党员进一步明确自己的权利和义务，更好地行使权利和承担义务，便于党内法规执行机关执行和适用党内法规。最后是出版党内法规教学和研究文献。“党内法规学是党内法规实践长期发展和党内法规研究不断深化的结果”。党内法规理论是中国共产党在实践创新基础上的理论创新，因此更需要科学认识其产生、发展和变迁规律，认识其历史价值、现实价值和未来价值。党内法规的研究以及教学就承载着这样重要的历史使命。出版党内法规的教学和研究文献为党内法规研究的持续推进创造条件。

四要优化出版流程。出版是一个动态的过程。党内法规文献出版不仅需要高质量，而且具有时效性，因此需要优化流程，增加出版效率。在流程中减少不必要的环节、合并必要的工作以及合理重置出版程序都是优化党内法规文献出版流程的重要措施。

综上所述，出版党内法规文献，能够统一思想、凝聚力量，能够使党员明晰行为规范尺度，能够弘扬社会主义核心价值观，能够促进政德建设。党内法规文献包括党章及其学习资料文献、党的组织法规文献、党的领导法规文献、党的自身建设法规文献、党的监督保障法规文献。出版党内法规文献的读者重点应包括关键少数、新闻舆论工作者、教师和青少年。在出版过程中要思想上高度重视，精心组织实施，以“两个结合”为指导深入挖掘选题，优化出版流程。出版业要适应党内法规实践不断发展和理论不断创新的需要，适应全体党员和广大人民群众学习以及运用党内法规的需要，出版党内法规文献，服务立德树人实践。

（作者单位：人民出版社）

# 人工智能时代出版专业继续教育如何助力学术期刊编辑能力提升

张天舒

所谓人工智能（Artificial Intelligence，AI）是指让机器模拟、表现和执行人类智能任务的一种技术和科学领域。它涉及设计、开发和使用具有智能行为的计算机系统，使其能够像人类一样感知、理解、学习、推理、决策和交流。随着大数据、自动化技术和智能机器人的普及和广泛应用、机器学习技术的突破发展，尽管越来越多有关人工智能的伦理和政策问题引发人们的关注和讨论，但如今人工智能无疑已经深入到人们的社会生活中，并对人们的行为和决策产生了广泛的影响。

人工智能时代对学术期刊编辑的影响包括积极和消极两个方面。从积极方面看，人工智能的应用使得出版过程更加高效、快速和自动化。例如，自动排版软件可以帮助出版人员更快地完成页面设计；智能编辑工具可以自动检查文稿中的语法和拼写错误；机器翻译技术可以提供快速且准确的翻译服务。这些技术的应用能够极大地节省人力和时间成本，提高出版效率。从消极方面看，人工智能技术也对一部分学术期刊编辑的工作带来了威胁。例如，在某些领域，自然语言处理和机器学习已经能够撰写一些简单的新闻报道和报道总结；智能算法也能够实现自动化的数据整理和分析。这些技术的发展可能会导致某些传统的编辑和排版工作被替代，需要学术期刊编辑转变其工作范围或学习新的技能。

因此，完善人工智能时代学术期刊编辑继续教育体系，应对人工智能时代对学术期刊编辑的消极影响十分重要。当前继续教育体系中存在一些缺陷和挑战，如继续教育课程和内容与实际职业需求不完全匹配、课程设置和培训计划不够灵活和缺乏个性化、培训内容更新速度较慢、部分继续教育课程缺乏深度和实践性、培训评估和认证机制不完善等问题。如何优化完善学术期刊编辑继续教育体系？有哪些重点难点？学术期刊编辑应对人工智能对其职业发展的冲击和影响应提升哪方面知识和技能？都是值得出版行业深入研究、思考和讨论的问题。

## 一、从传统出版、数字出版、融媒体出版到智慧出版不同时代出版业对期刊编辑能力要求的变化

出版技术的创新是在全球化、信息化的背景下，以光电技术、数字技术逐步取代模拟技术，引导出版业告别“铅与火”，走过“光与电”，迈向“0 与 1”。近些年蓬勃发展的融媒体出版和智慧出版亦是在数字出版基础上对数字出版的发展和深化，前者是将传统出版和数字出版相结合，利用不同媒介进行内容的发布和传播，后者是利用大数据、人工智能等前沿技术进行内容创作、编辑、制作、分发和推广的一种新型出版方式。人工智能时代的智慧出版依靠信息技术提供个性化服务、多元化内容展示和智能化管理，提高用户体验和作品的传播效果。

媒介和技术的发展，将出版业带入以智能化、个性化、高效化和创新

化为核心特点的智慧出版时代。随着时代变迁，出版行业对期刊编辑从业人员能力要求也相应发生变化，在此总结如下。

传统出版阶段期刊编辑主要的工作任务是编辑和校对文字，确保文章质量和准确性，因此要求编辑具备文字编辑能力、学科知识储备，同时要求期刊编辑了解出版流程，协调作者、审稿人和编辑团队之间的沟通和合作，保证期刊的正常运行。

数字出版阶段要求期刊编辑具备数字技术应用能力，即掌握数字出版工具和平台，能够对文章进行数字化处理和编辑，包括排版、插图、超链接等。具备网络出版理念，了解网络出版的特点和趋势，关注新兴的数字出版模式和内容传播方式，积极将期刊内容推广到网络平台上。

融媒体出版阶段对期刊编辑要求更加多元化，期刊编辑需要具备多媒体编辑能力，熟悉多种媒体形式，包括文字、图片、音频、视频等，能够进行多媒体内容的编辑和制作。了解传播学基础知识，即使是学术期刊的学术编辑也需要善于挖掘其中适合融媒体传播的亮点，以增强学术传播的深度和广度，增强期刊影响力。

智慧出版阶段对期刊编辑的要求更为综合和前沿，需要期刊编辑具备数据分析能力，懂得利用大数据和人工智能技术分析读者需求和行为，了解热门话题和趋势，有针对性地进行期刊内容选题策划和市场推广。还需要期刊编辑具备创新思维和创新能力以及跨界合作能力，能够跟随时代发展，不断尝试新的内容创作方式和出版模式，在力求创新过程中能主动寻求跨界合作，与其他学科领域的专家合作，推动学科交叉和学术创新。

需要指出的是，不同时代出版业对期刊编辑能力的要求是累加的，即前一阶段的能力要求不会因媒介和技术的改变以及出版业发展进入新阶段而降低或被取代。相反，期刊编辑要想不断适应时代发展，必须在职业生涯中不断学习进取，不断突破自我，接触新观念、培养新思维、了解新技术、掌握新技能，将自己的能力在深度和广度两个方向上拓展的同时，还要向成为交叉复合型的“多面手”方向实现自我成长。

## 二、识别人工智能时代期刊编辑能力矩阵

从出版流程上看，无论是智慧出版还是传统出版其工作环节都可以用“选题策划—集稿—审稿—定稿—排版—编校—印刷—装订—发行”来概括。而不同的是，具体操作时使用的技术和工具不同。例如，在选题策划、集稿和审定环节，编辑可以运用内容管理系统（Joomla、Drupal 等）和学术管理工具（Scholar One Manuscripts、Open Journal Systems 等）搭建期刊网站、组织学术社区、跟踪和管理审稿人员的意见、记录评审结果，形成平台式集成管理；Adobe InDesign、QuarkXPress 等排版和设计工具可以大大提高排版效率，利用 Google Analytics、Hootsuite 实现出版物传播、数据检测和媒体管理，上述这些工具和软件都是以数据分析和挖掘作为其底层逻辑和基本原理，期刊编辑应了解全流程工作中不断出现的新工具，在必要时实现落地应用。然而，伴随新工具和新的生产方式会产生相应的弊端和问题，例如目前一些智能出版平台往往缺乏专业性评估或编辑过程，容易使精品作品和优质内容被埋没在大量冗杂的出版物中，作者需要付出额外的努力来提高自己作品的可见性和竞争力，以吸引读者；智能出版平台上的作品可以轻易被复制和传播，容易遭遇盗版和侵权问题；与智能出版平台合作通常需要提供用户个人信息和数据，因此，确保数据安全性、保护隐私和合规性成为重要问题。这方面法律法规在今后会随着人工智能技术各领域应用而越来越完善，学术期刊编辑应及时了解相关法律法规的规定，确保知识更新、工作创新的一切活动始终在合法合规的范围内有序开展。

综上所述，任何时代，政治素养、语言能力、出版知识及本编辑领域专业学科知识和沟通协调能力都是对学术期刊编辑基本的能力要求。而人工智能时代，学术期刊的出版方式和出版流程发生了改变，学术期刊编辑除了要掌握和适应智慧出版的全流程运作及相关工具外，还要以开放多元的视野了解智慧出版的底层逻辑和基本原理、相关法律法规，充分发挥技

术发展所带来的积极作用，通过整合资源、创新内容、媒介融合提升工作效率和期刊品质，服务社会精神文化建设、服务学术发展、服务学者学术研究。

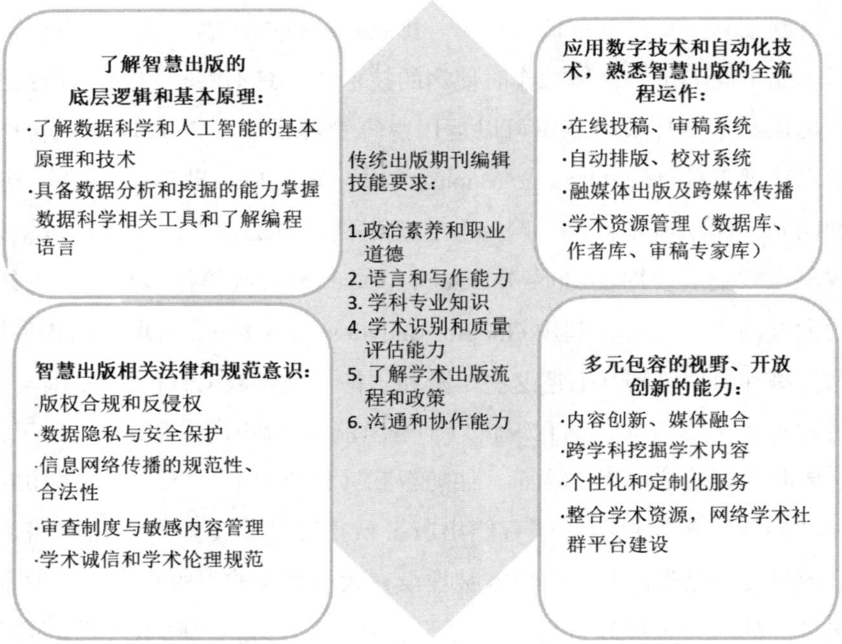

**图 1　人工智能时代学术期刊编辑能力矩阵**

## 三、完善出版专业继续教育培训应有系统性思维、实施流程化管理

梳理出版专业继续教育培训实施体系，可将其总结如图 2 所示，即通过调研明确培训对象的学习需求，基于调研结果开发和设置培训课程并匹配相应师资，授课教师负责具体教学内容准备和教学方法设计并实施，在这个过程中出版专业继续教育培训机构负责为教师提供相应的教学资源和信息支持，跟踪教师教学实施情况，教学实施完成后，培训机构负责学员

管理与服务和教学质量评估等后续工作并整理归档。

### （一）以需求调研为基础

当前出版专业继续教育培训存在培训机构间内容同质化严重、同一培训机构课程更新慢、重复率高的问题。培训内容大多停留在传统出版时代，例如大数课程包括出版物政治导向问题；出版物编校质量差错判定；量、单位、数字、图表、标点、拼音、语言文字、文献著录的规范，会有一些课程涉及版权保护、数字出版、媒体融合问题，但是能讲深、讲透，可实操、实用的课程极少。

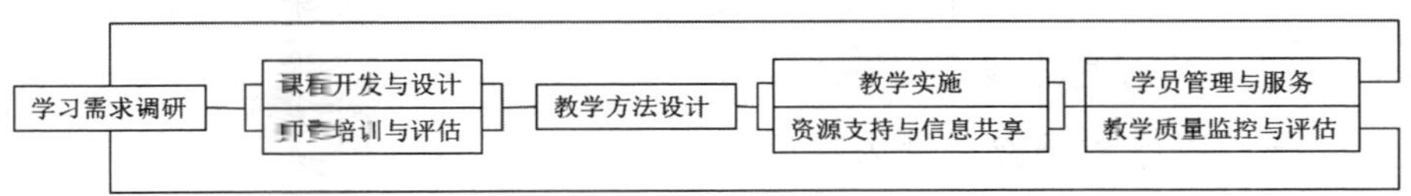


**图 2　出版专业继续教育培训实施过程图**

因此，出版专业继续教育体系应以需求调研为出发点，开展哪些课程？匹配什么样的师资？以及后续的教学方法设计和实施等都应以需求调研为基础，提供一线出版编辑人员切实需要的课程，提供对他们改善和提升本职工作真正有帮助和启发的内容。正如前文所述，出版专业继续教育管理机构和培训提供机构应不断更新出版专业技术人员能力矩阵，使所提供的课程符合新时代行业发展需要，助力出版专业技术人员的工作实践和职业发展。

### （二）以培训机构管理和师资选择为重点

目前，出版专业继续教育存在培训机构水平参差不齐、培训费高、考核不严、市场混乱的情况。培训机构作为继续教育培训的组织和实施者，授课教师作为培训内容的传授者，两者在出版专业继续教育价格体系中占有至关重要的地位，是人、财、物、信息各种资源中，对人力资源管理水平要求最高的环节。

因为出版主管部门对从业人员每年参加继续及教育培训学时有明确要求，我国出版行业从业人员众多，培训机构相对从业人员数量和培训需求量来说市场竞争并不充分。现实中不乏从业人员为满足学时要求，只要时间合理，忽视培训内容选择培训机构的情况。所以出版专业继续教育培训机构很难通过完全的市场竞争实现优胜劣汰，这就需要出版主管部门重视培训机构的监管，创建和维护有序的市场环境，可通过问卷调查或社交媒体数据生成分析等方法，掌握培训机构运营及培训实施的实效，培育和发展那些锐意创新、培训效果好、口碑好的培训机构，淘汰课程陈旧、培训效果差、竞争力弱的培训机构，形成如经济学理论中“良币驱逐劣币”的市场环境。而优质的师资是培训机构的重要资源和核心竞争力，培训机构想要在培训市场占有一席之地，就会努力开发优质师资，继续教育体系中师资建设便会随之变成水到渠成的事。

**（三）以课程开发设计为核心**

课程提供是培训机构的核心产品，也体现出培训机构的核心竞争力。但出版行业发展较快，新技术、新方法和新趋势不断涌现。目前我国出版行业继续教育培训市场上部分培训机构的课程设置无法及时跟上行业的最新发展，缺乏更新及时性。另外，出版专业具有很强的实践性，需要掌握实际操作技能和工作流程。目前，一些课程设置缺乏足够的实践实训机会，导致学员无法真正掌握实际工作所需的技能和经验。继续教育培训在课程开发设计过程中注重实践教学环节，提供实际案例分析、模拟操作和实地考察等机会，让学员能够在实践中学以致用。

从出版专业继续教育培训实施的全过程来看（如上图），培训机构应以课程开发设计为核心，着力打造满足学员需求的好的课程产品。首先要针对培训对象和前期需求调研确定培训目标，然后根据培训目标和需求分析结果，制定详细的课程大纲，包括课程名称、课程目标、教学内容、教学方法、评估方式等。大纲应该覆盖出版专业的各个领域和技能。接下来根据课程大纲，设计具体的教学活动和教材，包括案例分析、小组讨论、实践操作、实地考察、在线学习资源等。然后根据课程设置的需求和教学内容，选择具有丰富从业经验和教学能力的教师。教师应该对行业发展趋势和最新技术有较深入的了解，并能够将实际经验与理论知识结合起来。

确保教学质量是培训的核心任务。设置评估和反馈机制，对学员的学习表现进行评价和反馈，并及时调整教学方法和内容，可以进行课程评估、学员满意度调查、学习成果评估等。另外需要强调的是，出版行业处于快速变革的时期，教学内容和方法也需要不断更新和改进。培训机构应与行业机构、企业以及相关研究机构保持密切合作，关注行业最新趋势和技术应用，及时调整课程设置，提供最前沿的知识和技能。上述一系列工作，应围绕“设置满足需求的课程”这一目标来展开。

**（四）加强学员管理与服务**

当前出版专业继续教育培训在学员管理与服务方面存在学员信息管理不完善、学员评估与指导不充分、学员交流和互动不畅、培训结束后的跟踪服务不足、学员反馈机制不畅通等问题。

完善的学员信息管理系统能帮助培训机构了解学员的背景、学习目标和培训需求，增强培训课程的针对性。有效的学员评估和指导机制可以帮助培训机构结合学员的实际情况，制定有针对性的学习计划和指导方案，由此延伸发展出个性化培训服务。培训机构可以通过线上论坛、学员互助小组等方式，提供学员之间交流互动的平台，共享和交流学习经验，增强学习热情和学习效果。培训机构应该建立学员跟踪服务机制，向学员提供培训结束后的咨询服务，帮助他们更好地将所学应用到实践中。良好的学员反馈机制对培训机构改进课程和提升教学质量非常重要。培训机构应设立有效的反馈渠道，鼓励学员提供宝贵的意见和建议，并及时采取措施进行改进。

总之，针对上述问题，培训机构可以加强学员信息管理，建立学员评估和指导机制，提供学员交流和互动的平台，加强培训结束后的跟踪服务，建立学员反馈渠道，并根据反馈结果进行及时改进。如此来提高学员满意度，增强培训的有效性和实用性，更好地满足学员的需求并帮助其职业发展。

**（五）形成策划—实施—监督—改进的管理闭环**

所谓“策划—实施—监督—改进的管理闭环”是一种过程管理方法和

一种系统思维方法。在培训策划阶段明确培训目标、学员需求、课程设置、教学方法以及评估方式、行业发展趋势和需求变化，并结合学员的背景和实际需求进行定制化的设计。在培训实施阶段，需要按照预先制订的培训计划有序进行教学活动和学习指导。通过运用多种教学方法、丰富的教学资源，提供实践实训机会和互动交流平台，使学员能够全面接受培训内容，并积极参与学习。监督阶段指在培训过程中，需要建立有效的监督机制，对教学质量、学员表现等进行监测和评估。可以采用教学观摩、课堂观察、学员反馈调查等方法，了解培训效果和学员满意度，及时发现问题并采取相应措施加以改进。最后基于监督阶段的评估结果和反馈意见，进行必要的改进和调整。可以对教学内容、教学方法、教师资源等方面进行优化和改进，以提高培训质量和满足学员需求。改进阶段应持续进行，并与策划阶段形成循环反馈，不断优化培训计划和提升培训效果。

通过上述“策划—实施—监督—改进”的管理闭环，可以确保出版专业继续教育培训的持续发展和质量提升。这需要培训机构建立完善的管理体系和流程，设立定期的评估和改进机制，重视学员的反馈和意见，并持续关注行业变化和需求变动。同时，培训机构需要与专家、企业、学术机构等进行密切合作，共同推动培训的改革与创新，以满足行业人才培养的需求。

（作者单位：吉林大学东北亚学院《现代日本经济》编辑部）

# 人力资本视角下出版企业编辑继续教育体系探析

李蕴瑾

出版行业具有智力密集、人才密集、知识密集的多重特性。在知识经济时代，不断加强出版从业人员在职培训，提升人力资本存量，是出版企业保持竞争力的关键。编辑继续教育是出版从业人员在职培训的重要手段，构建并完善科学合理的继续教育内容和体系，无论是对出版从业人员，还是对出版公司，都具有相当重要的价值和意义。

## 一、人力资本与编辑继续教育

第二次世界大战后，日本经济受到重创，百废待兴。各国经济学家均认为，作为典型的资源匮乏型国家，日本经济如果想恢复到战争前水平，至少需要几十年的时间。出人意料的是，日本不仅只用十几年时间便恢复民生，而且其经济总量迅猛发展，在 20 世纪 60 年代跃居世界第二位，这一现象引起经济学界的广泛关注。根据英国古典政治经济学家亚当 · 斯密的分配理论，社会经济的增长主要体现在三个部分：工资、利润和地租。其中，工资体现劳动者通过劳动创造的劳动价值，利润体现资本的服务价值，地租为土地等物质创造的价值。在将分配理论用于分析日本经济发展时，人们发现，当时日本国民收入的增长速度已经远远超过了资本和土地的增速，必然有其他因素促进经济的发展。人力资本由此走进人们的视野。

1960 年，诺贝尔经济学奖得主、美国经济学家西奥多 · W. 舒尔茨在《人力资本投资》一文中首次提出“人力资本”概念，将其概述为劳动者具有的健康、知识、技能等素质所形成的资本。具体来说，他将人力资本分解为五个部分：医疗健康、在职培训、正规教育、成人教育和劳动迁移。其中，教育是人力资本占比最大的部分。与舒尔茨将人力资本视为人的内在固有属性不同，贝克尔将人力资本视为一种投资，认为个体可以通过对健康、教育、技术等方面进行投资来形成资本，获取利益。在这一概念下，人力资本是一种以获取预期收益为目的的投资行为，具有了一定的产权属性。进一步地，通过定量研究，舒尔茨（1961）测定，教育对经济增长的贡献率高达 33%。

人力资本概念进入中国后，在诸多行业中引起广泛关注和应用，出版行业也不例外。江苏凤凰科学技术出版社基于人力资本理论和出版社长、中、短期目标，对社内人员进行分层，通过对管理层和策划编辑等核心岗位实行针对性激励制度激活企业人力资本，通过岗前培训、在职培训、选派领军人才和骨干人员接受脱产正规教育等方式实现人力资本的保值增值（丁鹏，2010）。人力资本存量优势的构建，是人力资本数量优势和质量优势联合作用的结果。译林出版社从人力资本的质和量出发，以人岗匹配为切入点，一方面重新设计设岗选人用人机制，参与员工职业生涯规划，打通员工上升通道；另一方面积极完善培训机制，针对编辑、美编、中层干部、青年人才等不同员工群组开设针对性培训，切实提升员工业务水平和综合素养，同时落实配套的考核激励机制，使人力资本成为推进企业发展的源动力（沈捷，2017）。

可见，人力资本理论对企业进行人力资源制度构建和优化具有重要的指导作用，岗位培训、脱产学习、岗前培训等继续教育学习机制对构建企业人才存量优势起到不可忽视的作用，薪酬体系改革、激励制度建设等配套机制保障了继续教育机制的长期健康运转，三者相辅相成、缺一不可。如何针对企业自身特色，建设企业适配的编辑继续教育体系，培育企业独有的人力资本优势，是每个出版从业企业都应予以思考的问题。

## 二、基于人力资本的编辑继续教育体系构建

诸多对编辑继续教育现状的研究都指出，当前的编辑继续教育普遍存在培训观念陈旧、培训模式单一、培训重视度和参与度不够、培训效果较差、培训机制不完善等问题（张怡，2022；夏国强和赵玉山，2021；田雪平，2018）。因此，在进行编辑继续教育体系构建和改进时，有必要对目前普遍存在的问题进行重点关注和分析解决，具体可从以下几个方面入手。

### （一）提升员工参与度和满意度

员工个体是培训工作的受众和对象，员工参与和满意是评价培训效果的重要指标。不同层级、不同工作年限的员工对培训的需求和参与意愿是不同的。研究表明，随着工作年限的增加，员工参与培训的意愿呈倒“U”形，新员工和工作五年内的员工对培训的需求和参与意愿皆较高，工作十年以上的员工对培训的参与度和满意度较低，此外，高技能人才对培训的参与度和满意度也较低，随着员工技能水平的提升，企业在职培训对其人力资本提升所起的作用逐步降低（孙早和侯玉琳，2019）。编辑继续教育工作也有类似现象。除完成国家规定的每年 72 学时累计教育学习外，根据孙昌暇等（2022）的研究，青年编辑（45 周岁及以下）自主参

加培训的频率很低，6.2%的编辑几乎从不参加培训，68.2%的编辑每年仅参加1—2次培训，每年参加5次以上培训的编辑占比不超过4.3%。在参加过培训的编辑中，仅9.0%的编辑感觉“满意”，19.4%的编辑感觉“比较满意”，其他编辑则认为培训存在内容陈旧、实用性不强、时间过长等诸多问题（李玉乐等，2020）。显然，提升员工主动参与编辑培训的积极性和满意度迫在眉睫。解决这一问题，要求出版企业必须立足社会发展和自身实际，转换培训课程提供思路，要将思维从“员工该学什么”向“员工想学什么”上发散，收集员工对培训的需求，解决员工实际工作和技能提升的痛点，让员工感觉学有所用、学有所值，进而提升员工参加培训的意愿。

### （二）完善继续教育内容和方式

人力资本具有鲜明的时代性特征。随着技术变革和时代发展，社会对人力资本的要求也随之改变。出版企业在推进员工继续教育工作时，必须顺应时代发展，结合新手段、新技术、新要求，不断丰富和创新培训的方式、方法，满足员工当下和未来发展的需求。

满足需求是继续教育的基本要求。处在不同职业发展阶段的编辑对培训有不同的需求，以范瑜晛等（2019）对233名编辑的问卷调查研究为例，普通编辑对编辑加工实务和图书成功策划出版案例的需求更多，占比约为60%；编辑部（副）主任除了需要具备基本的文字编辑和图书策划能力外，还必须掌握一定的数字出版和新技术、新领域知识；到（副）主编层级后，相对于具体的技术和产品，则更关注品牌创建经验的交流。需要特别注意的是，出版企业是社会效益和经济效益并重、以社会效益先行的企业，因此，除了关注企业自身和编辑个人的需求，还必须着重关注国家和社会的需求。与时俱进，加强政治意识，以“十四五”规划为指引，以“毒教材”等事件为警戒，守好意识形态安全界限。

创新方式方法是继续教育的必经途径。在新媒体、移动互联网、人工智能等技术越来越成熟的当下，对丰富继续教育形式、实现全媒体融合发展、提升编辑继续教育的效果是极为有利的支撑。全国宣传干部网络培训平台就是一个很好的写照。平台充分利用国家平台的优势和强大师资，以专题形式，从编辑基础知识、出版实务到党政思想、法律法规教育，教学内容既涵盖理论知识又囊括实践案例，为编辑继续教育提供了极大便利。但是，该平台目前的课程也存在一定的缺陷，如：课程内容对实际操作的指导性不强、课程时间无法保证、开课时间集中在下半年与出版企业生产旺季重合、课后习题只能进行即时检验无法测得真实反馈等。为此，江苏凤凰出版传媒集团开设“凤凰大讲堂”，实现地方出版集团与当地出版资源的深度融合；江苏各高校出版社制订实施“江苏省大学出版社联合培训”计划，将高校专业优势纳入企业发展体系；河海大学出版社通过微信、小视频、河海智学等平台，加强与作者、读者的沟通，用作者和读者的建议和意见引导企业发展。

由此可见，好的学习，是由个体发挥其主观能动性，不拘时间、不限空间、不囿对象，且能够形成反馈—改进循环的动态变化过程。在这一过程中，守好政治站位、服务国家发展是底线，统筹多方资源、满足企业和个人发展需求是基础，积极参与、学以致用是检验，要使其持续良性发展，创建个人—组织—社会“三位一体”的制度体系是不可缺失的后盾。

### （三）设计合理的组织机制

人力资本的劳动迁移内涵揭示了人力资本具有明显的溢出效应。人力资本与其他资本的显著区别之一，就是人力资本的主体是人，且人力资本的形成过程很难有确定的产权划分（童勋，2004）。人力资本可以随着个体的流动在组织间流动，尤其是高价值人力资本的跨组织流动，在很多情况下虽然对整个外部环境是正向的，但对原生组织是负向的。因此，企业在增值自身人力资本的同时，必须设计相应的组织机制，以保证这些增加的人力资本能够留在组织中。

畅通职级序列，优化职级体系。出版企业的成员构成不仅指编辑，还包括发行、设计、行政、美编等岗位。调查表明，随着出版从业人员工作年限的增加，员工对自身职业生涯的定位和规划逐步清晰，当职业发展受到阻碍时，员工的积极性会显著下降（王维朗等，2021）。对此，不少出版企业纷纷改革自身职级序列，推行轮岗制度，避免人岗错配，对工作能力突出的员工，支持其脱产深造，不断提升员工职业“天花板”上限。

实行物质激励，优化薪酬体系。目前，虽然出版行业整体已经进入市场竞争环境中，但是，受行业特性和时代因素影响，出版企业内部普遍存在员工“在编”“非编”两种序列，个别出版社内部“同工不同酬”现象突出，再加上，同互联网、人工智能等行业相比，出版行业对人力素质的要求不低于上述行业，但薪酬竞争力却显著偏低，因此，出版行业近年来人才资源流失严重，人力资本存量显著乏力。这些现象在传统出版行业尤为突出。提升员工薪酬水平，留住核心骨干员工，成为摆在诸多出版企业面前的一道难题。为加强市场竞争力和员工收入，河海大学出版社改进绩效制度，鼓励编辑勇于开拓选题、创建品牌，对通过立项的选题，如最终盈利，则编辑可以按照一定比例分成；如产生亏损，则由社财政托底承担。相同做法在之前的实践中已经得到证明（王璠，2006）。

注重精神激励，优化组织环境。赫茨伯格的双因素理论启示我们，仅满足保健因素是不够的，必须满足激励因素，才能达到较为理想的激励效果。换句话说，企业除了要满足员工对物质的基本需求外，还要尽力满足员工对社交、尊重和自我实现的需要。在了解员工人格特质、尊重员工兴趣特长的基础上，组织开展竞赛、论坛、演讲、研讨、头脑风暴等多种形式活动，给员工搭建展示自我风采的舞台，营造学习型组织氛围，激发员工组织公民行为，切实提升企业培训效果和经营绩效。

系统规划是出版企业继续教育机制的运行支撑。只有实现顶层设计和基层实施的执行反馈，才能实现个体与组织的相互成就；只有做到全员积极参与培训学习，才能使编辑继续教育工作常态化、连续化。

## 三、基于人力资本的编辑继续教育体系量化

能否计量是衡量一个体制是否科学的重要指标。人力资本计量一直是

经济和管理学领域的难题，对人力资本计量的研究，从17世纪开始，至今形成了四种较为主流的方法簇（杜萍，2016）。本文主要引入生产函数和人力资本当期价值理论（李世聪，2001、2008），为出版企业人力资本计量提供参考。

柯布—道格拉斯生产函数

$$Q = AL^{\alpha}K^{\beta}$$

式中，$Q$ 为产出，$A$ 为技术水平参数，$L$ 为劳动投入，$K$ 为土地等资本投入。

对函数两边同时取对数，可得

$$\ln Q = \ln A + \alpha \ln L + \beta \ln K$$

假设短期内企业技术参数 $A$ 保持不变，则企业连续两个生产周期的生产函数可表示为

$$\ln Q_1 = \ln A + \alpha \ln L_1 + \beta \ln K_1$$

$$\ln Q_2 = \ln A + \alpha \ln L_2 + \beta \ln K_2$$

代入企业连续两年的投入产出相关数据，求得的 $\alpha$、$\beta$ 即为人力、物力资本在该生产周期内的贡献率。同理，可求出企业后续周期的人力、物力资本贡献率 $\alpha_1$、$\beta_1$，$\alpha_2$、$\beta_2$……对先后多年的数据进行加权平均后，即可得到较为客观的 $\alpha$ 值和 $\beta$ 值。

人力资源总价值

$$V = C + E \times H$$

式中，$V$ 为人力资源总价值；$C$ 为人力资产总成本；$E$ 为企业息税前利息；$H$ 为人力投资占比，$H = L^{\alpha}/(L^{\alpha} + K^{\beta}) = C/Z$，$Z$ 为总资产。

某岗位人力资源价值

$$V_i = C_i + E_i \times H_i \times R_i$$

式中，$i$ 为岗位代码；$R$ 为岗位价值系数，$\sum R_i = 1$。

出版企业可根据自身财务数据和相关业务数据，使用上述方法对企业内部的编辑、发行等人员在进行培训前、接受培训一定时间后的生产效益进行评估，衡量培训带来的经济收益。

上述计算方法还可用来计算未来人力资源总价值和未来某岗位人力资

源价值，所需数据可以做贴现处理，这里不做详述。

尽管诸多理论和实践都证明了培训可以提升企业绩效（王万珺等，2015），但是，企业不可能无限制地进行人力资本投入，根据马双和甘犁（2014）的研究，为了维续经营，人力成本投入每增加 10%，企业对培训的投入经费显著减少 2.3%。也就是说，企业的人力资本形成过程，实质是企业内人力和非人力资本博弈的结果。因此，科学计量人力资本价值，对企业发展战略制定和决策实施有不可或缺的参照意义。

## 四、结语

以往对编辑继续教育体系的研究多集中在宏观层面，研究内容多以企业案例介绍、编辑群体问卷调查为主。本文立足微观企业层面，结合定性案例分析和定量公式测定，对编辑继续教育体系进行探究。但是，由于笔者自身在基层编辑岗位，对相关案例的细节和数据信息获取有一定难度，故未能对案例进行深入的编码研究，总结出共性规律；也未能用实际数据对公式进行稳健性检验。上述问题，可为能获取相关信息的从业人员和研究人员提供研究思路，亦可留待后续进一步深化研究。

（作者单位：南京河海大学出版社有限公司）

# 出版继续教育存在的问题及创办科技出版编辑学院的必要性

常思敏

出版行业是对从业人员知识水平、综合素质要求很高的行业。出版专业技术人员不仅要具备出版专业的理论知识和技能，而且必须具备编辑的相关专业基础知识和技能，甚至必须有很强的科研能力。优秀的出版人才既是出版专业的专家，也是相关专业的专家，更是真才实学、满腹经纶的学者。现在的编辑，尤其是科技类图书编辑，大都需要本科以上学历，大量具有相关专业硕士、博士学位的高素质人才也已经充实到出版行业中来。但是，由于缺乏有效、快速的培养途径，大多数出版理论知识欠缺或不足，短时期内称不上真正的编辑。这些编辑多是靠老编辑的传帮带及自己的悟性和实践积累来丰富出版知识和技能的，成才极其缓慢。同时，出版行业的性质决定了编辑人员工作强度普遍偏大，经济收入和再教育等待遇偏低，尤其在高校的编辑很难受到重视，导致出版行业对高素质人才的吸引力差，人员流动频繁，编辑队伍不稳。新闻出版管理部门于2008年颁布实施的《出版专业技术人员职业资格管理规定》①和2010年颁布的《出版专业技术人员继续教育暂行规定》②（以下简称《暂行规定》），要求出版专业技术人员应按规定参加继续教育培训，其目的是促进出版专业技术人员坚持正确的出版方向，不断增加、补充、拓展业务技能，提高创新水平和专业技术水平，并规定出版专业技术人员每年参加继续教育的时间累计不少于72学时。2020年颁布的《出版专业技术人员继续教育规定》（国新出发〔2020〕18号）③（以下简称《规定》）对学时的要求进一步提高，第十三条规定出版专业技术人员参加继续教育的时间每年累计不少于90学时，且第二十九条规定，出版专业技术人员未按本规定第十一条、十三条规定参加继续教育，无正当理由不参加继续教育或者在学习培训期间违反学习纪律和管理制度的，出版单位可视情给予批评教育、不予报销或者要求退还培训费用等。这些规定的实施收到了一定的效果，一定程度上也提高了部分出版专业技术人员的专业技术水平。但实际操作过程中，出版专业技术人员继续教育还存在一些问题。

## 一、出版专业技术人员继续教育存在的问题

### （一）培训单位问题

《暂行规定》第五条规定，新闻出版总署评估、整合、公布全国继续教育机构。第七条要求出版专业技术人员继续教育的培训单位是省级以上新闻出版行政部门公布的继续教育机构。《规定》第十八条规定，国家新闻出版署、人力资源社会保障部指导加强出版专业技术人员继续教育机构

① 新闻出版总署：《出版专业技术人员职业资格管理规定》，2008年6月1日。

② 新闻出版总署：《出版专业技术人员继续教育暂行规定》，2010年11月25日。

③ 国家新闻出版署、人力资源社会保障部：《出版专业技术人员继续教育规定》，2020年9月24日。

建设，推动构建分工明确、优势互补、布局合理、开放有序的继续教育培训体系。鼓励并引导行业协会、高等院校、科研院所等具备培训条件的社会办学单位参与出版专业技术人员继续教育工作。这就造成出版专业技术人员培训市场中存在单位多、地点多、同等学时收费标准不一等现象。有些人还因为补充学时的需要，参加完一个培训班，像赶场似的接着参加下一个培训班，从而造成了参训单位在人力、财力、时间等方面的负担。

**（二）培训师资问题**

在任何培训教学中，师资都是一个大问题，师资水平的高低决定培训效果。《暂行规定》第五条规定，新闻出版管理部门负责组织全国出版专业技术人员继续教育师资。第十七条规定，从事继续教育的师资队伍，应结构合理、专兼职比例适当，继续教育培训机构应推行教师竞聘上岗并建立、完善师资评价体系。《规定》第二十一条规定，继续教育机构要建立健全符合出版工作特点和出版专业技术人员成长成才规律的师资准入和退出机制。建立完备的继续教育师资库，严把政治关、质量关、纪律关，建设高素质高水平专业化的出版专业技术人员继续教育师资队伍。但是，在实际操作过程中，多是培训单位选聘兼职培训教师，缺乏对出版编辑培训进行统筹规划和研究的专职师资。虽然当前选择的师资绝大多数在出版事业上贡献突出，出版知识和经验丰富，在出版教育和培养出版新人方面作出了重要贡献，但仍然存在着师资选择不对路、师资重复、有些师资水平不高等问题。师资选择不对路表现在文科师资讲授内容不适用于科技编辑，或讲授内容与出版方向关系不大，或虽然讲课人在出版单位任职领导，但其研究领域和授课内容与出版研究和工作关系不大。师资重复主要是不同时期的培训班、不同举办单位的培训班、不同地点的培训班聘用的授课人员相对重复，同一人在不同的培训班和不同时期的培训班讲授同一内容，使受训人员多次学习，难以增加、补充和拓展新的专业知识。有些师资水平不高表现在授课人员缺乏教学经验、不注意更新知识和标准，甚至把自己的观点、理解作为标准和规范进行讲授，没有处理好新老标准、标准与学术探讨的关系。

### （三）培训内容问题

《暂行规定》第六条规定，新闻出版管理部门负责组织开发、推荐、评估适合本地区的继续教育教材。《规定》第十九条规定，国家新闻出版署以适当方式向社会公布承办出版专业技术人员继续教育的机构及其培训范围、教学内容、收费项目和标准等。继续教育机构应当认真组织实施出版专业技术人员继续教育教学计划，根据考核结果如实出具出版专业技术人员参加继续教育证明。但是，现实中还缺乏统一的、广泛认可的培训规划、培训大纲和编辑学培训教材，这就造成培训内容存在培训内容重复、培训的课程有待提高等问题。具体表现在培训内容由培训单位确定；培训教材为讲课人的课件；不同年份和不同培训班的培训内容大同小异；同一培训班中不同讲授人有时也出现内容相对重复；讲授的内容多是工作的经验总结或新老标准的对比等技术性问题，缺乏对出版编辑理论知识的讲授；内容空乏，或短学时内讲授大量出版方面的差错例析，难以对出版编辑学中某一方面或方向的知识和技术讲深、讲透。因此，当前的出版继续教育培训缺乏高水平的授课内容，客观上造成低质量重复培训、培训质量良莠不齐等现象。

### （四）培训对象问题

《出版专业技术人员职业资格管理规定》第七条和《暂行规定》第五条都规定，出版专业技术人员应按规定参加继续教育培训。《规定》第五条规定，出版专业技术人员享有参加继续教育的权利和接受继续教育的义务。第六条规定，出版专业技术人员应当自从事出版工作的下一年度开始参加继续教育。这里的出版专业技术人员包含着刚参加工作、尚缺乏出版专业知识和技术的人员及参加多年工作、具备丰富出版专业知识和技术的人员；包含着初级、中级、副高级和正高级出版职称的人员；包含着出版行业从事管理、技术、经营、印刷的人员；包含着从事文科编辑和理科编辑工作的人员等，类型多样。这些不同类型、不同层次、不同出版工作方向的人员，因工作积累不同、知识层次结构不同、工作对象不同，对培训内容的要求不同，但是当前的培训对此方面的照顾不周。同一培训班和不同培训班的讲授内容不分知识和能力层次，不分老中青出版专业技术人员，有的培训班更是不分出版编辑的文理科。培训内容时常无难易或学科之分，培训对象无层次之分，客观上造成培训的针对性差、培训质量满意度欠佳等问题。

## 二、创办科技出版编辑学院的必要性

### （一）科技出版编辑学历教育的缺失

当前，我国出版教育涉及的办学层次有职业教育、专科教育、本科教育、第二学位教育、专业硕士学位研究生教育、学术硕士研究生教育和博士学位研究生教育 7 个层次。截至 2015 年底，全国高校编辑出版学专业建设点为 82 个，刚刚设立的数字出版专业建设点已达到 13 个。新闻传播学一级学科中，全国具有“博士授权”的高校达 17 所，其中有 6 所高校设有编辑出版学博士研究生培养方向。到 2016 年 7 月，大约有 505 所高职院校开设了 754 个出版及相近专业。① 以上数据似乎说明当前我国不缺少出版编辑方面的人才培养教学单位和机构。但是，这些教学单位和机构的培养方向为学历教育，并没有承担出版专业技术人员的继续教育任务。况且，如今的编辑出版学教育与出版业界的现实需求相对脱节。当前编辑出版学专业太宽泛，缺少相关学科背景，缺乏专业实践性，行业认可度较低，出版界更愿意选择既有编辑学科背景知识又有相关专业知识的复合型人才，②③ 而且，编辑学专业目前属于社会科学范畴，出版编辑学的教材编写和人才培养多偏重于文科性质。虽然清华大学当前开设有科技编辑专业，④ 但科技

① 参见张文红：《关于我国出版教育历史与未来发展的思考》，《出版广角》2018 年第 2 期。

② 参见肖超、张志强：《近五年来出版教育研究述评》，《出版科学》2010 年第 5 期。

③ 参见刘雪、张勇：《我国编辑出版学专业的发展及展望》，《出版发行研究》2017 年第 4 期。

④ 参见张文红：《关于我国出版教育历史与未来发展的思考》，《出版广角》2018 年第 2 期。

类书刊出版编辑方面的培养和培训机构、教材和模式还相当缺乏。书刊有社会科学和科学技术等类别的划分，出版编辑的知识结构也有文理差异。从事不同类别书刊出版编辑工作的人员其知识结构、培训历史及内容、个人的思维特点等都有所不同，若用同一知识体系和培养模式培养和培训科技出版编辑人才不符合现实需要，也与实际工作的要求不符，培养、培训效果也会大打折扣。[①] 当前，科技出版专业技术人员作为出版专业技术人员的重要组成部分，承担着科技方面的图书、期刊、音像制品及电子出版物、数字出版产品、网络出版物等出版和传播的历史使命。面对科技出版编辑方面大量的人才培养和培训需求，最好的措施就是创办全国性或地方性的科技出版编辑学院。

### （二）科技出版专业技术人员继续教育现实的需求

出版专业技术人员继续教育中种种问题的存在是缺少稳定的培训机构，缺乏长短期的培训规划和分层次的培训教材，缺乏稳定和高水平的师资队伍等。这是造成当前科技出版继续教育培训质量不高、科技出版专业技术人员难以快速适应出版工作需要和成才缓慢的重要原因。这些原因严重制约着出版编辑学科向全面和纵深发展，难以进一步提高科技出版产品质量，难以培养出高水平的出版专业人才。

随着出版业竞争程度的提高，我国科技出版业对出版人才的需求越来越迫切，对人才的数量和质量都有了更高的要求。[②] 一方面要求大量的复合型高水平出版人才，另一方面出版继续教育要按《规定》进行。要培训和提高大量科技出版专业技术人员的专业素质，提高我国的科技出版质量，创办全国性或地方性的科技出版编辑学院成为现实需求。

### （三）科技出版编辑学发展的必然结果

时至今日，出版行业内外仍然存在着“编辑无学”的观念，但是，经过出版界长期和大量的实践和深入研究，出版编辑学已经完成从“无学”

---

① 参见陈浮：《出版职业资格考试与编辑培训工作刍议》，《现代财经》2007 年第 6 期。

② 参见张文红：《关于我国出版教育历史与未来发展的思考》，《出版广角》2018 年第 2 期。

到“有学”的根本性转变。出版编辑学理论基础——选择与优化理论[①]已成为共识，科技出版编辑学知识和技术日益丰富和成熟，出版编辑学科思想体系也日趋成熟，科技出版编辑学研究方兴未艾，高水平的科技出版编辑学论文和论著陆续出版。这些方面都为构建切实可行的科技出版编辑学科体系和提供优质的科技出版编辑学教材提供了保证，进而为创办科技出版编辑学院、培养高水平的科技出版人才打下了坚实基础。

## 三、结语

要解决当前出版专业技术人员，尤其是科技出版专业技术人员的继续教育培训中存在的种种问题，创办科技出版编辑学院是解决问题的根本途径。创办的科技出版编辑学院通过构建科学的科技出版编辑学科体系和培养模式，将复合型、应用型、创新型出版人才作为培养目标的核心内容，把开展继续教育、职业教育、学历教育作为办学目标，把培训、培养科技类的出版管理、出版技术和出版经营方面人才作为办学特色。这就要求科技出版学院与科技教育和科技出版产业及相应的管理部门紧密配合，开展多层次、全方位的合作、联合办学。可通过开门办学，采取“走出去、请进来”“业界专家进课堂”“建立校外实习基地”等多种方式，建构产、学、研一体化的科技出版人才培养体系。[②]也可与国内其他高校联合办学，充分发挥其他高校中在出版编辑学研究方面有深入研究的高水平人才优势，聘任他们为专职或兼职教师，言传身教，开展在职培训，或双学位、硕士、博士等学历教育，分层次、分阶段培养既有深厚相关专业知识基础，又有深厚出版专业知识和技能的高素质、综合性科技出版管理、技术和经营方面的高素质人才，以适应和满足科技出版业的工作和发展需要，进而

① 参见邵益文、周蔚华:《普通编辑学》，中国人民大学出版社 2011 年版。

② 参见张文红:《关于我国出版教育历史与未来发展的思考》，《出版广角》2018 年第 2 期。

完善科技出版人才培养体系，以便更快速地提高科技出版人才质量和科技出版产品质量。

当然，基于当前科技编辑出版的人才现实需求和培训中存在的问题，以上内容只是对创办科技编辑出版学院提出的初步设想。至于创办科技出版编辑学院的宗旨、科技编辑出版专业的设置、课程体系建设等需要深入思考、调研和可行性分析。

（作者单位：河南农业大学学报编辑部）

# 新时代复合型出版人才培养探究：基于继续教育培养实践视角

屈明颖

人才是建设社会主义现代化强国的第一资源。习近平总书记指出，“当前，人才资源作为经济社会发展第一资源的特征和作用更加明显，人才竞争已经成为综合国力竞争的核心”。党的二十大报告中特别强调指出：“深入实施人才强国战略”“加快建设国家战略人才力量”“营造人人皆可成才、人人尽展其才的良好环境，努力培养数以亿计的高素质劳动者和技术技能人才”。繁荣发展社会主义出版业，队伍是关键。党的十八大以来，出版业人才队伍建设取得了重大成就，人才结构更为优化，复合型、专业型、数字化、国际化人才紧缺的局面有所改善。

作为持续提高个人专业素质和职业技能的一种在职教育形式，继续教育在我国已成为为人民提供全面教育、不断提高整体素质的一种民生政策，成为我国走向世界强国的战略手段。当下，出版业进入高质量发展阶段，人才是基本保障。《出版业“十四五”时期发展规划》中特别提出要“加强创新型、应用型、复合型人才培养”，“建设新时代出版人才矩阵”。出版专业技术人员继续教育是建设高素质专业化出版专业人才队伍的基础性战略性工作，将为推动出版业持续繁荣发展提供源源不断的人才支撑和智力支持。

## 一、出版从业人员继续教育政策的演进与历程

出版专业技术人员享有参加继续教育的权利和接受继续教育的义务。对出版业而言，继续教育是近二十年逐渐走向规范化和长效化的。从 2002 年 6 月 3 日新闻出版总署《出版专业技术人员职业资格管理暂行规定》开始颁布起，标志着我国出版专业技术从业人员管理走向规范化的进程。明确提出从业人员参加继续教育则是由来于 2008 年 6 月 1 日起施行的《出版专业技术人员职业资格管理规定》（以下简称《管理规定》），《管理规定》第七条规定出版专业技术人员应按照规定参加继续教育。2010 年 11 月 25 日，为进一步加强出版专业技术人员继续教育管理工作，国家新闻出版总署发布了《出版专业技术人员继续教育暂行规定》（以下简称《暂行规定》），为继续教育取得实效提供了政策保障。在接下来的政策层面也相继对继续教育提出要求，例如 2011 年《新闻出版业“十二五”时期发展规划》中要求“建立多种形式的人才培训机制”，2016 年《新闻出版广播影视“十三五”发展规划》中要求“提高培训的针对性和实效性”“分类组织开展行业急需紧缺人才和专业技术人才继续教育”。《管理规定》和《暂行规定》颁布以来，我国出版专业技术人员继续教育培训渐渐规范化，作用凸显，基本形成了一套在岗培训各级各类人才的有效机制。

为适应对出版业高质量发展的新要求，2021 年，国家新闻出版署和人力资源社会保障部联合发布并施行了《出版专业技术人员继续教育规

定》（以下简称《新规定》），《新规定》将继承性与创新性有机统一、将统筹兼顾与突出重点有机结合，从管理体制、内容与形式、学时管理、继续教育机构、考核与监督等方面对出版专业技术人员继续教育进行了详细规定。《新规定》明确出版专业技术人员继续教育的公需科目包括“出版专业技术人员应当普遍掌握的政治理论、法律法规、职业道德等基本知识”；细化了可以选择参加继续教育的形式和学时的计算标准，将学时由之前的72学时提高到90学时，其中，专业科目不少于总学时的三分之二；明晰了继续教育机构的职责；等等。至此，规范化的出版专业技术人员继续教育的长效机制已经形成。

## 二、出版人才培养的新要求新方位

新闻出版业是知识密集型、人才密集型产业。当前，技术进步日新月异，网络和人工智能技术迅猛发展，出版业正经历深度变革，呈现出印刷出版、音像出版、网络出版、数字出版、智能出版五种业态融合发展和转型升级的趋势。同时，面对读者分众化、多样化的阅读需求，人民精神文化发展需求对出版物提出更高的要求等新的挑战，都为行业人才培养提出了新的要求。

中宣部以《出版业“十四五”时期发展规划》为基础，于2022年4月印发《关于推动出版深度融合发展的实施意见》的通知，提出“建强出版融合发展人才队伍”对培养出版融合发展主力军和后备人才，充分发挥人才对融合发展的引领作用具有重要意义。新时代的出版从业人员必须是创新型、应用型和复合型人才，要不断掌握新知识、熟悉新领域、开拓新视野，加强专业知识和技能，加强调查研究，不断增强“四力”。既要向书本学习，注重文化素质和理论知识的提高，也要培养突出的实践品格，在实践中将理论转化为专业实务能力；既要精通传统出版的知识素养，又要有产品与用户思维，熟悉数字出版，能够把握互联网时代的融合出版思维；既要学习继承优秀传统文化，坚定文化自信，又要具备国际视野和跨文化沟通能力；既要培养全媒体能力，也要熟悉多种媒介的使用和传播规律，从而在工作中树立新思维，运用创新的手段和方法。

综上所述，新时代出版继续教育工作应契合市场新需求，精准化把握，定向定位人才培养。首先是强化一观、两全，培养坚守马克思主义新闻观（一观），面向全媒体、全产业链（两全）；其次是以四个素养培养为抓手，第一政治要强，第二品德要好，第三文字功底要深，第四人文科学素养要高；再次是强化三品、四能，兼具家国情怀、创新理念、全球视野（三品），具备策划、编辑、审核和新媒体运营能力（四能）。尤其是青年出版从业人员，既要鼓励在选题策划、编辑加工、发行营销等环节中发挥才能，也要鼓励技能成才、技能报国，要有心专一艺、事在一工、念系一职，追求极致的工匠精神。

## 三、出版从业人员继续教育培养实践

我国出版业高度重视复合型出版人才培养，从国家级机构层面到各省级新闻出版行政管理部门层面，再到各类继续教育组织层面，开展了多项行业急需紧缺人才和专业技术人才继续教育培训工作。除了各省级新闻出版部门举办的培训班外，全国宣传干部学院、中国编辑学会、中国期刊协会、中宣部质检中心、中国新闻出版研究院、全国新闻出版标准化技术委员会、全国科学技术名词审定委员会、中国文字著作权协会、中国科学技术期刊编辑学会、中国高校科技期刊研究会、中国科学院自然科学期刊编辑研究会等也定期或不定期举办各类培训。例如，全国宣传干部学院以线下集中面授的形式和在线通过全国宣传干部网络培训系统组织实施。上海新闻出版教育培训中心以电脑端以及手机端“新闻出版知识在线”让学员进行线上点播课件学习。

按照继续教育管理要求和职称晋升需要，继续教育公需科目由各省人力资源和社会保障厅统一确定，集中或分级组织实施；专业科目由行业主管部门根据行业专业发展需要统一确定，集中或分级组织实施。各省人力资源和社会保障厅在专业技术人员继续教育网站开通本年度的公需科目和专业科目，学员通过学习和学时申报取得个人证书。学时设置为公需科目30学时+专业科目60学时，参加网络远程培训，按实际学时计算，每年最多不超过40学时。对未完成往年培训的学员，开通补学通道，完成补学任务并经考核合格，计入当年公需课学时。其中，部分省份对公需科目和专业科目再细分必修课和选修课并对学时进行规定。例如，上海市对专业技术人员参加公需科目培训一般以三年为一个周期进行考核，三年内累计完成90学时，要求必修课程不少于45学时，必修课学时可以抵扣选修课学时。广东省结合本省《关于我省专业技术人员继续教育工作几个具体问题答复口径的通知》（粤人社办〔2018〕277号）文件专业必修科目不少于42学时的要求，广东时代传媒集团对出版专业技术人员参加继续教育的专业科目进行细分为网授专业课（必修课程）24学时+网授专业课（个人选修课程）16学时+面授专业课（必修课程）20学时。

随着时代的变迁，继续教育形式也在不断发展。现如今的继续教育形式包括线下培训、在线培训、网络直播等。其中在线培训课程内容丰富，课程设计针对性高、实效性强，目前在线授课教师来源面广、层次高，既有各领域专家学者，又有行业内和国外知名专家学者，对于编辑提升能力、开阔视野、更新观念具有较强辅导作用，逐渐成为继续教育新趋势。同时，在线学习成本比较低，可以大大节省培训开支。例如，全国宣传干部网络培训系统线上培训收费标准为7.5元/学时，上海市“新闻出版知识在线”参加40学时网络学习费用为300元/人、30学时为225元/人、20学时为150元/人。广东时代传媒集团网授专业必修科目培训费为240元/人+网授专业选修科目培训费160元/人，网授费用总计400元/人。

出版业继续教育实践二十多年来，积累了一些经验，取得了一定成效。首先，课程设置重点突出，一是以政治硬为抓手，二是以文化强为引领，三是以实践能力为导向，全面提升从业人员胜任力。其次，继续教育培训师资队伍建设和培训教材建设有序推进，培训手段不断拓展，培训内容更加丰富，培训针对性和实效性大大提高，参加继续教育的人员基本素质和业务能力明显提升。但人才培养的质量与现实需求存在差距，人才的专业水平、创新意识及实践能力有待提升，特别是经济转型升级所需的创新型、实用型、复合型人才供给不足。

## 四、出版继续教育人才培养新思考

新时代新使命呼唤分工明确、优势互补、布局合理、开放有序、覆盖全面的出版专业技术人员继续教育体系。培育培养是获得创新型人才的持续动力，出版业继续教育应以习近平总书记关于人才重要论述为根本遵循，以复合型人才培养为目标，自觉践行新使命，自觉担当新责任。要坚持全方位培养人才，坚定人才培养自信，通过拓宽人才培养渠道，完善人才培养体系，改进人才培养模式，增强从业人员责任心、上进心、事业心。应从国际视角，思考人才培养的新内涵，在行业人才培养上主动作为、创新作为。培养具有国际竞争力、创新力的人才后备军。

一是把准定位，重视继续教育在人才培养上的重要作用。复合型人才的培养，是一个长期过程，高等学历教育不是终结，继续教育是后续的有力支撑。复合型人才的重要特质是终身学习意识和能力，继续教育是重要的教育供给，是必要的学习途径。继续教育要坚持实践取向，加强国际视角，处理好短期目标和长期目标的关系，有力掌握人才培养的主动权，自觉思考在新时期高质量人才培养方面如何作出新贡献，做好定位，主动作为。

二是提高站位，重视人才价值教育。出版从业人员是国家意识形态阵地的守护者，新时期出版继续教育要重视价值教育，把价值教育贯穿在全行业育人过程中。在课程研发、教材建设、教学实践、师资队伍以及对外合作上，强调建立在理想信念基础上的职业价值引导和专业精神塑造人才。首先，必须深耕在国家的土壤中，站在中华民族伟大复兴的立场，发扬革命精神和斗争精神；其次，以主动担当强化铸魂之道，勇敢承担时代责任，积极作为，深刻学习领悟习近平总书记关于党的新闻出版工作重要论述的讲话精神，牢固树立以人民利益为中心的工作导向，坚持人民立场，为人民服务，为社会主义服务；再次，唱响主旋律、传递正能量，讲好中国故事，塑造可信、可爱、可敬的中国形象。

三是积极创新继续教育培训模式，实施多层次人才培养项目。培养人才是一个长期过程。在大变革时代，新的挑战不断出现，对人的知识技能不断提出新要求，学习与人才培养没有止境。因此，继续教育培训应积极创新，探索集体学习与自主学习相结合、内部培训与外出考察相结合、普遍提高与重点培养相结合、理论学习与自身工作相结合等有机结合的模式。

首先，继续教育的人才培养要突出“实”，务实、实效，解决实践中的问题。因此继续教育需要实施多层次人才培养项目：(1) 针对性地做好整体规划，对不同从业年限、职称职务，不同出版类型、岗位的从业人员，在培训课程内容上应有所区分，以增强继续教育的针对性、实用性。(2) 建议在线课程实行必修与选修相结合的选课机制，即对从事不同出版形式、不同出版物大类、不同职称层次从业者设定一定比例的必修课程，并将必修地方课程与国家课程相结合，将专业课程与综合能力和素养课程相结合，以满足差异化的需要。(3) 综合运用讲授式、研讨式、案例式、模拟式、体验式、访谈式、行动学习等方法，甚或以课题研究的形式通过深入调研、走访和学习交流来研究解决对策。增加授课专家与学员间互动，切实在继续教育环节解决工作现实中的难点痛点问题，实现教学相长、学学相长。

其次，继续教育人才培养要突出“新”，即面对复杂的新形势，提出新思路，拿出新方案。这就需要加强构建学习方式更加灵活、资源更加丰富、学习效果更加突出的继续教育模式。比如，适应深度融合，增强新技术、新工具适应性，通过构建“理念提升—专题培训—行业实践”一体化、立体式继续教育培养通道，更加精准地服务于行业人才需求；行政主管部门开放办学，整合优势资源，不断提供新的教育产品。可以认定一批如重点高校、出版行业协会等有相应实力的单位举办一定数量的班次，模式成熟后可以过渡到逐步开放办学资格。

四是创新授课内容，增设信息素养和外语能力基本素质专业课时。笔者调研中发现，信息素养和外语能力是一些专业人才转型的短板，制约了他们参与出版融合和国际交流合作。例如，在国际化经营中，培养出一支能随时出征的国际化的人才队伍是关键。因此，继续教育要积极主动对接实践需求，服务全媒体、全产业链、全球视野的复合型人才培养。有针对性地完善学员信息素养和外语知识体系，将相关课程作为基本素质课程纳入专业科目课时有效提升学员实际应用能力。通过增开业余和脱产的“骨干班”“外派集训班”“蓄水池班”等不同班型，激发从业人员特别是青年人才动起来、用起来，同时鼓励在职自学，多多益善。

五是引进“双师型”授课教师，培育培训品牌。师资队伍建设是继续教育自身发展和人才培养的内在要求。建立优质师资队伍是实现继续教育成效的基础。在教学实践中应本着重需求、严把关、高起点的原则，不断优化教师队伍结构。引进“双师型”授课教师，即汇聚一批“专家学者”型和“技能大师”型的教师队伍，营造出讨论、创新、传统和现代融合的教学、研讨氛围，形成以“专职为骨干、兼职为多数、结构合理、素质优良”的培训者队伍。

在教学实践中，教师应重视完善课程开发和更新机制，构建富有时代特征和实践特色、务实管用的课程体系。提高培训质量，强化学员参与性，真正将培训内容转化到学员工作实践中，加强精品课程和在线培训课程资源库建设，实现优质课程资源共享，逐步形成继续教育的培训品牌。

六是开发继续教育培训教材。为适应不同类别从业人员需要，着眼于提高从业人员综合素质和能力，开发具有政治性、思想性、权威性、指导性、可读性的培训教材。成立出版从业人员继续教育培训教材编审指导委员会，负责培训教材规划、编写、审定等工作。地方、部门和培训机构可以编写符合需要、各具特色的学习培训教材。主管部门和继续教育培训机构应当严格审核把关教材，未经审核把关的教材不得进入培训课堂。

七是完善各级继续教育培训考核机制。各级出版继续教育培训主管部门和培训机构应建全跟班管理制度，加强对继续教育学习培训的考核与监督。继续教育培训主管部门和所在单位应当建立完善干部教育培训档案，如实记载从业人员参加教育培训情况和考核结果。出版从业人员接受继续教育培训情况应当作为年度考核的内容和任职、晋升的重要依据。例如，继续教育培训不达标，年度考核不得确定为优秀等次。

八是加强对培训课程和培训机构进行评估。继续教育培训机构应当负责对培训课程设计以及授课专家的教学态度、教学内容、教学方法、教学效果等进行评估并将评估结果作为指导教学和课程改进的重要依据；各级继续教育培训主管部门应当对继续教育培训机构的办学方针、课程设计、教学质量、师资队伍、组织管理、学风建设、基础设施、经费管理等进行评估并将评估结果作为评价继续教育培训机构办学质量的重要标准，指导继续教育培训机构改进工作。

## 四、结语

在新时代人才强国战略背景下，行业人才培养注重服务于行业高质量发展和高水平科技自立自强，承载着人才强国战略实施以来“一棒接一棒”的殷殷嘱托。出版专业技术人才培训和培养本质上就是与社会文化需要紧密结合，促进人才工作与技术创新、经济社会发展深度融合，打通从出版人才强到出版物强，进而打通文化强、科技强、经济强、国家强、人民强的通道。这也必将是我们站在新起点上应对风险挑战、阔步前行的底气所在。

（作者单位：中国新闻出版研究院）

# 以问题为导向提升出版编辑继续教育效能研究

徐海英

出版编辑继续教育是推动出版事业持续高质量发展、建设出版强国的重要制度安排，是出版行业落实意识形态工作责任制的重要举措，是出版编辑与时俱进提升专业素养和业务能力的重要途径，是贯彻落实出版行业法律制度规范标准的必要环节。2020年9月，国家新闻出版署、人力资源和社会保障部修订印发了《出版专业技术人员继续教育规定》（以下简称《规定》），再次对包括出版编辑在内的出版专业技术人员的继续教育工作作出了明确的规定，进一步提高了要求，备受有关方面关注。为此，笔者通过梳理近年来有关出版编辑继续教育的研究文献，结合自身接受继续教育的实际感悟，力图寻找编辑继续教育中存在问题及其原因，以期提出针对性的对策建议。

## 一、出版编辑继续教育的研究情况及简评

近年来，随着出版管理部门对编辑继续教育的规范管理和明确要求，出版编辑、单位及培训机构日益关注继续教育。与此相伴，围绕出版编辑教育培训问题，很多人都有自己的思考并参与讨论，相关研究并不鲜见。笔者用“出版编辑继续教育”为关键词在中国知网期刊平台进行搜索，筛选2000—2022年期间的43篇相关文献，以此为基础，参考其他相关研究，发现关于出版编辑继续教育的研究大致可以归纳为三类：一是以出版编辑继续教育为对象从不同角度开展研究。这类研究大多遵循“现状—问题—建议”范式，是当前相关研究的主体。二是针对修订前后《规定》的贯彻落实而开展研究，这类研究侧重管理部门规定和要求的落实，进而分析问题、提出建议。三是以编辑继续教育研究工作为对象开展研究。此外，还有一些综合的、专业的其他研究。

这些研究无疑值得肯定和学习借鉴，所发现的很多问题也是客观的、中肯的，所提建议在特定范围内有一定合理性。但是，这些研究还具有一定的局限性。一是近年来研究文献数量呈现上升势头，但总量不多；二是谈“思考”的偏多，深入开展学术化研究的少；三是指出共性问题的研究较多，对问题本身研究得不深，对原因深入分析的更少；四是泛泛而谈的对策建议多，可操作的务实建议少。

## 二、对出版编辑继续教育中存在的问题进行再认识

如前所述，很多研究从不同角度指出了当前出版编辑继续教育中存在的问题，集中度较高的问题有“内容没有针对性、缺乏系统性”“线上教育效果不好”“出版企业不重视”“经费无保障”等等，都有一定代表性。笔者认为，出版编辑继续教育是一项系统工程，涉及教育对象、出版机

构、管理部门和教育资源提供方等多个方面和多环节。为更好厘清问题，笔者着眼《规定》的贯彻落实，基于文献研究并结合自己观察，运用系统思维再次对当前出版编辑继续教育的根本性问题进行梳理。

**（一）出版编辑人员：继续学习主动性不够**

尽管有的出版编辑人员对继续教育抱有期待，工作中也能虚心向同事学习，但从总体上看，出版编辑人员继续学习的主动性还是不足。具体表现为，在梳理自身学习需求、制订学习计划、全面了解继续教育学习资源等方面缺乏主动性，参加继续教育全凭单位安排，自己被动参加。

究其原因，既有主观方面的，又有客观方面的。从主观上看，刚参加工作时，还有一定学习热情，待熟悉工作后，就成了“老油条”，对工作“看开了”，对学习“看淡了”，对继续教育重视不够，对自身知识更新和能力提升的愿望不强烈，产生了得过且过的思想。从客观上看，屡屡参加培训发现课程“千篇一律”、质量不佳、收获不大，对继续教育产生失望情绪；单位和管理部门对继续教育偏重学时不重效果，导致产生单位和个人互相“糊弄”的错觉；对想学什么、何时学、通过什么途径学等问题，很难自己作主、自己选择，久而久之，只能选择被动参加。加之多数人每年有编辑策划30本书、处理600万字的工作量，想“自由”“脱产”学习，似乎是奢望。

**（二）出版单位：落实编辑人员继续教育政策措施的积极性不足**

缘于出版业融合发展转型的压力，部分出版机构对人才培养培训还是倾注了一些精力，但是大多数出版单位没有实质性重视继续教育。主要表现为，缺少单位编辑人员继续教育年度计划，更不要谈3年或者5年的规划；可能设有员工培训费相关经费科目，但没有足额安排职工继续教育经费；没有建立员工继续教育情况考核制度，或者有制度但机制不健全、考核不严格；没有建立内部继续教育和交流学习制度。

之所以出现这些情况，是因为绝大多数出版单位都已改制为企业，或多或少存在经营压力，而出版编辑人员继续教育不仅需要花费时间精力、需要经费支撑，而且继续教育对单位人才队伍素质和经营能力的提升效果不明显。

### （三）培训资源：体系化建设基础薄弱

长期以来，国家层面的编辑继续教育的线下资源主要由宣传干部学院、中国编辑学会等少数单位提供，线上资源依托上述单位由新闻出版网络教育与管理系统提供，各地则或多或少建有培训机构或者网上学习资源库。总体来看，这些资源体系化不够，提供渠道和形式不够丰富，课程内容更新不够及时，对融合出版新理念、新思想、新技术、新形式阐释不多，不能适应当前数量众多且具不同基础、不同诉求学习者的学习需求。特别是除了这些线上线下教学课程外，没有注重开发单位内部、单位与培训机构定制的教学资源，没有合理利用学科专业领域研讨交流等教学资源。

### （四）管理部门：配套措施与手段没有跟上

《规定》对继续教育工作原则、内容与形式、学时管理、管理体制等均进行了明确规定，但部分配套措施没有跟上，影响了规定的执行，削弱了制度刚性。主要表现为：缺少继续教育资源建设和开发规划，没有发布年度学习重点内容和要求，学时认定工作细则不健全，对出版机构继续教育规范管理和经费安排的要求不具体，没有建立编辑人员继续教育与年度考核挂钩机制，继续教育效果评估的第三方参与机制尚未建立等。

## 三、以问题为导向改进出版编辑人员继续教育工作的建议

### （一）以编辑继续教育工作原则为引领，着力协调各方通力协作推动制度落实

出版编辑继续教育的目的宗旨是服务大局，教育理念是按需施教，教育目标是提高能力，教学要求是注重质量，发展动力是改革创新，价值追

求是注重实效。实践中，各有关方面要遵循“服务大局、按需施教，提高能力、注重质量，改革创新、注重实效”的原则，做好继续教育工作。

一是培训机构、教育资源开发单位、出版机构要紧紧抓住服务大局这个根本，做到按需施教。要紧紧围绕出版事业发展需要和出版专业技术人员从业要求，深入调查了解编辑人员的学习需求，为强化马克思主义出版观教育、提高政治本领和政治素质等，因需而动，按需设课，创造学习条件。

二是出版编辑和出版单位要充分利用和挖掘培训资源。出版编辑要切实根据自身知识结构、岗位需求、专业发展等情况提出学习需求，在单位支持下利用可能的机会和资源主动更新知识、拓展技能，全面提升专业胜任能力和职业发展能力。

三是管理部门和继续教育资源提供方要切实增强改革创新精神，在注重教育实效上下功夫。管理部门需要统筹继续教育资源，资源提供方要围绕培训需求创新方式方法，建立兼容、开放、共享、规范的继续教育培训体系，形成政府部门规划指导、社会力量积极参与、出版单位支持配合的出版编辑继续教育新格局。

**（二）以建立激励约束机制为抓手，着力调动编辑人员参与继续教育学习的主动性积极性**

学习者的主动性积极性是提升继续教育质效的基础和内因。调动出版编辑参加继续教育的内生动力，需要从激励和约束两方面入手。

一是通过出版单位加强学习型单位的建设激发出版编辑的学习热情。要以建设学习型单位为目标，加强对编辑继续教育的引导和督促。通过教育引导，强化出版编辑对学习重要性必要性的认识，强化“本领恐慌”，营造深厚的学习氛围，让出版编辑不再“安于现状”并产生求知欲。

二是要督促出版编辑拟订学习计划并提出知识需求清单。出版单位可在年初要求编辑人员根据自身情况制订学习计划，明确列出学习内容需求，既让单位组织培训学习、派出学习能够做到有的放矢，又强化了编辑人员对学习的深入思考和内容选择，变被动学习为主动学习。

三是强化继续教育考核结果应用。管理部门要在继续将职称评定、续展登记与参加继续教育情况挂钩的基础上，敦促出版单位将编辑继续教育与其年度考核和奖励挂钩，强化刚性约束。

四是强化编辑工作质量考核。指导和督促出版单位加强编辑工作质量的考核，在单位内部形成编辑人员“比学赶”的工作氛围，激发编辑人员的学习进步和提升工作技能的热情。对于出现编辑质量、意识形态风险问题，要加大惩戒力度，形成警示反馈，“倒逼”编辑人员强化政治意识和责任意识，增强学习的主动性。

**（三）以发挥主观能动性为关键，着力压实出版单位抓好编辑继续教育工作的责任**

出版单位是出版事业得以落实的基本组织，是出版编辑做好各项工作的组织者、考核者、监管者，理应在继续教育组织和考核中发挥管理作用。

一是强化对继续教育的组织管理责任。可以将出版单位组织开展继续教育情况纳入年报、年检、社会责任报告等重要事项，以考核促进管理，敦促出版单位落实组织管理责任。

二是明确继续教育经费投入要求。切实落实“出版单位应当依照法律、行政法规和国家有关规定提取和使用职工教育经费”规定，明确职工教育经费提取标准和开支内容，为出版单位组织开展编辑继续教育提供必要的经费保障。

三是将出版单位自行组织和委托组织的线下培训足额纳入学时管理。给予出版单位组织开展继续教育的更大自主权，线下培训每天折合学时不超过 6 个，但总学时可以突破 30 个，以便调动出版单位主观能动性，更好自主安排本单位统筹安排继续教育的时间、课程等，更好将培训与出版专业领域、事业发展战略相结合。

四是鼓励出版单位创造条件为出版编辑“攥学时”。鉴于编辑人员研究能力有待提升的问题，可以鼓励出版单位自己设立研究课题组织编辑人员开展研究，为提升研究能力、打造能够争取出版领域研究课题的队伍提供支持。出版单位也可以自定政策，鼓励出版编辑提升学历（学位）教育、发表学术论文等，支持编辑人员外出参加脱产学习和学术会议，将多渠道获得继续教育学时落到实处。

**（四）以适应继续教育多种需求为导向，着力建设出版编辑人员继续教育学习资源体系**

教学资源是继续教育得以落实的最关键环节。要以主管部门规划指导为引领，以龙头培训机构为主导，以多元渠道为补充，建成课程质量优、内容新、对象明、形式好的学习资源体系。

一是进一步强化教育资源建设的规划和指导。每年年初，主管部门可以对新政策新要求进行梳理，在汇集上年及本年度拟出法律制度规范标准政策等文件基础上，向各出版单位和培训机构发布继续教育更新内容清单。

二是科学规划和大力建设模块化的线上学习资源库。网络学习仍然是继续教育的主渠道。可依托新闻出版网络教育与管理系统等平台，加大投入力度，支持开发和建设一批质量高、内容新的网络学习课程，充实和丰富教学资源库。对资源库课程，可根据内容、适用对象进行分类，以便学习者根据需要精准选择。可以发动专业性较强的出版社与有资质的培训机构合作，开发专业性较强的培训课程，单独设立课程模块，以适当方式并入相关学习资源系统。

三是不断拓展渠道并丰富线下学习资源。在国家级重要培训机构进一步加强课程设计和开发的基础上，要充分动员行业协会、出版单位、培训机构按照主管部门要求开发优质课程，有针对性地提供线下教学服务。同时，行业协会等组织可以适当方式向培训单位推荐线下优质课程和授课专家并动态更新，便于出版单位在组织教育培训时选择优质师资人员。

四是鼓励适当组建继续教育资源联盟。鼓励专业领域相近、业务模式类同的出版单位组织继续教育联盟，共同开发针对性、专业性、个性化较强的培训课程，以及研究性课程，供联盟成员单位共享学习。必要的时候，还可引入培训机构提供技术支撑。

五是强化央地教育资源共享。建议行业主管部门加强统筹协调，打通中央和地方继续教育资源壁垒，将地方优质教学资源联入中央有关资源系统，同时将中央级单位形成的优质教学资源向地方推送，实现央地优质机构共享、优质课程共享、优质师资共享。

**（五）以畅通管理体制机制为目标，着力完善编辑继续教育管理制度的配套政策措施**

在坚持和落实《规定》的基础上，出版主管部门需要进一步针对制度执行的堵点难点问题，研究制定配套措施。

一是完善培训机构认定机制。建议按照“兼容、开放、共享、规范”的原则，完善培训机构认定机制。一方面，可以考虑适当扩大遴选范围，管理规范、有教育实力的行业协会、高等院校、科研机构、出版企业等都可以参加遴选；另一方面，可以明确遴选周期，每年适当时间组织申报，稳定申报预期。

二是完善网络课程审查机制。可委托相关行业协会组织有政府部门管理人员、学科专家、出版单位负责人等组成课程审查小组，对网络课程进行审查。新入库课程，必须通过审查才能纳入资源库；对入库时间超过五年或者选学量极低的课程，都要进行复审，将内容过时、观点不正、不适应当下需求的课程予以及时清理，保持课程有效性。

三是建立和完善教学效果评估机制。可遴选组织第三方机构每年对各培训机构提供的线下教学按课程进行评估，以适当方式发布评估结果，并强化评估结果应用。可根据评估结果建立年度课程“黑名单”和优秀名单，适时淘汰不合格课程和授课教师。

四是完善学时登记机制。建议安排专人对学时管理系统进行维护，及时审核学时登记，重点对课程教学（含网上网下）以外的方式所获得的学时登记进行及时审定，便于出版单位和编辑个人及时掌握学习进度，促进多元化获取继续教育学时政策的有效落地。

此外，建议行业主管部门、行业协会设立出版继续教育研究经费，每年发布研究课题。通过公开招标遴选课题承担单位，大力推动出版继续教育的理论、实践、技术、制度等研究，提升出版编辑继续教育的整体研究水平，努力打造富有研究精神、具备专业素养的教师队伍和研究队伍，推动出版编辑继续教育高质量可持续发展。

（作者单位：中国铁道出版社有限公司）

责任编辑：朱琳君　时羽佳　孟　宗　李　航
封面设计：石笑梦　王欢欢
版式设计：严淑芬
责任校对：东　昌

**图书在版编目（CIP）数据**

深耕继续教育　聚焦人才培养 ：中国编辑学会第24届年会获奖论文 ：2023 / 中国编辑学会编．-- 北京 ：人民出版社，2024．12．-- ISBN 978－7－01－027015－9

Ⅰ．G232－53

中国国家版本馆CIP数据核字第202456X4M3号

**深耕继续教育　聚焦人才培养**

SHENGENG JIXU JIAOYU JUJIAO RENCAI PEIYANG

——中国编辑学会第24届年会获奖论文（2023）

中国编辑学会　编

人民出版社 出版发行
（100706　北京市东城区隆福寺街99号）

北京汇林印务有限公司印刷　新华书店经销

2024年12月第1版　2024年12月北京第1次印刷
开本：710毫米 ×1000毫米 1/16　印张：34.25
字数：490千字

ISBN 978－7－01－027015－9　定价：99.00元

邮购地址 100706　北京市东城区隆福寺街99号
人民东方图书销售中心　电话（010）65250042　65289539